LA GUERRE DE MILLE ANS

JONATHAN RANDAL

LA GUERRE DE MILLE ANS

jusqu'au dernier chrétien
jusqu'au dernier marchand
la tragédie du Liban

Traduit de l'américain
par Béatrice Vierne

BERNARD GRASSET
PARIS

L'édition originale de cet ouvrage a été publiée en mai 1983
par The Viking Press, sous le titre :
Going All the Way :
Christian Warlords, Israeli Adventurers and the War in Lebanon

SOMMAIRE

AVERTISSEMENT AU LECTEUR

A notre époque où la vérité, rien que la vérité et toute la vérité doit figurer sur l'emballage, les lecteurs occidentaux se formaliseront peut-être de constater que je ne précise pas toujours, dans le présent ouvrage, les noms de mes interlocuteurs, ni mes sources d'information. A quoi je répondrai, pour me défendre, que les nombreux Libanais et autres témoins qui ont eu la gentillesse et le courage de m'aider dans mes recherches l'ont souvent fait à la condition expresse de garder l'anonymat. Dans bien des cas, les « conditions de sécurité » — euphémisme qui désigne l'absence totale de loi et d'ordre qui règne au Liban — expliquent leur prudence, car eux-mêmes ou leurs familles doivent continuer à y résider. Tout ce que je puis garantir au lecteur, c'est que mon but essentiel a été de m'approcher aussi près que possible de la vérité, dans une partie du monde où, plus encore que sous tout autre climat, la vie apparaît en gris plutôt qu'en noir ou en blanc.

Je suis prêt aussi à jurer que je ne me suis livré à aucune dramatisation ou exagération des faits. Peut-être aurai-je déçu ou ulcéré nombre d'amis et d'informateurs qui m'ont généreusement consacré leur temps. Comme je l'ai précisé à ceux-ci, en allant leur demander de l'aide, je pouvais tout au plus promettre de ne pas me laisser aveugler par les préjugés, tant personnels que politiques. J'espère qu'ils me reconnaîtront au moins ce mérite.

Puis-je me permettre enfin de souligner l'évidence? Le présent ouvrage n'est nullement destiné à faire figure de traité exhaustif sur les événements du Liban. Je ne prétends pas avoir suivi chacun des fils de ce tragique écheveau et ce n'est d'ailleurs pas à moi qu'il appartient de le faire, car cette tâche revient de droit non point à un Occidental, mais à un Libanais, un Palestinien, un Israélien ou un Syrien. J'ai tenté, quant à moi, d'observer quelques-uns des principaux acteurs du drame et d'en comprendre la conduite.

A plusieurs gracieuses personnes de tous âges, sur plusieurs continents, beaucoup d'entre elles libanaises, dont une au moins m'a désespéré et qui, toutes, m'ont encouragé à écrire ce livre.

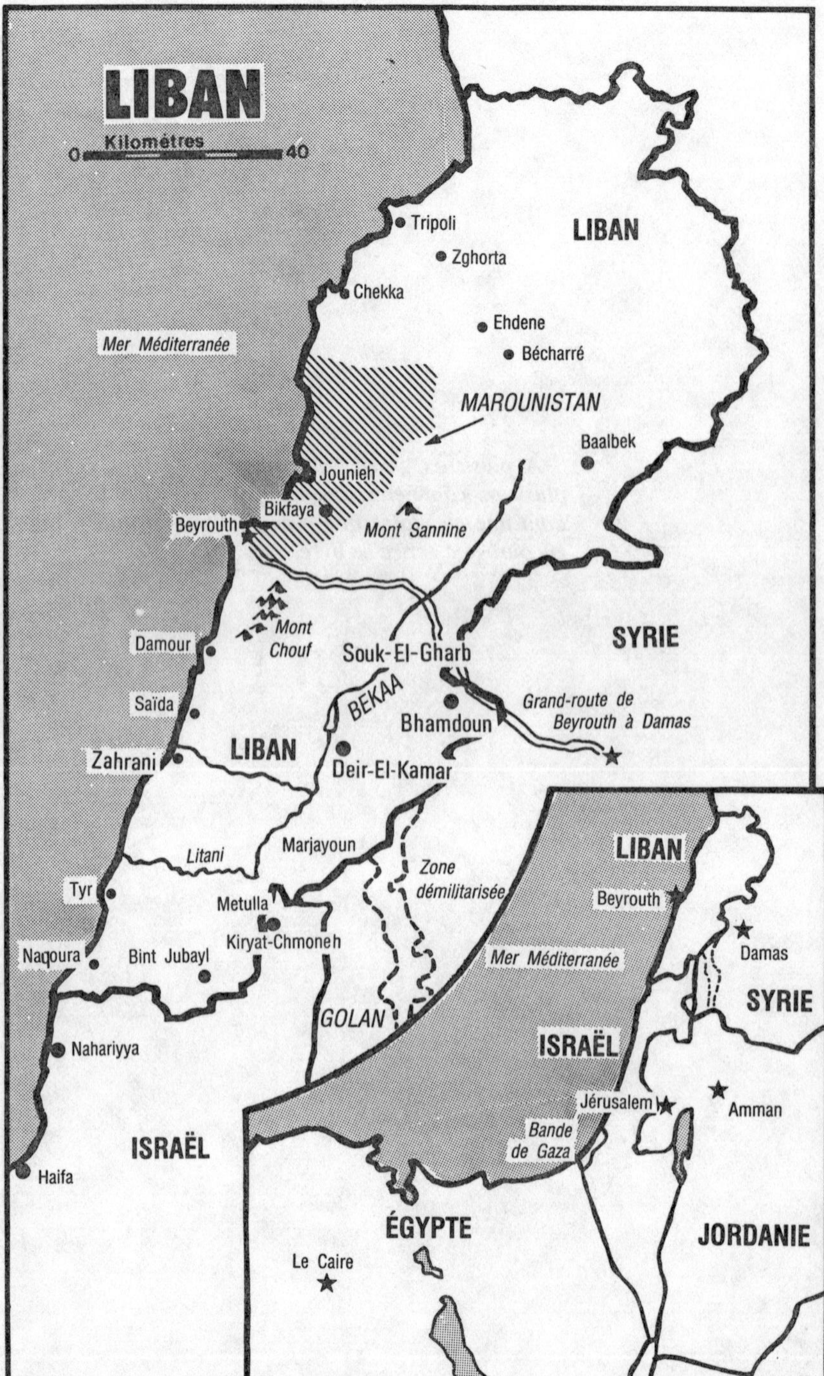
LIBAN
Kilomètres
0
40
Mer Méditerranée
Tripoli
Zghorta
Chekka
LIBAN
Ehdene
Bécharré
MAROUNISTAN
Baalbek
Jounieh
Bikfaya
Beyrouth
Mont Sannine
Mont Chouf
Damour
Souk-El-Gharb
SYRIE
Saïda
BEKAA
Bhamdoun
Grand-route de Beyrouth à Damas
Zahrani
LIBAN
Deir-El-Kamar
Marjayoun
Litani
Zone démilitarisée
Tyr
Metulla
Kiryat-Chmoneh
Naqoura
Bint Jubayl
GOLAN
Nahariyya
ISRAËL
Haifa
LIBAN
Beyrouth
Damas
SYRIE
Mer Méditerranée
ISRAËL
Jérusalem
Amman
Bande de Gaza
ÉGYPTE
JORDANIE
Le Caire

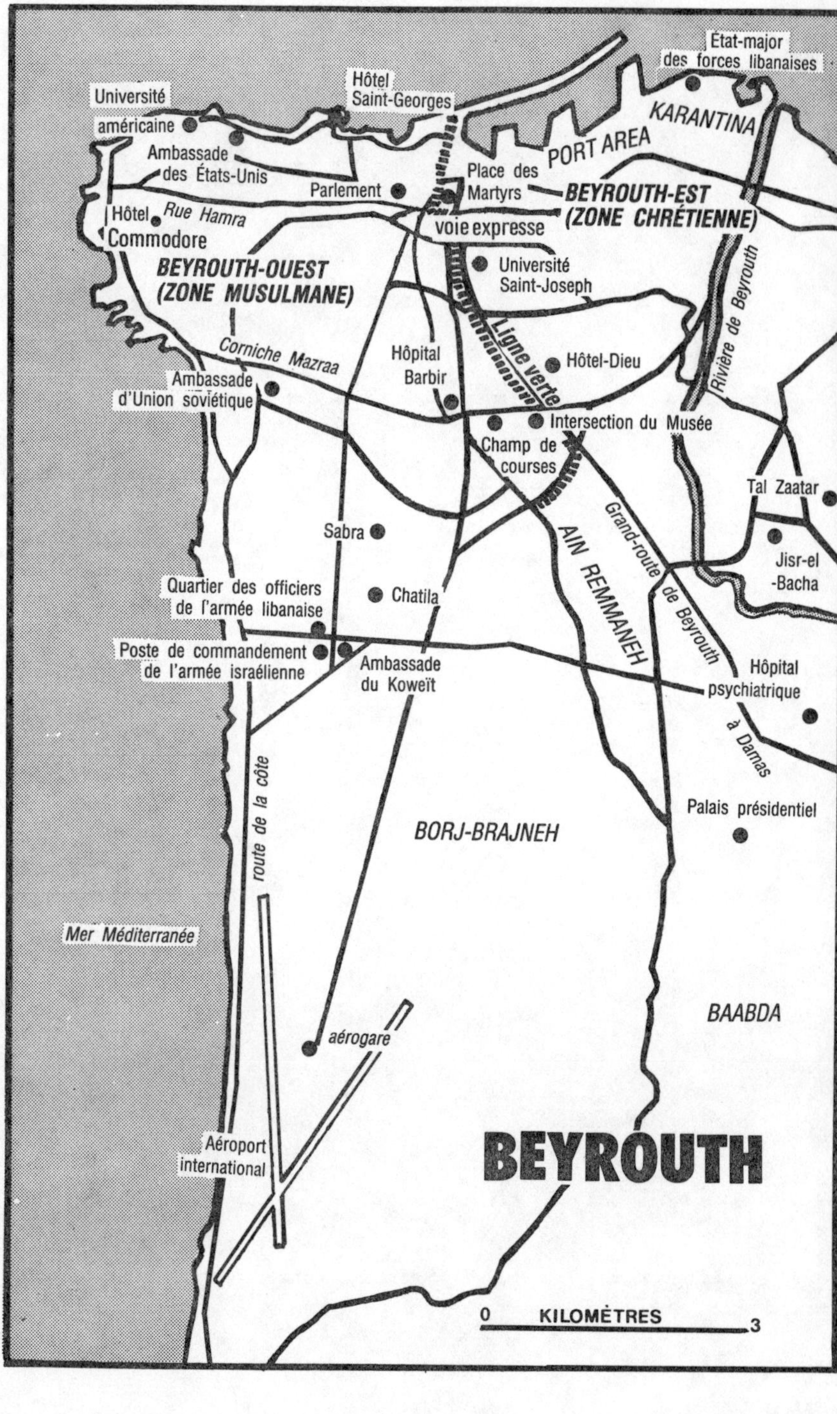

Université américaine
Ambassade des États-Unis
Hôtel Saint-Georges
Parlement
Place des Martyrs
PORT AREA
KARANTINA
État-major des forces libanaises
BEYROUTH-EST (ZONE CHRÉTIENNE)
Hôtel Commodore
Rue Hamra
voie expresse
BEYROUTH-OUEST (ZONE MUSULMANE)
Université Saint-Joseph
Rivière de Beyrouth
Ligne verte
Corniche Mazraa
Hôpital Barbir
Hôtel-Dieu
Ambassade d'Union soviétique
Intersection du Musée
Champ de courses
Tal Zaatar
Sabra
AIN REMMANEH
Grand-route de Beyrouth à Damas
Jisr-el -Bacha
Quartier des officiers de l'armée libanaise
Chatila
Poste de commandement de l'armée israélienne
Ambassade du Koweït
Hôpital psychiatrique
route de la côte
Palais présidentiel
BORJ-BRAJNEH
Mer Méditerranée
BAABDA
aérogare
Aéroport international
BEYROUTH
0 KILOMÈTRES 3

PRÉFACE

Plus que tout autre voyageur, un correspondant à l'étranger, tel que moi, en vient souvent à connaître les villes sous un jour fallacieux. Prenez Beyrouth, par exemple. Pour nous autres, gens de presse, c'était naguère le bar de l'hôtel Saint-Georges, les night-clubs minables un peu plus loin dans la rue, les restaurants du bord de l'eau avec leurs trente-six *mezzes* — de la purée de pois chiches, servie dans des assiettes en terre cuite, ou du *taboulé,* salade de blé concassé, persil, tomates et menthe. Ou bien quelques magasins dans le quartier commerçant chic de Hamra, ou encore une soirée passée au casino du Liban, un peu plus haut sur la côte, à regarder des Saoudiens et d'autres Arabes du golfe Persique dévorer des yeux les Européennes qui faisaient partie des attractions. Surtout les blondes. Les Arabes du golfe raffolaient des blondes. Professionnellement parlant, les informations y étaient si aisément disponibles que les journalistes basés à Beyrouth arrivaient souvent dans les autres pays cent fois, voire mille fois mieux informés que les diplomates en poste. Hormis le service postal farfelu, les insuffisances du réseau téléphonique et les embouteillages homériques, tout fonctionnait — si l'on y mettait le prix voulu —, tout et tout le monde étaient à votre disposition, sans l'inévitable pagaille que l'on rencontre dans le reste du Moyen-Orient. On y trouvait des professeurs de l'Université américaine de Beyrouth, de savants collègues libanais, appartenant à la presse la plus libre et la mieux informée du monde arabe, des exilés et révolutionnaires de tous les bords idéologiques possibles et imaginables, installés dans les cafés de Hamra, des visas instantanés et des devises de toute sorte sans aucune des formalités d'usage. La présence gouvernementale ne se faisait pas sentir et, sauf exceptions rarissimes, les journalistes avaient une paix royale. Bref, Beyrouth était la base d'opérations idéale, reconnue d'utilité publique, au sujet de laquelle personne n'écrivait jamais rien, car il se passait toujours des tas de choses beaucoup plus intéressantes dans les autres pays du Moyen-Orient. Du moins le croyions-nous.

Il était certes facile de tourner en ridicule les prétentions et l'insistante ostentation des Libanais. Malgré son flot de visiteurs venus des quatre coins du monde, Beyrouth restait irrémédiablement provinciale. L'endroit avait un côté m'as-tu-vu, un peu comme Alger avant le départ des Français. Peut-être était-ce le soleil et l'humidité, les toits de tuiles rouges et orangées entre les blocs de béton anonymes, la même boisson anisée appelée pastis à l'autre bout de la Méditerranée et *arak* ici, les collines escarpées ou bien le français parlé par tant de gens et la francisation qu'ils affectaient.

Et puis, en avril 1975, survint la guerre et une nouvelle ressemblance s'affirma avec Alger, un appétit tout méditerranéen pour la violence sur une échelle que je n'avais personnellement pas revue depuis les derniers spasmes de la guerre d'Algérie, plus de dix ans auparavant. Brusquement les contradictions, les complexités et la fragilité du Liban sortaient du flou et se cristallisaient. Il y eut en effet, dès le départ, une véritable répugnance à s'arrêter pour réfléchir, un refus de tout compromis, une jouissance profonde à se donner des airs et à perpétrer des actes qui ne pouvaient mener qu'à de nouvelles meurtrières aventures.

Rien ne faisait comprendre avec autant de force la puissance destructrice des combats que les notions sans cesse changeantes de la géographie locale. Les trajets d'un bout à l'autre de la ville, par la voie expresse, naguère l'affaire de cinq minutes de conduite insouciante, étaient devenus des équipées hasardeuses et tarabiscotées, à travers des barrages où veillaient des hommes armés et masqués et qu'il fallait franchir aux heures réputées sûres de la journée grâce à des laissez-passer de plus en plus défraîchis, présentés comme des talismans propitiatoires. Les quartiers périphériques étaient à présent des passages vitaux, quoique dangereux, entre les secteurs en guerre de cette ville qui s'était jadis flattée d'être l'une des plus civilisées du monde entier. Plus la lutte était chaude, moins la circulation était dense, si bien que durant une grande partie de la guerre le danger resta spasmodique, en ce sens que les reporters étaient en mesure d'échapper rapidement à la violence. Ce fut une guerre en taxi. Les plus malins ne s'y laissèrent pas prendre. Ils quittèrent le pays : les Libanais intelligents et spécialisés qui avaient de l'argent, des relations ou de la détermination ; les Occidentaux installés au Moyen-Orient, qui avaient choisi Beyrouth comme point de chute ; les talentueux Arabes, originaires d'autres contrées, qui étaient venus s'y réfugier pour échapper aux troubles dans leurs propres pays et qui s'en allaient à présent porter plus loin leurs capitaux et leur savoir-faire. Tous, ils abandonnèrent Beyrouth aux seigneurs de la guerre et aux pillards qui lui arrachèrent la couche de vernis appliquée par la civilisation occidentale avec autant de facilité que s'il se fût agi d'un morceau de Tricostéril.

Beyrouth devint synonyme d'une barbarie nouvelle, son nom symbolisait dans les titres de journaux le chaos, comme vingt ans auparavant celui du Congo. Des armes plus lourdes succédèrent aux revolvers chromés et aux fusils d'assaut russes AK-47 comme signes extérieurs de richesse. Les habitants de la ville en arrivèrent à distinguer le son de l'artillerie lourde de celui des mortiers et des lance-roquettes. En 1982, la violence d'abord contrôlée céda la place à une véritable guerre conventionnelle, lorsque les Israéliens envahirent le pays, utilisant de façon purement routinière des chasseurs bombardiers et des navires pour pilonner des zones résidentielles de la capitale. Bombes anti-personnel, joujoux explosifs, gaz paralysants, phosphore blanc, bombes à vide, tout y passa. Une grande partie de ce matériel était américain, ce qui rend les Etats-Unis en grande partie responsables des événements du Liban. Par moments, cependant, les Américains semblaient moins empressés de reconnaître cet aspect de leur aide à Israël que de constater l'efficacité de leur arsenal sur le champ de bataille. Les cargaisons de bombes anti-personnel continuèrent à arriver, même après avoir été frappées par un embargo. Une bavure administrative, dit-on alors, qui reflétait en fait l'attitude de Washington depuis le début, sinon ses véritables sentiments. Les Etats-Unis prétendirent enquêter pour déterminer si Israël avait violé ses directives concernant l'utilisation au Moyen-Orient de l'armement qu'ils fournissaient. Cependant, les documents indiquent clairement qu'au fil des ans aucun gouvernement américain ne trouva jamais Israël coupable sur ce point. Pour les deux pays, ainsi que pour le reste du monde, le Liban était devenu un non-endroit, une simple arène. Miné par tous les virus sociaux modernes qui venaient s'ajouter à l'ancien héritage de maux dont il n'avait jamais guéri, le Liban n'eut probablement jamais la moindre chance de survivre. Il poursuivait la lutte, mais avec chaque mois qui passait l'optimisme officiel s'épuisait un peu plus. Et puis, brusquement, il fut trop tard — encore que les Libanais eussent mis longtemps à comprendre ce qui leur arrivait.

« Je partis pour l'Orient compliqué avec des idées simples », a écrit le général de Gaulle dans ses mémoires de la Seconde Guerre mondiale. Dans les années 1970, le Liban était certainement devenu beaucoup trop compliqué pour une explication facile et a fortiori pour un remède. A l'occasion d'un séjour d'une semaine, en septembre 1974, obéissant purement et simplement à une intuition journalistique, j'avais prédit par écrit la guerre civile qui couvait — ce qui me valut d'être interdit de séjour jusqu'à ce que ma prophétie se fût réalisée, six mois plus tard. Moi-même, cependant, je n'aurais jamais imaginé que la violence pût ainsi se complaire dans des variations apparemment sans fin, prenant les forces de la société libanaise et du Moyen-Orient tout entier au piège d'alliances sans cesse mouvantes. Je découvris, peut-être parce que je possède la tournure d'esprit d'un journaliste et non d'un romancier, que je n'ai aucun sens mathématique des permutations et que je ne connaissais pas grand-chose du Liban, ni du monde arabe, les limites de mon métier. Pendant ce temps, les Libanais souffrant de défauts analogues et de quelques autres s'ingéniaient à mettre, pas tout à fait innocemment, leur pays à feu et à sang. Avec un coup de main de leurs amis et voisins. Bien avant que la première année de lutte n'eût pris fin, ce n'étaient plus les Libanais qui menaient la danse, mais toutes sortes d'étrangers. Les Libanais, cependant, leur facilitaient la tâche, car ils étaient fermement décidés à aller jusqu'au bout, coûte que coûte. Ils le sont toujours. Et ils ne donnent, pour lors, aucun signe d'avoir épuisé toutes les possibilités.

JONATHAN RANDAL.
Beyrouth, Liban,
février 1983.

1
MIRACLES ET HALLUCINATIONS

Lorsqu'on parvint enfin à l'extraire de sous les décombres, six heures après sa mort, ce qui restait du président nouvellement élu de la République libanaise, Béchir Gemayel, était presque bleu. L'arrière de son crâne massif n'existait plus, non plus que la majeure partie du dos et du postérieur. « C'est Béchir », déclara Karim Pakradouni, reconnaissant le nez accusé, la fossette au menton et l'alliance hexagonale qu'il portait au doigt, avant même d'avoir tiré de la poche de poitrine de la saharienne ensanglantée un billet qui émanait, s'avéra-t-il, des bonnes sœurs de l'hôpital psychiatrique de La Croix et invoquait la protection de la Sainte Vierge : Gemayel avait justement déjeuné avec elles. Pour Pakradouni, l'identité du cadavre ne faisait aucun doute. Cependant, l'un des six docteurs de la salle des urgences, à l'Hôtel-Dieu de Beyrouth-Est, voulut discuter avec ce conseiller politique proche de Gemayel. Il savait parfaitement que, cliniquement parlant, Béchir était mort, mais il n'osait pas le dire, n'osait même pas laisser Pakradouni le faire savoir, pourtant il faudrait bien annoncer la vérité au monde entier. Le médecin aurait préféré que son interlocuteur gardât le silence, arrêtât le temps. « Non, Karim, supplia-t-il, une lourde responsabilité pèse sur vous. »

Pakradouni ne prêta aucune attention au praticien et remplit comme il crut devoir le faire ses lourdes responsabilités. Il repartit dans sa Range Rover, suprême signe extérieur de richesse au Liban, jusqu'au bunker de béton sans fenêtres qui constituait le QG des Forces libanaises, la milice de Gemayel, tout près du port. Avec Fady Frem, récemment promu commandant de l'armée privée de Gemayel, il interdit le port d'armes dans la rue et consigna les miliciens chrétiens dans leurs quartiers. C'était un réflexe normal, après sept années et demie de violence.

Quiconque avait assassiné Gemayel — et ce n'était pas les candidats qui manquaient, étant donné les moyens meurtriers utilisés par le jeune président élu pour s'élever jusqu'au sommet — devait escompter une sorte de prime spéciale, sous forme de représailles massives, lesquelles survenaient automatiquement au Liban dans le sillage des assassinats politiques. En 1978, plus de trois cents chrétiens pro-Gemayel avaient péri pour venger l'assassinat par les hommes de Béchir de Tony Franjié, fils aîné d'un ancien président de la République, avec sa femme, sa fille et trente et un de ses partisans. En 1977, les druzes avaient massacré plus de cent soixante-dix chrétiens dans le Chouf, au sud de Beyrouth, après le meurtre de leur chef, Kamal Joumblatt, tué par des agents syriens. A cette époque, les Forces libanaises et la Syrie étaient alliées et le nombre de soldats syriens stationnés au Liban, où ils étaient censés maintenir la paix, se montant à trente mille, les druzes les avaient jugés trop forts pour eux. Au Liban, on massacre qui on peut, pas nécessairement qui on veut. Ce n'est pas un pays où le moindre tort, ni la moindre erreur, si involontaires et si infimes soient-ils, sont oubliés ou pardonnés.

Cependant, s'il y avait une chose que Pakradouni n'avait aucune envie de voir dans le ghetto chrétien, c'était des miliciens déchaînés, assoiffés de vengeance. Plus de cent mille Libanais musulmans qui avaient fui Beyrouth-Ouest au cours du long siège de l'armée israélienne vivaient encore en « territoire libéré », comme disaient les Forces libanaises — par opposition aux quatre-vingt-cinq pour cent du pays qu'elles ne contrôlaient pas. Frem et Pakradouni étaient convaincus que les précautions élémentaires prises pour neutraliser leurs miliciens étaient d'autant plus nécessaires qu'une crise d'hystérie générale risquait fort de faire suite à l'hallucination collective qui s'était emparée de tant de Libanais chrétiens, en ce mardi 14 septembre 1982. Le médecin affolé de l'Hôtel-Dieu n'était pas le seul qui préférât nier la mort de Béchir Gemayel. Ses six années de présidence en perspective auraient résolu bien des problèmes pour toutes sortes de parties intéressées, tant à l'intérieur qu'à l'extérieur du pays.

Depuis des années, Israël veillait à entretenir de bons rapports avec Béchir Gemayel, fournissait à ses hommes des armes et un entraînement militaire et à lui-même une aide inestimable à l'étranger, dans sa pénible quête de respectabilité internationale. C'était pour son propre intérêt qu'Israël avait envahi le Liban, le 6 juin, mais sans le soutien politique et logistique assuré à l'arrière par les Forces libanaises, il est douteux que le Premier ministre, Menahem Begin, et le ministre de la Défense, Ariel Sharon, eussent osé déclencher une telle opération. Mais parmi les savants calculs de l'Etat hébreu figurait aussi l'élection de son protégé à la présidence de la République libanaise, ce qui lui assurerait à sa frontière la présence d'un régime favorable, dominé par les chrétiens.

Les Etats-Unis, quant à eux, s'étaient ralliés fort tardivement à la cause de Béchir Gemayel. Ils ne s'étaient d'ailleurs rabattus sur lui que faute de mieux et après avoir longuement hésité, comme il convenait à une superpuissance qui se méfiait des méthodes (parmi lesquelles une tentative d'assassinat sur la personne d'un ambassadeur américain) et qui doutait de la viabilité d'un régime bien résolu à raffermir la domination chrétienne sur la majorité musulmane.

Les chefs musulmans du Liban s'étaient résignés à accepter Gemayel, même s'ils n'accueillaient pas son arrivée au pouvoir avec un enthousiasme délirant. Le nouveau président s'élevait contre l'occupation du Liban par les Palestiniens et les Syriens, mais c'étaient les musulmans et non les chrétiens qui étaient obligés de vivre avec eux et leurs protégés. Ils étaient, avec l'Organisation pour la Libération de la Palestine, qui avait désormais quitté le pays, les grands perdants de la guerre livrée par Israël durant l'été 1982. Leurs partisans étaient disposés à oublier leur opposition à Gemayel, pourvu que ce dernier tînt sa promesse de rétablir l'ordre et de les débarrasser des douzaines de partis, milices et bandes organisées qui avaient ravalé la vie à Beyrouth-Ouest et dans une grande partie du pays au rang de l'anarchie.

L'explosion avait eu lieu à seize heures huit, le mardi 14 septembre 1982. Un énorme champignon de poussière et de fumée d'un brun jaunâtre s'éleva au-dessus du bâtiment de deux étages où était logée, à Beyrouth-Est, la branche principale de la Phalange, le parti politique fondé par le père de Béchir, Pierre Gemayel, en 1936. Des morceaux de bras, de jambes, d'épaules et de crânes jonchaient le sol entre les piliers effondrés, les éboulis de béton, de pierre et de métal. Dans la rue retentissaient des cris : « Béchir ! Béchir ! Béchir est à l'intérieur ! » Un des miliciens frappait le sol, ivre de rageuse frustration. D'autres épanchèrent leur fureur sur les membres de la presse, confisquant les pellicules, tapant, tirant même sur les photographes. Des ambulances et des équipes médicales se tenaient prêtes. Les gros bonnets du parti et Solange, la femme de Béchir, arrivèrent et attendirent.

Homme d'habitudes, que l'euphorie de sa récente victoire électorale avait poussé à la négligence, Gemayel avait refusé d'annuler cette réunion — ou même d'en modifier l'heure ; le QG de la Phalange d'Achrafieh avait été le cadre de ses premiers pas politiques et il s'y était rendu régulièrement tous les mardis après-midi. Même élu président, il avait l'intention d'y retourner souvent, pour s'entretenir avec les chauffeurs de taxi, les vendeuses, les ménagères et les retraités assis sur les chaises en bois toutes simples alignées dans le foyer du rez-de-chaussée qu'ornaient des photographies retraçant la longue marche vers le pouvoir de son père, symbolisée à présent par son propre triomphe. « C'est le Levant, ici », me dit-il dans ce même bâtiment, il y a plusieurs années, alors que je commençais à bien le connaître. « Il faut répondre soi-même au téléphone — pas de secrétaire —, écouter chaque conversation et recevoir chaque visiteur. C'est comme cela que l'on parvient à gagner la confiance des gens et à découvrir ce qu'ils pensent. » Pour Gemayel, de plus en plus absorbé par des problèmes plus importants, ces rencontres hebdomadaires avaient fini par représenter un sondage d'opinions officieux.

Tout en observant les sauveteurs, Pakradouni, rongé par une inquiétude croissante, demanda à un médecin combien de temps un homme pouvait survivre sous les décombres. Deux heures environ, lui fut-il répondu, évaluation aussitôt répétée par toutes les bouches. A dix-huit heures, il faisait nuit. La tension était insoutenable. Sous les lampes à arc, les jeunes sauveteurs travaillaient de plus en plus vite. Brusquement, on sortit de sous les gravats un homme en saharienne que l'on précipita dans une ambulance qui s'éloigna sur les chapeaux de roue. La foule éclata en bruyantes acclamations : « Béchir ! Béchir ! » Il semblait n'y avoir aucun doute : le jeune président élu était sain et sauf. Quelle *baraka !* C'était le ciel qui l'avait protégé. Lucien George lui-même, le correspondant pourtant chevronné du *Monde,* était convaincu d'avoir « vu » les sauveteurs aider Béchir à prendre place dans l'ambulance. Un hélicoptère qui venait d'apparaître dans le ciel fut vite éloigné par des rafales tirées en l'air. Dans la foule, les amis se rassuraient mutuellement : cet engin, c'étaient les Israéliens qui l'avaient envoyé pour transporter Gemayel jusqu'à un de leurs hôpitaux. La Voix du Liban Libre, la radio pirate des Forces libanaises, mieux connue sous le nom de Radio-Béchir, fit savoir que le président remerciait le Bon Dieu de l'avoir épargné et qu'il était rentré chez lui pour se changer ; son unique blessure, un hématome à la jambe gauche, ne nécessitait pas d'hospitalisation.

Soulagés, Solange et Pakradouni quittèrent les lieux et redescendirent la colline jusqu'à l'Hôtel-Dieu, où on leur annonça que Béchir n'était pas là. Sans se départir de leur confiance, ils se précipitèrent à l'hôpital Rizk, où ils furent accueillis par le Dr Assaad Rizk. Béchir, leur déclara-t-il, ne se trouvait pas dans son établissement.

« Ne joue pas au malin », aboya Pakradouni.

« Tu es fou, Karim ? rétorqua le médecin. Est-ce que je suis capable de plaisanter à propos de Béchir ? »

Il était près de vingt heures. Ce ne fut qu'à ce moment-là que Solange et Pakradouni comprirent que Béchir devait être encore sous les décombres — fort probablement mort. C'était une conclusion à laquelle diverses ambassades étaient arrivées plusieurs heures auparavant, après avoir envoyé des employés examiner le désastre. Pakradouni regagna le QG d'Achrafieh. Les sauveteurs, toujours persuadés que Gemayel était indemne, lui assenèrent de grandes claques dans le dos en lançant des plaisanteries. Il n'eut pas le cœur de les détromper, mais il leur demanda de continuer à travailler à plein régime. Le corps trapu de Gemayel fut l'un des derniers retrouvés, juste après vingt-deux heures, et il fut enfin transporté en ambulance jusqu'à l'Hôtel-Dieu.

Le Premier ministre, Chafik Wazzan, annonça officiellement la mort du président élu à minuit, mais cela faisait déjà plusieurs heures que la population se doutait de la vérité. A la télévision, le bulletin d'informations de la soirée avait été bâclé en trois minutes à peine. Pour la première fois depuis le début des assassinats au Liban, le 13 avril 1975, la radio officielle de Beyrouth interrompit ses habituels programmes de musique pop pour diffuser du classique. Aucune des soixante-quinze mille victimes précédentes ne s'était vu accorder semblable marque de respect. La musique classique se prolongea pendant une semaine entière.

Ces funèbres accords étaient destinés au seul Gemayel, mais ils auraient pu saluer encore bien d'autres morts, car son assassinat préluda à une semaine qui surpassa tout ce que le Liban lui-même avait déjà su produire dans le domaine de la violence, de l'horreur et de l'irresponsabilité, une semaine qui mina encore un peu plus la crédibilité américaine au Moyen-Orient, qui ternit l'honneur d'Israël et ajouta un nouveau chapitre, ô combien indésirable, à la liturgie des martyrs palestiniens.

Cette musique vint aussi interrompre l'hallucination collective de beaucoup de chrétiens du Liban, dont l'incrédulité temporaire correspondait à un refus véritable d'accepter la mort de Béchir Gemayel. Et, si l'on envisageait les choses de leur point de vue, si bizarre fût-il, comment leur en vouloir ? Jamais, même dans leurs rêves les plus fous, ils n'avaient osé imaginer qu'ils allaient ainsi jouer sur du velours avec l'élection de Béchir. Et à présent, logiquement, ils allaient devoir rejoindre les Palestiniens et leurs compatriotes musulmans dans ce camp des vaincus qu'ils tentaient si résolument d'éviter depuis des années. En effet, la mort du président élu les privait de leur meilleure chance de réimposer leur loi à la majorité musulmane du pays, ce qui avait été leur but inavoué tout au long de ces sept années de combats et de machinations.

En joueurs impétinents qu'ils sont, les chrétiens activistes du Liban, et particulièrement les maronites qui en forment le noyau, avaient joué et perdu d'innombrables fois, avant de doubler la mise. N'écoutant jamais bien longtemps les conseils de modération, dînant avec de dangereux alliés étrangers dont ils disaient, moqueurs, qu'ils ne valaient guère mieux que le Diable, jamais, au grand jamais, ils ne perdirent espoir ; mais eux faisaient le désespoir des autres Libanais, y compris leurs coreligionnaires moins extrémistes. Les chrétiens activistes avaient signé, en 1969, les accords du Caire, légitimant les prétentions de l'OLP à un statut d'Etat dans l'Etat. Puis, en 1976, ils avaient remué ciel et terre pour que l'armée syrienne vînt les défendre contre ces mêmes Palestiniens. Après quoi, ils avaient conclu une alliance de fait avec Israël — longtemps avant que le président égyptien, Anouar el-Sadate, n'eût noué sa liaison, fatale, avec l'Etat hébreu. Le roi Abdullah de Transjordanie en 1948, Anouar el-Sadate en 1981, et à présent Béchir Gemayel — tous les dirigeants arabes qui osaient traiter ouvertement avec Israël finissaient assassinés.

Pourtant, tout au long de cet été 1982, depuis les étroits confins du ghetto où ils observaient les événements, les chrétiens activistes avaient assisté non pas à un unique miracle, mais à une véritable série.

D'abord, Israël avait enfin brandi son glaive rapide et effroyable pour frapper les Syriens redoutés et les Palestiniens honnis, plutôt que de continuer à les dresser les uns contre les autres en maintenant l'insupportable statu quo. Le Liban aux Libanais, avaient toujours réclamé les chrétiens, et à présent que leur souhait était en passe de se réaliser, ils avaient bien l'intention de veiller à ce que ce fût un Liban gouverné par les chrétiens. Et le plus beau était qu'ils n'avaient même pas besoin de faire la guerre : les Israéliens se battaient, et les chrétiens étaient bien placés pour partager avec eux les fruits de la victoire, qu'ils y aient pris ou non une part active. Les combattants israéliens ne cachaient pas leur ressentiment envers les « soldats en chocolat » qu'ils avaient pour alliés, lesquels manquaient à leur parole en ne participant pas à la lutte ; mais Béchir Gemayel nia à plusieurs reprises avoir pris de semblables engagements. Israël, laissa-t-il entendre, devrait se contenter de l'infrastructure qui lui avait été ménagée à l'arrière, dans le ghetto chrétien de Beyrouth, et de l'alliance avec les chrétiens du Liban, sur laquelle l'Etat hébreu s'était fondé pour justifier intellectuellement son invasion.

Ce fut justement en décidant de ne pas se battre aux côtés des Israéliens que les Forces libanaises parvinrent à persuader un gouvernement américain fort soupçonneux de soutenir les ambitions présidentielles de Béchir Gemayel. Les Américains redoutaient que la participation aux combats d'une milice chrétienne ne divisât, peut-être irrémédiablement, le pays et ne rendît quasi impossible toute réconciliation avec la majorité musulmane. En dépit de la parfaite indifférence de la quasi-totalité des chrétiens face aux destructions massives infligées par les Israéliens au secteur principalement musulman de Beyrouth-Ouest, qui raffermirent chez les principaux dirigeants musulmans l'opposition à Béchir Gemayel, ce dernier fut élu à la présidence de la République, traditionnellement réservée à un adepte de sa religion. Sa campagne offrait un mélange si convaincant de force, d'argent et de personnalité qu'aucun autre chrétien maronite n'osa lui disputer la plus haute fonction du pays.

Autre circonstance, encore plus miraculeuse, le gouvernement américain ne fit rien pour arrêter les Israéliens, ni durant les deux premiers jours de l'invasion, dans le sud du Liban, ni lorsque les envahisseurs remontèrent vers le nord pour encercler à l'intérieur de Beyrouth-Ouest cinq cent mille Libanais ainsi que la direction de l'OLP. Pour Gemayel, cette tolérance de la part des Etats-Unis était la marque d'un extraordinaire changement d'attitude. Lors des deux précédentes invasions dans le sud du Liban, en 1978, puis en 1981, durant la bataille de Zahlé et la crise des missiles de la Bekaa qui avait suivi, les Américains étaient intervenus avec vigueur pour arrêter Israël. A présent, sous le secrétariat d'Etat d'Alexander M. Haig Jr, le gouvernement Reagan semblait fort disposé à laisser les événements — des événements dictés par l'Etat hébreu — suivre leur cours. Les chrétiens du Liban en avaient brièvement douté à la fin du mois de juin, lorsque Haig avait démissionné — en partie à cause de la controverse suscitée par sa politique libanaise — mais presque aussitôt, les Etats-Unis avaient expédié au Liban leurs Marines, sur le pied de guerre, pour superviser le départ de la direction de l'OLP. Dès la fin du mois d'août, les Marines étaient à Beyrouth. Quelles que dussent être les conséquences pour les autres participants du conflit, les Forces libanaises se persuadèrent que les Américains s'étaient enfin convertis à leur point de vue. Par le passé, ils avaient ravalé le Liban au rang de figurant du Moyen-Orient, de champ de bataille où les autres nations pouvaient laisser libre cours à leurs instincts d'agression. A présent — du moins les chrétiens voulaient-ils s'en convaincre — les Etats-Unis étaient disposés à chercher une solution séparée aux malheurs du Liban, plutôt que de subordonner son sort à celui d'un accord global au Moyen-Orient.

Coupé pendant des années des gouvernements américains successifs qui s'étaient tous méfiés des machinations musclées ourdies par les Forces libanaises pour imposer aux Etats-Unis d'importants changements de politique au Moyen-Orient, Gemayel n'était pas mécontent des frictions que la guerre de l'été 1982 avait fait naître entre Washington et Jérusalem. Pour lui, Israël n'avait jamais été qu'un pis-aller, un succédané de puissance occidentale, sur lequel il ne se rabattait que lorsque ses alliés traditionnels à l'Ouest refusaient de le suivre le long de son chemin de mort et de destruction. Les Etats-Unis, première puissance mondiale, étaient infiniment plus acceptables pour le monde arabe, dont ils étaient en outre commodément séparés par des milliers de kilomètres d'océan. Ils n'étaient pas un voisin désagréablement enclin à se mêler de tout. Si Israël optait à présent pour un Liban affaibli qu'il pourrait se partager avec la Syrie, plutôt que de s'en tenir au soutien, publiquement promis, à un gouvernement fort et centralisé, les chrétiens pouvaient compter sur les Etats-Unis pour lutter en leur nom. Telle était en tout cas leur théorie et cette aubaine inespérée les faisait jubiler. Ils étaient convaincus qu'ils sauraient monter les Etats-Unis contre Israël pour leur plus grande gloire personnelle. Certains des lieutenants de Gemayel parlaient même de transformer leur pays surarmé en Etat neutre, cette Suisse du Moyen-Orient si inexactement vantée par les dépliants touristiques avant l'explosion de 1975.

Ces deux miracles n'étaient rien, cependant, en comparaison du troisième.

Quelques semaines après son élection et à neuf jours seulement de son intronisation officielle, Gemayel était indéniablement en passe de gagner à sa cause une nation libanaise pourtant méfiante à son égard, et notamment les musulmans. Ce succès était dû en partie à un empressement nouveau à prononcer les paroles qui pouvaient plaire : réunification, réconciliation, tourner la page, rendre hommage aux morts pleurés par ses anciens ennemis, garantir la liberté de la presse — des promesses dictées non seulement par le bon sens, mais par l'insistance de ses protecteurs américains. Le seigneur de la guerre dur, impitoyable, impulsif, si souvent décrit comme le défenseur assoiffé de sang d'une idée fixe, celle du christianisme musclé, le croquemitaine dont beaucoup de mamans musulmanes menaçaient leurs enfants désobéissants, se trouvait soudain métamorphosé en président de tous les Libanais. Et quelle tâche, désormais que la sienne ! Unir les trois millions de membres de seize sectes religieuses officiellement reconnues, habitant un pays à peine plus grand que deux départements français et parfois soudés uniquement par leur peur paranoïaque et leur détestation mutuelle. S'agissant des fonctionnaires, Gemayel pouvait réussir dans son entreprise. En effet, tous ces employés, caractérisés depuis tant d'années par leur absentéisme et leur abord revêche, champions de la corruption et de la mauvaise volonté, ne décollaient plus de leurs bureaux et se récriaient avec une feinte réprobation lorsque les administrés leur proposaient les bakchichs habituels pour s'assurer leurs services. « Le cheikh Béchir me ferait pendre par les pouces », me déclara un réparateur effrayé, en me voyant sortir quelque menue monnaie pour hâter la remise en état de mon téléphone qui tombait régulièrement en panne.

Donnant tout son fini au profil du Gemayel élu par le peuple libanais, venait s'ajouter l'apparence de son indépendance naissante vis-à-vis des Israéliens à qui il devait tant. Pour autant que l'on pût en juger, il se borna, pour quitter sa peau de collaborateur, à décourager les requêtes insistantes d'Israël concernant la signature d'un traité de paix séparé avec le Liban. Un tel document ne pouvait manquer de créer des tensions accrues entre chrétiens et musulmans à l'intérieur du pays et de faire peser sur lui la menace d'un humiliant boycott économique de la part des autres nations arabes. Les interminables violences avaient détruit une si grande part de l'infrastructure économique libanaise — et découragé tant de Libanais — que des centaines de milliers d'entre eux étaient partis chercher sécurité et travail dans les Etats conservateurs du golfe Persique ; et c'était l'argent qu'ils envoyaient à leurs familles qui permettait à l'économie libanaise de surnager. Sans compter que les pétrodollars arabes pourraient contribuer à réparer les dommages subis durant la guerre, dont beaucoup avaient été causés par les envahisseurs israéliens.

Néanmoins, Menahem Begin refusait catégoriquement de renoncer à ce traité qui lui apparaissait comme le pendant parfait de celui qu'il avait signé avec l'Egypte. Depuis des années, il accompagnait ses raids aériens ou terrestres, déclenchés bien souvent sans provocation, de vertueuses offres de rencontrer le président Elias Sarkis, afin de signer ce traité, présenté à mainte reprise comme une panacée contre les problèmes bilatéraux entre leurs deux nations. Par le passé, les Libanais avaient repoussé ces avances qui leur semblaient autant de preuves que Begin ne pouvait ou ne voulait pas comprendre les souffrances de leur pays, une manifestation de l'humour israélien du plus mauvais goût. Gemayel en vint à comprendre les dangers d'un traité de paix avec Israël — du moins avant la conclusion d'un accord global au Moyen-Orient — malgré la prophétie vieille de vingt ans qui assurait que le Liban serait le second Etat arabe à prendre une telle mesure. Au cours de l'été 1982, la radio nationale israélienne reconnut elle-même que Begin se trouvait confronté à un choix très simple entre un gouvernement libanais fort et centralisé, bien disposé envers Israël, ou un traité de paix. Ce serait l'un ou l'autre. En voyant à quel point Gemayel hésitait à céder aux instances de Begin, beaucoup de ses compatriotes chrétiens et musulmans sentirent leur méfiance s'apaiser. Venant d'un homme universellement soupçonné de la plus abjecte soumission à Israël, toute marque d'indépendance était accueillie comme une preuve qu'il commençait enfin à prendre conscience des contraintes qu'impliquaient ses devoirs de chef suprême. Cela dénotait un certain bon sens, ainsi qu'une influence occidentale, et surtout américaine, jugée plus équitable et plus désintéressée que celle d'Israël.

De toute façon, Gemayel se trouvait désormais engagé dans l'épreuve de force qui s'esquissait entre les Etats-Unis et Israël, ce qui flattait son sentiment d'importance. Il s'était estimé suffisamment en confiance avec ses voisins juifs pour acheter à la firme israélienne Automotiv Industries trois cent soixante camions militaires, dont la livraison commença juste avant la guerre. Il dînait sans se cacher avec Ariel Sharon, chaque fois que le ministre israélien de la Défense se rendait à Beyrouth. Et les sénateurs et ministres américains commençaient à présent à se rendre régulièrement dans la capitale libanaise.

Le 1er septembre, toutefois, le président Reagan prononça un discours recommandant un blocage des peuplements israéliens en Cisjordanie et dans la bande de Gaza, tant qu'une solution n'aurait pas été trouvée au sort de ces territoires occupés. Aussitôt la tension s'aggrava entre Washington et Jérusalem. Deux jours plus tard, les troupes israéliennes violèrent ostensiblement leurs engagements envers les Etats-Unis, en progressant de six cents mètres à l'intérieur de Beyrouth-Ouest, jusqu'à des positions d'où elles dominaient les camps de réfugiés palestiniens de Sabra et de Chatila. Comme cela était déjà souvent arrivé par le passé, ce fut au Liban que le mécontentement israélien envers l'allié américain commença à s'affirmer.

Cependant, au moment même où le président Reagan prononçait en Californie le discours évoqué plus haut, Begin s'entretenait secrètement avec Gemayel, dans le nord d'Israël, à l'occasion d'une de leurs réunions périodiques. A vingt-trois heures, le Premier ministre israélien quitta l'hôtel Carlton à Nahariyya, petite ville côtière, pour gagner une demeure où son gouvernement avait coutume de recevoir des hôtes de marque, tout près de la frontière libanaise ; Gemayel y faisait le pied de grue depuis déjà deux heures. Begin était accompagné de Sharon et Saad Haddad, commandant destitué de l'armée libanaise et chef d'une milice frontalière, payée, approvisionnée et armée par Israël. Begin avait coutume de l'utiliser pour lancer ses ballons d'essai et récemment les déclarations d'Haddad avaient reflété l'inquiétude croissante de l'Etat hébreu face à « l'ingratitude » de Béchir après son intervention et son aide électorale.

L'entrevue ne fut pas plaisante. Pour Begin et Sharon, l'objet de la rencontre était le traité de paix qu'ils voulaient voir Gemayel signer au plus vite, dans le mois qui suivrait son entrée en fonction officielle, le 23 septembre. Lorsque le président libanais leur exposa une fois de plus tous les problèmes que lui posait un tel traité et proposa de le remplacer par un pacte de non-agression, Begin lui désigna Haddad : il savait obéir, lui, savait ce qui convenait le mieux tant à Israël qu'au Liban ; voilà, ajouta-t-il, l'exemple à suivre. Mais c'était justement un autre sujet de discorde. Béchir avait voulu faire traduire Haddad en cour martiale pour avoir négligé son devoir et entretenu des rapports séditieux avec Israël (ses adjoints avaient toutefois suggéré de s'en tenir à une condamnation de pure forme). Or, à présent, voilà que Begin voulait voir cet homme ministre de la Défense ou général en chef de l'armée du nouveau gouvernement. La discussion dégénéra en sérieuse prise de bec entre Gemayel et Begin. Sharon, pour sa part, fit savoir que lorsqu'il tenait à sa merci quelqu'un ou quelque chose, il ne lâchait jamais prise. C'était Israël qui conduisait le bal, précisa-t-il, et Béchir avait tout intérêt à faire ce qu'on attendait de lui. A un moment donné, le Libanais étendit ses deux bras devant lui : « Passez-moi les menottes ! » lança-t-il, avant de clamer : « Je ne suis pas votre vassal. »

Il est évident pour beaucoup d'observateurs qu'il l'était justement. Et c'était bien ce qui indisposait beaucoup de Libanais, surtout après que les Israéliens, à la grande fureur de Béchir, eurent laissé filtrer l'annonce de cet entretien qu'ils avaient juré de garder secret. Les bureaux du président élu libanais émirent un communiqué niant formellement l'existence d'une telle entrevue. En privé, cependant, Gemayel ne se gêna pas pour rendre aux Israéliens la monnaie de leur pièce : de retour à Beyrouth, il raconta tout par le menu. Les mains nouées autour de sa gorge, pour illustrer la tactique de Begin, il expliqua à des groupes successifs d'interlocuteurs qu'on l'avait traité « comme un garçon d'étage ». Le Premier ministre israélien, qu'il considérait naguère comme un « sage », l'avait « trahi et insulté ». « Il m'a refusé toute espèce de dignité », accusa-t-il.

Parmi les interlocuteurs en question figuraient plusieurs Américains, notamment le secrétaire d'Etat à la Défense, Caspar Weinberger, en visite au Liban. Béchir lui fit clairement comprendre qu'il s'estimait « libéré » de tout engagement préalable envers Israël par l'odieux comportement de Begin. Cinq jours après l'entrevue de Nahariyya,

Béchir offrit aux Etats-Unis des bases militaires, certaines facilités pour installer des radars dans les montagnes libanaises et surveiller la Méditerranée orientale et l'hinterland arabe, bref, « tout ce dont vous pourriez avoir envie ». Weinberger fit celui qui n'avait pas entendu et passa à la question suivante. De toute évidence, cependant, Béchir était convaincu que cette offre de coopération militaire cadrait parfaitement avec la fascination qu'exerçait sur le gouvernement Reagan l'idée d'une force de déploiement rapide, prête à protéger les Etats pétroliers du golfe Persique. Il n'avait pas remarqué, semblait-il, que l'intérêt américain pour ce projet, jadis au centre d'une théorie selon laquelle le golfe Persique, plus que la Palestine, représentait le cœur politique du Moyen-Orient, était à présent sur le déclin. D'ailleurs un jeune homme encore relativement peu au fait des usages, dans les hautes sphères politiques, ne pouvait pas comprendre que pour un Weinberger les Etats-Unis devaient à tout prix éviter de s'enliser dans les sables mouvants du Liban. En outre, le secrétaire d'Etat était venu à Beyrouth uniquement pour s'assurer que les Marines seraient prêts à en repartir dès la fin de la semaine, longtemps avant l'expiration de leur mandat d'un mois.

En tout cas, raisonnable ou non, cette offre était un nouvel exemple de la faculté apparemment infinie que possédait Gemayel d'aller de l'avant, d'éblouir, d'impressionner. Comme beaucoup de Libanais s'empresseront de le dire, fût-ce au premier étranger venu, ils n'ont guère de prétentions à la profondeur intellectuelle. D'ailleurs, mesurés à l'aune de la rationalité occidentale, les progrès accomplis par Gemayel étaient encore bien faibles. Et pourtant, l'histoire contemporaine compte peu de personnages reconnus capables par toute une société, amis et ennemis confondus, et, au travers d'un si petit nombre de faits, d'une telle évolution — et ce avant même de prendre officiellement le pouvoir et d'affronter la force érosive de ses exigences. A trente-quatre ans (un an de plus que le Christ, comme le faisaient remarquer ses disciples avec une piété croissante), Béchir Gemayel semblait bien parti pour une canonisation immédiate.

« Jamais, dans l'histoire ancienne ou moderne du Liban, proclamait une demi-page de journal, encadrée de noir, au lendemain de l'attentat, un seul homme n'a éveillé autant d'espoirs, ni fait couler autant de larmes. » Les Libanais connaissaient, en l'encourageant même activement, une nouvelle hallucination collective. Par une curieuse démarche, qui était un peu l'inverse de celle du *Portrait de Dorian Gray,* ils effaçaient le passé. Si profond était leur désir d'avoir un gouvernement clair et sans équivoque, pour trancher dans le vif des haines profondément ancrées au sein de la société libanaise et faire jaillir l'ordre d'une décennie ou presque de chaos !

Pourtant, cette demi-page à la gloire du chef défunt recelait un indice fort révélateur, pointé, telle une flèche historique, vers un passé peu avouable. Elle avait, en effet, été payée par la direction et les employés d'une fabrique de matelas, Sleep-Comfort, dont la principale usine avait été le théâtre d'un des premiers grands massacres du Liban, en janvier 1976. Des miliciens chrétiens avaient tué des centaines de civils, des Kurdes, des Libanais appartenant à la secte des musulmans chiites et des Palestiniens, désarmés pour la plupart. Ce fut le massacre de Karantina (du nom que les Arabes ont donné au vieux quartier où s'effectuait jadis la quarantaine des navires, dans le port de Beyrouth), perpétré à deux pas du bâtiment où les Forces libanaises tenaient leurs conseils de guerre.

Karantina fut aussi le premier massacre libanais dont je fus témoin. Des miliciens portant autour du cou d'énormes croix de bois, drogués au haschich ou à la cocaïne, certains arborant des casques sortis tout droit des surplus nazis, tuèrent à cœur joie. C'était toujours la même chose — hommes, femmes et enfants. Parfois des chrétiens étaient massacrés par des Palestiniens, des Syriens et des Libanais musulmans, mais le plus souvent c'étaient eux qui tuaient les Palestiniens et leurs amis et voisins libanais. Avant Karantina, il y avait eu Dbeyeh et le Samedi noir. Damour, Aichiye, Jisr-el-Pacha, Tal Zaatar, Qaa, Khiam, Ehdene, Safra-Marine, Zahlé et bien d'autres, de moindre importance, allaient suivre. L'éloge funèbre publié par Sleep-Comfort était-il un rappel involontaire de la sauvagerie passée de Béchir Gemayel, me demandai-je distraitement, ou bien annonçait-il des massacres à venir ? Epuisés par la violence sans fin, peu de Libanais s'accordaient le luxe de telles questions. Ce qu'ils voulaient, c'était la paix, la loi et l'ordre. A n'importe quel prix — ils acceptaient même d'écouter les sermons de Gemayel-je-sais-tout. Il avait promis de ramener au Liban l'ordre et le calme, soulignant le contraste entre la tranquillité de bon aloi qui régnait, en surface, dans son ghetto chrétien, quadrillé par sa propre police, et l'anarchie qui faisait rage dans la majeure partie du pays. Il donnait toujours l'impression que les choses allaient être beaucoup plus faciles qu'elles ne le seraient vraisemblablement. Il en revenait constamment à la prétendue passivité des musulmans, comparée au refus militant de la tutelle palestinienne et syrienne qu'affichaient ses partisans chrétiens, oubliant fort opportunément qu'il n'y avait dans son ghetto ni Palestiniens, ni Syriens. Et puis, Béchir Gemayel était mort.

A présent, enfouies avec lui sous les décombres, gisaient les fondations du grandiose mais fragile édifice qu'il s'était donné tant de mal à bâtir. Il avait été si désireux de recueillir l'approbation du monde extérieur, avait souhaité de façon si touchante accéder à la respectabilité, surtout aux yeux de ce qu'il appelait toujours religieusement « le monde libre ». Il s'était flatté d'être le premier dirigeant libanais à édifier une organisation disciplinée et moderne, en dehors du système des clans féodaux qui depuis des temps immémoriaux monopolisaient le pouvoir. Il proclamait souvent que sa propre personne n'avait aucune importance, qu'on pouvait le tuer, lui, mais que ses Forces libanaises continueraient à fonctionner et même à prospérer sans lui.

Le plus triste, ce fut que les Forces libanaises fonctionnèrent effectivement — et même trop bien, sinon avec discernement — lorsqu'elles furent mises à l'épreuve. A ce qu'il semble, les principaux lieutenants de Gemayel n'avaient pas compris qu'au cours des trois semaines qui avaient suivi son élection leur chef avait changé et s'était attendu à voir son organisation changer avec lui. Il n'estimait plus nécessaires les méthodes radicales, les assassinats, les brutalités d'antan. Il allait bientôt incarner l'Etat, avoir à sa disposition tous les pouvoirs légaux officiels pour imposer sa volonté. Quiconque s'est jamais entretenu, ne fût-ce que cinq minutes, avec Béchir Gemayel ne saurait mettre en doute sa haine durable et viscérale non seulement pour l'OLP, mais pour tous les Palestiniens. Jamais il ne cacha son intention de chasser de son pays le plus grand nombre de Palestiniens possible et de transformer les camps de réfugiés en courts de tennis. Personne, cependant, pas même ses ennemis jurés, n'aurait imaginé un seul instant qu'en sa qualité de nouveau président de la République, il aurait toléré ce que ses lieutenants commencèrent à comploter moins de douze heures après sa mort.

A trois heures trente du matin, le mercredi 15 septembre, les principaux adjoints militaires de Gemayel s'entretinrent avec le général Raphael Eitan, chef de l'état-major israélien et le général Amir Drori, responsable du Commandement Nord d'Israël, officiellement chargé de toute l'opération au Liban. Les Israéliens s'apprêtaient à envahir Beyrouth-Ouest — au mépris de toutes les promesses faites aux Etats-Unis, au Liban et à l'OLP durant l'évacuation paisible de plus de dix mille fedayin palestiniens, achevée deux semaines à peine auparavant. La mort de Béchir créait trop de possibilités d'erreurs susceptibles de réduire à néant les sacrifices consentis et les avantages acquis jusque-là par Israël. Gemayel vivant, ils avaient compté sur lui pour nettoyer Beyrouth-Ouest de ses milices gauchistes armées et des deux mille combattants que l'OLP, ils en avaient la conviction, fondée sur des écoutes électroniques erronées, avait laissés derrière elle. Maintenant qu'il avait disparu, Sharon et Begin paniquaient. Ils estimaient qu'il leur était impossible de laisser Beyrouth-Ouest intact, alors qu'ils ne parvenaient plus à sentir la situation libanaise. L'invasion de Beyrouth-Ouest, devant laquelle ils reculaient depuis si longtemps, était donc prévue dans quelque quatre-vingt-dix minutes. (Dès avant l'entrevue avec les chefs de la milice chrétienne, Sharon avait donné l'ordre de faire venir par avion d'Israël des troupes et du matériel, en prévision de l'opération. Les premiers Hercules C-130 commencèrent à atterrir à l'aéroport de Beyrouth deux heures à peine après l'explosion d'Achrafieh.)

Lorsqu'il fut finalement mis au courant, le gouvernement israélien tenta de justifier la violation indiscutable des accords négociés par l'envoyé spécial des Etats-Unis, Philip Habib, en prétendant avec insistance que ses troupes « se sont portées vers de nouvelles positions à

Beyrouth-Ouest pour prévenir le risque de violences, d'effusions de sang et d'anarchie » consécutif à la mort de Gemayel. En fait, ni les chrétiens de Beyrouth-Est, ni les musulmans de Beyrouth-Ouest ne se rendirent coupables d'aucune violence. « La moitié du pays est plongée dans un profond désespoir, expliqua quelques heures après l'explosion un Palestinien perspicace, et l'autre est pétrifiée de peur. » Compte tenu du départ des combattants de l'OLP et du déminage des grand-routes libanaises par les diligents légionnaires français, ainsi que du démantèlement de la plupart des barricades de sable, l'invasion de Beyrouth ne nécessitait guère de génie militaire et les pertes israéliennes en vies humaines, dont la perspective aurait naguère été un des principaux éléments de dissuasion, ne seraient pas bien élevées.

Cependant, pour des raisons politiques, les Israéliens répugnaient à pénétrer dans les camps de réfugiés pour en déloger les combattants palestiniens — les « terroristes » comme ils disaient — dont leurs services de renseignements garantissaient la présence. Il existe encore une autre façon — moins charitable — d'envisager le raisonnement de Sharon. Ce dernier n'avait jamais caché son désir de s'introduire à l'intérieur de Beyrouth-Ouest proprement dit ; il avait même avancé imperceptiblement ses troupes, jusqu'à ce qu'elles fussent quasiment à deux pas des camps. Obsédé par le succès avec lequel l'OLP avait su gagner à sa cause l'opinion mondiale durant le siège de la capitale libanaise, il était résolu à détruire les camps de réfugiés — et le mythe de l'OLP — et à se servir pour ce faire des chrétiens. On peut en effet se demander pourquoi Sharon, s'il croyait vraiment que les camps hébergeaient deux mille Palestiniens armés, n'avait détaché que deux cents de ces hommes pour cette opération. Israël possédait ses propres hommes à l'intérieur des Forces libanaises et, à commencer par Frem, l'organisation tout entière était bouleversée par l'assassinat de Gemayel ; et, de ce fait, elle n'était que trop disposée à prêter une oreille favorable aux Israéliens, lorsque ceux-ci leur assurèrent que c'étaient les Palestiniens des camps qui avaient fait le coup et qu'ils devaient payer. Et, pour faire bonne mesure, les Israéliens exercèrent sur leurs amis des Forces libanaises une pression supplémentaire en prétendant que les hommes de Saad Haddad étaient prêts à pénétrer sans eux dans les camps, racontera, plus tard, un dirigeant phalangiste. « L'entrée dans les camps fut évoquée » au cours de cette entrevue, aux premières heures du mercredi, devait reconnaître Sharon la semaine suivante, devant le Parlement de son pays. Dès le jeudi, après un nouvel entretien avec Frem, Elie Hobeika, le chef de ses services de renseignements, et quelques autres, Drori téléphona à Sharon :

« Nos amis vont pénétrer dans les camps. J'ai coordonné leur entrée avec leurs responsables, signala-t-il.

— Félicitations, répondit Sharon. L'opération de nos amis est autorisée. »

L'opération en question favorisait aussi bien les desseins d'Israël que ceux des Forces libanaises. Comme le nota, froidement, en guise de confirmation, *Skira Hodechith,* le mensuel de l'armée israélienne, les Forces libanaises espéraient provoquer « un exode général de la population palestinienne, d'abord hors de Beyrouth, puis du Liban tout entier. Les chrétiens, ajoutait le magazine, voulaient créer ainsi un nouvel équilibre démographique dans leur pays ». Ils ne furent guère plus de deux cents miliciens libanais à franchir les lignes israéliennes qui entouraient les camps, le jeudi à la nuit tombée. Pendant quasiment trente-huit heures de suite, sans interruption, ils massacrèrent de sang-froid hommes, femmes et enfants — et même chevaux, chiens et chats. Bien que les soldats israéliens et leurs chefs postés tout autour des camps sussent ce qui se passait à l'intérieur, comme l'a établi la commission Kahane désignée par Israël pour enquêter sur cette tuerie, ils ne firent rien pour y mettre fin. Un lieutenant israélien qui avait assisté au meurtre de deux Palestiniens désarmés s'entendit dire par son chef de bataillon : « Nous savons, ça ne nous plaît guère, mais ne vous en mêlez pas. » Presque toutes les victimes étaient des civils sans armes.

Les chrétiens utilisèrent pour leur atroce besogne des grenades, des couteaux, des hachettes, des revolvers et des fusils d'assaut, ainsi que certaines pièces d'artillerie. Parfois ils tranchèrent les seins ou les pénis, taillèrent des croix à même la chair, en guise de signature ; des femmes enceintes furent éventrées et on trouva même, sur une planche à repasser, les membres sectionnés d'un bébé disposés tout autour de sa tête. Plusieurs des cadavres furent piégés, si bien qu'il était à la fois difficile et dangereux de les ensevelir. Avant que les équipes chargées de cette tâche ne cessent de compter — sous le soleil du Levant les corps devinrent rapidement impossibles à identifier — le comité international de la Croix-Rouge estimait le nombre des victimes à trois cent treize. L'Organisation de la défense civile compta quarante-trois victimes supplémentaires et cent quarante-six autres, au moins, furent inhumées par des amis ou membres de leurs familles. On sait que des fosses communes existent, mais elles n'ont pas été fouillées. Plusieurs mois après la tragédie, certains Palestiniens restaient convaincus que le nombre de disparus et présumés morts était d'environ trois mille. En l'absence de statistiques précises, certaines estimations dignes de foi indiquent que les Palestiniens ne constituaient vraisemblablement que le tiers des victimes. Certaines sources avancent que des Libanais chiites représentaient un autre tiers — voire même une moitié — des disparus, le reste étant des ressortissants d'Egypte, de Syrie et d'autres pays arabes. D'autres sources rapportent que neuf cent quatre-vingt-onze habitants du camp n'ont pas été retrouvés, dont un bon tiers peut-être de Libanais. L'emploi de bulldozers, tant pour coincer les réfugiés à l'intérieur de leurs cahutes que pour dissimuler les preuves, témoignait à la fois de la barbarie de l'attaque et d'une certaine confusion née de la crainte que ces forfaits ne vinssent à être connus.

Plusieurs mois plus tard, l'un des assassins évoqua devant moi de façon émouvante la part qu'il avait prise à la boucherie. Ouvrant son journal intime, il lut à voix haute : « Fusillons-les contre les murs roses et bleus, massacrons-les dans la pénombre du soir. » Combien de Palestiniens avaient trouvé la mort dans cette attaque ? Son chef, qui assistait aussi à l'entretien, déclara : « Vous le saurez si jamais on construit un jour un métro à Beyrouth », laissant clairement entendre qu'il y avait infiniment plus de victimes que n'en comptait la liste officielle.

Pour qui comprenait un tant soit peu la situation au Liban, ce massacre était inévitable, dès lors que l'on autorisait des membres des Forces libanaises à pénétrer dans les camps. Ils obéissaient à un instinct aussi naturel que celui qui pousse les chats à chasser les rats. Tout aussi facile à prédire était le désir israélien d'imputer carrément aux Forces libanaises la responsabilité de tout ce qui pourrait s'ensuivre. Et pourtant, moi le premier, observateur averti que j'étais, je fus incapable de comprendre ce qui se passait. Dès le vendredi après-midi, j'étais à l'intérieur de Chatila, où je regardais la fumée s'élever de bâtiments distants de moins de huit cents mètres, tout en interrogeant des miliciens qui reconnurent volontiers que l'on était en train de se battre. J'observai l'un d'eux, occupé à faire tourner le barillet de son revolver, avec pour toile de fond ce camp que je connaissais si bien, dont le sort m'avait préoccupé au point d'écrire bien souvent à son sujet, et je n'eus pas conscience que ce massacre que je redoutais depuis si longtemps était littéralement en train de s'accomplir. Rétrospectivement, nous nous sommes demandé, mes confrères et moi-même, ce qui se serait passé si le monde entier avait été averti un jour plus tôt du massacre. Il ne fait aucun doute, en effet, que la tuerie dura toute la nuit du vendredi, jusqu'aux premières heures du samedi. Sur le moment, je supposai que les habitants du camp s'étaient enfuis dès qu'ils avaient aperçu les miliciens, le jeudi soir, comme ils l'avaient fait en juin, lorsque les navires, l'artillerie, les tanks et l'aviation israéliens avaient commencé à faire des camps leur cible de prédilection. Je me trompais. De nombreux réfugiés croyaient que la guerre était finie et qu'ils n'avaient rien à craindre des troupes israéliennes. Après tout, les fedayin n'étaient-ils pas partis lors de l'évacuation ? Beaucoup de malheureux restèrent par conséquent sur place, tandis que d'autres qui tentaient de s'échapper furent arrêtés par les forces de l'armée israélienne, et même parfois par des soldats libanais, qui bloquaient les issues des camps.

C'était justement parce qu'il prévoyait pareil carnage que Gemayel, à partir du 5 juin, avait tenu à ses hommes la bride la plus courte possible. Il avait mobilisé les Forces libanaises, à la veille de l'invasion israélienne. Et malgré cela, tout au long de l'été, ses miliciens s'étaient rendus coupables d'attaques de moindre importance contre les civils palestiniens, dans le sud du Liban, où le contrôle exercé par Béchir était moins efficace. Personne n'ignorait en outre la frustration des Israéliens qui rêvaient de mêler les Forces libanaises à la lutte. A commencer par Begin, ils avaient tous exprimé publiquement leur déception face aux chrétiens qui avaient cessé le combat. C'était eux, après tout, qui avaient formé les principaux éléments de l'encadrement et du commandement des Forces libanaises. Ils savaient parfaitement que, d'une manière générale, les miliciens estimaient que seuls les Palestiniens morts étaient de bons Palestiniens et qu'un ou deux bons massacres chasseraient les réfugiés de Beyrouth et du Liban une fois pour toutes. (Les Israéliens avaient même tenté d'entraîner l'armée régulière du Liban dans une opération analogue. Après le massacre, un officier libanais s'est rappelé que dans la journée du jeudi un Israélien haut gradé, probablement le général Drori à en juger par le rapport Kahane, l'avait emmené jusqu'à l'aéroport où des miliciens commençaient à se regrouper et avait tenté de le convaincre de faire entrer l'armée dans les camps : « Si vos hommes ne s'en chargent pas, avait expliqué l'Israélien, je connais des gens qui le feront. » Le militaire libanais avait refusé.) Les Gardiens des Cèdres, groupuscule séparatiste incorporé par Gemayel aux Forces libanaises en 1980, professaient ouvertement la nécessité d'éliminer même les petits enfants palestiniens, faute de quoi ils deviendraient autant de « terroristes » à l'âge adulte. Béchir lui-même ne proclamait-il pas, depuis des années, que les Palestiniens étaient « un peuple de trop » au Liban et que « nous ne cesserons pas la lutte tant que tout Libanais digne de ce nom n'aura pas tué au moins un Palestinien » ? De vieux amis à moi, chrétiens, quoique d'un naturel moins sanguinaire, assuraient néanmoins que les Palestiniens avaient donné la preuve de leur vilenie en retournant dans les camps mutiler les cadavres des victimes, afin de rendre encore plus odieux les miliciens des Forces libanaises. C'était d'ailleurs cette haine viscérale à l'encontre des Palestiniens qui avait fait des chrétiens les alliés actifs d'Israël depuis 1976.

Face à l'horreur générale que suscita le massacre de Chatila, le commandement des Forces libanaises nia publiquement y avoir été mêlé. A l'en croire, il avait fait sa propre enquête, savait exactement ce qui s'était passé, heure par heure, et avait transmis tous les renseignements à Assad Germanos, le procureur militaire officiellement chargé d'enquêter sur le massacre pour le compte du gouvernement libanais. (Les Forces libanaises savaient pertinemment qu'elles ne risquaient pas grand-chose de ce côté : Germanos avait établi une espèce de record d'incompétence en se montrant incapable de traduire devant la justice de son pays plus d'une poignée de ceux qui avaient été mêlés aux dizaines de milliers de crimes violents perpétrés au Liban depuis 1975 ; d'ailleurs, avant même de commencer son enquête, il crut bon de déclarer que les massacres n'étaient « rien d'autre que des mensonges et des exagérations — il n'y a que deux cents morts ».) Officieusement, cependant, les chefs de la milice chrétienne refusèrent obstinément de dire quoi que ce soit concernant leur participation à la tuerie, soi-disant parce qu'ils avaient « très, très peur ». Pour reprendre les paroles de Fady Frem : « Nous avons dit oui, parce que nous estimions n'être pas en mesure de nous offrir un désaccord avec Israël. » Il est bien difficile de déterminer exactement à quoi les Forces libanaises faisaient allusion ou quelle interprétation ils espéraient voir donner à leurs paroles. Laissaient-ils entendre que les Israéliens, et tout spécialement les agents secrets du Mossad, qui traitaient depuis longtemps avec les Forces libanaises, détenaient un mystérieux et sinistre secret qu'ils menaçaient de révéler, ce qui leur aurait permis d'imposer l'opération aux miliciens ? La chose semble bien improbable, les politiciens israéliens reconnaissant de plus en plus ouvertement leurs rapports jadis cachés avec les forces chrétiennes, au grand dam de ces dernières.

Ou bien voulaient-ils dire que les Israéliens étaient las de voir les responsables de la milice se refuser à engager leurs hommes — surnommés les « soldats en chocolat », en raison de leur inactivité — et détenaient certaines informations particulièrement compromettantes qui leur permettraient d'obtenir, par chantage, leur coopération ? Béchir, après tout, avait pu promettre de signer un traité de paix avec Israël et d'engager ses hommes dans la lutte contre les Palestiniens. Et même s'il l'avait fait, depuis son élection il en était venu à une plus juste évaluation des contraintes qui pesaient sur lui, en tant que chef d'Etat. Le monde arabe, humilié par son incapacité à enrayer l'invasion israélienne ou à briser sa violence, n'était pas d'humeur à accepter un nouveau traité de paix avec l'ennemi héréditaire, une seconde brèche dans ses rangs jadis unis. Or le Liban, sans autre ressource naturelle que l'esprit d'entreprise de ses citoyens, avait besoin de l'aide financière des Arabes pour reconstruire son économie et ses villes en ruine. Ainsi, en sa qualité de président de la République, Béchir avait un prétexte idéal pour justifier son changement d'attitude. Il avait aussi une réponse toute prête lorsque les Israéliens le pressaient de se battre à leurs côtés. Il avait déclaré, officieusement, à tant de gens que les Forces libanaises ne participeraient pas à la guerre, que pour voir se réaliser sa promesse de « libérer » Beyrouth-Ouest de l'OLP, il ne lui restait plus qu'à escompter un sauve-qui-peut général chez les fedayin à la première apparition des soldats israéliens aux abords de la capitale. De toute façon, la « libération » du territoire faisait partie de sa stratégie électorale, puisqu'il devait convaincre les musulmans qu'il représentait une force irrésistible. Dans le même ordre d'idées, il avait imposé aux lycéens chrétiens des régions « libérées » un service militaire obligatoire et soutiré des armes, des uniformes et des stages d'entraînement aux Israéliens qui espéraient toujours le voir engager ses troupes contre l'OLP. Seulement, au lieu de s'enfuir, les Palestiniens restèrent à Beyrouth et résistèrent pendant deux mois et demi, s'attirant ainsi des sympathies dans le monde entier. Leur vaillant comportement lors du siège israélien effaça momentanément l'amer héritage de haine que leur conduite passée, sans retenue et souvent inconsidérée, avait accumulé au Liban, en l'espace de plusieurs années.

Ou bien les paroles sibyllines des Forces libanaises signifiaient-elles qu'Israël avait si bien noyauté leur mouvement qu'il exerçait un contrôle virtuel sur leurs principales unités et leurs principaux commandements ? Dans le rapport Kahane on peut lire que le général Eitan aurait, durant cette première et fatidique entrevue du mercredi matin, « ordonné aux chefs phalangistes de déclencher une mobilisation générale de tous leurs hommes, d'imposer un couvre-feu général sur tous les territoires qu'ils contrôlaient et de se tenir prêts à participer aux combats ». Il avait donc « ordonné » — ce même Eitan qui, le dimanche qui suivit le massacre, déclarait : « Nous ne donnons pas d'ordres aux phalangistes et nous ne sommes pas responsables de leurs actes. Les phalangistes sont libanais et le Liban leur appartient ; ils agissent comme bon leur semble. » Le rapport ne proposait aucune explication concernant cette phrase stupéfiante, s'en tenant strictement à son dessein évident de dissimuler l'identité des chrétiens mêlés au carnage. « Baise la main que tu ne peux mordre et supplie Dieu de la briser » est un vieux dicton fort à l'honneur au Liban, où des siècles d'occupation étrangère ont donné naissance à une tradition de déférence hargneuse envers le pouvoir.

Peut-être ne s'agissait-il, pour les chefs des Forces libanaises, las d'essuyer les quolibets de leurs compagnons d'armes israéliens, brûlant de tuer des Palestiniens, soupçonnant en leur for intérieur ces derniers d'être responsables de la mort de Béchir Gemayel et désormais délivrés de l'emprise que celui-ci exerçait sur eux, que d'agir selon leurs instincts naturels. Les lieutenants de Béchir avaient tous, sans exception notable, été formés en Israël et avaient donc de nombreux amis israéliens. Il y a toujours eu quelque chose de cynique et de méprisant dans l'image que Gemayel se faisait de l'humanité et son attitude envers ses propres miliciens mettait plutôt en évidence son côté Mr. Hyde que son côté Dr. Jekyll. Quels que fussent leurs autres qualités et défauts, ses lieutenants ne pouvaient guère passer pour des modèles de subtilité et de discernement.

Ou bien tout cela n'était-il en définitive qu'un effort maladroit pour forcer la sympathie et la compréhension, en laissant entendre que, pour ne rien dire, on n'en pensait pas moins, et en jouant la carte de l'opprimé, sans cesser de respecter la version levantine de l'*omertà,* la loi du silence chère à la Mafia ? Quel qu'eût été le but du voyage pour lequel elles avaient naguère cru s'embarquer en compagnie des Israéliens, les Forces libanaises — et beaucoup d'autres Libanais — étaient à présent certaines que leurs alliés s'étaient joués d'elles. Alors pourquoi ne pas faire retomber le blâme sur eux ?

Le gouvernement israélien fit valoir, non sans raison, que le Liban (et le monde entier) appliquait une double échelle des valeurs en imputant à son armée la responsabilité du massacre. Certes, reconnut Sharon, les troupes israéliennes avaient coordonné, mis sur pied et supervisé l'opération, et elles n'avaient ensuite rien fait pour empêcher la tuerie clairement visible à toutes les heures du jour et de la nuit (grâce aux fusées éclairantes) et audible des positions israéliennes, tout autour des camps. (Unique erreur délibérée dans son compte rendu des faits, le rapport Kahane soutenait que les soldats israéliens ne pouvaient voir ce qui se passait dans les allées du camp, même à l'aide des télescopes géants installés sur le toit du poste de commandement. Les journalistes qui escaladèrent les six étages de ce bâtiment n'eurent pourtant aucun mal à tout discerner à l'œil nu.) Mais enfin, le massacre proprement dit avait été perpétré par les chrétiens du Liban — même si les témoignages des survivants et la découverte fortuite d'une plaque d'identité de l'armée israélienne plaçaient celle-ci sur les lieux mêmes du carnage. (Certains des hommes de Haddad y furent aussi mêlés. Des survivants ont mentionné la présence d'hommes parlant avec un fort accent du Sud et s'appelant mutuellement Ali et Abbas, deux prénoms typiques des musulmans chiites qui composent le gros de ses troupes. Ces hommes, cependant, agissaient manifestement de façon indépendante et non sur les ordres de leur chef. Celui-ci, d'ailleurs, était loin d'être en assez bons termes avec les Forces libanaises pour participer officiellement à leurs côtés à une opération aussi délicate.) Comme le dit Begin : « Pourquoi tout ce battage parce qu'un groupe de goyim en massacre un autre et cherche à faire retomber le blâme sur les juifs ? » Néanmoins, l'héritage de persécutions subies par les Juifs à travers les âges — et la réputation d'Etat démocratique au milieu de tant de dictatures militaires que s'était forgée Israël, ce David opposé au Goliath arabe — était tel que le monde jugeait l'Etat hébreu selon les critères les plus élevés. En un certain sens, ce n'était que justice. Au fil des ans, les gouvernements israéliens successifs avaient justement évoqué cette image pour défendre leur politique vis-à-vis des Arabes, tout spécialement au Liban. Begin fit d'abord de l'obstruction, refusa l'enquête officielle qu'exigeaient ses détracteurs. Mais, grâce à une manifestation monstre, à laquelle participèrent quinze pour cent de la population israélienne — grâce aussi aux critiques croissantes à l'intérieur de l'armée qui avait jadis unanimement soutenu le gouvernement — ce fut le « bon » Israël qui l'emporta, l'Israël que l'Occident, et notamment le gouvernement et le Congrès américains, avait défendu malgré l'accumulation des preuves d'une politique agressive et prédatrice contre les Arabes. Le système, ou ce que l'Occident prenait en tout cas pour le système, fonctionna et le gouvernement israélien finit par accepter, de bien mauvais gré, l'enquête officielle qu'il avait d'abord cherché à éviter.

Lorsqu'on évoquait le massacre, cependant, les Libanais ne réagissaient plus comme les Occidentaux, dont ils s'efforçaient de singer le comportement en d'autres occasions. (Le général Eitan déclara, par la suite, que pour sa part il savait parfaitement de quoi les miliciens chrétiens étaient capables. Comme il l'expliqua à la commission Kahane, il s'était dit : « Je peux lire la vengeance dans leurs yeux. Ils aiguisent leurs couteaux. ») Si Begin et Sharon surmontaient la tempête initiale, alors les Libanais se démèneraient de leur mieux pour en faire autant. De toute façon, le monde extérieur ne s'était pas tant ému à l'occasion des autres tueries libanaises. Pourquoi en faisait-on toute une histoire aujourd'hui ?

De vieux amis libanais, ordinairement d'un naturel plutôt libéral, invectivaient les correspondants étrangers de leur entourage, qui voulaient à toute force reconstituer l'histoire du massacre jusque dans ses moindres détails : « Vous ne comprenez donc pas que nous en avons la nausée de vous voir remuer toute cette boue ? me lança Dina, une amie musulmane. Allez-vous-en et fichez-nous la paix. Vous ne voyez pas que les chrétiens ont enfin compris qu'il est impossible de continuer à se battre, que la guerre est finie, mais qu'il va être bien difficile de faire la paix ? » Les interminables difficultés du Liban s'étaient coagulées en une masse unique, bien peu appétissante. L'important, à présent, c'était d'éviter toute nouvelle détérioration. Etouffer le massacre devint une véritable raison d'Etat, non plus seulement au niveau risible de l'enquête de Germanos — farce pseudo-judiciaire qui n'était pas sans rappeler les procédures en vigueur dans le sud des Etats-Unis d'antan, mais qui terrifia en tout cas suffisamment les survivants du massacre pour les inciter à déclarer sous serment que tous les tueurs étaient des Israéliens parlant hébreu. Non, nier l'évidence devint un acte positif, presque une marque de patriotisme. Les dirigeants libanais, chrétiens et musulmans, quels que fussent leurs désaccords profonds, étaient bien décidés à ne pas laisser ce carnage détruire le peu de chose qui les unissait encore.

Chacun pour ses raisons propres, les deux grands groupes religieux s'entendirent pour blâmer Israël. Les chrétiens avaient l'impression d'avoir été manipulés par les Israéliens. Ils ne faisaient aucune distinction entre, d'une part, le gouvernement israélien, qui s'efforçait de les défendre, d'autre part, la presse très active, la population horrifiée et l'opposition revigorée, toutes bien décidées à aller jusqu'au fond des choses. D'ailleurs, ils n'étaient pas convaincus qu'Israël fût effectivement innocent de l'assassinat de Gemayel. Dans le fief même des Gemayel, le village de montagne de Bikfaya, et parmi les principaux membres du clan, on citait la rencontre de Nahariyya comme une preuve déterminante que les Israéliens préféraient un Liban divisé à la perspective d'un gouvernement fort sous Gemayel. En outre, beaucoup de Libanais, se ralliant au point de vue général, qui dotait Israël d'omniscience, d'omnipotence et d'ubiquité, assuraient que seul l'Etat hébreu était suffisamment astucieux pour avoir réussi à atteindre Béchir jusque dans le saint des saints, le quartier général d'Achrafieh.

A Beyrouth-Ouest, les dirigeants musulmans, comprenant qu'ils ne pouvaient pas grand-chose pour les Palestiniens, choisirent eux aussi de nier l'évidence et de blâmer Israël. Leur attitude fut dictée en partie par une indifférence confinant à l'animosité envers les Palestiniens, une hostilité qui s'épanchait soudain, après des années passées à ronger leur frein sous la tutelle de l'OLP et surtout après les terribles ravages infligés par la guerre de l'été 1982, laquelle était due, il ne fallait pas l'oublier, à la présence des fedayin à Beyrouth-Ouest. Cependant, ils s'estimaient également trahis et humiliés par les Israéliens. Pas un seul musulman n'avait, à l'instar des chrétiens, accueilli les soldats israéliens à Beyrouth en leur jetant du riz et des fleurs. Leur dignité était intacte.

Le samedi matin, lorsque les premiers comptes rendus du massacre commencèrent à circuler dans Beyrouth-Ouest (ils ne mentionnaient toutefois que trente victimes), un homme hors d'haleine se présenta devant la magnifique demeure de Saeb Salam, dans le quartier musulman ouvrier et densément peuplé de Mousseitbe. Salam, âgé de soixante-seize ans, avait été six fois Premier ministre et au cours de l'été, il s'était réaffirmé comme « Monsieur Musulman » de Beyrouth grâce à son rôle clé d'intermédiaire dans les négociations tortueuses entre les Etats-Unis et l'OLP.

« Saeb bey, annonça l'arrivant, les Forces libanaises ont envahi Beyrouth-Ouest. Ils arrêtent et tuent les passants.

— Comment sais-tu que ce sont les Forces libanaises ? demanda un homme de confiance de Salam.

— Parce que c'est écrit sur leur uniforme, sur leur poitrine.

— Depuis quand as-tu appris à lire ? » aboya le conseiller.

Saeb bey acquiesça d'un signe de tête.

Cet acquiescement ne signifiait nullement que Saeb Salam approuvait ce qui s'était passé. Le chef musulman avait mis Béchir Gemayel en garde contre les risques de partition du pays et de nouvelles violences, si les Forces libanaises finissaient par se lancer dans la bataille aux côtés des Israéliens. Tout au long de l'été, il s'était dépensé sans compter pour sauver l'honneur de l'OLP, pour sauver Beyrouth-Ouest et délivrer le Liban de ses nombreux démons. Non, ce signe de tête était un geste de résignation. Salam était un vétéran de la politique, un musulman sunnite, membre de cette grande secte majoritaire accoutumée depuis des lustres à exercer le pouvoir. Que pouvait faire un mandarin tel que lui, un politicien qui se flattait de posséder le pragmatisme d'un homme d'affaires, confronté à ce qu'il considérait comme la convergence des instincts paranoïaques dont souffraient à la fois les Israéliens et la milice chrétienne ?

Quelle démence avait propulsé vers ces camps, qui représentaient pour les Palestiniens déracinés ce qui se rapprochait le plus d'une capitale, miliciens et Israéliens ? Les camps de réfugiés étaient-ils devenus pour les Israéliens une sorte de moderne Carthage qu'il fallait raser et parsemer de sel pour mettre fin aux prétentions de l'OLP ? Quels démons s'étaient donc emparés de l'esprit de Begin, Sharon, Drori et du reste de l'armée israélienne — une armée qui se vantait d'adhérer à la doctrine de la « pureté de l'arme », ne se résignant à tuer que lorsque c'était vraiment indispensable ?

Un haut-fonctionnaire israélien, ayant derrière lui une longue expérience des Forces libanaises, confia à certains journalistes son étonnement à l'idée qu'une organisation apparemment si disciplinée ait été capable de perpétrer un tel forfait. Il ne lui vint même pas à l'idée — lui qui connaissait pourtant les tenants et les aboutissants des Forces libanaises mieux qu'aucun autre Israélien peut-être — que c'était justement parce que ses membres étaient disciplinés qu'ils avaient pu agir ainsi. La seule façon vraiment sûre d'empêcher les miliciens de perdre tout contrôle, c'était évidemment de les encadrer par des officiers subalternes israéliens comme l'avaient fait pendant des siècles les armées françaises et anglaises avec leurs troupes indigènes. Seulement c'étaient là des méthodes coloniales, dont la seule mention suffisait à hérisser les membres de l'establishment israélien, en dépit de l'accumulation d'indices montrant à l'évidence que la guerre de l'été 1982 au Liban avait bel et bien été la première guerre coloniale de l'Etat hébreu, tout comme l'occupation de la Cisjordanie et de la bande de Gaza avait été une entreprise fondamentalement coloniale. Il était plus facile de faire valoir que leur opération en territoire libanais restait purement et simplement militaire, nullement politique, de préciser tout bonnement qu'ils étaient résolus à mettre hors de combat « deux mille terroristes » — qui, s'avéra-t-il au bout du compte, n'étaient même pas dans les camps.

Quant aux Forces libanaises, même dans une partie du monde où la vengeance est indubitablement un plat qui se mange froid, il était difficile de comprendre la raison de ce nouveau massacre à ce moment précis. Naguère, en 1976, à l'époque où les effusions de sang étaient un phénomène relativement nouveau au Liban, on avait eu du mal à suivre les raisonnements tortueux invoqués par les milices chrétiennes pour justifier la série de carnages qui avaient jalonné cette guerre civile. On avait expliqué que Karantina avait entraîné la tuerie de Damour, ville côtière chrétienne où l'OLP et ses alliés libanais avaient tué entre cent cinquante et deux cents civils (et non les cinq mille revendiqués à tort, plus récemment, par certains prêtres zélés). A leur tour les milices chrétiennes avaient alors massacré des milliers de réfugiés dans le camp de Tal Zaatar. Mais que devait-on penser à présent d'un milicien chrétien qui, en pénétrant dans le camp de Chatila, avait déclaré à un soldat de l'armée libanaise : « Ça fait des années que j'attends ce moment » ? Quand arrêterait-on de s'entre-tuer ? Les jeunes gens engagés dans une unité spéciale des Forces libanaises, la brigade Damour, avaient prêté le serment de venger leurs familles disparues et de ne s'arrêter que lorsque tous les Palestiniens auraient été chassés du Liban. Mais pour aller où ? Aucun autre pays, arabe ou non, ne voulait recevoir les civils palestiniens. Seulement cela, les irresponsables des Forces libanaises ne voulaient pas le savoir. Leurs membres ne réfléchissaient jamais au mal qu'avait eu l'OLP — et Philip Habib — à persuader le monde arabe d'accueillir les fedayin évacués hors de Beyrouth au mois d'août.

Sous ce rapport, ils partageaient le mépris manifesté par les Israéliens envers les Palestiniens, ces non-hommes. Golda Meir, alors Premier ministre d'Israël, avait contribué à cette doctrine par une interview accordée au *Sunday Times,* en juin 1969. A une question à propos des Palestiniens, elle avait textuellement répondu : « Ils n'existent pas. » A présent, plus de dix ans plus tard, les Palestiniens existaient toujours, mais pour les Israéliens uniquement en qualité de « terroristes », ce qui faisait qu'ils n'étaient pas considérés par l'Etat hébreu comme dignes du statut de prisonniers de guerre. Begin au mois de juin les décrivait comme « animaux à deux jambes ». Leurs morts, leurs blessés — civils ou militaires —, leurs familles n'ont jamais figuré dans aucune statistique israélienne sur la guerre du Liban. Et à présent, en cette mi-septembre 1982, leurs femmes, enfants et vieillards (les hommes en âge de porter les armes avaient tous été emmenés en Israël, avant d'être transférés dans un camp à Ansar, dans le sud du Liban) étaient autorisés à camper dans les ruines des camps de réfugiés que les Israéliens avaient bombardés et dynamités avant de les passer au bulldozer. Les Israéliens avaient commencé par refuser de laisser l'UNWRA, l'Agence des secours et des œuvres des Nations unies, qui, depuis plus de trente ans, s'occupait du sort de ces réfugiés, leur procurer fût-ce de simples tentes entreposées à Chypre. Ils se montrèrent plus disposés, résolus même à collaborer lorsque les autorités libanaises se mirent à renâcler. Aujourd'hui encore, dans le sud du Liban, diverses milices harcèlent en toute impunité les Palestiniens. Les troupes israéliennes n'interviennent que lorsque les choses vont trop loin ; on préfère leur présence à celle des milices qu'elles tolèrent. Mais une grande partie des réfugiés voudrait surtout quitter le Liban.

Dans une situation de ce genre, il est bien difficile de savoir qui se joue de qui. Les Forces libanaises, en tout cas, ont tiré du massacre une bonne leçon : c'est que les Israéliens se servent des autres, mais qu'on ne peut pas se servir d'eux. Les Etats-Unis auraient pu le leur apprendre avant, si un seul leader maronite s'était donné la peine de prêter l'oreille aux conseils qu'ils leur prodiguaient depuis tant d'années. Cependant, pour certains dirigeants des Forces libanaises, le massacre n'aura pas été inutile. Prenons par exemple Dib Anastase, aujourd'hui chef de la police des Forces libanaises qui, avant 1975, était un petit employé du célèbre hôtel Saint-Georges. Il a tout compris, a-t-il expliqué à un visiteur. Tout est une question de proportion. Bien sûr, les Palestiniens ont perdu dans les camps des centaines de martyrs, mais « nous avons perdu Béchir et vingt-cinq autres membres dans l'attentat contre le QG du parti ». Et dans son esprit, la chose ne faisait aucun doute. Leur perte, à eux, est infiniment plus grande.

2

ET LE COQ, IL LE SAIT?

Lorsque je retournai à Beyrouth, vers la fin du printemps 1975, durant les premières phases de ce que les Libanais refusaient toujours d'appeler une guerre civile, cela faisait déjà une bonne vingtaine d'années que j'observais, dans les pays du tiers monde, les douleurs de l'accouchement postcolonial. Pour le meilleur et pour le pire, j'étais devenu quelque peu expert ès-bouleversements dans les provinces éloignées d'anciens empires — qu'il s'agît de l'Algérie, du Congo, de la république Dominicaine ou du Vietnam. Pourtant je n'avais encore jamais vu une société entière s'effondrer aussi complètement et aussi vite. Un jour, les propos rationnels fleurissaient dans une partie de la capitale ; le lendemain, des élucubrations démentes et des actes plus insensés encore les avaient remplacés. Des quartiers, des villages, de grandes villes et pour finir le pays tout entier échappaient à tout contrôle, pour ne jamais plus regagner le domaine de la raison. Le Liban était possédé du démon et désormais ne pouvait plus qu'attendre d'être exorcisé. Les haines, les ressentiments, les craintes et les exécrations contenus depuis longtemps parcouraient à présent le corps politique affaibli, pareils à un de ces fléaux débilitants dont on ne peut attendre aucune rémission.

Au cours des seize premiers mois de violence — les mois de guerre civile — ce pays de trois millions d'habitants vit mourir environ trente-cinq mille de ses citoyens, des civils pour la plupart. Proportionnellement, c'était comme si les Etats-Unis avaient perdu non pas les cinquante-cinq mille hommes — des soldats qui plus est — tombés au cours des huit années de présence américaine au Vietnam, mais deux millions et demi de ses habitants. Ou peut-être même deux fois ce chiffre, car au Liban les statistiques sont suspectes, et en particulier le nombre des victimes, souvent exagéré pour soutirer toujours plus de fonds aux commanditaires étrangers. La violence ne s'interrompit jamais longtemps. Personne ne prenait l'initiative de mettre bas les armes. Le palliatif était toujours le même — un surcroît de soldats et d'armes pour un pays déjà saturé en ce domaine.

Au cours des ans, vingt-cinq mille soldats syriens au bas mot sont restés stationnés au Liban, conformément à un mandat de la Ligue arabe visant à assurer la paix, bien que les Libanais de tous bords en soient progressivement venus à les considérer, non sans ressentiment, comme une force d'occupation. Six autres pays ont envoyé six mille soldats, servant sous le drapeau des Nations unies, chargés de maintenir la paix dans le sud du pays. Toutes sortes d'organisations de fedayin palestiniens se sont employées à fournir à des dizaines de milliers d'hommes des armes toujours plus perfectionnées. Les armées privées vont des douzaines de petites milices qui ne contrôlent parfois que quelques immeubles en ville aux Forces libanaises responsables de la sécurité du ghetto chrétien de Beyrouth-Est et maniant des armes israéliennes. Ce sont également les Israéliens qui tirent les ficelles de la milice de l'ex-commandant Haddad le long de la frontière israélo-libanaise. Il existe enfin, principalement sur le papier, un semblant d'armée libanaise, laquelle ne s'est jamais complètement remise de sa séparation en deux blocs, chrétien et musulman, au début de 1976.

Tel était l'état de choses, désagréablement embrouillé, en juin 1982, lorsque les Israéliens envahirent le Liban, réduisant à néant la force militaire de l'OLP et humiliant les Syriens. Cependant, à mesure que les mois s'écoulaient péniblement, les changements paraissaient moindres qu'on aurait pu le penser. Aujourd'hui encore, une partie du psychisme collectif du peuple libanais refuse, à grand renfort de protestations, de croire à ce qui s'est passé et une autre décline toute responsabilité dans l'aggravation du désordre qui, de temps en temps, donne brièvement et trompeusement l'impression de vouloir se calmer. Les blessures qu'on s'inflige volontairement ne sont jamais plaisantes à contempler, non plus que les interventions extérieures manifestes. Or elles résument à elles deux la majeure partie des difficultés libanaises et alimentent une caractéristique bien connue du sous-développement politique, la prédominance perçue des complots. Tels sont les mystères du mécanisme d'autodéfense, dans une partie du monde où le passé et ses horreurs sont omniprésents, mais où ses leçons sont rarement retenues.

Ce fut arbitrairement que je décidai, en 1975-1976, d'étudier d'un peu plus près les chrétiens du Liban, et plus spécialement les maronites, qui en constituent l'épine dorsale, tant numériquement que politiquement. Mon enquête parut, par la force des choses, injuste à de nombreux maronites, parce qu'elle déforme, selon eux, leurs faiblesses sans permettre de comprendre suffisamment leur conviction qu'aucune autre voie ne leur est ouverte, compte tenu des machinations (réelles ou imaginaires) mises en œuvre par les *autres*. Je protestai que je n'étais pas historien. L'eussé-je été, j'aurais peut-être choisi d'étudier les musulmans chiites ou sunnites, les druzes ou bien une des — ou toutes les —

douze autres communautés religieuses officiellement reconnues, résidant au Liban, véritable zoo historique de tous les perdants du Moyen-Orient. Ou encore les Palestiniens, Israéliens, Syriens, Egyptiens, Libyens, Irakiens, Jordaniens, Américains ou Russes, car tous ont contribué à compliquer le sort du Liban en péchant par action ou par omission. Pourquoi, donc, les chrétiens du Liban ? Comme je jugeai prudent de l'expliquer aux divers seigneurs de la guerre maronites, avant de commencer à fureter pour de bon, je voulais savoir comment les chrétiens, qui gouvernaient — ou croyaient gouverner — le Liban avant 1975, avaient été réduits à l'état de sous-fifres. Ils avaient été à la tête de ce qui était, somme toute, le seul Etat chrétien du Moyen-Orient, depuis l'outre-mer des croisés, le fruit de mille années de convoitise et de machinations. D'une certaine façon, c'était là un exploit non moins remarquable que le retour des sionistes en Israël, après presque deux mille ans d'absence. Le Liban était le seul pays du Moyen-Orient où les chrétiens avaient résisté à l'assimilation, bien que leur goût prononcé pour les armes et la violence n'assurât pas nécessairement leur avenir à long terme.

Durant mes recherches, j'eus droit — et ce n'était pas la première fois au long de mes relations suivies avec les Libanais — à des cours d'histoire, de l'histoire en doses massives, souvent soigneusement élaguée et dont le contenu idéologique imposé sentait un peu trop le plaidoyer. Béchir Gemayel m'écouta lui exposer mon projet, me tança vertement pour mes fautes passées, pour la façon dont j'avais dépeint son ascension au rang d'enfant chéri des maronites, puis il me fourra entre les mains la photocopie d'un récit français du massacre des maronites par les druzes en 1860. Ce document qu'il m'offrait comme d'autres auraient offert une balle de base-ball dédicacée ou quelque gage d'autorité officielle, était manifestement rédigé sur un ton qui reflétait, à ses yeux, toute la sagesse du monde ; c'était le sésame-ouvre-toi de l'âme maronite, si complet qu'il devait répondre une fois pour toutes à mes questions. D'autres interlocuteurs, religieux et laïcs, se montrèrent moins cléments. Dans le journal intime qu'il a publié, l'ancien président Camille Chamoun cite interminablement un historien français du XIXe siècle, à seule fin de comparer le dilemme des maronites à celui des chrétiens orthodoxes de Constantinople, abandonnés par leurs coreligionnaires d'Occident lors de la conquête musulmane des Turcs ottomans, en 1453. A l'époque où Chamoun nota ce long passage dans son journal, les maronites étaient effectivement dans une situation similaire fort critique, mais, aux yeux de l'observateur étranger que j'étais, leurs malheurs semblaient bien loin de pouvoir rivaliser avec la prise de Byzance. Je me trompais. Pour ses concitoyens maronites, le raisonnement de Chamoun était parfaitement clair et logique. Il s'agissait de leur sécurité et c'est un facteur qui a toujours été prépondérant dans leur esprit.

Chamoun faisait écho à une conviction maronite, largement répandue, qui est que l'Occident — entendez les chrétiens d'Occident — n'éprouvent envers eux aucune espèce d'intérêt, ne veulent pas savoir qu'ils existent et souhaitent même les voir disparaître. Les chrétiens d'Orient affichent parfois leur religion avec une rigide arrogance, avec un militantisme si éloigné de toute compromission qu'il ne ressemble à rien tant qu'à la face cachée du complexe d'infériorité dont peut à juste titre souffrir une minorité longtemps brimée sur le plan civique. Ainsi, un étranger pourra s'estimer heureux si la conversation ne remonte pas au-delà des croisades. Ça, c'est la version abrégée. Pour beaucoup de mes interlocuteurs, je ne pouvais comprendre la politique actuelle au Liban que si j'acceptais le postulat — à première vue fort douteux, me semblait-il — que les Libanais descendaient des négociants les plus réputés de l'Antiquité, les Phéniciens. Tout était taillé sur mesure pour s'insérer confortablement dans la continuité d'un mythe qui soutenait les maronites dans leurs moments difficiles. J'appris à endurer ces interminables séances, sans émettre autre chose que quelques grognements de pure forme. Mes interlocuteurs ne toléraient aucune véritable remise en question des vérités qu'ils me révélaient. J'ai compris depuis belle lurette que j'avais tout intérêt à peser soigneusement mes mots en pareilles circonstances.

Il m'arriva, au cours de mon enquête, d'être invité par un spécialiste européen de l'histoire ecclésiastique, vivant au Liban, à étudier une sculpture en bois, grossièrement taillée, suspendue à son mur. De prime abord, je ne vis rien que de très banal : un cavalier vêtu de blanc, perçant de sa lance un diable noir qui se tordait à terre. Cependant, un examen plus attentif me révéla que le cavalier portait des boucles d'oreilles en or, en forme de petites croix, et qu'une autre croix ornait sa lance. Je m'avouai incapable d'en déduire quoi que ce fût. Mon hôte sourit, puis se lança dans l'explication du problème qui se trouvait, selon lui, au cœur même des difficultés que connaissaient les millions de membres éparpillés de la Chrétienté d'Orient.

« C'est une copie d'un original du XIIᵉ siècle, découvert dans un village chrétien, à une trentaine de kilomètres de Mossoul dans le nord de l'Irak », annonça-t-il, du ton dont on débite d'ordinaire les indices qui vont permettre de résoudre une énigme. Mon silence ignare le déçut visiblement.

« Sous les Abbassides, qui gouvernaient le califat depuis Bagdad, continua-t-il, les musulmans toléraient les chrétiens, mais, entre autres choses, ils leur interdisaient de posséder des chevaux, de porter des boucles d'oreilles ou des vêtements blancs, de montrer la croix en public et, bien sûr, de porter des armes.

— Mais votre chevalier fait tout ça.

— Sublimation des désirs, voilà ce que c'est. Le sculpteur chrétien a dû être inspiré en voyant un croisé prisonnier promené dans les rues de

Mossoul. Cela explique la tunique blanche ; quant aux boucles d'oreilles, il les a probablement inventées.

— Et le diable, il représentait quoi ?

— L'Islam et toutes ses œuvres. Les chrétiens en étaient réduits à rêver de posséder le pouvoir, de posséder leur propre Etat. L'égalité n'avait aucun sens pour eux, ni pour leurs maîtres musulmans. On dominait, ou on était dominé. Chrétiens et juifs étaient tolérés par les musulmans ; c'étaient les " gens du Livre " — la Bible —, qu'on appelait aussi les *dhimmi,* c'est-à-dire les protégés ; ils devaient payer des impôts spéciaux. Les chrétiens, cependant, haïssaient cette idée d'être protégés, tolérés, supportés. Cette petite sculpture exprime très précisément ce qu'entendaient ces chrétiens lorsqu'ils parlaient du triomphe de l'Eglise, car à leurs yeux l'Eglise triomphait de quelque chose — à savoir de ses ennemis.

— Et ils ont effectivement triomphé, ces chrétiens d'Orient ? » demandai-je.

Sa réponse désabusée aurait pu se résumer en peu de mots : pas vraiment, ou plutôt pas pour longtemps. Lorsqu'il avait initialement conquis le Moyen-Orient, au VIIe siècle de notre ère, l'Islam s'était montré remarquablement tolérant envers les chrétiens de l'empire byzantin et les innombrables cultes schismatiques qui en étaient issus. Les conquérants n'étaient pas très nombreux et s'appuyèrent donc, au départ, sur la population indigène, en grande partie chrétienne. La conversion à l'Islam devint un processus constant. Des historiens appartenant à différentes confessions semblent s'accorder à dire que l'instrument choisi pour l'assurer était plutôt la pression sociale — désir de se conformer, d'être assimilé au courant principal — que la force.

La présence des croisés le long du littoral méditerranéen dura deux siècles, à peine (XIIe et XIIIe) et pour les chrétiens autochtones que les arrivants étaient, prétendait-on, venus libérer de l'Islam, elle fut loin d'être un bienfait sans mélange. Accueillis d'abord à bras ouverts par leurs coreligionnaires, les croisés se rendirent coupables de tels excès que les chrétiens d'Orient allèrent parfois jusqu'à s'allier contre eux avec l'ennemi musulman, si bien que les croisés organisèrent des expéditions punitives en représailles. Chassés de leur enclave, toujours très précaire, au Moyen-Orient, à la fin du XIIIe siècle, les croisés se distinguèrent par le sac d'Alexandrie, qui faisait pendant à celui de Constantinople, au début du siècle — deux des principaux centres de commerce, d'érudition et de culture. La destruction de Byzance avait ouvert la porte aux invasions musulmanes vers l'Europe. Le sac d'Alexandrie, et certains autres excès, amenèrent les musulmans à mettre fin à leur attitude d'indulgente tolérance envers les chrétiens d'Orient et à imposer le genre de restrictions et de mesures vexatoires qui ont inspiré notre sculpteur irakien anonyme.

Vers le milieu du XIIIe siècle, les chrétiens d'Irak s'étaient alliés avec les redoutables conquérants mongols, alors occupés à détruire les empires perse et abbasside. En 1258, lorsque des troupes venues de Géorgie chrétienne s'unirent aux Mongols pour massacrer quatre-vingt mille hommes, femmes et enfants à Bagdad, au cours d'un carnage qui dura quarante jours, seuls les chrétiens de la capitale abbasside furent épargnés. Deux ans plus tard, cependant, les mamelouks musulmans défirent le général chrétien du chef mongol Hulagu, à Aïn Jalut. Ce fut l'une des batailles les plus décisives de l'histoire, car elle vit s'éteindre la dernière chance de répandre à travers tout l'Orient un christianisme viable et puissant. Les Mongols qui, à l'instigation de l'épouse chrétienne d'Hulagu, s'étaient montrés favorables aux chrétiens finirent par accepter l'Islam. Les chrétiens d'Irak, qui avaient vénéré ces envahisseurs asiatiques, en qui ils voyaient l'instrument de la vengeance divine, venu délivrer la « nouvelle Babylone », se retrouvaient dans une situation pire que jamais. On a même retrouvé un tableau représentant Hulagu et sa femme, Doghuz Khatun, — reconnaissables à leurs traits asiatiques — comme de modernes incarnations de Constantin et d'Hélène qui avaient converti l'Empire romain au christianisme, neuf siècles auparavant.

Dès le début de la conquête islamique, les chrétiens, plus cultivés que leurs maîtres musulmans, furent employés comme médecins de la cour, secrétaires, apothicaires et ainsi de suite. Au cours du siècle qui suivit cette conquête, la seule Syrie donna au monde cinq papes, saint Jean Damascène, célèbre théologien, et le plus grand poète chrétien de l'époque, Akhtal. Grâce à leurs connaissances linguistiques, les chrétiens contribuèrent puissamment à transmettre la civilisation grecque, en traduisant des ouvrages de physique, de médecine, de géométrie, d'architecture et d'autres disciplines. Les chrétiens les plus résolus cherchèrent le salut dans la géographie, se réfugiant le plus souvent dans des collines et montagnes reculées et inaccessibles. Là, ils parvenaient à survivre, à tenir, mais bien souvent au prix d'une regrettable stagnation. Que ce fussent les maronites du Liban, les Arméniens ou les jacobites de Turquie, les nestoriens ou les chaldéens d'Irak, tous ces chrétiens soupiraient après le protecteur étranger qui, un jour, Dieu sait comment, les délivrerait de l'Islam et les aiderait à créer leurs propres Etats indépendants. Ils n'étaient pas hommes à accepter la soumission et la résignation manifestées par les coptes d'Egypte et les orthodoxes grecs de Byzance, qui avaient appris à vivre avec leurs seigneurs musulmans sans revendiquer de droits politiques. Coptes et orthodoxes représentaient de loin les deux plus nombreuses populations chrétiennes du monde musulman, mais ils refusaient de partager les mêmes craintes ou d'exiger les mêmes garanties que les Eglises moins importantes. Petit à petit, chacun eut sa part des avantages acquis au XVIe siècle, lorsque les diverses puissances européennes commencèrent à arracher aux Ottomans des « capitulations » qui leur permettaient d'étendre leur protection à tous les chrétiens de l'empire turc, voire parfois à leur assurer une quasiextraterritorialité. Ces privilèges eurent évidemment le don de monter la majorité musulmane contre les chrétiens, d'autant qu'ils s'accompagnaient, chez les chrétiens fortunés, d'un net penchant à faire étalage de leurs richesses. Par conséquent, tandis que les chrétiens d'Orient appelaient de leurs vœux le soutien européen qui leur permettrait de renverser la situation vis-à-vis de leurs maîtres ottomans, ceux-ci manifestaient une méfiance croissante envers ces trublions qu'ils en vinrent à considérer comme des traîtres en puissance, une espèce de cinquième colonne émanant d'intérêts occidentaux de plus en plus puissants et dangereusement menaçants. Le massacre le plus connu perpétré par les Turcs (en aucun cas un phénomène isolé) entraîna, durant la Première Guerre mondiale, la disparition de plus d'un million d'Arméniens, tués ou morts de misère. L'un des facteurs qui contribuèrent à cette tragédie fut les encouragements prodigués par les Européens aux Arméniens depuis des années et que les Turcs prirent comme prétexte pour justifier le génocide, l'un des premiers organisé par un Etat dont l'histoire ait gardé la trace.

En reportage à Beyrouth, dans les années soixante, c'est-à-dire bien longtemps avant la plus récente des guerres du Liban, j'avais été saisi par un authentique sentiment de désespoir, en apercevant, peint sur les murs de la faculté de droit de l'Université libanaise, le slogan : « Libérez l'Arménie. » Comment les Arabes et les Israéliens pouvaient-ils espérer parvenir à une solution, alors que les Arméniens en étaient toujours à demander justice au nom de leurs morts ? Quelque deux cent mille descendants des Arméniens qui s'étaient réfugiés au Liban pour échapper aux Turcs y avaient prospéré, mais la guerre civile en expédia un bon dixième vers des rivages moins violents, souvent américains. Il en fut de même du bref mais sanglant effort que firent les milices maronites pour mater les Arméniens par les armes, en 1978 et 1979. En effet, les Arméniens du Liban, dont beaucoup vivaient en territoire maronite, avaient refusé de prendre parti durant la guerre civile et ils refusaient surtout de payer leur dîme aux milices que cette perte d'un revenu potentiellement élevé, étant donné le nombre considérable d'Arméniens, exaspérait. Plus récemment, l'exemple militant des commandos palestiniens a contribué à la formation d'une Armée secrète arménienne, extrêmement efficace, qui se consacre à l'élimination des hauts fonctionnaires turcs à l'étranger et au rétablissement d'un Etat arménien indépendant. Méditant sur ce qui m'apparaissait comme un déclin progressif mais ininterrompu dans les fortunes des chrétiens d'Orient, dû parfois autant à leurs propres erreurs qu'aux brimades de la majorité musulmane, je demandai à mon hôte spécialiste de l'histoire ecclésiastique s'il estimait qu'il y avait à présent grand espoir de les voir survivre. Car, enfin, cela faisait des années que des chrétiens quittaient régulièrement Israël et les territoires occupés, et il y avait aussi un exode ininterrompu hors de l'Iran révolutionnaire, ainsi qu'une émigration, dont on parlait moins, mais qui restait quand même importante, des chrétiens du Liban, de Syrie et d'Irak.

« J'espère que les chrétiens d'Orient ne sont pas condamnés, mais de la façon dont ils mènent leur barque, je ne vois pas comment la chose pourrait être évitée, m'avoua-t-il.

— Combien de temps faudra-t-il ? lui demandai-je.

— En tant que force effective, entre cinquante et cent ou cent cinquante ans, peut-être, dit-il en contemplant la sculpture sur son mur.

— Cela vous étonne de constater qu'il reste encore des chrétiens au Moyen-Orient ?

— Personne ne sait quand, ni comment la rivière disparaît dans les sables du désert », conclut-il.

Un chrétien du Liban, doué d'un esprit quelque peu conformiste, contesterait tant l'idée que l'image que nous venons d'évoquer. Il est difficile de dire avec la moindre exactitude ce que sont vraiment les diverses sectes chrétiennes — ainsi d'ailleurs que bien d'autres communautés libanaises — mais on peut affirmer, en revanche, que ce ne sont pas des gens du désert, ou en tout cas qu'ils ne le sont plus, quelles qu'aient pu être leurs origines. Ce qui différencie, en effet, le Liban du reste du Moyen-Orient, ce sont ses montagnes, ses ressources hydrographiques relativement abondantes et son accès à la Méditerranée — combinaison qui a permis aux dissidents bien décidés à conserver leur identité d'y trouver un refuge. Ses dix mille quatre cent cinquante-deux kilomètres carrés de superficie présentent une diversité géographique — sommets de trois mille cinq cents mètres, plages de sable fin, plaines fertiles — qui, en des temps plus paisibles, faisait le ravissement des rédacteurs de dépliants touristiques. Certains pensent que le nom de Liban est dérivé d'un mot sémite signifiant « blancheur », mais on ne sait trop si c'est une allusion à la nature calcaire du sol ou à la neige qui coiffe les montagnes. Ce pays long de deux cents kilomètres à peine et dont la largeur excède rarement soixante kilomètres est pris entre deux chaînes de montagnes : le Liban, qui descend par endroits jusqu'à la côte, et l'Anti-Liban, qui forme une frontière orientale naturelle avec la Syrie et que couronnent à son extrémité méridionale, près de la frontière israélienne, les neiges éternelles du massif de l'Hermon. Entre ces deux lignes de crêtes s'étend la vallée de la Bekaa, étroite mais fertile bande de terre, qui atteint rarement dix kilomètres de large. Une autre plaine agricole, celle de la région d'Akkar, se situe tout à fait au nord du pays, entre le port de Tripoli et la frontière syrienne. Desservant l'étroite plaine côtière, une série de vallées dont la largeur moyenne est inférieure à deux kilomètres sont orientées d'est en ouest. Elles s'enfoncent jusqu'au cœur du Mont-Liban — de la Montagne, comme disent les Libanais — centre historique de la population maronite.

C'est de ces hauteurs de calcaire et de grès qui dominent la Méditerranée et qui sont à présent largement dégarnies, qu'est venu le bois utilisé pendant deux mille ans sur tout le littoral pour construire les embarcations des Phéniciens, des pharaons d'Egypte et de la Rome impériale. Les forêts les plus riches — ces forêts de cèdres mentionnées dans la Bible — fournirent également des huiles et des résines dont on se servait en Egypte pour la momification : « Chaque fois que mourait un Egyptien, les Libanais gagnaient de l'argent », avait coutume de dire un professeur d'histoire à l'Université américaine de Beyrouth. Ce fut aussi le Liban qui fournit au roi Salomon les cèdres et les ouvriers pour la construction du Temple de Jérusalem.

Les Phéniciens habitaient jadis des cités indépendantes, côtières et sans aucun prolongement vers l'intérieur des terres ; ils ne brillaient pas par leurs talents d'inventeurs et n'ont guère contribué à améliorer le sort matériel de l'homme, ni à le faire progresser sur le plan philosophique. Cependant, sans être des créateurs, ils furent de grands transmetteurs de culture et c'est à eux que l'on attribue généralement la première synthèse culturelle. N'en déplaise aux Libanais, ce ne sont pas les Phéniciens qui ont inventé l'alphabet, mais, en revanche, ils l'ont répandu à travers tout leur vaste empire commercial qui, à son apogée, s'étendait de la côte libanaise à Carthage (l'actuelle Tunisie), puis à l'Espagne et au-delà. La côte libanaise était un carrefour multilingue où se croisaient des voyageurs venus de tout le monde antique, un centre intellectuel, comme il convenait à une grande société marchande. Les cités phéniciennes que furent Byblos, Beyrouth, Saïda et Tyr étaient les points névralgiques des grandes voies commerciales qui menaient vers l'ouest à toutes les rives de la Méditerranée et vers l'est au golfe Persique, à l'Inde, à la Chine et au-delà.

Tout au long de son histoire, le Liban a continué à remplir un rôle analogue à celui que jouaient les Phéniciens. Tout comme ces derniers, les Libanais contemporains n'ont aucun sens réel de l'Etat. Les cités phéniciennes n'étaient véritablement unies que lorsqu'elles étaient gouvernées par un pouvoir extérieur. Un peu au nord de Beyrouth, sur les rives du Fleuve du Chien, là où la Montagne descend jusqu'à la mer, on trouve sculptée, à même une falaise à pic, la liste de ceux qui sont venus et qui ont vaincu : entre autres les Hittites et les Assyriens, les Grecs et les Romains, les Français et les Anglais. Peu de ces conquérants se sont donné la peine de soumettre les zones montagnardes. Tant que les voies de communication restaient ouvertes et que les impôts étaient perçus, ce qui se passait dans les montagnes n'avait aucune espèce d'importance.

Comment, cependant, les maronites, si fiers de leur indépendance de montagnards et de la pureté raciale qu'elle implique, fruit de plusieurs siècles d'isolement, peuvent-ils se comparer aux Phéniciens de cette côte si métissée ? Et pourquoi tiennent-ils absolument à descendre aussi des

Mardaïtes, peuple mystérieux mais féroce, mentionné au début de la conquête islamique et que les Byzantins vaincus auraient laissé derrière eux pour harceler leurs conquérants musulmans?

La réponse est fort simple. En établissant ainsi des liens avec les Phéniciens ou les Mardaïtes, les chrétiens du Liban peuvent du même coup se dissocier des Arabes et de l'Islam. A partir du XIXe siècle, cela devint, chez les maronites, une préoccupation constante. Tout ce qui pouvait soutenir la thèse d'une existence pré-islamique apportait de l'eau à leur moulin, ou plus exactement satisfaisait la partie de l'esprit maronite qui rejette le monde arabe et sa culture; car il en existe indéniablement une autre qui est fière de ses racines arabes et de sa contribution à la culture et à la société arabes. Mais, au cours des deux derniers siècles, l'histoire maronite a été dans une large mesure l'œuvre d'écrivains ecclésiastiques entre autres, bien décidés à prouver coûte que coûte la thèse « non arabe ». Ce n'est que récemment que des historiens révisionnistes, et même certains dignitaires de l'Eglise, ont envisagé ces tentatives d'un œil beaucoup moins favorable, si bien qu'indépendamment du plaisir tout académique que l'on peut prendre à dévoiler les mobiles hautement politiques de l'Eglise d'Orient, on considère aujourd'hui tous ces travaux comme des tissus d'inventions.

Mais alors, qui étaient donc les maronites? Ils doivent leur nom à un ermite du Ve siècle, saint Maron, et n'étaient au départ qu'une secte chrétienne aux origines obscures, vivant dans ce qui est aujourd'hui la vallée de l'Oronte, dans le nord de la Syrie, autour de la ville de Hama. Certains historiens affirment que Maron fut canonisé pour avoir définitivement extirpé le paganisme de la région en question. (D'autres saints, en tout cas, ont été ainsi récompensés pour cette même raison — il s'agissait d'agriculteurs probablement en conflit avec l'Eglise byzantine, plus puissante et plus urbanisée, dont les chefs temporels régnaient sur une grande partie du Moyen-Orient.) Les Byzantins ne voyaient pas les maronites d'un très bon œil, ni d'ailleurs aucune des autres sectes chrétiennes schismatiques, qui abondaient avant l'invasion musulmane du VIIe siècle. Quant à savoir d'où étaient venus les maronites à l'origine, c'est un détail qui se perd dans les brumes de l'histoire; on sait toutefois qu'une grande partie de la Syrie était habitée par des peuples sémites qui avaient émigré de cette péninsule arabe d'où devaient surgir ensuite les irrésistibles conquérants mahométans. Les historiens maronites aiment à donner l'impression que leurs ancêtres ont fui la vallée de l'Oronte pour échapper aux persécutions des musulmans, mais tous les documents existants semblent bien indiquer qu'au début — et pendant plusieurs siècles — ceux-ci se montrèrent extrêmement tolérants envers les chrétiens d'Orient dissidents, dont les principaux ennemis étaient bel et bien les empereurs byzantins de Constantinople. Si l'on en croit la légende, au VIIe siècle, les maronites accueillirent l'arrivée des Arabes par des danses triomphales, tant ils étaient ravis de se soustraire au joug byzantin. De toute façon, vint le moment où la paix fut signée entre Byzantins et musulmans et pendant près d'un siècle, Constantinople raffermit son pouvoir sur une grande partie de l'Oronte. De cette période, on ne possède plus aucun document mentionnant la présence des maronites dans cette vallée ; ainsi est née la théorie selon laquelle les Byzantins avaient, encore une fois, tenté de ramener les maronites dans le droit chemin. Contentons-nous de dire que l'abbé Yohanna Maron, qui, au début du VIIIe siècle, prit le nom du saint, aurait alors conduit les maronites vers le sud, s'établissant finalement dans le nord du Liban, sur la côte, autour de Batroun et de Byblos (Djebail). Les maronites furent la seule secte chrétienne qui parvint à surnager, après la conquête musulmane, et la seule à utiliser dès le début la langue arabe pour ses registres paroissiaux. Ils semblent n'avoir eu aucun accrochage sérieux avec leurs conquérants avant que leur collaboration avec les croisés ne fût venue entacher leur loyauté. On prétend parfois qu'ils se sont alliés aux croisés parce que ces derniers étaient au moins aussi hostiles aux Byzantins qu'aux musulmans.

Le XVe siècle était déjà très largement entamé lorsque les persécutions des mamelouks chassèrent les maronites des collines peu élevées le long de la côte, les forçant à gagner les replis inaccessibles de la vallée de la Qadicha (la vallée sainte). Aujourd'hui encore, la Qadicha reste leur centre spirituel. Yohanna Maron, cependant, ayant remarqué que l'évêché byzantin d'Antioche était vacant, n'avait pas hésité à se proclamer « patriarche d'Antioche et de tout l'Orient ». Ce titre ronflant est symptomatique de la haute opinion que les maronites ont toujours eue d'eux-mêmes et de leurs tendances, qu'ils partagent toutefois avec les autres Libanais, à la mégalomanie. « Dieu est grand, mais qui pourrait se comparer à saint Maron ? »

Au fil des siècles, les historiens ont tissé un rôle spécial pour les maronites au sein de la Chrétienté. Ainsi, ils ont prétendu à diverses reprises que le patriarche maronite (qui n'a jamais exercé le moindre pouvoir patriarcal sur Antioche, non plus d'ailleurs que sur « tout l'Orient ») était le seul successeur légitime de saint Pierre, fondateur de l'Eglise d'Antioche. Cette revendication devait servir à étayer les prétentions maronites à « l'orthodoxie perpétuelle » et à l'ancienneté devant Rome elle-même. (En fait, les maronites passaient tout bonnement sous silence leur adhésion à l'hérésie monothélète, selon laquelle le Christ possède deux natures si étroitement confondues qu'elles produisent une seule énergie et une seule volonté — c'est l'une des nombreuses doctrines condamnées tant par Rome que par Byzance aux premiers temps du christianisme.) Cependant, en 1099, moins d'un an après la prise de Jérusalem par les premiers croisés, le patriarche maronite, avec un à-propos qui allait servir de modèle à ses ouailles jusqu'à l'ère moderne, adressa au pape un message de félicitations. Ainsi commença la longue liaison des maronites avec l'Occident, phénomène resté unique dans les annales de la Chrétienté d'Orient. De nos jours encore, de grandes familles maronites du nord du Liban, telles que les Franjié ou leurs grands rivaux les Douaihi, prétendent descendre des croisés, expliquant que leurs noms respectifs sont des déformations des mots « franc » et « Douai », ville dont plusieurs chevaliers étaient originaires. Une de mes amies, maronite, se rappelle avoir étudié, enfant, l'arbre généalogique de sa famille qui, à en croire sa mère, remontait à Godefroi de Bouillon.

Au début, les maronites fournirent aux croisés un corps d'archers qui se battaient aux côtés de leurs coreligionnaires occidentaux. Cette décision n'avait rien que de très naturel. Les croisés occupaient Tripoli et d'autres villes sur la côte méditerranéenne et ils étaient aussi hostiles à Byzance. Les maronites étaient impressionnés en outre par leurs prouesses militaires. Ils devaient cependant finir par se révolter contre les croisés qui les punirent pour être venus en aide aux musulmans. Les croisés appelèrent les renégats maronites des « hommes de sang » ; il s'agissait probablement de montagnards qui, alors comme maintenant, ne reconnaissaient d'autre loi que la leur et se méfiaient de toute autorité. Tout ceci n'empêcha pas l'Eglise maronite, qui joua un rôle crucial tout au long de l'histoire de ce peuple, d'envoyer son patriarche à Rome. En 1180, l'historien Guillaume de Tyr nota « la merveilleuse transformation » des maronites, qui avaient choisi de rejoindre le troupeau papal et de devenir ainsi la première Eglise uniate du Moyen-Orient. (Malgré les dénégations maronites, l'hérésie monothélète fut discrètement abandonnée.) Ils obtinrent néanmoins une compensation tout à fait digne de leur naturel foncièrement indépendant : la liturgie chrétienne continua à être célébrée en syriaque, au lieu du latin habituel ; elle l'est encore aujourd'hui. Le Vatican n'insista pas non plus pour mettre fin au mariage des prêtres maronites, ni à la coutume de loger moines et nonnes dans les mêmes couvents. Rome était prête à accepter des usages aussi équivoques et une théologie douteuse, en échange de la reconnaissance de son autorité suprême par les maronites.

En définitive, les croisades dont le but avoué avait été de délivrer de l'Islam Jérusalem et les chrétiens d'Orient se soldèrent par un échec et tous les chrétiens de ces régions se retrouvèrent comme avant sous le joug des musulmans, mais un joug devenu désormais beaucoup plus dur, et se virent imposer des restrictions jusqu'alors inconnues. Leur conviction désespérée que les Mongols allaient leur procurer cette liberté durable et ces Etats politiques indépendants et distincts que leur avaient promis les croisés fut une tragique erreur de jugement, mais qui devait se répéter au cours des siècles, dans des circonstances diverses. Les maronites furent presque les seuls à faire exception à cette règle. Leurs citadelles montagnardes, leur accès à la Méditerranée et l'intelligence avec laquelle ils surent maintenir leurs liens avec l'Occident leur furent d'une grande utilité.

Si l'on en croit la philosophie qui a prédominé chez les maronites, depuis quelques siècles, il faut voir dans le Liban un pays méditerranéen situé non pas à l'extrémité occidentale du monde arabe et musulman, mais à l'extrémité orientale de la Chrétienté. Cependant, l'histoire a noté dans ses annales qu'avant même que les croisés n'eussent été chassés du Moyen-Orient, les maronites s'étaient retournés contre eux et avaient indirectement assuré la victoire des mamelouks qui prirent Tripoli en 1289. Endurcis par la brutalité et le fanatisme des croisés, les mamelouks, musulmans sunnites, persécutèrent tant les chrétiens orthodoxes que la minorité musulmane des chiites. On n'a trouvé, en revanche, aucune trace de persécutions à l'encontre des maronites à cette époque. D'ailleurs ces derniers ne tardèrent pas à se faire bien voir des conquérants en concluant avec eux des accords concernant le fermage des impôts et le maintien de la loi et de l'ordre, services en l'échange desquels ils étaient autorisés à conserver leurs propres coutumes. La première persécution dont on ait gardé trace, en ce qui les concerne, survint après le sac d'Alexandrie par les croisés, lequel entraîna des représailles globales contre tous les chrétiens. Le patriarche maronite Gabriel fut brûlé vif à Tripoli, ayant, semble-t-il, été faussement accusé d'adultère par d'autres membres de son clergé.

Au cours des siècles suivants, la communauté maronite resta faible, désorganisée et déchirée par des luttes de factions. Les contacts avec Rome étaient fort rares. Les franciscains, que la papauté avait chargés de veiller au sort des chrétiens d'Orient, eurent des activités intermittentes. Des historiens maronites ont néanmoins écrit que les émirs qui régnaient sur le Mont-Liban avaient été maronites de la première heure. Les déclarations de ce genre reflètent en fait le désir manifesté ultérieurement par les maronites de minimiser leurs origines arabes et leur soumission d'abord aux sunnites puis aux druzes. Les annales nous apprennent que l'apparition des maronites au premier plan de la vie libanaise est le résultat de leurs rapports avec les druzes, noués au XVIe siècle.

Les druzes sont une secte musulmane hérétique, fondée vers la fin du Xe siècle par le calife Hakim, de la dynastie chiite des Fatimides d'Egypte. Ils furent chassés d'Egypte et attirés vers le Liban pour les mêmes raisons que les maronites et les chiites : la Montagne fournissait un excellent refuge aux dissidents. Plus encore que les maronites, chiites et druzes avaient de bonnes raisons de fuir les souverains sunnites, beaucoup plus intolérants envers les musulmans hérétiques que ne l'étaient les chrétiens de n'importe quelle secte. Le Coran, en effet, accepte les chrétiens et les juifs, les « gens du Livre », parce qu'ils sont les précurseurs du Prophète, mais il ne lui tolère aucun successeur. Les adeptes de Hakim croient qu'il n'est pas mort et qu'il reparaîtra. De même que les ismaéliens, autre secte chiite, les druzes croient en outre aux émanations de la déité et à la transmigration de l'âme. Hautement disciplinés et renommés pour leurs prouesses militaires, les druzes ne font pas de prosélytisme et seule une minorité est initiée aux mystères de leur foi. Pendant la majeure partie de leur histoire, et tout spécialement au début de leurs démêlés avec leurs vassaux maronites parfois zélés, les druzes ont manifesté envers les autres religions une tolérance bien peu courante dans ce berceau de la religion révélée et du fanatisme qu'est le Moyen-Orient. A l'instar de quelques autres sectes musulmanes minoritaires, ils pratiquent le *taqiyya* qui les autorise à dissimuler leurs croyances aux étrangers. « Inclinez-vous devant toutes les nations qui vous passent dessus, ordonna un des fondateurs de la secte, mais gardez mon souvenir dans votre cœur. » Cette leçon ne fut pas perdue pour tout le monde.

Les relations des maronites avec Rome reprirent en 1439. En 1515, le pape Léon X fit leur éloge dans une bulle papale, précisant qu'en dépit des persécutions et autres épreuves, « placés au milieu des infidèles, comme dans un champ d'erreurs, le Tout-Puissant a daigné garder ses fidèles serviteurs comme une rose parmi les épines ». Le Saint-Père félicitait aussi les maronites de s'être opposés non seulement aux musulmans mais encore aux « schismatiques », comme on appelait les orthodoxes, et aux « hérétiques » (il s'agissait de jacobites qui s'efforçaient de grignoter des adhérents parmi les fidèles du Mont-Liban). Moins d'une génération après la conquête du Liban par les Ottomans, François Ier et Soliman le Magnifique, sultan de la Sublime Porte, signèrent, en 1536, la première des « capitulations », qui faisait des Français les protecteurs, au sein de l'empire turc, à la fois des chrétiens d'Europe et de ceux d'Asie. Les historiens maronites s'étendent avec insistance sur ce premier lien établi directement avec la cour de France, plutôt que par l'intermédiaire du Vatican. Toutefois, les réalités géographiques et la difficulté des voyages ne permettaient qu'une protection symbolique. Paris et Constantinople étaient toutes deux bien loin du Liban. Un demi-siècle plus tard, en 1584, un séminaire maronite ouvrit ses portes à Rome, pour assurer l'éducation des membres du clergé. Cependant, les maronites vivaient toujours dans un grand isolement, privés de toute influence sociale ou politique dans la vie du Mont-Liban. Les patriarches étaient en butte à un tel harcèlement — parfois de la part de leurs propres coreligionnaires — qu'ils furent contraints de fuir l'évêché de Qannubin, dans la vallée de la Qadicha, pour se cacher dans des grottes. On cite même le cas de deux patriarches qui se réfugièrent auprès des émirs druzes, dans le sud du Liban, pour échapper à leurs adversaires maronites.

Un siècle plus tard, avec la bénédiction de l'émir Fakhr al-Din, les maronites lancèrent une extraordinaire campagne expansionniste. Favorablement impressionné par le sens de l'organisation diligente et docile qu'enseignait leur Eglise, l'émir encouragea les maronites à quitter leur forteresse montagnarde, dans le nord du pays, car il comptait sur leur industrie pour l'aider à remplir ses coffres. Les maronites partirent s'installer plus au sud, dans le Kesrawan, fief des chiites qui en furent expulsés, et refoulés jusque dans la vallée de la Bekaa. Les maronites émigrèrent également en grand nombre vers les régions druzes situées encore plus au sud. Sous la conduite de leurs prêtres et de leurs moines, ils fondèrent des monastères, débarrassèrent les vallées des pierres qui les encombraient et aménagèrent des cultures en terrasses. Ce fut à cette époque que l'Eglise maronite commença à acquérir des terres. Pour encourager l'expansion vers le sud, on offrait de vastes étendues, avec la promesse d'en devenir propriétaires au bout de dix ans d'exploitation. Dès le début du XVIIIe siècle, pratiquement tout le Kesrawan était maronite et l'Eglise maronite était devenue l'institution la plus vaste, la plus riche et la mieux organisée de tout le Mont-Liban. Vers le milieu du XIXe siècle, on estimait que l'Eglise et les monastères possédaient le quart (voire le tiers, selon d'autres sources) de tout le territoire du Mont-Liban. Ce déplacement vers le sud offrit des débouchés inespérés à tous les paysans sans terre. Sans l'Eglise — et surtout les moines qui furent bien souvent les véritables pionniers — ils n'auraient peut-être pas pu rassembler les capitaux, ni bénéficier des techniques nécessaires à ce genre d'exploitations. Ce fut une méthode que les sionistes devaient mettre en application lors de leur propre expansion en Palestine, à la fin du XIXe siècle et au début du XXe.

Le secret du succès de l'Eglise maronite résidait dans un système hiérarchique qui partait du plus humble des moines pour mener jusqu'au souverain pontife à Rome. Le syriaque fut abandonné — sauf dans la liturgie — en faveur de l'arabe qui offrait aux moines un moyen beaucoup plus aisé de communiquer avec les paysans illettrés dont ils avaient la charge.

Aux XVIIe et XVIIIe siècles, la puissance des maronites ne cessa de croître et ils furent encouragés à poursuivre leur émigration le long de ce qui est aujourd'hui la route Beyrouth-Damas, au centre du pays, en direction du Chouf, puis de Djezzin, et encore plus loin, jusqu'à l'actuelle frontière israélo-libanaise. En fait, une ceinture de villages maronites et d'autres villages chrétiens entourait les populations druzes concentrées dans le Chouf et plus près de Beyrouth, à Báabda et Aley. Le Mont-Liban, que les maronites avaient de plus en plus tendance à considérer comme leur domaine, restait la forteresse imprenable, à l'intérieur de laquelle ils pouvaient se retirer en cas de menace. Durant la seconde moitié du XIXe siècle encore, les maronites s'opposaient à la construction d'une grand-route pavée entre Beyrouth et Damas, de crainte que les troupes turques n'eussent ainsi toute facilité pour pénétrer dans leur fief.

Ils devinrent peu à peu si influents qu'un souverain de la dynastie chihabide, officiellement druze, trouva plus politique de se convertir au christianisme, en 1756. Il tint néanmoins cette conversion secrète, afin de maintenir la paix à l'intérieur du pays, décision qui éveilla chez les maronites un ressentiment des plus vifs. Lorsque arriva le XIXe siècle, ils en étaient à exiger que les Chihabides admissent publiquement leur adhésion au christianisme, reconnaissant ainsi la puissance croissante des maronites. Progressivement, les souverains druzes finirent par prendre clairement conscience du danger que représentaient pour eux les maronites, qui, sous l'égide de leur clergé, réclamaient un pouvoir politique correspondant à leur supériorité numérique et financière. Une série de révoltes, qui commencèrent en 1820 et se répétèrent en 1840 et 1860, avec une férocité croissante, détruisit l'équilibre entre druzes et maronites que l'on était parvenu à maintenir au cours des deux siècles précédents. Le nouvel état d'esprit maronite fut encore une fois mis en relief par leurs historiens qui escamotèrent la période druze pour s'attarder sur les mythes nébuleux de la Phénicie et de toute la période pré-islamique.

Quelles qu'eussent été les épreuves déjà surmontées, les nouvelles difficultés qui s'abattirent alors sur le Liban étaient plus terribles encore et leur héritage constitue même aujourd'hui un véritable fléau pour le pays. Ces vingt années de guerre civile, au milieu du XIXe siècle, donnèrent naissance aux luttes religieuses et mirent le pays au bord d'une ruine presque totale. Les Libanais, à qui les sultans ottomans avaient consenti une autonomie de fait, se révélèrent parfaitement incapables de résoudre leurs différends politiques internes. Ce fut alors qu'on vit apparaître un schéma, qui allait s'avérer durable et dont les effets devaient être de plus en plus nocifs, selon lequel les Libanais étaient présentés — et étaient d'ailleurs les premiers à se voir — comme les victimes impuissantes de la rivalité internationale. Pour la première, mais pas pour la dernière fois, les Libanais allaient brandir l'excuse de l'intervention extérieure pour justifier leur propre répugnance à régler leurs problèmes politiques internes avant que des puissances étrangères ne fussent inévitablement amenées à s'en mêler. Ce fut ainsi que les Ottomans et diverses autres nations intervinrent dans les affaires du Liban, soutenant l'une ou l'autre communauté religieuse, pour servir leurs ambitions nationales. Les Turcs espéraient mettre fin à l'autonomie virtuelle du Mont-Liban en exacerbant des antagonismes religieux latents. Les Libanais en vinrent à compter sur l'appui des consuls étrangers à Beyrouth, tradition encore fort à l'honneur aujourd'hui, où les partis et les dirigeants politiques quémandent sans vergogne des armes ou des finances aux puissances arabes et autres. A partir des années 1840, les Français fournirent ouvertement leur aide aux maronites, les Britanniques aux druzes, les Russes se posèrent en protecteurs des orthodoxes, Autrichiens et Prussiens disputèrent à la France le droit de soutenir les maronites et les autres catholiques uniates. Cet état de choses provoqua chez un nationaliste maronite un tel dégoût qu'il déclara, avec une ironie mordante, qu'une tasse de café renversée au Liban risquait de provoquer un incident diplomatique entre Londres et Paris.

Pour les Turcs, ce qui était en jeu, c'était leur ferme volonté de réaffirmer leur contrôle direct sur la Montagne, où depuis des siècles les impôts avaient été recouvrés par des fermiers généraux. Les Européens avaient chacun leurs propres intérêts à défendre. Les Russes voulaient détruire l'empire ottoman en détachant de lui ses possessions asiatiques. La Grande-Bretagne défendait le statu quo, en protégeant ce même empire ottoman et en empêchant ses propres rivaux continentaux d'acquérir certains avantages. La France était bien souvent perplexe — tiraillée entre son rôle traditionnel de protectrice des chrétiens d'Orient, et spécialement des maronites, et son désir de garder bien vivant l'épouvantail turc, pour faire contrepoids à l'Autriche, à la Prusse et à la Russie. Un gouverneur ottoman désabusé en fut réduit à dénoncer le rôle joué par les missionnaires français, en qui il voyait « la cavalerie légère irrégulière du pape, établie au Liban, et qui sous leurs soutanes de prêtres étaient en fait des agents politiques et des fauteurs de troubles ».

Une longue période d'instabilité commença avec la chute de l'émir Béchir II, qui régna de 1788 à 1840. Soutenu à contrecœur par Béchir et commandité par la France, Ibrahim Pacha, fils du souverain d'Egypte, avait occupé pendant huit ans la Syrie et le Liban et menacé de renverser les Ottomans. Ce fut pour couper court à cette éventualité que les Britanniques débarquèrent au Liban des armes et des troupes turques. Ibrahim Pacha se retira en Egypte, mais Béchir II fut forcé de quitter le pays. Jusqu'à ce jour il reste (avec Fakhr al-Din deux siècles plus tôt) à peu près le seul Libanais qui puisse plus ou moins aspirer à la dignité de héros national, du moins pour les chrétiens. Il n'hésitait pourtant pas à faire étrangler, aveugler, ruiner ou déshonorer ceux qui se mettaient en travers de son chemin, qu'il s'agît d'aristocrates druzes ou de conseillers chrétiens. La violence en soi n'a jamais fait peur aux Libanais — du moment qu'elle n'est pas gratuite (ce qui est parfois le cas). En Orient, commettre des violences pour en éviter d'autres, ultérieures, était, est toujours, un acte banal. Ce qui apparaissait aux Européens contemporains de Béchir comme une soumission au despotisme était accepté comme le prix, volontiers consenti, de la protection physique. En 1857, un résident anglais mal luné, David Urquhart, fit remarquer à propos du penchant libanais pour la violence : « Si le travail cesse pour un temps, il reparaît ensuite brusquement, sans cause apparente, comme s'il jaillissait d'une nécessité chronique de donner aux annales du pays un harmonieux défilé d'atrocités : pas une saison qui n'ait son prince expulsé, son rival poignardé, sa région soumise. » Comme l'a prouvé la guerre civile de 1975-1976, les méthodes modernes ont tout simplement multiplié de façon géométrique ce phénomène fondamental. Causer la perte d'un rival, s'adjuger ses dépouilles et absorber sa clientèle politique relevaient de méthodes aussi vieilles que la politique de l'Orient. Béchir II agissait conformément au code de sa société. Ses successeurs modernes, qui se voudraient ses apôtres, ont copié sa technique, mais sans connaître sa réussite.

Cette violence était alimentée par certaines tensions dans la société libanaise, causées par des pressions territoriales et démographiques. En outre, durant les dernières années du règne de Béchir, les chrétiens s'étaient considérablement enrichis, encouragés par Ibrahim Pacha qui recherchait un soutien européen pour ses visées expansionnistes. Comme il est bien souvent arrivé aux minorités tout au long de l'histoire, la soudaine bonne fortune des chrétiens éveilla l'envie et la haine autour d'eux. Un besoin irresponsable et provocateur de faire outrancièrement l'étalage de leurs richesses et un refus de comprendre l'injustice et les dangers inhérents à une distribution inégale des possessions matérielles sont encore aujourd'hui des constantes de la société libanaise. Le colonel Charles Churchill, un Anglais qui vécut parmi les druzes de 1842 à 1852, a laissé un compte rendu accablant de l'insouciance maronite dans la ville de Deir el-Kamar, dans le Chouf, où Béchir avait exilé l'aristocratie druze. « Ses marchands, a noté Churchill, bâtirent de spacieuses demeures avec des cours et des fontaines de marbre, meublées d'objets de luxe coûteux. Toutes les terres qui appartenaient aux druzes passèrent entre leurs mains. Ils atteignirent enfin une position d'opulence digne de leurs supérieurs féodaux... Leurs chefs amassèrent des richesses, ils possédaient des haras, leurs femmes et leurs filles étaient vêtues de soie et de satin et elles étincelaient de bijoux d'or, de perles et de diamants... Les quelques druzes qui habitaient encore la ville sombrèrent dans l'insignifiance et devinrent bûcherons ou porteurs d'eau. » Lorsque Béchir tomba en disgrâce, les nobles druzes revinrent d'exil et réclamèrent leurs biens.

Cependant, les affrontements entre druzes et maronites n'étaient pas les seules causes de tension au Mont-Liban. En 1858, les paysans maronites du Kesrawan, aiguillonnés par des membres du clergé dévorés d'ambition, se rebellèrent contre les seigneurs féodaux, maronites eux aussi, qui remplissaient les fonctions de fermiers généraux. Les Turcs se contentèrent d'observer la lutte sans intervenir. Mieux disciplinés, les paysans druzes ne suivirent pas l'exemple de leurs frères maronites, et se préparèrent, au contraire, avec la noblesse druze, à l'inévitable heurt entre druzes et maronites. Les combats commencèrent en mai 1860. Ce fut la discipline druze qui l'emporta, contre des maronites pourtant supérieurs par le nombre et les armes, mais affaiblis par leurs querelles intestines. Lorsque cette lutte qui avait duré un peu plus d'un mois s'acheva, plus de douze mille chrétiens avaient été tués dans les régions druzes, quatre mille autres étaient morts de misère et le Liban comptait cent mille sans-abri. En Syrie, l'exemple libanais fut à l'origine du massacre de cinq mille cinq cents chrétiens à Damas. Ni dans l'un ni dans l'autre pays, les garnisons turques ne levèrent le petit doigt pour mettre fin aux tueries et dans certains cas, elles allèrent même jusqu'à les encourager. Pour les maronites, cependant, la plus atroce surprise fut le soutien ouvertement apporté aux druzes par les musulmans sunnites et chiites. Bien que les maronites fussent en partie responsables de cette tragédie pour avoir mis le feu aux poudres — et pour avoir ensuite aggravé leurs épreuves en refusant de s'entraider — ce n'est point là la leçon qu'ils ont retenue des événements de 1860. Ils en ont plutôt gardé, semble-t-il, un traumatisme incurable, comme s'ils avaient choisi, eux qui surent si longtemps échapper à toute rétribution, de concentrer dans leur conscience collective le souvenir de toutes les persécutions antichrétiennes survenues au Moyen-Orient depuis l'avènement de l'Islam. Ils ne furent pas, en fait, les seuls chrétiens victimes de ces massacres : beaucoup de catholiques et orthodoxes grecs périrent eux aussi, mais seuls les maronites possédaient une organisation, un sentiment de volonté nationale, un dynamisme suffisants pour s'assurer que 1860 resterait dans toutes les mémoires comme le symbole d'un tort éternel.

De façon quelque peu ironique, les maronites sortirent politiquement victorieux du conflit si lamentablement perdu sur le terrain contre les druzes. Avec le soutien assez tiède des autres puissances européennes, la France fit débarquer une force expéditionnaire au Liban, dès la fin des massacres, et les Ottomans durent accepter la création au Mont-Liban d'une province autonome, dominée par les maronites, placée sous la tutelle de six pays européens et gouvernée par un sujet chrétien non libanais de l'empire turc, assisté par un conseil administratif élu. Jamais les maronites n'avaient touché de si près au but qu'ils s'étaient fixé : posséder leur propre Etat.

Ainsi fut consacré un arrangement, inauguré dans les années 1840, selon lequel le pouvoir politique était fondé sur le système des minorités. Sous les Turcs, et même avant, les différentes minorités avaient été gouvernées par leurs chefs religieux respectifs que l'on tenait pour responsables de la conduite de leurs fidèles. Sur le plan politique, la représentation était fonction de l'importance numérique de chaque communauté religieuse. Au Liban, ce système a finalement abouti à la représentation de seize communautés officiellement reconnues, mais la répartition exacte du pouvoir a été de plus en plus contestée, surtout depuis le dernier recensement en date, qui remonte à 1932. Du point de vue social, donc, tout Libanais était forcé d'adhérer à une religion ou à une foi, qu'il fût croyant, athée ou agnostique. Le mariage civil n'existait pas, non plus que le divorce. Les maronites, à qui le droit canon interdisait le divorce religieux, étaient obligés de se convertir au rite orthodoxe s'ils souhaitaient divorcer et se remarier. Les fonctionnaires furent eux aussi nommés « temporairement » selon ces quotas établis sur des bases religieuses. Ce système a été de tout temps une sérieuse cause de frictions et il a contribué à l'effondrement final du Liban, car les postes importants étaient exclusivement réservés aux maronites et, à un moindre degré, aux sunnites. Au bout d'un certain temps, on n'a plus osé effectuer le moindre recensement, qui aurait sans aucun doute confirmé l'existence d'une majorité musulmane de plus en plus nette, si bien que les musulmans ont commencé à se rebiffer avec une violence croissante contre les implications politiques du système, sans vouloir renoncer au statut individuel reconnu à chaque religion, qui correspondait bien à la doctrine de l'Islam.

Si le système des minorités permettait aux chrétiens et aux juifs de maintenir, dans une certaine mesure, leur vie communautaire — et de jouer un rôle primordial dans le commerce, la finance et divers artisanats — il empêchait également les communautés de se mélanger. On peut même dire qu'elles s'observaient avec méfiance et mépris. Sous les Turcs, seuls les sunnites manifestèrent la moindre confiance en eux, le moindre respect d'eux-mêmes — ils s'identifiaient à la nature universelle et au pouvoir politique du sultan sunnite, lui-même calife ou gardien de la foi. Les autres communautés, privées de pouvoir et de responsabilités, restaient marginales. La rapacité et la myopie politique du Liban moderne, sous la domination maronite, ont leurs racines, si l'on en croit les avocats de la cause maronite, dans un désir trop longtemps réprimé de s'approprier les fruits du pouvoir et de s'en repaître.

Quoi qu'il en soit, le demi-siècle qui sépare les troubles de 1860 de la Première Guerre mondiale a été célébré, tant par les Libanais que par les étrangers, comme l'âge d'or du Liban. Le Mont-Liban, alors amputé de Beyrouth, Tripoli et Sidon (Saïda) ainsi que de la vallée de la Bekaa, fut plus prospère qu'il ne l'avait jamais été. Pour le missionnaire américain, Henry H. Jessup, qui écrivit ces lignes au début du XXe siècle, le Liban était devenu « le pays le mieux gouverné, le plus prospère, paisible et satisfait du Proche-Orient ». Philip Hitti, historien américain d'origine libanaise, a souligné qu' « en l'espace, fort bref, d'un demi-siècle, il est pratiquement passé du Moyen Age au modernisme ». Hitti fit cette remarque vingt ans avant que le Liban qu'il connaissait ne fût complètement balayé, en bonne partie à cause des appréciations fort différentes que peut justement susciter ce « modernisme ». A ses yeux et encore aujourd'hui à ceux de beaucoup de chrétiens, le « modernisme » c'était et ça reste « l'occidentalisation », laquelle n'était pas à l'époque l'objet de méfiance qu'elle est devenue au Moyen-Orient. D'ailleurs, dans l'esprit de certains Libanais, l'occidentalisation reste encore identifiée à un modèle universel que l'on peut appliquer sans danger — et même avec des résultats bénéfiques garantis — dans les domaines scientifiques et technologiques aussi bien que politiques. Vers la fin du XIXe siècle, les chrétiens du Liban acceptèrent sans la moindre arrière-pensée l'Occident, ses connaissances et ses méthodes séculières. Les Occidentaux étaient des coreligionnaires qui soutenaient la cause de leurs frères d'Orient et les protégeraient. Pour les Libanais musulmans, en revanche — même les plus évolués —, l'occidentalisation revenait à mettre en question leurs croyances profondes les plus intimes, à commencer par le système islamique traditionnel qui ne reconnaît aucune séparation entre l'Eglise et l'Etat. L'occidentalisation fut donc une source de conflit. La réussite libanaise du XXe siècle a été, dans une mesure considérable, une réussite chrétienne, ou partant en tout cas du principe inné de la supériorité chrétienne, encouragée par le mépris à peine dissimulé de l'Occident pour l'Orient. Les chrétiens du Liban allèrent puiser aux sources de l'histoire, de la linguistique et de la science et, en amorçant ce que l'on appelle « la renaissance littéraire arabe », ils aidèrent à sauver la langue arabe de la stagnation. Grâce à leur avance dans le domaine de l'éducation, prise dès 1830 avec l'arrivée des missionnaires américains protestants et français catholiques, les chrétiens purent utiliser à bon escient les étroits liens commerciaux, culturels et politiques qui les unissaient à l'Europe et à l'Amérique.

A la fin du XIXe siècle, le Liban dépassait très largement le reste de l'empire ottoman dans le domaine de l'éducation populaire, dont la majeure partie était assurée par les églises paroissiales et les missionnaires étrangers. En 1866, les protestants fondèrent à Beyrouth-Ouest le Collège protestant syrien — rebaptisé aujourd'hui Université américaine de Beyrouth. Neuf ans plus tard, les jésuites français inauguraient à Beyrouth-Est l'Université Saint-Joseph, donnant ainsi naissance à une rivalité interville qui valut plus tard aux deux institutions d'être accusées d'aliénation culturelle par les nationalistes arabes. (Du moins la rivalité entre catholiques et protestants s'estompa-t-elle vers la fin des années 1920, lorsque les missionnaires américains quittèrent brièvement le Liban, parce que le patriarche maronite avait mis au rang d'anathème tout contact avec les protestants, laissant même un Libanais converti périr dans ses cachots pour bien se faire comprendre.) L'imprimerie était si répandue que durant le dernier quart du XIXe siècle, Beyrouth pouvait se flatter de publier quarante périodiques — dont quinze quotidiens. Parallèlement, les chrétiens commencèrent à émigrer vers l'Amérique, l'Egypte et le Soudan, pour y chercher fortune. Entre 1900 et 1914, cent mille Libanais, principalement chrétiens, quittèrent le Mont-Liban, abandonnant parfois des villages entiers lorsque toute une famille allait rejoindre les émigrés chargés de préparer la voie. En Egypte, les Libanais évolués devenaient souvent journalistes, médecins et hommes d'affaires, ou bien fonctionnaires, car les Britanniques les préféraient aux Egyptiens. L'argent que ces émigrés envoyaient à leurs familles représentait, selon certaines estimations, quarante et un pour cent du revenu total de la Montagne à la veille de la Grande Guerre.

Par ailleurs, ce renouveau arabe n'était pas sans ramifications politiques. Les intellectuels libanais — chrétiens pour la plupart — envisageaient toutes sortes de moyens pour atteindre leur but d'indépendance politique. Le nationalisme européen leur fournissait deux modèles. L'un était une indépendance totale pour les maronites qui se considéraient de plus en plus comme une véritable nation. L'autre partait du nationalisme européen — particulièrement de ses aspects anticléricaux — et le métamorphosait en nationalisme arabe. Dans cette optique, le nationalisme arabe était avant tout un véhicule antiturc, grâce auquel la religion — c'est-à-dire l'Islam — serait suffisamment étouffée pour permettre aux chrétiens du Liban de s'unir à leurs frères musulmans pour trouver un moyen de sortir de leur fâcheuse et durable situation de minorité religieuse.

A la même époque, cependant, les Turcs qui s'efforçaient désespérément de raffermir leur contrôle — ou, comme on l'a écrit, de « conquérir leur empire » — souhaitaient mettre fin à l'autonomie et au régime de faveur dont jouissait le Mont-Liban. La révolution des Jeunes-Turcs, en 1908, et la glorification concomitante de tout ce qui était turc, irrita les Arabes et rehaussa l'intérêt musulman pour le nationalisme arabe. Malheureusement, par un fâcheux paradoxe que l'on a vu resurgir à maint tournant de l'histoire libanaise, il suffisait que les musulmans montrassent de l'intérêt pour une tendance politique, quelle qu'elle fût, pour ranimer aussitôt chez les chrétiens la crainte d'être engloutis dans l'océan islamique.

Le désir des chrétiens de résoudre cette quadrature du cercle et d'apaiser leurs craintes servit à étayer intellectuellement plusieurs des doctrines politiques qui fleurirent au Moyen-Orient pendant le xxe siècle. Beaucoup de chrétiens occupent des positions importantes au sein des partis gauchistes du Liban et de tout le monde arabe. Le parti communiste libanais, le plus ancien du monde arabe après celui de la Palestine réunissant juifs et arabes, fut fondé en 1924 à Bikfaya (ville natale du clan Gemayel, à l'autre extrémité de la palette politique). En 1934, Antun Saadé, Libanais orthodoxe grec, né en Amérique du Sud, fonda le Parti populaire syrien, dont le but avoué était de réunir le Liban, la Syrie, la Jordanie, l'Irak (et, curieusement, Chypre, mais pas l'Egypte) au sein d'une seule nation syrienne. Durant les années quarante, Michel Aflak, chrétien du Liban, élevé à Paris, élabora la doctrine du Parti Baath, ou Parti de la Renaissance, dont les deux ailes rivales dirigent aujourd'hui, non sans mal, les régimes ennemis d'Irak et de Syrie, tout en se recommandant du même père spirituel. Quelles que fussent leurs divergences, toutes ces doctrines partageaient en tout cas une appréciation laïque de la politique. Il en allait de même pour la version égyptienne du nationalisme arabe, prônée par Gamal Abdel Nasser, laquelle tomba en disgrâce après la guerre éclair contre Israël, en 1967, et céda la place à la renaissance islamique des années soixante-dix.

Aux premiers jours du xxe siècle, cependant, le thème principal de la pensée maronite était un sectarisme étroit qui plaçait toute sa confiance dans les liens déjà anciens avec la France. La chose semblait naturelle. Les capitalistes français et libanais chrétiens furent les premiers à développer le plus grand atout financier du Mont-Liban, l'art séculaire de la fabrication de la soie, qu'ils modernisèrent en installant des usines de tracanage, disséminées un peu partout dans les montagnes. La modernisation du port encore rudimentaire de Beyrouth fut confiée à une firme française et le commerce avec l'hinterland arabe fut facilité par la route et le chemin de fer à crémaillère que les Français construisirent entre Beyrouth et Damas. La capitale du Liban, simple bourgade de huit mille habitants vers 1820, en comptait vingt-sept mille en 1845, quarante-six mille en 1860 et cent trente mille en 1914. Les maronites étaient si francophiles que leurs enfants ânonnaient à tout bout de champ : « *Inna faransa immana hanuna* » (« Vraiment, la France est notre mère bienveillante »). Dans les milieux évolués, on parlait le français de préférence à l'arabe. La France, le français, la culture française permettaient aux maronites de s'identifier en quelque sorte, de proclamer encore une fois leur divorce d'avec les Arabes et l'Islam. Théoriquement, la connaissance de l'arabe était nécessaire pour obtenir l'équivalent libanais du baccalauréat, mais ce n'est qu'au cours des vingt dernières années qu'elle a été rendue vraiment obligatoire dans toutes les écoles, y compris les institutions privées fréquentées par les chrétiens. Je connais plusieurs femmes de la haute bourgeoisie maronite qui sont parvenues à tourner ce règlement. Durant la guerre civile de 1975-1976, cependant, ce furent les maronites des classes moyennes qui se mirent à parler français, tandis que les classes supérieures dépoussiéraient leurs notions souvent très vagues de l'arabe, afin de manifester leur solidarité envers les jeunes gens des montagnes et des banlieues ouvrières engagés dans la lutte.

Dès le départ, la francophilie des maronites fut d'un genre très spécial, totalement dictée par leurs propres désirs. Quant aux difficultés politiques que pouvait connaître la France, ils ne les prenaient que bien rarement en considération. Les maronites n'avaient qu'une seule idée en tête, c'était que la politique française au Moyen-Orient devait tendre par-dessus tout à leur assurer l'indépendance nationale. Ils ne songeaient pratiquement jamais que l'intérêt évident qu'avaient les Français à soutenir l'empire ottoman, pour faire contrepoids à la puissance allemande et russe en Europe, n'allait guère de pair avec l'amputation fort aléatoire que sous-entendait nécessairement la réalisation du rêve maronite. Dès 1863, un officier de marine français, nommé de Chaillé, avait évalué à leur juste valeur les maronites et leur patriarche. Ils n'ont, écrivait-il, « d'autre désir que d'être gouvernés comme par le passé : ils détiennent d'anciens privilèges qu'ils doivent à la protection de la France et celle-ci ne doit s'occuper que de les leur conserver... Quant aux nouvelles tendances, aux besoins de notre époque... il [le patriarche] refuse de les comprendre, de les apprécier et même d'en entendre parler ». Vers la même époque, Daud Pacha, catholique arménien, nommé par les Ottomans premier gouverneur de Mutassiriffaya, comme on appelait l'entité géographique du Mont-Liban, s'inquiétait du comportement intransigeant des maronites. Ils défiaient son autorité.

« Je suis une expérience », écrivit-il pour justifier son refus de faire tirer sur les maronites récalcitrants par son armée ; en effet, s'il se laissait aller à combler leur fervent désir de martyre, « c'est le sort de six millions de chrétiens [à travers l'empire turc] que je mettrais en danger ». En 1910, René Ristelhueber, chargé d'affaires français à Beyrouth, était tellement exaspéré par les maronites et leurs « prétentions croissantes », qu'il écrivait au ministère des Affaires étrangères à Paris qu'il accueillerait avec joie toute intervention venant « leur rappeler le respect dû à l'autorité ». A la veille de la Première Guerre mondiale, le consul général de France se plaignait que « le sentiment de dévouement à leur petite nation n'existe pas chez les fonctionnaires libanais et chacun d'entre eux est toujours prêt, selon l'expression courante, à mettre le feu à son pays pour allumer sa cigarette ».

Pour outrancière que leur conduite ait pu paraître aux étrangers, (notons, cependant, que les témoignages favorables aux maronites abondent également), les chrétiens du Liban furent totalement innocents du désastre qui les frappa lors du conflit mondial — à moins qu'on ne retienne pour coupables les sympathies profrançaises que beaucoup d'entre eux affichaient depuis longtemps. Profitant de la guerre en Europe, qui précipitait les uns contre les autres les cinq ou six protecteurs du Mont-Liban, les Turcs mirent fin à son autonomie et affamèrent systématiquement la population, en majeure partie maronite, en stationnant des troupes dans la Montagne et en refusant d'y laisser pénétrer par voie de terre les vivres et les médicaments ; le blocus établi par les Alliés devant les ports du Liban paracheva la ruine du malheureux pays, d'autant que l'argent qu'envoyaient les émigrés n'arrivait plus pour soulager les souffrances. Moitié par dessein — les Turcs voulaient punir les maronites de leur francophilie — moitié par défaut d'organisation, un quart de la population de la Montagne (soit environ cent mille victimes) est mort de faim ou des épidémies qui l'accompagnent, au cours des quatre années de guerre. Aujourd'hui encore, chaque famille maronite ou presque peut — et Dieu sait qu'elles ne s'en privent pas ! — vous conter d'atroces souvenirs collectifs d'enfants et de vieillards affamés, réduits à se nourrir des racines et de l'herbe qu'ils trouvaient dans les champs. Longtemps après la famine, les paysans de la région s'obstinaient à planter du blé entre les vignes pour être sûrs que leurs familles auraient de quoi manger. Il existe encore dans le Kesrawan plusieurs villages abandonnés à cette époque.

En 1918, la Première Guerre mondiale se termina par l'annihilation de l'empire ottoman ; les troupes britanniques du général Allenby — épaulées par un détachement français symbolique — furent chargées de contrôler Beyrouth où flottèrent brièvement les drapeaux arabes des souverains hachémites du Hijaz. Cette confusion au sommet était le résultat direct du double jeu joué par les Alliés durant la guerre. En effet, pour s'assurer le soutien des Hachémites contre leurs suzerains turcs, les Britanniques leur avaient promis qu'ils contrôleraient ensuite toutes les provinces arabes de l'empire ottoman. Entre-temps, la France et la Grande-Bretagne s'étaient partagé ces mêmes provinces par les accords Sykes-Picot, invoquant ultérieurement, pour dissimuler leur duplicité, de prétendus mandats de la Société des nations, où elles faisaient la pluie et le beau temps. Le Liban et la Syrie — les Etats du Levant, comme on disait alors — revenaient à la France, laquelle ne cacha nullement qu'elle entendait avant tout protéger ses amis maronites et soutenir leurs intérêts. Lorsque Fayçal, prince hachémite qui revendiquait le trône de Syrie, refusa de se soumettre, les Français, sous le général Henri Gouraud, chrétien militant, défirent l'armée arabe à Maisaloun, dans les monts de l'Anti-Liban, en juillet 1920. Songeant à la récente famine dans la Montagne, Gouraud créa l'Etat du Grand-Liban, en adjoignant au Mont-Liban les ports de Beyrouth, Saïda et Tripoli et les terres fertiles de la vallée de la Bekaa, du Sud et du Nord. Son but, en prenant ces mesures, était de faire du Liban un pays capable de se suffire à lui-même, mais la population, principalement musulmane, des zones rajoutées se sentit lésée — tout spécialement les sunnites, épris de panarabisme, qui n'avaient jamais totalement renoncé à leur désir de faire partie d'une Grande-Syrie.

Un autre facteur, plus dangereux encore, annonçait les tensions futures : c'était la loi inéluctable des sociétés sous-développées qui, dans le cas du Liban, voulait que les musulmans, généralement plus pauvres et moins éduqués, eussent un taux de natalité supérieur à celui des chrétiens. En outre, le fort taux d'émigration de ces derniers éroda encore plus une supériorité numérique déjà fort précaire et, partant, l'argument sur lequel reposaient leurs prétentions démographiques au rôle de majorité nationale dans un système de démocratie parlementaire. Les soubassements de l'Etat libanais, sous les Français et depuis son indépendance, en 1943, étaient établis sur le principe que les maronites constituaient la plus vaste des communautés religieuses, regroupant près de trente pour cent de la population totale. Ce postulat de base — de plus en plus douteux, en l'absence d'un nouveau recensement qui aurait sans doute confirmé une majorité musulmane — étayait à son tour la « mainmise » maronite sur la présidence de la République, le commandement des forces armées et d'autres postes de première importance. Tel avait été, en effet, le prix exigé par les maronites, en 1943, pour accepter le pacte national tacite, par lequel ils renonçaient officiellement à toute protection occidentale (française) et reconnaissaient que le Liban devait avoir un « côté arabe ». Les sunnites, quant à eux, abandonnaient leur rêve de faire partie d'un Etat de Grande-Syrie ou d'intégrer le Liban à toute autre entité panarabe dominée par les musulmans. Pour compléter cette version moderne du système des minorités, le pacte national accordait à la communauté sunnite la fonction de Premier ministre, aux chiites celle de président de l'Assemblée nationale et répartissait les postes plus modestes entre les communautés de moindre importance. Du haut en bas de la fonction publique, députés compris, il fallait que fût respectée la proportion de six chrétiens pour cinq musulmans. Feu Georges Naccache, maronite éclairé qui publia pendant de nombreuses années à Beyrouth le quotidien de langue française *l'Orient,* ne se faisait guère d'illusions sur le système institué par le pacte national : « Deux négations ne font pas une nation », déclarait-il. Quant au parlement libanais — considéré par les apologistes officiels comme une espèce de neuvième merveille du monde, étant donné la propension du monde arabe aux dictatures militaires —, Naccache le biffait d'un coup de plume impitoyable, comme étant « une arrogante alliance de l'argent et du système féodal ». (Il fut ultérieurement condamné à six mois de prison pour avoir écrit que les tensions entre chrétiens et musulmans équivalaient à un jeu entre « deux cinquièmes colonnes ».)

Dès les tout premiers jours du mandat confié à la France par la Société des nations, les chrétiens — et particulièrement les maronites — avaient eu beaucoup de mal à choisir une marche à suivre. Pour la première fois depuis plus de mille ans, des chrétiens d'Orient se retrouvaient aux commandes d'un Etat — et ce grâce à des chrétiens d'Occident. C'était un peu comme si les croisades avaient réussi. Cependant, les maronites, si inventifs, si ingénieux, lorsqu'il s'agissait de faire inlassablement campagne en faveur de la réalisation de leurs aspirations, se révélèrent tristement dépourvus d'imagination une fois au pouvoir. Jamais ils ne parvinrent à oublier les souffrances qu'ils avaient endurées ; jamais (sauf sous la présidence du général Fouad Chehab, de 1958 à 1964), ils ne comprirent la nécessité d'assurer le bien-être des autres communautés. Cheikh Pierre Gemayel mit un jour le doigt sur la véritable difficulté : « La peur psychologique qu'éprouvent les chrétiens est intériorisée, viscérale et tenace. Nous ne pouvons y remédier en aucune façon, expliqua-t-il. C'est aux musulmans de nous rassurer. »

Depuis plus d'un siècle, leur éducation française avait contribué à attirer les maronites hors de la Montagne, transformant les villageois bornés en citadins, et Beyrouth, banlieue comprise, regroupa la moitié de la population libanaise. Cependant, cette éducation était si fortement influencée par l'Eglise qu'elle ne faisait rien pour promouvoir la compréhension, ni la coopération entre les différentes communautés. Ni l'alphabétisation, ni l'urbanisation, ni les contacts avec les membres des autres religions ne parvinrent à séculariser la plupart de ces montagnards maronites transplantés. Au contraire même, on vit fleurir parmi eux une école « libanaise », opposée à la branche « arabe » de la communauté maronite, laquelle assurait que le salut — et la prospérité — se trouvaient non pas dans les confins exigus de la vie au village, mais dans une vaste ouverture sur le monde, et spécialement le monde arabe, où il fallait aller chercher des échanges commerciaux, du travail et une respectabilité politique. Bien souvent, ces deux tendances faisaient rage à l'intérieur d'un même individu, en tout cas certainement à l'intérieur d'une même famille. Ainsi, durant la guerre civile de 1975-1976, au sein d'une famille de la grande bourgeoisie maronite chez qui je déjeunais souvent, parmi les enfants — tous adultes — les opinions exprimées autour de la table allaient du soutien inconditionnel aux Palestiniens et à leurs alliés libanais gauchistes à la défense tout aussi véhémente des milices maronites de droite, les parents s'efforçant quant à eux de préserver l'unité de la famille. Il me semblait voir enfin éclater au grand jour un débat qui aurait dû être réglé à un moment quelconque, entre 1920 et 1970; mais à présent c'était la violence qui fournirait les réponses si longtemps attendues. Ce que les maronites ne semblent jamais avoir été capables de saisir, c'est que dans un pays où s'accumulent les paranoïas de tant de minorités, la légitimité exige le partage du pouvoir et des privilèges. Si les sunnites, ou toute autre communauté, avaient l'impression d'être lésés, il appartenait en toute logique aux maronites, qui tiraient les ficelles, de faire en sorte que ceux qui doutaient aient le sentiment que l'Etat libanais était capable de satisfaire leurs exigences.

La réponse, on la trouve en partie dans le petit bois sculpté de mon érudit, qui nous apprend qu'au Liban, il faut dominer ou être dominé. Mais comment les maronites devaient-ils faire, dans une démocratie implicitement fondée sur le système du suffrage universel, alors qu'ils refusaient un nouveau recensement? Alors qu'ils faisaient valoir que les chrétiens devaient conserver les rênes du pouvoir, parce qu'ils payaient quatre-vingts pour cent des impôts? (Ce qui n'empêchait pas les Libanais, toutes confessions confondues, de tourner les lois fiscales chaque fois qu'ils en avaient les moyens.) Alors qu'ils prétendaient que les Libanais émigrés, en majorité chrétiens, devaient jouir de droits civiques, car les chrétiens avaient le droit de gouverner au moins un pays au Moyen-Orient? Seuls les chrétiens du Liban possédaient ce privilège auquel les sept autres millions de chrétiens d'Orient ne pouvaient que rêver — la sécurité et l'unité géographique et politique. Ainsi, en public, les maronites continuaient-ils à faire semblant de croire que les chrétiens représentaient encore une majorité au Liban, alors qu'en privé ils réagissaient comme la minorité qu'ils étaient devenus.

Les maronites de tendance « libanaise », repliés sur eux-mêmes, finirent par l'emporter sur ceux de tendance « arabe », grâce au déclin progressif du nationalisme arabe. Son principal porte-étendard, Nasser, mourut en 1970, mais sa réputation avait déjà été irrémédiablement ternie par la victoire éclatante des Israéliens sur les Arabes en 1967. Ce fut après ce désastre que les Palestiniens commencèrent à se manifester et poussèrent les Libanais musulmans à réclamer davantage de pouvoir politique. Toute menace contre les prérogatives chrétiennes, toute remise en question — réforme fiscale, construction d'écoles et amélioration du niveau scolaire —, tout changement dans l'ordre établi suscitaient un réflexe conditionné aussi prévisible que celui des chiens de

Pavlov. Plusieurs années auparavant, durant mon premier voyage en Israël, Uri Avneri, propriétaire d'un magazine et politicien indépendant s'il en fut, m'avait expliqué le secret de la réussite politique de Golda Meir, alors Premier ministre : « Au fond, c'est une femme qui s'exprime plutôt mal dans une demi-douzaine de langues, mais elle n'a que rarement besoin de fournir une défense raisonnée de sa politique. Elle n'a qu'à appuyer sur le bouton Holocauste. Une seule allusion à Auschwitz, et elle renvoie tout le monde au vestiaire. » Ainsi en était-il des maronites. Le système libanais des minorités leur fournissait un moyen facile de détourner les critiques d'eux-mêmes pour les diriger vers un des autres groupes religieux — « les autres ». Les véritables problèmes — économiques, sociaux, politiques — n'étaient jamais abordés. Tout changement était étouffé dans l'œuf. Et lorsque les combats commencèrent, en 1975, l'une des raisons d'une violence aussi durable fut la conviction des maronites, comme de tous les autres Libanais, d'être blancs comme neige et le report sur l'adversaire, en bloc, de la responsabilité des pillages, mutilations et autres excès.

Dès avant la guerre civile, les dirigeants maronites considéraient automatiquement tout doute quant à leur gouvernement comme une attaque contre la communauté chrétienne libanaise. La manie de la persécution, héritée de leurs ancêtres, les empêchait de prendre en considération les griefs émis, quels qu'ils fussent. Bien que ce phénomène fût caractéristique des maronites, leurs adversaires militants — souvent conduits par des chrétiens de gauche — manifestaient une ignorance criminelle du mécanisme de la confession. L'une des plus grandes erreurs de la guerre civile fut le bombardement aveugle de Beyrouth-Est, fief des chrétiens, par la gauche et ses efforts pour isoler politiquement les phalangistes. Ces tactiques terroristes et ces machinations politiques ne servirent qu'à accroître la puissance de la Phalange qui devint le symbole universellement reconnu non seulement des maronites, mais de toute la Chrétienté en lutte, à mesure que le parti de Gemayel recevait le soutien d'autres mouvements d'ordinaire plus circonspects dans leurs alliances politiques.

Au début des combats, en juin 1975, j'eus une vive discussion avec Karim Pakradouni, membre du Bureau politique phalangiste. Ne voyait-il donc pas que le pays courait à la ruine ? Quand les Libanais recouvreraient-ils la raison ?

« En septembre », répondit-il.

Pourquoi attendre ? Tous les jours comptaient, insistai-je.

Il se mit à rire. « La violence, expliqua-t-il, est excellente pour nous, ainsi d'ailleurs que pour la gauche. Elle polarise l'opinion publique. Mais avant les élections du printemps prochain, tout le monde aura besoin de six mois d'accalmie. » (Inutile de dire que les élections n'eurent jamais lieu, ni ce printemps-là ni aucun autre.)

De toute façon, les présidents maronites ne semblaient guère avoir de confiance en l'existence de l'Etat. Fouad Chehab, ancien chef militaire et président de 1958 à 1964, fut le seul à concevoir que, pour les maronites, la meilleure chance de rester au pouvoir était de consolider l'Etat. Quant aux autres présidents, on eût plutôt dit que la majorité d'entre eux était incapable d'apprécier à sa juste valeur le trésor que leur avait confié la France en 1943. Une profonde méfiance envers l'Etat et tout ce qui le touche — un des aspects les plus durables de la vie libanaise, sur lequel l'école « descendants-des-Phéniciens » n'insiste pas — a laissé le pouvoir aux différentes communautés et, par conséquent, aux mains de leurs dirigeants respectifs. Ghassan Tuéni, écrivain et propriétaire du journal *An Nahar,* a noté un jour qu'au Liban « le gouvernement n'existe pas, que le peu qui en existe n'a pas d'autorité et que quiconque a de l'autorité n'appartient pas au gouvernement ». Le chef maronite Raymond Eddé s'éleva même en faveur d'un Liban neutre, placé sous la protection des Nations unies, sans vouloir reconnaître que, pour faire respecter leur neutralité, la Suisse et la Suède entretenaient de coûteux systèmes de défense nationale. L'armée libanaise, au contraire, a été délibérément réduite au strict minimum sur le plan numérique et sur celui de l'armement. De cette façon, les Libanais faisaient des économies et se protégeaient, prétendaient-ils, contre le penchant arabe pour les coups d'Etat militaires. Et, pour maintenir le loup israélien hors de la bergerie, ils consentirent à interdire de vol leur demi-douzaine de Mirage, parce que l'Etat juif avait pris ombrage de leur présence. Ce sont de semblables raisonnements, où les économies de bouts de chandelle côtoient les dépenses extravagantes, qui ont également encouragé le libéralisme économique si hautement vanté du Liban, même si parfois il ressemblait pourtant davantage à du vol capitaliste organisé. Les griefs s'accumulèrent. Des réformes bien tièdes furent votées, mais rarement appliquées.

Durant la guerre civile, les chrétiens trouvèrent commode d'imputer aux Palestiniens tous les maux qui fondaient sur le Liban. Personne ne prétendait que les Palestiniens étaient totalement innocents. Ils étaient même l'antithèse du poisson révolutionnaire que Mao Tsé-toung ordonnait à ses adeptes de devenir, nageant au milieu de la masse populaire. Ils avaient tendance à se montrer arrogants, à mépriser les Libanais et leur pays, agissant comme s'ils ne faisaient qu'y passer, en véritables maraudeurs. Leurs péchés étaient à la fois mortels et véniels. Ils ne payaient ni leur électricité ni leur téléphone. Ils avaient trop d'argent et trop d'armes. Ils étaient incapables de maintenir la loi et l'ordre dans le territoire qu'ils étaient censés contrôler. Vers le milieu des années soixante-dix, beaucoup de chrétiens du Liban, pourtant à l'origine favorables aux Palestiniens, avaient cessé de sympathiser avec eux et, a fortiori, de se faire les champions de leur cause. Le temps aidant, les Palestiniens allaient aussi être tenus pour responsables par leurs anciens alliés musulmans. La vérité, cependant, est que le Liban lui-même était malade, bien assez malade pour se prendre seul au piège de la guerre. Il était malade de trop d'impôts impayés (selon une estimation d'avant-guerre, les deux tiers n'étaient jamais versés), malade de sa corruption (la voie expresse inachevée, le long de la côte, restait un scandale permanent). Mais le Liban était surtout malade du fait que son système ne pouvait engendrer la foi nécessaire pour soutenir l'espoir de la population, ni la contrôler. Par moments, on avait l'impression que ses anciens dirigeants n'avaient jamais vraiment cru que le Liban pourrait fonctionner et qu'ils s'étaient acharnés, avant tout, à gagner le plus d'argent possible, tant que durait l'illusion. Car, si l'on allait vraiment au fond des choses, le Liban avait-il jamais été un pays et encore bien moins une démocratie parlementaire ? L'anomalie était que ce Liban né en 1943 — ou même en 1920 — eût duré si longtemps.

Le « portrait de famille » du premier gouvernement du Liban indépendant le révèle d'ailleurs clairement. Trente ans après la photo, lorsque commença la guerre civile, une bonne partie de ses membres étaient encore en activité. Les plus jeunes avaient alors passé soixante-dix ans. Quelque chose clochait dans un système qui empêchait avec tant de constance les meilleurs et les plus brillants sujets — et ce ne sont certes pas les Libanais intelligents qui manquent — de connaître la moindre réussite dans le domaine politique. Si l'on excepte la brève période Chehab, les politiciens et la haute bourgeoisie — et même les gens moins fortunés — ont toujours découragé leurs enfants d'entrer dans la fonction publique, s'ils avaient bien réussi dans les universités du Liban ou d'ailleurs. Devenir haut fonctionnaire semblait être le lot de ceux qui n'étaient pas parvenus à devenir médecins, avocats ou hommes d'affaires. Les pères ambitieux déclaraient couramment à leurs rejetons doués d'esprit civique : « Si je me suis saigné aux quatre veines pour t'envoyer à l'Université, ce n'est pas pour que tu me couvres de honte. » Le Liban ressemblait parfois à quelque passage éliminé par Garcia Marquez de son extraordinaire description du sous-développement politique du tiers monde, dans *l'Automne du patriarche,* où l'on voit un dictateur d'Amérique centrale vivre plusieurs centaines d'années.

Petit à petit, le Liban se désagrégeait. Personne ne voulait le savoir. Pour certains, ce fut le 28 décembre 1968, lorsque les Israéliens détruisirent treize avions des lignes aériennes libanaises, Middle East Airlines, en plein aéroport de Beyrouth, sans susciter la moindre intervention de l'armée libanaise, que l'on commença à en voir la fin. D'autres situent plutôt cet événement au jour de la mort du président Nasser, en septembre 1970, lorsque la circulation à Beyrouth-Ouest fut paralysée dans les deux sens par des bandes de jeunes gens armés se livrant à une débauche de mitraillades et d'incendies de pneus qui passa pour un deuil officiel dans le secteur musulman de la ville. Cinq ans plus tard, on rencontrait ce type de violence irresponsable à tous les coins de rues. Quiconque ne connaissait pas vraiment le contexte sympathisait volontiers avec les Libanais qui s'en prenaient aux étrangers, accusés d'intervenir à la fois trop et pas assez. Dans chaque camp, en effet, il y avait les bons étrangers et les mauvais, il y avait ceux qui aidaient et ceux qui auraient dû aider mais ne le faisaient pas. Les étrangers contribuaient à transformer le pays en arène de combats, afin de régler des querelles qu'ils n'osaient pas vider sur leurs propres sols. Personne n'était innocent. La colère des chrétiens lorsqu'ils se voyaient arrêtés dans la rue par des fedayin palestiniens qui se mêlaient de contrôler les papiers de tous ceux qui passaient aux abords de leurs camps était justifiée, même si les Palestiniens avaient effectivement de bonnes raisons de se méfier. Le Levant, cependant, engendre une façon suicidaire d'envisager tactiquement la vie à court terme, selon laquelle une semaine peut sembler un laps de temps considérable. En théorie, tous les pays arabes reconnaissaient que c'était sur le plan politique que le Liban contribuait le plus utilement à la cause commune. Ce qui ne les empêcha nullement de paraître ravis chaque fois que les Palestiniens faisaient des misères à la minuscule armée libanaise, alors même qu'ils veillaient soigneusement à ce que *leurs* Palestiniens n'en fissent pas autant avec *leur* armée. Cependant, en dernière analyse, les Libanais étaient quand même coupables. Et peut-être, justement, leur espèce de répugnance à endosser la moindre responsabilité de ce qui s'est passé leur permettra-t-elle de reconstituer, un jour, un peu de la vie qu'ils ont connue jadis ; mais, en attendant, leur attitude est, de par ses implications, au mieux cynique et au pire psychotique. A l'automne de 1981, participant à un débat organisé par la télévision française sur les reportages de guerre, j'ai été heureusement surpris d'entendre, dans un film réalisé pour illustrer l'émission, un jeune militant musulman déclarer, du haut de ses seize ans à peine : « On a foutu la merde au Liban, nous et les phalangistes. » Il a dû se faire tirer les oreilles par ses supérieurs pour s'être montré si franc.

J'attends encore le seigneur de la guerre maronite capable de s'exprimer de façon aussi directe. Durant la guerre civile et tout au long des années qui suivirent, les maronites ont paru disposés à abandonner l'Etat du Grand-Liban que la France leur avait façonné, pour se replier à l'intérieur du Mont-Liban. Je me rappelle une journée ensoleillée, au début de janvier 1976, où je regardai brûler le port de Beyrouth. Sur le promontoire où le magistrat suprême du pays avait fait construire une gracieuse demeure dominant la Méditerranée, j'étais aux premières loges. Je venais tout juste de risquer ma peau pour arriver jusque-là, depuis Beyrouth-Ouest, par une journée particulièrement dangereuse, et je me laissai aller à quelques vitupérations bien senties envers tous les Libanais, chrétiens et musulmans, et cette fascination pour la destruction qu'ils partageaient. Pourquoi étaient-ils incapables de s'arrêter avant qu'il ne fût trop tard, avant que les Syriens et les Israéliens n'intervinssent, leur ôtant pour un bon moment tout pouvoir de décision ? Pas besoin d'être un génie pour comprendre ce qui ne pouvait manquer d'arriver !

« Qu'il brûle, qu'il brûle ! » répondit le magistrat.

Je le dévisageai fixement. C'était, du moins le supposai-je, le maronite qui parlait et non le juge. Consignait-il donc aux flammes tout ce qui ne se trouvait pas en territoire purement maronite, ce que l'on commençait à appeler le « Marounistan », le ghetto chrétien ? Etait-il en train de dire : « C'est nous qui l'avons construit, nous sommes libres de le détruire » ? Ou bien les maronites avaient-ils, Dieu sait comment, succombé à l'envoûtement du fameux « complexe de Massada », dont les Israéliens nous rebattent les oreilles, et menaçaient-ils de suivre l'exemple de ces anciens Juifs qui, dans leur forteresse assiégée, avaient préféré se suicider plutôt que de se rendre aux Romains ? Etaient-ils ce canon fou qui, ayant rompu ses amarres, bringuebalait au hasard sur le pont du navire battu par les flots qu'était, à présent, le Moyen-Orient ? Les maronites pouvaient-ils, ou voulaient-ils, empêcher tout futur accord de paix au Moyen-Orient, si celui-ci ne tenait pas compte de leurs exigences ?

Bien des années plus tard, m'entretenant avec Fouad Ephrem Boustany, sorte de feu follet de l'histoire et de l'idéologie maronites, ayant déjà largement dépassé les soixante-dix ans, je lui demandai ce que les maronites pourraient faire dans ce cas précis.

« Vous devriez savoir que les Palestiniens n'ont pas le monopole du terrorisme », répondit Boustany, expliquant que cela faisait des années que lui-même et d'autres dirigeants maronites envisageaient d'avoir recours à ce moyen. « Lorsque nous déciderons de passer au terrorisme, vous-même et le monde entier le saurez, ajouta-t-il. Vous n'imaginez pas de quoi un peuple montagnard, avec six mille ans d'histoire derrière lui, est capable, lorsqu'il se trouve acculé à choisir entre le suicide ou la lutte contre l'ennemi. »

Ces propos, qui se voulaient froids et détachés, me firent penser aux Français d'Algérie, avec leur slogan : « la valise ou le cercueil ». Ils finirent, certes, par préférer la valise et quitter l'Algérie, mais non sans s'être livrés à une démonstration occidentalisée et technologique de terrorisme professionnel qui n'eut aucun mal à éclipser les méthodes artisanales de leurs adversaires nationalistes algériens. Mais ici, au Liban, qui était l'ennemi contre lequel s'acharnait Boustany ? Les étrangers, pour commencer, au premier rang desquels, pour ce francophile, se trouvait la perfide Albion, qu'avaient rejointe, plus récemment, Palestiniens et Syriens. Cependant, en dépit de son discours débordant d'autosatisfaction et criblé de simplifications, en dépit de quelques brillantes considérations sur l'Islam, le vieil homme passait sous silence la dimension libanaise, la certitude lancinante, mais toujours réprimée, que les Libanais ont beaucoup fait pour saper les fondements de leur propre société, en s'aplatissant devant les étrangers, y compris ceux dont ils faisaient à présent le procès.

Dépeints dans les chroniques libanaises aussi bien qu'étrangères depuis plus d'un siècle, les pires aspects du caractère national prenaient à présent des dimensions exagérées : népotisme, corruption, opportunisme, mesquines rivalités où des cousins, parfois même des frères, s'entre-déchiraient pour mieux tuer le veau gras aux frais de la princesse. Le système était devenu si corrompu que tous les politiciens ou presque étaient à la solde d'une puissance étrangère quelconque, sinon de plusieurs. Un des Etats du golfe Persique versait aux ex-Premiers ministres libanais de véritables rentes, qui se montaient à plusieurs milliers de dollars par mois, en partant du principe qu'ils pourraient se révéler fort utiles si jamais ils revenaient au pouvoir. Les Etats arabes radicaux aidaient leurs amis gauchistes et palestiniens. Les nations fondamentalement islamiques, comme la monarchie saoudienne, subventionnaient l'OLP. (Ils avaient aussi soutenu les chrétiens jusqu'à ce que les massacres de civils musulmans par les maronites devinssent impossibles à cautionner plus longtemps.) Les grands principes auxquels obéissaient ces Arabes conservateurs plaçaient la politique au-dessus de la religion, si bien qu'ils considéraient les chrétiens comme la seule force capable de faire échec aux menées des Arabes radicaux qui menaçaient leurs régimes si vulnérables. Plusieurs années auparavant, Michel Chiha, penseur chrétien qui contribua largement à donner une forme aux institutions du Liban indépendant, écrivait que les Libanais étaient, « par vocation et par nécessité, les amis des maîtres du monde ». Et d'insister, sur sa lancée : « Nous ne sommes pas disposés à nous résigner au déclin de l'Europe », sans comprendre que les Arabes étaient les nouveaux maîtres de cette terre qui, à leurs yeux, faisait légitimement partie de leur monde. L'Occident, dépendant de ces mêmes Arabes pour son approvisionnement en pétrole et las des croisades modernes, n'était pas d'humeur à contester cette interprétation. Les Arabes — et ils n'étaient pas les seuls d'ailleurs — n'attachaient aucune importance aux Libanais ou, pis encore, les traitaient comme une sorte de bien communal dont on pouvait user et mésuser tout à son aise. Bien avant que Palestiniens et musulmans n'eussent inauguré leur coopération pour pressurer ce qu'ils considéraient comme un Etat maronite — les musulmans pour lui arracher des concessions politiques, les Palestiniens pour s'assurer de puissants alliés dans la place — les Libanais s'étaient avérés incapables de gouverner leur pays. Ils parlaient de corruption, de réformes, du besoin de changement, mais ils ne faisaient rien de positif. Journaux, jolies filles, armes à feu, politiciens — tout était à vendre. Et c'est ainsi que la guerre se déclara au Liban.

Un banquier maronite, qui se refuse résolument à vivre au Marounistan, m'a énuméré un jour toutes les erreurs commises par les seigneurs de la guerre. J'imagine que ça le soulageait, même si, après tant d'années, la discussion approfondie de tous les problèmes libanais avait perdu de son attrait, même dans un but psychothérapeutique. Tout pouvait se résumer au manque de maturité politique, ce fléau des sociétés sous-développées : « Il n'est pas aisé d'être Chilien, Libanais ou Kenyan de nos jours », se lamenta-t-il. Dans le cas du Liban, il s'agissait probablement de l'héritage empoisonné de quatre siècles d'hégémonie ottomane. « A présent, nous sommes redevenus de simples sujets, appartenant corps et âmes au sultan. Seulement aujourd'hui, il y a le sultan du Marounistan, le sultan du Druzistan, le sultan du Chiitistan, le sultan du Palestinistan, le sultan du Sunnitistan — je pourrais continuer encore longtemps, mais ça me déprime, ajouta-t-il. Le sultan est mort, vivent les sultans ! »

A l'intérieur du Marounistan, cependant, les maronites ne l'entendaient pas de cette oreille. Naguère traités de sybarites, d'individualistes d'un autre temps, obsédés par l'argent, ils faisaient à présent la preuve de leur capacité d'organiser et de soutenir un effort de guerre, même s'ils n'avaient pas su garder intact leur héritage politique en temps de paix. Bluff, fanatisme, mégalomanie — appelez ça comme vous voudrez. Ils furent tellement épatés de ne pas s'effondrer dès les premières semaines de combat, en 1975-1976, si heureux d'avoir finalement réussi à se battre pour obtenir ce qu'ils voulaient, après avoir pratiquement reçu leur indépendance sur un plateau d'argent. A mesure que les années passaient sans apporter le genre de solution qu'ils réclamaient, ils se mirent à prêter à leurs ennemis des motifs impossibles à prouver. Ainsi, lorsque les Syriens les battirent à plate couture à Zahlé, en 1981, ils prétendirent qu'il ne pouvait être question de défaite, puisqu'ils avaient réussi à arrêter Damas dans son (hypothétique) intention d'occuper tout le Marounistan. (En réalité, n'en déplaise aux chrétiens, jamais les Syriens n'envisagèrent d'occuper territorialement le Marounistan ; bien au contraire, puisqu'ils rappelèrent tous leurs soldats qui s'y trouvaient.) Cela fait des années que je me berce de l'idée que ce qui nuit le plus aux maronites, ce sont peut-être bien leurs talents d'organisateurs. Un excès d'organisation peut s'avérer antiproductif, peut empêcher les maronites d'accepter la grande réalité : c'est qu'une société faite de minorités nécessite l'élaboration d'un nouveau modus vivendi. Zeine Zeine, professeur d'histoire fort respecté de l'Université américaine de Beyrouth, à présent retraité, a inventé il y a longtemps un verbe — *laflaflate* (dérivé d'un mot arabe qui signifie « superposer des couches ») — pour expliquer comment le Liban avait l'habitude de se débrouiller. La guerre a mis fin à tout cela. D'ailleurs, même si beaucoup de maronites et d'autres chrétiens préfèrent l'oublier, durant la guerre ils s'étaient mis à appeler leurs chiens Mahomet et à désigner les musulmans par l'épithète les *muzz* ou les *musiciens*. Théoriquement, les minorités du monde arabe seraient bien inspirées de nuancer leurs sentiments envers la majorité, dans l'espoir que celle-ci en fera autant à leur égard. Théoriquement, ces mêmes minorités seraient tout aussi bien inspirées d'éviter les provocations. Mais les divisions sont telles parmi les Libanais — même s'ils le nient — qu'il y a fort à parier que les dirigeants maronites ne se rendent pas seulement compte que leurs propos peuvent sonner de façon condescendante, alors même qu'ils sont convaincus de faire de leur mieux pour amorcer un dialogue. Cela fait partie de l'héritage du ghetto. La direction maronite se félicite d'avoir débarrassé le Marounistan des Palestiniens et des Syriens (sans préciser qu'elle en a aussi chassé les musulmans qui y vivaient jadis). Les musulmans devraient se soulever et faire ce qu'a fait le Marounistan. Personne ou presque ne semble s'apercevoir que les maronites ont contribué à compliquer sérieusement les problèmes de leurs concitoyens musulmans en leur collant sur les bras tous les musulmans, Kurdes et Palestiniens indésirables à Beyrouth-Est.

D'ailleurs beaucoup de Libanais vivant en dehors du Marounistan estiment que les maronites qui le peuplent ne sont pas à l'unisson du reste du pays, pour autant qu'ils envient la loi et l'ordre qu'y ont imposés les phalangistes, contrastant avec l'anarchie et l'insécurité qui règnent partout ailleurs. Cependant, pour les chrétiens plus éloignés — les coptes d'Egypte, les orthodoxes de Jordanie ou de Syrie, les divers rescapés éparpillés à droite et à gauche — les rodomontades maronites sont un réconfort. Dans ce Moyen-Orient dominé par des fanatiques aussi divers que l'ayatollah Ruhollah Khomeiny en Iran et Menahem Begin en Israël, il n'est pas tout à fait sans mérite d'avoir des chrétiens convaincus de leurs propres mortelles certitudes, surtout des communautés suffisamment distantes pour échapper aux conséquences pratiques, potentiellement désastreuses, d'un tel militantisme.

Chez eux, dans leur ghetto occidentalisé, coupés de la majorité musulmane, les chrétiens du Marounistan n'ont cessé de se persuader de la justice de leur cause. Ecartant sans ménagements l'Etat qu'ils avaient juré de défendre, lui volant ses revenus et humiliant son armée, instituant un entraînement militaire pour les lycéens de leur zone, les chrétiens du ghetto se sont donné des airs héroïques et ont parlé, avec beaucoup de détermination, de « libérer » le reste du pays. Et tant pis s'ils avaient tant fait pour provoquer la tragédie libanaise ; tant pis s'ils refusaient la moindre responsabilité dans l'affaire, la rejetant sans désemparer sur les autres. La mémoire et la cohérence ne sont pas des vertus typiques du Moyen-Orient.

Plus de trois ans après la guerre civile, un évêque libanais, catholique grec et quelque peu libre penseur, Grégoire Haddad, dressa un véritable catalogue des changements d'opinion qu'avait suscités le conflit, avec une irrévérence qui lui avait valu, un peu plus tôt, d'être mis sur la voie de garage par ses supérieurs ecclésiastiques : « La lutte opposait les Palestiniens et les Libanais ; non, ce sont les chrétiens et les musulmans ; non, ce sont la gauche et la droite ; non, ce sont les Israéliens et les Palestiniens, sur le sol libanais ; non, ce sont d'une part l'impérialisme et le sionisme internationaux et les Etats voisins de l'autre. » Jamais je n'ai osé retourner voir Haddad, de peur que sa liste ne fût devenue encore plus longue et plus triste. En tout cas, son petit travail démontre amplement les limites de la raison. Car derrière la façade agressive des maronites était tapi un héritage de peur. Les chrétiens du Liban adorent raconter aux étrangers leur histoire préférée, celle du coq et du patient de l'asile psychiatrique.

Ce dernier, convaincu d'être un grain de blé dans une basse-cour, a peur d'être dévoré par le coq. Le psychiatre le soigne pendant un an et lui déclare enfin : « Et à présent, mon cher monsieur, vous savez parfaitement que vous n'êtes pas un grain de blé.

— Oui, docteur, mais…

— Mais quoi ?

— Mais le coq, il le sait, lui ? »

3

L'EFFONDREMENT

De l'avion qui s'approchait très bas au-dessus de Beyrouth, prêt à atterrir, le spectacle était magnifique. Le quartier commerçant du centre ville était en feu, de grandes flammes ourlaient de rouge les nuages de fumée contre le noir du ciel et se reflétaient clairement dans la Méditerranée. Au cours des trois jours que j'étais allé passer en Jordanie, la guerre avait brusquement produit ce tableau nocturne, digne d'un Jérôme Bosch ou d'un Breughel. Le pilonnage meurtrier, quoique mesquin, des quartiers ouvriers et petits-bourgeois, les traînées de roquettes, pareilles à des comètes avec leur queue, le bruit sourd des mortiers et de l'artillerie, la ration quotidienne de cadavres ligotés abandonnés nuitamment, tout cela avait cessé — en tout cas momentanément. Nous étions à la mi-septembre 1975 et, après cinq mois de combats sporadiques, la Ligne Verte qui séparait les deux secteurs en lutte de Beyrouth commençait à se transformer visiblement en terrain vague.

Le lendemain matin, un énième cessez-le-feu était en vigueur et je partis inspecter de plus près les ruines fumantes des souks, directement à l'ouest de la place des Martyrs, ainsi nommée pour commémorer la pendaison de seize nationalistes arabes par les Turcs, durant la Première Guerre mondiale. Tout près de ce centre traditionnel de la capitale libanaise, une explosion avait abattu un hôtel bon marché, où logeaient des travailleurs égyptiens, et des douzaines de personnes se trouvaient coincées sous les décombres. Devant un magasin pillé, trois mannequins, dépouillés de leurs robes, volées comme tout le reste des marchandises, gisaient dans la boue. A présent que les francs-tireurs avaient cessé de les canarder pour entraver leurs efforts, des pompiers syriens, amenés en toute hâte de Damas pour lutter contre l'incendie, s'activaient aux côtés de leurs collègues libanais. Des commerçants trottinaient au milieu des ruines, examinant ce qui restait de leur boutique, chargeant les marchandises dans des voitures ou des camions afin de les emporter en sécurité dans les montagnes. En quatre jours de combats, les phalangistes étaient parvenus à détruire cette ceinture de magasins, appartenant principalement à des musulmans, qui séparait leur propre secteur de Beyrouth-Ouest.

Plus exactement, ce que les phalangistes avaient détruit, c'était une zone neutre, ouverte à tous. Se livrant à de vicieux calculs, ils avaient espéré forcer ainsi la main à l'armée libanaise, « leur » armée — que les musulmans et leurs alliés récusaient pour la bonne raison qu'eux aussi la croyaient soumise corps et âme aux maronites militants — et l'obliger à intervenir en leur faveur. Pour la plupart des Libanais, le centre ville de Beyrouth était le seul endroit où les membres des seize communautés officiellement reconnues — sans compter les étrangers de tous bords — pouvaient se cotôyer et apprendre à se connaître. Leur travail fini, ils s'en retournaient chacun vers son quartier, où tout le monde, hormis les riches, avait pour voisins des membres de sa propre secte ou communauté religieuse. Volontairement ou non, les miliciens maronites avaient interrompu par leurs actions militaires ce processus de brassage aussi sûrement qu'un garde forestier taille un coupe-feu pour circonscrire un sinistre. « C'est nous qui avons bâti le Liban, c'est nous qui le brûlerons » : ce fut par ce slogan plein de morgue que les maronites tentèrent de justifier la destruction qu'ils semblaient préférer plutôt que d'accepter les demandes de timides réformes économiques des gauchistes, les requêtes musulmanes pour une plus juste répartition du pouvoir politique ou les empiétements palestiniens sur la souveraineté nationale libanaise. Si ce n'était pas un suicide collectif, ça y ressemblait en tout cas bigrement. Chaque fois que je me hasardais à raisonner mes amis phalangistes, ils se rabattaient toujours sur le même leitmotiv : l'Occident et surtout les Etats-Unis feraient bien de s'aligner, ils savaient ce qu'ils faisaient. L'équilibre de la terreur entre Palestiniens armés et Libanais armés n'avait pu jouer le rôle dissuasif que lui avait attribué une théorie brièvement à la mode, laquelle ne tenait malheureusement aucun compte du manque de contrôle des principaux participants.

Ce fut dans le courant de cet automne 1975 que Beyrouth, en tout cas le Beyrouth que je connaissais, disparut. Il n'était pas bien difficile de dresser la liste de ses défauts : arrogance, vulgarité, irresponsabilité, contentement de soi et singerie désespérée du manque de goût occidental. Pourtant, la putain au grand cœur qu'était la ville portuaire de Beyrouth représentait aussi ce que le monde arabe pouvait offrir de mieux. Sa contribution au nationalisme arabe, à la renaissance culturelle arabe, son influence intellectuelle — l'œuvre de tout un siècle — voilà ce qu'on était en train de dynamiter, de bombarder, et plus souvent encore de mettre en pièces à coups de bec, comme ces buildings du centre ville dont les façades vérolées étaient grêlées par les traces de milliers de balles. J'aurais dû comprendre aussitôt ce qui se passait : le rejet instinctif de Beyrouth dans son rôle de cheval de Troie, de passage vers l'hinterland arabe ouvert aux Occidentaux. Trente ans à peine après avoir reçu des Français son indépendance, le Liban rejetait désormais sa peau d'emprunt, avec l'aide de ses propres citoyens, ennemis et fanatisés — d'une part les nouveaux fanatiques qui débitaient des discours sur la révolution et le marxisme et de l'autre, bien sûr, les maronites militants — tous descendus relativement récemment de leurs montagnes et obéissant tous à la réaction atavique de ceux qui ont derrière eux des siècles de persécutions. Les indices étaient là, pourtant, sous mon nez, sous forme de plaques indiquant les noms des rues en ruine, ceux des Européens — Allenby, Clemenceau, Foch, Gouraud, Weygand — qui, moins de soixante ans auparavant, avaient représenté les empires britannique et français, installés dans cette partie du globe, pensaient-ils, pour plusieurs siècles.

Cette ville, la dernière des grandes cités levantines qui, de mémoire d'homme, s'étaient étendues entre Alger et Istanbul, était en train d'expirer sans que personne songeât à la pleurer, et encore bien moins à tenter de la garder en vie. Il fallait remonter à la Seconde Guerre mondiale pour trouver l'exemple d'une ville de cette importance, dépeuplée aussi radicalement de ses richesses. Les témoins de ces événements, qui se piquaient d'histoire, faisaient remarquer que le viol de Beyrouth — tout comme le sac d'Alexandrie ou le pillage de Constantinople par les croisés — avait encore une fois les chrétiens pour protagonistes. Cependant, les pertes les plus tragiques n'étaient pas nécessairement celles causées par la destruction matérielle. « Le Quatuor d'Alexandrie-Nord » : cette ancienne description de Beyrouth semblait suggérer que les personnages de Lawrence Durrell avaient émigré au Liban. A chacune des révolutions qui avaient secoué le monde arabe, Beyrouth s'était enrichie de l'intelligence, du talent et du savoir-faire de ceux qui se refusaient à vivre sous de nouveaux maîtres souvent intolérants. Certes, ils avaient disparu depuis belle lurette, les drogmans, ces guides et interprètes professionnels du Moyen-Orient qui, sous l'empire ottoman, avaient rendu vivable l'existence des Occidentaux et fait prospérer le commerce. Mais chez tout Libanais sommeillait, peu ou prou, un drogman : ils étaient naturellement des hommes-à-tout-faire, industrieux et polyglottes, chez qui le sens du commerce et des transactions financières était inné. Les bars légendaires de Port-Saïd et de Suez faisaient désormais partie de l'histoire, mais Beyrouth offrait encore les denrées classiques de ces ports méditerranéens, semi-coloniaux — l'alcool, la drogue, les filles. La ville abondait en blondes Suédoises et en barmaids anglaises, qui travaillaient dans les night-clubs hantés par des Américains assoiffés, arrivant tout droit des derricks d'Arabie Saoudite ou par des princillons voisins, désireux d'assouvir leur sensualité dans une atmosphère occidentale, mais quand même suffisamment arabe pour s'y sentir à l'aise. Plus tard, en se livrant à leur examen de conscience collectif, les Libanais s'attachèrent à ces travers de prostituée, à cet empressement à tout sacrifier à l'argent — comme si cet aveu d'avoir préféré les gratte-ciel aux espaces verts était un *mea culpa* murmuré de façon suffisamment rituelle pour détourner les questions plus profondes concernant la part qu'ils avaient prise à la destruction de leur propre pays.

Ce que j'adorais, c'était la pure exubérance, voire l'espèce d'autosatisfaction incongrue qu'affichaient tous les Libanais, petits et grands. La discrétion n'était pas leur fort. Le Libanais paradait volontiers en grosse voiture américaine sur les étroites routes qui serpentaient à flanc de montagne. Les hommes portaient des complets Cardin, les femmes des robes de Dior, ou des blouses transparentes. Alors que l'Occident se mettait peu à peu aux jeans et à la quantité plutôt qu'à la qualité, les Libanais avaient gardé la passion des vêtements et des bijoux de luxe, avec un faible prononcé pour le clinquant. Beyrouth avait un petit côté Miami Beach. Le secteur occidental était beaucoup plus dans le vent que le secteur chrétien, peut-être parce que les Arabes des montagnes, comme on appelait jadis les maronites, étaient moins ouverts, moins cosmopolites que les autres chrétiens et les musulmans, peuples de la côte, exposés aux modes et influences étrangères depuis l'époque des Phéniciens. Les cinémas, les night-clubs, les bureaux, les nouveaux immeubles de grand standing avec vue sur la Méditerranée, tout cela se trouvait à Beyrouth-Ouest. Pour se distraire et se cultiver, les habitants du secteur oriental se rendaient à Hamra. A un moment donné, les Libanais se mirent à croire à leurs propres dépliants touristiques — skiez le matin, déjeunez dans le port antique de Byblos, dînez le soir au Casino du Liban, où vous pourrez jouer et applaudir les danseuses du Lido de Paris. De toute façon, c'était quoi le Liban ? Du homard et du champagne pour les Libanais fortunés, les Occidentaux qui y travaillaient et les barons du pétrodollar, tels le ministre saoudien du Pétrole, Zaki Yamani, qui y possédait une maison ? Ou bien l'un des plus atroces, parmi tous les exemples de haillons côtoyant les dentelles, de misère noire, de pauvres gens privés d'éducation, de routes, de tout-à-l'égout et de tous les autres oripeaux de la vie urbaine, qui pullulaient dans le monde arabe ? Certes, le haschich y était le meilleur du Moyen-Orient, peut-être même du monde, mais pourquoi l'Etat libanais était-il incapable de sévir contre la culture de cette drogue ? Le Liban était un authentique refuge pour tous les persécutés, les mal-aimés, ainsi que pour les professionnels de la politique, chassés des pays voisins par un coup d'Etat, récent ou moins récent. Il fut un temps où chaque faction idéologique avait son propre café dans Hamra, l'artère commerçante élégante, et où tout adulte à l'esprit normalement vif pouvait apprendre ce qui se passait dans le monde arabe et dans une bonne partie du monde occidental pour le prix de quelques tasses de café. Au pays de *yanni* (« tu sais », en arabe), les conversations passaient constamment d'une langue à l'autre — français, anglais, arabe : « *Chou haida,* chérie, *how's business ?* »

Etre levantin, a écrit l'historien du Moyen-Orient, Albert Hourani, « c'est vivre dans deux mondes, ou plus, à la fois, sans appartenir à aucun : être capable de s'adapter aux formes extérieures qui indiquent la possession d'une nationalité, d'une religion ou d'une culture, sans les posséder effectivement. C'est ne plus avoir une échelle des valeurs qui vous soit propre, ne pas être capable de créer, mais seulement d'imiter, et même pas correctement, car pour cela aussi il faut une certaine originalité. C'est n'appartenir à aucune communauté et ne rien avoir à soi. Cela se trahit par un air perdu, prétentieux, cynique et désespéré. » Hourani écrivait cela en 1946, deux ans avant la création de l'Etat d'Israël. On pourrait faire valoir que ce fut l'exemple d'Israël — tant pour les autres minorités, telles que les chrétiens, que pour les régimes dominés par des musulmans — qui sonna le glas du Levant et des Levantins. Ceux-ci poussèrent leur dernier soupir à Beyrouth, en 1975.

Les divers titres, assez ronflants, que les étrangers et les Libanais avaient revendiqués pour Beyrouth et le Liban tombèrent dans les oubliettes de l'histoire : Paris de l'Orient, Suisse du Moyen-Orient, Tanger (ou parfois Hong Kong) du Levant, Carrefour de la civilisation, Terre d'accueil et de tolérance, le plus développé des pays sous-développés, et j'en passe. Brusquement, cette nation que l'on croyait occupée à se vautrer dans les plaisirs dociles de la société de consommation donnait à l'anarchie une mauvaise réputation. Le dernier vestige de cette tradition d'humanisme et d'ouverture vers l'extérieur, qui faisait l'orgueil du Levant, disparut sans soulever la plus faible protestation. Les autres Arabes, qui venaient à Beyrouth pour jouer ou comploter, forniquer ou boire, financèrent avec mépris ses seigneurs de la guerre ennemis, tout comme ils avaient naguère acheté la presse libanaise pour y exprimer ce qui passait pour leur idéologie militante. Pour les Arabes, Beyrouth devint un véritable champ de bataille, un lieu où l'on pouvait se défouler, par tueurs à gages ou armées privées interposés, contre les ennemis du moment. Tandis que Beyrouth agonisait, les autres régimes arabes versèrent les pleurs rituels sur son sort, mais ils furent plus d'un à tenter d'emporter ses dépouilles vers leur propre capitale. Cependant, les banques, les journaux, les universités et même l'esprit d'entreprise ne prospèrent pas forcément dans les sables pétrolifères de l'Arabie, et les tentatives de transplantation ne furent pas toutes réussies. A l'automne de 1975, des dizaines de milliers d'Occidentaux quittaient le pays, ainsi que de nombreux membres de la haute et moyenne bourgeoisie, issus d'une précédente génération de réfugiés, fuyant les révolutions et soulèvements du monde arabe. Ils s'étaient perchés, pour en jouir, sur cet ultime avant-poste de l'Orient, faisant don au Liban de leurs multiples talents et de leur influence civilisatrice.

Tout cela je pouvais le déduire, le décrire, l'appréhender intellectuellement. J'étais journaliste, après tout, et mon travail consistait à observer les sociétés sous pression — et particulièrement les sociétés du tiers monde. En un peu plus d'un mois, cependant, je devais ressentir personnellement le sentiment d'impuissance et de crainte qui avait déjà saisi bon nombre de Libanais et qui devait bientôt les engloutir presque tous.

Ce fut en partie de ma faute. J'avais préféré fermer les yeux, pour ne pas voir approcher le danger, centimètre par centimètre, comme autant de salves de ces mortiers que l'on « accompagne » imperceptiblement vers leur cible. Dieu sait, pourtant, que tous les signes étaient là ! Les déménageurs faisaient des affaires en or, tout spécialement dans mon quartier, qui avait les faveurs des riches Libanais et des étrangers. Leurs camions venaient inévitablement nous rappeler à tous que les sages nous quittaient pour des rivages moins dangereux ; leurs assurances que c'était « simplement jusqu'à ce que les choses se tassent » étaient démenties par la valeur de toutes les possessions qu'ils faisaient enlever par avion.

J'étais trop heureux probablement. Non pas que je sois un amoureux de la guerre ; non, j'étais tout simplement enchanté, après plusieurs années à Paris où j'avais tenté de résoudre les problèmes posés par un divorce moche, de prendre pour six mois les commandes du bureau du *Washington Post* à Beyrouth, entre deux correspondants permanents. L'appartement-bureau était spacieux et bien aéré, à trois minutes de marche des locaux de l'agence Reuter, d'où j'envoyais par télex mes dépêches, à quelques pas d'un excellent quartier commerçant et à un dollar au plus, en taxi, des confortables agences centrales de presse qui avaient nom hôtel Saint-Georges, Quo Vadis, Grenier et une demi-douzaine d'autres restaurants du bord de l'eau, groupés tout près de là. J'avais été ravi de quitter Paris avec une petite amie libanaise, bourrée d'esprit, et je me réjouissais à l'idée de retrouver d'autres amis dont j'avais fait la connaissance lors de précédents séjours. A vrai dire, j'avais fait transporter dans la capitale libanaise presque tout ce que je possédais, ce qui, disons-le, n'allait pas chercher loin. Je laissais derrière moi mes désagréables expériences en France, que venaient me rappeler, assez bizarrement, plusieurs costumes anglais d'une rare élégance qu'un tailleur entreprenant de Savile Row m'avait confectionnés lors de ses visites trimestrielles à Paris. En effet, une amie, attendrie sur mon sort et très certainement horrifiée par l'état de ma garde-robe, m'avait conseillé de me commander de nouveaux vêtements, histoire de me changer les idées. Je les avais à peine mis, n'étant pas de nature très porté sur la toilette. D'ailleurs, avais-je raisonné par-devers moi, je n'en avais plus vraiment besoin, puisque la raison d'être de ce subterfuge n'existait plus.

Et puis, en l'espace de quatre jours, à la fin d'octobre 1975, je fus d'abord bloqué dans mon appartement par une bataille qui fit rage pendant deux jours, puis capturé par des guérilleros soupçonneux, sauvé par un vieil ami influent et, presque aussitôt, repris au piège ailleurs, pendant trois autres jours. Lorsque je pus enfin regagner mon foyer, ce fut pour le trouver mis à sac et inhabitable.

Un samedi, je fus réveillé avant l'aube par des bruits de bataille dans la rue bordée d'arbres que j'habitais à Kantari. Soudain, ce paisible no man's land s'était métamorphosé en zone de combats. Les phalangistes avaient effectué des reconnaissances dans les rues voisines — non pas, j'en étais sûr, pour protéger les résidents appartenant à la haute bourgeoisie chrétienne, qui traitaient généralement par le mépris le plus complet les petits jeux de boy-scouts attardés des Gemayel, mais plutôt pour s'emparer de l'or entreposé dans les coffres de la Banque centrale, à quelque trois cents mètres plus à l'ouest, en territoire musulman. Il y avait là, pour autant que je pusse en juger, des mitrailleuses lourdes, des lance-roquettes, des mortiers et des armes plus légères, le tout à deux pas de chez moi. Je n'osai même pas sortir sur la vaste terrasse qui entourait mon dernier étage pour m'en assurer. Mes seules notions visuelles de ce qui se passait, je les obtins en risquant un œil prudent à travers les volets de bois que je bougeai avec la plus grande circonspection, de peur d'attirer l'attention, et le feu, des combattants. Depuis la cuisine, sur le derrière de l'immeuble, j'apercevais, tout près, Myrtom House, restaurant-pension de famille autrichien, en proie aux flammes. J'eus une pensée inquiète pour le propriétaire Hans, un vieil ami. En bas, dans la rue, je distinguai une Alfa Romeo, en feu elle aussi. Des amis me téléphonèrent leurs encouragements et promirent que des soldats de la caserne voisine allaient intervenir pour me tirer de ce mauvais pas. Je voyais d'ailleurs un vieux Panhard blindé, garé à moins de cent mètres de chez moi, mais il ne se rapprochait pas d'un millimètre et je n'étais pas sûr qu'il fût bien sage de descendre dans la rue. Lorsque la nuit tomba, le téléphone était coupé. Un peu plus tôt, j'avais pu dicter un article à Washington, ce qui m'avait momentanément distrait de mon inquiétante situation. A présent, j'avais tout loisir de penser que j'étais seul dans l'immeuble et que je ne pouvais plus espérer de secours avant le lendemain. Les Libanais qui occupaient les autres appartements avaient été assez avisés pour prévoir un coup fourré de ce genre et rester dans les montagnes, avec les tapis persans qu'ils y avaient prudemment fait transporter au cours des semaines précédentes.

Leur cerveau joue souvent des tours à ceux qui se trouvent dans de vilains draps. Moi, je passai un long moment à tenter d'évaluer, sur la base de vagues probabilités, si la Banque centrale contenait effectivement de l'or dans ses coffres. Ce ne fut que lorsque la nuit tomba que je me demandai s'il serait raisonnable d'éclairer l'appartement, signalant ainsi ma présence aux francs-tireurs. Je décidai de laisser les lumières allumées et m'installai à l'endroit que je jugeai le plus sûr, dans un appartement qui, compte tenu de la position de grandes baies et portes vitrées, était pratiquement dépourvu de protection. J'allai chercher dans la chambre à coucher deux matelas que je transportai jusque dans l'entrée.

A deux heures trente du matin, le dimanche, je sortis d'un sommeil agité pour voir un charmant petit bâtiment de deux étages, juste en face de chez moi, véritable petit bijou de l'architecture ottomane, disparaître dans les flammes. A mesure que chaque explosion secouait mon appartement, je me demandai vaguement, à moitié endormi, ce que je pourrais faire, s'il prenait fantaisie aux hommes armés que j'entendais sans les voir, en bas dans la rue, de mettre le feu à mon immeuble. Epuisé par le bruit des combats, je finis par me rendormir, le nez dans un récit de la guerre civile qui avait opposé, en 1860, chrétiens et druzes, écrit par un ami libanais historien. Je me souviens d'avoir été obligé de lire et relire les passages les plus importants, tant étaient grandes la complexité et la perversité de ce conflit. Eh bien, cette nuit, chrétiens et musulmans avaient remis ça. J'ai un souvenir très flou d'avoir entendu sonner à la porte d'entrée de l'immeuble, au moment où le jour se levait, et de n'en avoir tenu aucun compte ; il aurait fallu être timbré pour se risquer au rez-de-chaussée à seule fin de s'assurer si la sonnette était détraquée ou si quelqu'un, éventualité peu vraisemblable, était venu me rendre visite en pleine zone de combats.

Quelques instants plus tard, la porte de mon appartement s'ouvrit à la volée pour livrer passage à une douzaine d'hommes armés. A mon grand soulagement, je constatai qu'ils appartenaient à un groupuscule qu s'était détaché du parti communiste ; comme tant d'autres milices de Beyrouth-Ouest, il était composé de pauvres musulmans chiites, dirigés par de brillants jeunes chrétiens. Au milieu du chaos qui régnait, ces intrus représentaient au moins une autorité — et une présence humaine, quoique menaçante. Depuis le temps que je roulais ma bosse, j'avais suffisamment l'expérience de ce genre d'incident pour savoir — et je ne manquais pas de me le répéter — que, si l'on n'était pas descendu d'emblée et que l'on parvenait à lier conversation, on avait d'excellentes chances de s'en sortir.

Ce qui n'empêche qu'il est toujours un peu ridicule de mettre les mains sur sa tête. Le fait que j'étais pieds nus et vêtu, en tout et pour tout, d'un calcçon ct d'un tee-shirt noir orné d'un lettrage rose, vantant les mérites du restaurant d'un ami à New York, n'était pas pour diminuer l'absurdité de la scène. Ce fut dans ce costume inoffensif — car, enfin, quel adversaire digne de ce nom aurait été s'attifer ainsi — que je remis ma carte de visite (imprimée, heureusement, en arabe et en anglais) à un gamin en chemise brune, armé, comme ses compagnons, d'un fusil d'assaut soviétique, AK-47.

« *Washington Boast*[1] », lut-il tout haut, prononçant le deuxième mot

1. « L'Orgueil de Washington. »

comme le font beaucoup d'Arabes, ce qui, même dans ces circonstances, me fit sourire : « Vous, en bas, comme ça », ajouta-t-il d'un ton saccadé.

A peine m'eut-il poussé hors de l'appartement, cependant, qu'il se rendit compte que j'aurais besoin de chaussures, car en raison de toutes les explosions qui avaient secoué l'édifice, l'escalier était parsemé d'éclats de verre. Je fus donc autorisé à regagner ma chambre, que d'autres hommes armés étaient occupés à mettre sens dessus dessous, et à enfiler des chaussettes, des chaussures, une chemise et un blue-jean. Je parvins même à ramasser un peu d'argent, mon portefeuille où étaient rangés mes cartes de crédit, mon permis de conduire, et deux petits carnets d'adresses — mais ni mon passeport, ni mes dix-huit cents dollars en chèques de voyage. Les jeunes gens armés n'arrêtaient pas de me bousculer pour me faire partir plus vite.

« *Sahafi* », répétais-je, espérant que ce mot, qui signifie en arabe « journaliste », servirait à étayer mon innocence. A ce moment-là, quelqu'un découvrit quelques treillis militaires, souvenirs de reportages au Vietnam, quelques années auparavant. Je regrettai amèrement de les avoir apportés de Paris, car aussitôt, mes visiteurs s'écrièrent que j'étais très certainement un franc-tireur phalangiste ; en fait, ils voulaient surtout se débarrasser de moi pour pouvoir profiter pleinement de l'appartement et de ses vastes terrasses, qui allaient leur fournir une excellente position de tir.

Pour une raison jamais élucidée, un des jeunes gens m'obligea à porter une valise, un autre descendit ma machine à écrire portative — qu'il laissa tomber une ou deux fois en route — et un troisième se chargea des treillis et d'un magnétophone, qu'il s'obstinait à prendre pour un walkie-talkie. Une fois dans la rue, mes gardes me poussèrent vers le trottoir d'en face, en disant : « Et maintenant, cours, et plus vite que ça ! » Je ne me le fis pas dire deux fois ; je devais pourtant me demander, par la suite, pourquoi je n'avais pas eu peur qu'ils me fissent le coup du : « Abattu au cours d'une tentative d'évasion. » On me traîna ensuite le long d'une allée remplie d'hommes armés, me bousculant quelque peu au passage, avant de me pousser de l'autre côté d'une grande avenue pour me forcer à prendre place sur le siège arrière d'une Volkswagen garée dans une petite ruelle. Nous traversâmes alors divers quartiers musulmans, avec des fusils AK-47 passant par les portières, et nous engageâmes sur le boulevard périphérique, dangereusement exposé, pour gagner le QG de mes ravisseurs.

Un grand monsieur très courtois, vêtu d'une sorte de saharienne légèrement retouchée, sortit du petit bâtiment.

Je lui demandai si je pouvais descendre de voiture.

« Bien sûr », me dit-il et, lorsque j'eus décliné mon identité, il se présenta : « Abou Daoud. » Je m'attendais presque à le voir me tendre une carte de visite en échange de celle que je lui avais remise, quoique je n'en eusse pas vraiment besoin. Je savais parfaitement à qui j'avais affaire : c'était l'homme que les Israéliens estimaient responsable du massacre de Septembre noir, perpétré aux jeux Olympiques de Munich en 1972.

Je m'empressai de lui demander s'il connaissait l'ambassadeur d'Algérie, Mohammed Yazid, un bon ami tant de la presse étrangère que de la révolution depuis les années cinquante, car il avait été porte-parole des insurgés algériens tout au long des huit années de la guerre d'indépendance. Ces mots eurent un effet magique.

Dans ce cas, continuai-je, peut-être mon interlocuteur voudrait-il bien appeler Yazid pour s'assurer de ma bonne foi, quoiqu'il fût un peu délicat de réveiller Son Excellence à six heures et quart du matin.

« Il a l'habitude », me répondit Daoud.

Yazid se porta garant et mon hôte me présenta de volubiles excuses : « Désolé d'avoir fait votre connaissance dans de telles circonstances, m'assura-t-il. Ne vous inquiétez pas, nos hommes ne toucheront à rien, strictement à rien, dans votre appartement. »

Deux voitures m'escortèrent jusqu'à la résidence de Yazid, un édifice au faux air de bunker, équipé de plusieurs sous-sols (ce qui était fort utile, car il était situé tout à côté d'une des cibles favorites des phalangistes, le camp de réfugiés palestiniens de Sabra). Durant le trajet, mes compagnons se montrèrent fort loquaces, s'exprimant dans un mélange hésitant d'anglais et de français. Ils étaient communistes. Le jeune homme assis à côté de moi ne cessait de tripoter les treillis américains. Ils venaient du Vietnam, expliquai-je. S'il en avait vraiment envie, je les lui donnais volontiers, ajoutai-je, mais peut-être un uniforme de GI paraîtrait-il quelque peu incongru sur le dos d'un communiste libanais ?

« Pour la guerre, pour la guerre », me déclara-t-il.

Quelques instants plus tard, je fus introduit dans le salon de Yazid et ce dernier fit son apparition en pyjama marron. Nous échangeâmes quelques plaisanteries, évoquant d'autres guêpiers dans lesquels je m'étais jadis fourré. Mes compagnons restèrent au garde-à-vous, ou ce qui passait pour tel parmi eux, jusqu'à ce que Yazid, le diplomate le moins conventionnel qui soit, les eût priés de s'asseoir. J'expliquai à quel point j'étais heureux qu'il m'eût tiré d'une situation périlleuse. On apporta du jus d'abricot, qui fut dûment avalé, puis mon escorte se leva pour prendre congé, tandis qu'un des jeunes gens m'assurait dans un français cérémonieux : « Nous regrettons profondément ce qui s'est passé. » Je laissai alors Yazid regagner son lit tandis que son chauffeur, autre vieil ami de la guerre d'Algérie, me conduisait jusqu'au Palm Beach Hotel, refuge de prédilection des journalistes depuis que l'hôtel Saint-Georges, tout à côté, le plus prestigieux palace du Moyen-Orient, était devenu trop onéreux au goût des comptables chargés d'éplucher nos notes de frais.

Le Saint-Georges, qui restait néanmoins pour la presse le bureau central de la réalité comme de la fiction, se flattait d'offrir la meilleure chère du Moyen-Orient, ainsi que les plus jolies femmes et quelques-uns des flambeurs les plus acharnés du Levant. Le lendemain de ma mésaventure, je traversai la rue pour y déjeuner et y prendre mon courrier. Il faisait encore suffisamment chaud pour manger dehors, sur la terrasse qui surplombait la baie Saint-Georges. J'étais en train de prendre le café avec Mac — comme on appelait l'ambassadeur des Etats-Unis, G. McMurtrie Godley — lorsque celui-ci fut appelé au téléphone. A son retour, il signa immédiatement l'addition et s'éloigna dans sa Chrysler blindée. Quelques minutes plus tard, à peine, la raison de ce départ précipité devint évidente : deux douzaines d'hommes masqués, appartenant à la milice du Tigre, fondée par le ministre de l'Intérieur, Camille Chamoun, arrivèrent dans leurs Range Rover et commencèrent à décharger des armes et des caisses de munitions. Le personnel de l'hôtel se mit aussitôt en devoir de rouler les tapis de l'établissement, de crainte que les miliciens ne les salissent.

La « bataille des hôtels » venait de commencer, suite logique de ce qu'on appela l' « opération Kantari », au cours de laquelle des gauchistes musulmans, soutenus par les Palestiniens, avaient refoulé les milices chrétiennes hors de mon quartier. Les chrétiens s'empressaient à présent d'expédier, le long de la côte, des troupes à l'hôtel Saint-Georges, au Phoenicia avec ses deux tours jumelles, et à l'Holiday Inn, situé un peu plus haut sur une colline escarpée. A moins de cinq cents mètres de là, sur la hauteur, les musulmans occupaient la masse inachevée de la tour Murr, soit les trente-quatre étages déjà construits d'un immeuble qui devait en compter quarante, édifié à une vitesse record grâce à une nouvelle percée dans les techniques employées. Depuis cette position avantageuse, leurs tireurs munis de roquettes, de mortiers et d'artillerie légère dominaient la ville entière. Déjà les miliciens rivaux se tiraient dessus dans les hôtels situés plus haut sur la colline et leurs projectiles rebondissaient contre les murs, en déclenchant de véritables explosions d'étincelles, ou bien, lorsqu'ils faisaient mouche, mettaient le feu aux bâtiments.

Le soir venu, nous comprîmes que la situation était trop dangereuse pour que la force de sécurité promise vînt nous chercher. Et merde pour les comptables ! Je n'avais d'autre choix que de loger au Saint-Georges. D'une main quelque peu fébrile, je tapai mon article sur le télex de la salle des communications, au rez-de-chaussée, laquelle était affreusement vulnérable, même au feu des armes légères, car son immense baie vitrée donnait directement sur la rue. Cette nuit-là, l'ambassadeur des Pays-Bas, Harman Joreisen, et son épouse, le correspondant de CBS, Bill McLaughlin, et son équipe, un homme d'affaires américain, un escroc en cavale, américain lui aussi, et moi-même — les seuls clients qui restaient — nous sentîmes encore suffisamment en sécurité pour dormir dans nos chambres. Le mardi, les coups de feu se rapprochèrent. Les fenêtres volaient en éclats, les unes après les autres. Nous passâmes la journée au téléphone, à supplier ce qui passait pour les autorités, nos amis, n'importe qui ayant la moindre influence, de venir nous sortir de là. Sans succès.

Le mercredi, l'ambassadeur et madame nous quittèrent, après un frugal déjeuner de sandwiches jambon-fromage, menu bien insipide selon les critères du Saint-Georges, mais suffisant pour affronter l'épreuve qui les attendait. Comme à la plupart des clients, et au personnel, la situation ne leur plaisait guère. (Une grande partie dudit personnel avait d'ailleurs commencé à s'éclipser dès le matin, non sans avoir servi le café.) Ils n'appréciaient pas davantage les atermoiements du ministère libanais des Affaires étrangères, ni le fait que la force de sécurité promise ne s'était toujours pas manifestée, dans le courant de la matinée, pour évacuer l'hôtel. Les deux Hollandais traversèrent la rue, montèrent dans leur BMW et partirent lentement le long de la côte, en direction de l'ouest. Quinze minutes plus tard, un appel de l'hôtel Riviera, à un kilomètre et demi de là, nous confirma qu'ils étaient arrivés en lieu sûr grâce à leurs plaques d'immatriculation diplomatiques, qui leur avaient permis de franchir sans encombres un barrage chrétien et deux musulmans.

Pendant ce temps-là, au Saint-Georges, des hommes armés appartenant à Chamoun étaient vautrés dans l'élégant hall d'entrée. L'ambassadeur des Etats-Unis nous téléphona pour expliquer que l'hôtel Saint-Georges et l'hôtel Excelsior, juste un peu plus haut dans une rue adjacente (où était coincé le correspondant du *Chicago Daily News,* Rob Warden, avec sa femme et ses deux enfants), figuraient « assez bas » sur la liste des établissements à évacuer en priorité, ce qui était assez normal, car aucun des deux ne se trouvait directement dans la ligne de tir, alors que le Holiday Inn et le Phoenicia étaient pour le moment criblés de balles. Mac ne savait pas quand les secours nous parviendraient et il se garda bien de promettre quoi que ce fût. En réaliste qu'il était, il nous précisa : « Nous n'avons aucun atout », ce qui voulait dire que la communauté diplomatique occidentale avait le plus grand mal à persuader le gouvernement libanais, en pleine débandade, de se concentrer sur quoi que ce fût.

Dans le courant de la journée, Henri Ferras, le directeur français de l'hôtel Saint-Georges, partit subrepticement pour l'aéroport, non sans s'être rendu odieux à tous ses clients en les obligeant à régler sans tarder leur note jusqu'au dernier sou. Il fut bientôt seize heures — passé cette heure on ne pouvait plus raisonnablement espérer de secours avant le lendemain. Le chef des Tigres téléphona à Chamoun pour lui demander la permission d'utiliser le hors-bord de la famille, amarré dans une marina voisine. La raison de cette requête nous fut vite évidente, car un appel de l'extérieur nous révéla que les phalangistes venaient de se faire éjecter de la rue Clemenceau, à trois cents mètres de là. Une heure plus tard, nos Tigres se mirent à entrer et sortir de l'hôtel en toute hâte, sans but apparent, tandis que des rafales de mitrailleuses venaient s'enfoncer dans les murs. En l'espace de quelques minutes, ils avaient vidé les lieux. Le personnel suspendit des draps blancs aux fenêtres du deuxième étage, pour faire savoir que le Saint-Georges venait de récupérer sa neutralité. Nous commençâmes sans tarder à téléphoner à nos amis gauchistes et palestiniens pour leur demander de l'aide.

Brusquement, les phalangistes, une bande de durs-à-cuire assez peu engageants, firent leur entrée. Ils nous obligèrent à dormir par terre dans la salle à manger. Ce soir-là, notre dîner froid ingurgité dans le noir ne fut pas arrangé par la disparition du barman qui avait pris la poudre d'escampette avec les clefs de la resserre aux alcools et des caves.

Le lendemain, Mac Godley nous envoya son chauffeur, Zuhair Moghrabi, avec sa limousine blindée, et nous nous y entassâmes pour franchir les quelques barrages qui nous séparaient de l'hôtel Riviera, d'où je regagnai Kantari. Partout où je passais, des hommes et des femmes aux yeux égarés, des valises à la main, entraient et sortaient des immeubles en courant, déposant leur butin dans des camions et des voitures privées. Ils s'activaient avec une espèce de zèle frénétique digne d'une meilleure cause, se dépêchant comme s'ils redoutaient que les propriétaires légitimes ne revinssent avec la police pour les prendre la main dans le sac. On n'en était encore qu'au début des combats et il subsistait quelques vieux restes de respect pour la loi. (Depuis plusieurs mois cependant, les policiers avaient renoncé à s'interposer, comme le prouvaient leurs étuis à revolver vides, chaque fois qu'ils regagnaient leurs commissariats, durant les accalmies.)

Me frayant un passage à travers les gens qui bloquaient l'entrée de mon immeuble, je gravis lentement l'escalier jusqu'au sixième étage. Chemin faisant, je croisai des hommes armés emportant les tapis persans que les locataires du troisième n'avaient pas eu le temps d'enlever. Je risquai un œil dans leur appartement : les meubles avaient été littéralement mis en pièces — en petites pièces. Je continuai mon ascension. Je savais que les deux derniers étages avaient brûlé et, d'ailleurs, en poussant la porte désormais privée de serrures de mon appartement, je fus assailli par l'odeur si particulière des cendres trempées d'eau. Une brève inspection confirma mes pires appréhensions. Mes libérateurs communistes, ou quiconque avait occupé les lieux après qu'ils furent repartis régler leur compte aux phalangistes, avaient volé tout ce qui pouvait avoir la moindre valeur et avaient ensuite mis le feu pour tenter, maladroitement, de cacher leur forfait. Je fouillai dans les placards, parvenant à récupérer une chemise de-ci, quelques sous-vêtements de-là, qui, Dieu sait comment, avaient échappé aux voleurs et aux flammes. Je ris intérieurement en songeant aux sommes si vainement gaspillées pour acquérir trois costumes sur mesure et une veste sport en cachemire, et me demandai comment ils iraient au gamin armé qui me les avait pris. Je fus bien plus déconcerté, cependant, lorsque j'ouvris la porte de la pièce qui servait de bureau. Les étagères remplies de livres s'étaient écroulées durant l'incendie et avaient été réduites à l'état de cendres bien alignées au pied des murs noircis, ainsi que les volumes qui s'y trouvaient rangés. Pour la première fois, après six jours de tension nerveuse, je me mis à trembler. J'avais besoin d'un verre bien tassé, malheureusement mes visiteurs avaient terminé ma maigre provision d'alcool. Je m'assis sur une chaise à demi calcinée. Dès ce moment, je cessai d'attacher la moindre importance aux possessions matérielles. Je n'avais jamais été un collectionneur bien acharné, mais la vue de mes livres réduits en cendres me dérangea singulièrement. Même les Mongols du Moyen Age, qui pourtant ne lésinaient pas sur la destruction, avaient épargné les livres, lorsqu'ils avaient capturé la citadelle montagnarde des Assassins, ces adeptes du meurtre politique, grands mangeurs de haschich, dont le nom est passé dans le langage courant.

Je me retrouvai donc à la tête de quelques piteux vêtements, groupés dans une valise minable. La valise minable était devenue le symbole national du Liban, l'accessoire anonyme, bon à tout faire, servant aussi bien à emporter le produit des rapines qu'à sauver plus prosaïquement, non pas les meubles, mais du moins ce qui pouvait être aisément transporté. Plus elle était minable, mieux ça valait, en carton même, si possible, afin de ne pas éveiller les soupçons — pas ceux de l'impuissante force policière qui depuis longtemps n'osait plus rien faire d'autre que de régler la circulation, mais ceux des bandes de miliciens armés. Quel incroyable foutoir ! Des valises il y en avait partout, plein les trottoirs de Hamra, où les propriétaires des boutiques ayant pignon sur rue regardaient, sans pouvoir intervenir, les marchands, chassés des souks par les combats, au coude à coude avec les pillards indépendants, qui vendaient des briquets Cartier en or pour deux dollars pièce.

J'étais en vie, mais sans abri, épreuve qu'un Libanais sur trois devait traverser avant longtemps. Encore avais-je de la chance dans mon malheur. J'allai m'installer dans un hôtel — ce qui n'était pas à la portée de tant de sans-abri obligés d'aller loger dans les écoles, les couvents ou les fragiles cabines de bain des plages chic de Beyrouth, lorsqu'ils n'allaient pas faire de l'occupation sauvage dans les appartements laissés vides par les classes moyennes.

Je commençais à comprendre que ce qui se passait au Liban était, à sa façon plutôt bizarre, plus effrayant que toutes les guerres — de l'Algérie à Chypre, du Congo au Vietnam — auxquelles j'avais assisté depuis vingt ans. Si la destruction des souks avait été un avertissement à tous les Libanais, la dévastation de Kantari, quartier bourgeois s'il en fut, et des hôtels de luxe adressait un message identique aux étrangers et aux Libanais occidentalisés qui vivaient comme eux.

Dans leur désir de prouver à quel point ils étaient étrangers à tout ce qui était arabe, ces chrétiens, qui se faisaient une gloire de leur occidentalisation, semblaient destinés et déterminés à mener à bien une gigantesque entreprise de démolition. Ce qui était moins surprenant, c'était que les musulmans collaboraient à ce grand travail de destruction, car eux avaient leurs racines enfouies dans le monde arabe (à l'exception des riches qui, comme leurs homologues chrétiens, singeaient le mode de vie occidental). Ensemble, chrétiens et musulmans parvinrent à arracher la mince pellicule d'occidentalisation dont s'était recouvert Beyrouth, par pure affectation. Leur vengeance commune contre l'Ouest fut perpétrée avec toute la violence atavique d'hommes et de femmes qui agissaient enfin selon leur véritable nature. Ils en avaient assez du christianisme, aujourd'hui mollasson et oublieux des traditions militantes de l'Eglise, que leur imposait Rome. Fallait-il s'étonner de constater que jamais — même aux pires jours où il mourait deux cents personnes ou plus — Radio-Beyrouth, ultime symbole de l'autorité officielle, ne cessait de diffuser de la musique pop ? Les masques mêmes que les phalangistes portèrent durant la première partie de la guerre n'étaient pas utilisés uniquement pour frapper d'horreur ceux qui les voyaient et empêcher l'identification de jeunes gens qui, dès que les combats se calmaient, reprenaient leurs allées et venues entre les deux secteurs de la ville. Ils représentaient aussi un retour à cet antique sens du théâtre qui a toujours fait partie de la guerre. Au même titre d'ailleurs, comme me l'a avoué bien plus tard un des chefs militaires du parti communiste libanais, que la joie sans mélange que l'on peut éprouver à détruire à coups de tisonnier des meubles, des œuvres d'art et tous les objets précieux accumulés dans les appartements ultra-bourgeois de Kantari. Il me jura qu'il avait épargné les foyers des étrangers pour se concentrer uniquement sur ceux dont on connaissait les liens avec les phalangistes, mais je crois qu'il disait cela uniquement pour me faire bon effet, car je lui avais raconté ma propre mésaventure. Il me parla avec une sorte d'effroi respectueux du vandalisme dont il s'était rendu coupable.

Comme il convenait peut-être à une société tout à fait soumise à la cause du commerce, le Liban commença par sacrifier ce à quoi il attachait le moindre prix : la vie humaine Dès avant la guerre, les archives nationales, fort incomplètes, situaient le pays devant les Etats-Unis pour les statistiques concernant les meurtres. A présent, les assassinats et les actes de violence quotidiens cédaient la place à de véritables massacres. Du haut de leurs collines bien fraîches, au-dessus de Beyrouth, les chrétiens de la haute bourgeoisie s'efforçaient d'impressionner leurs visiteurs en faisant fonctionner des mortiers auparavant braqués sur des camps de réfugiés palestiniens. Les mutilations et les tortures étaient monnaie courante. Les chrétiens prirent l'habitude de tailler des croix à même la chair de leurs victimes. Les deux camps traînaient les prisonniers derrière des voitures jusqu'à ce que mort s'ensuive. Fascinés depuis toujours par les armes, Libanais et Palestiniens veillaient constamment à se procurer ce qui se faisait de plus moderne. Partis des revolvers de la guerre civile de 1958, ils passèrent rapidement aux Kalachnikov du bloc soviétique et aux fusils M-16 américains, puis aux mitrailleuses lourdes et mortiers, puis aux grenades propulsées par roquettes, aux canons de 105 millimètres, puis à l'artillerie de 122, 130 et même 155 millimètres, avant d'en arriver aux lance-roquettes multiples Katioucha et aux missiles sol-sol Grad.

Les Libanais, parmi lesquels figuraient plusieurs éminents marchands d'armes, savaient où aller s'en procurer. Avant 1975, c'était la Bulgarie qui fournissait des armes aux chrétiens et elle continua d'ailleurs à le faire après le début des combats, ne cessant qu'après la protestation officielle du parti communiste libanais. Tous les marchands de canons qui comptaient dans la profession venaient à Beyrouth ou recevaient des émissaires libanais en Europe. Les Libanais étaient très inventifs. Un ami, éditeur à Paris, fut un jour contacté par certains chrétiens du Liban qui voulaient à tout prix dissimuler des armes dans les caisses de livres que sa firme expédiait régulièrement aux libraires de leur pays. Des armes parties du Moyen-Orient y revenaient après avoir parcouru la moitié du globe, mais dans de nouvelles mains. Des armes de l'infanterie soviétique, prises aux Egyptiens et Syriens par les Israéliens, lors du conflit de 1967, furent d'abord revendues aux rebelles du Biafra. Lorsque le Nigeria eut écrasé ces derniers, elles furent cédées au Ghana, où des hommes d'affaires libanais expatriés les achetèrent pour les envoyer au Marounistan. Ce genre d'odyssée n'était pas rare. Au début des années soixante-dix, la CIA et Israël fournirent aux Kurdes, en lutte contre le gouvernement irakien, des armes soviétiques prises au combat. Et Israël a vendu des armes à l'Iran — y compris des pièces détachées d'avions américains — pour la guerre menée par l'ayatollah Khomeiny contre l'Irak. Les chrétiens du Liban se sont vantés d'avoir acheté leurs premières armes à des Palestiniens avides d'argent. L'Irak, la Libye, la Syrie, la Jordanie et l'Arabie Saoudite continuèrent à les approvisionner — puis Israël leur succéda ultérieurement. Et tant pis si toute cette artillerie lourde était, somme toute, inutile, pour une guérilla urbaine, si elle était bien souvent utilisée aveuglément, avec le résultat prévisible que moins de dix pour cent des victimes étaient des combattants. Les miliciens voyaient en fait rarement ceux d'en face, car leur guerre restait une guerre à distance, livrée avec des armes à feu indirect. Le Dr Amal Chamaa, jeune Libanaise exerçant à l'hôpital Barbir, à Beyrouth-Ouest, finit par s'habituer à recevoir des coups de téléphone obscènes des francs-tireurs chrétiens qui lui annonçaient avant de raccrocher : « On t'envoie des bonbons » — en d'autres termes des mortiers au quatrième étage.

Le niveau de compétence militaire était lamentable, mais il s'améliora durant la seconde moitié de la guerre civile, lorsque l'armée libanaise se scinda en deux et que chaque camp put bénéficier des conseils techniques de véritables professionnels. Durant les premiers mois, cependant, les combattants de Beyrouth-Ouest utilisèrent, pour bombarder leurs adversaires du secteur oriental, des plans de la ville périmés ; quant au pourcentage d'engins non éclatés, il reflétait l'inexpérience d'artilleurs qui, bien souvent, ne savaient même pas armer convenablement leurs projectiles. Les miliciens ne se lassèrent jamais de la chasse à l'homme. Les périodes de calme, voire les trêves officielles, étaient les meilleurs moments pour les enlèvements ou le canardage des francs-tireurs, car c'étaient ceux où les civils recommençaient à sortir enfin de leurs abris et à circuler dans les rues, en toute innocence. Les trêves de fin de mois permettaient à tout un chacun d'aller à la banque toucher son chèque mensuel. Pendant pratiquement une année entière, la plupart des entreprises privées de Beyrouth continuèrent à payer leur personnel, dans l'espoir que les combats prendraient bientôt fin et que les affaires pourraient reprendre comme avant. Le gouvernement ne suspendit pas non plus les émoluments de ses fonctionnaires, y compris l'armée et la gendarmerie, bien qu'ils eussent depuis longtemps cessé tout travail. Un de mes amis, au ministère de l'Information, avait cinq secrétaires, mais il s'estimait heureux, expliquait-il d'un ton plaintif, lorsque l'une d'elles se présentait au bureau pour la journée.

Cependant, à mesure que le Liban perdait pied, les activités anodines, pillage des souks ou vandalisme dans les quartiers résidentiels, s'avérèrent trop frivoles pour tout le monde hormis les pillards professionnels qui nettoyaient les appartements de leurs tapis persans, de l'argent liquide et de tous les objets de valeur qui pouvaient s'y trouver. A mesure que les mois passaient, des hommes armés firent irruption à plusieurs reprises dans le principal asile psychiatrique du pays pour en libérer les pensionnaires, les prisons furent attaquées et rasées. Puis, saisis d'une véritable folie destructrice, les miliciens chrétiens pillèrent le port, tandis que les Palestiniens, probablement avec l'assistance technique de la pègre européenne, menaient à bien le plus grand vol — ou la plus grande série de vols — de l'histoire bancaire. Ce fut ainsi que les deux principales ressources du Liban s'effondrèrent, victimes de ce que les Libanais finirent par appeler un crime de lèse-économie. Personne ne sait encore exactement à combien se montent les dommages, mais on parle de milliards de dollars. La perte ne fut pas uniquement matérielle. La réputation du Liban qui, depuis plus d'un siècle, était liée à celle du port franc de Beyrouth et à l'importance de son commerce florissant avec l'hinterland arabe, était bien établie longtemps avant que le pétrole ne vînt créer dans le golfe Persique les fortunes que l'on sait. Quant aux banques, qui remontaient à un passé moins ancien, elles avaient transformé Beyrouth en principal centre financier du Moyen-Orient : on y comptait autant de banques qu'à Londres, la législation concernant le secret bancaire était à nulle autre pareille et la monnaie soutenue par neuf millions quatre cent mille onces d'or, soit le plus important nantissement du monde. A présent, cette république marchande gisait en ruine, par la faute des efforts rivaux, mais complémentaires de ceux qui avaient juré de la défendre et de ceux qui s'étaient voués à sa perte.

La violence accidentelle devint partie intégrante de la vie quotidienne. Sortir son chien, faire le tour d'un pâté de maisons, aller au cinéma pouvait littéralement vous coûter la vie. Quand ce n'était pas une salve de mortier ou d'artillerie, c'était la balle d'un franc-tireur, ou bien des ravisseurs qui avaient établi un barrage. Au début, les habitants de Beyrouth se téléphonaient entre amis, pour tâcher de savoir quel quartier on bombardait. Les Libanais qui avaient quitté le pays téléphonaient de l'étranger, informant souvent leurs interlocuteurs de Beyrouth d'incidents survenus à quelques centaines de mètres de chez eux. A l'époque, les gens parlaient encore de la guerre. Progressivement, cependant, seules les voitures piégées parurent encore susciter le moindre sentiment d'horreur commune et encore, seulement dans un secteur de la ville. Les habitants de Beyrouth-Est vaquaient à leurs occupations ou même à des plaisirs aussi frivoles que le ski ou les rallyes automobiles, alors que le secteur occidental était le théâtre de violences presque quotidiennes. Et les habitants de Beyrouth-Ouest ne prêtaient aucune espèce d'attention aux pilonnages qu'endurait le secteur Est de temps à autre.

Les brumes de la guerre civile nous cachent à présent la vérité sur la responsabilité première des enlèvements, mais la vitesse et la fréquence avec lesquelles ils se répandirent en firent la principale innovation de ce conflit. Certains musulmans assurent que ce furent les phalangistes qui commencèrent, en obligeant deux de leurs coreligionnaires à descendre d'un autobus de Beyrouth et en les abattant après leur avoir ordonné de filer en courant. Des chrétiens affirment, en revanche, que ce fut une bande de musulmans chiites, les Chevaliers d'Ali, qui mirent le feu aux poudres dès mai 1975, en assassinant une cinquantaine de chrétiens — parmi lesquels certains membres d'organisations gauchistes, qui étaient censément leurs alliés. Les corps furent abandonnés dans un cimetière musulman, près de la ligne de démarcation, chacun avec son pénis soigneusement tranché enfoncé dans la bouche. Les deux camps rivalisèrent dès lors d'atrocités et de mutilations. On détient des preuves documentaires concernant des musulmans capturés en territoire chrétien — et vice versa — auxquels on avait coupé l'index (parce qu'il appuie sur la détente), ou tous les doigts, ou les seins, ou les oreilles. Parfois on éventrait les victimes et plusieurs hommes et femmes brûlèrent vifs à l'intérieur de leurs véhicules. Des journalistes qui, au cours d'un cessez-le-feu du printemps 1976, s'étaient rendus dans le centre ville dévasté, ont juré avoir vu un sac rempli de parties génitales mâles que leur auraient montré les jeunes femmes en uniforme qui les avaient arrêtés, dans le secteur chrétien. Rien, cependant, pas même les voitures piégées, n'était vraiment aussi terrifiant que les barrages volants, tenus par des équipes d'hommes armés qui arrêtaient les voitures et s'emparaient ou non de leurs occupants, selon la religion mentionnée sur leur carte d'identité.

Mon ami Samir Saab, maronite, connut par deux fois ce supplice. La première fois, il rentrait chez lui, de Beyrouth-Ouest, au milieu de la nuit, lorsqu'il fut arrêté sur le Ring, espèce de voie expresse qui relie les deux secteurs de la ville. C'était en septembre 1975. Dans la voiture, avec lui, se trouvaient deux autres jeunes gens maronites. Ces derniers avaient sur eux leur carte d'identité, mais pas Samir. Etant donné que son nom et son prénom pouvaient aussi bien être portés par un chrétien que par un musulman, il s'efforça désespérément de convaincre ses ravisseurs qu'il était, comme eux, musulman.

« Ils tabassaient mes copains. Ils voulaient nous tuer parce que les phalangistes venaient de tuer cinq musulmans. Ils nous frappaient à coups de crosse de fusil, s'est rappelé Samir. Je savais que j'allais mourir. Alors j'ai ouvert ma braguette et sorti mon pénis pour leur montrer que j'étais circoncis, comme tout bon musulman. Ils se sont arrêtés de me battre et se sont mis à me poser des questions. Riche ou pauvre ? Où avais-je été à l'école ? Une fois qu'on a eu amorcé la conversation, ils ont eu l'air d'hésiter. Et puis, ils m'ont demandé de réciter le premier verset du Coran.

— Tu le connaissais ?

— A l'époque non, mais maintenant si : " Au nom de Dieu, le Miséricordieux, le Compatissant, Loué soit Dieu, le Seigneur de tout ce qui existe, le Tout-Puissant, le Tout-Miséricordieux, le Maître du Jugement Dernier… "

— Comment as-tu sauvé ta peau alors ?

— Ce n'est pas moi. J'avais commencé à raconter n'importe quelle connerie — que mes parents étaient pauvres, mais que j'avais quand même étudié en Europe. Ça ne cadrait pas et ils avaient l'air vachement soupçonneux. Mes copains et moi devons la vie à un véritable coup de pot. Les phalangistes avaient téléphoné à quelqu'un du côté musulman, pour dire que trois types avaient été enlevés et pour savoir si on les avait vus quelque part. Un gars est venu, qui cherchait trois jeunes hommes — il n'a même pas demandé nos noms. Il a juste demandé à nos ravisseurs à quelle heure ils nous avaient pris. Ça coïncidait exactement avec l'heure qu'on lui avait donnée et c'est ce qui nous a sauvés.

— Et la deuxième fois ?

— Au même endroit, exactement, mais en plein jour. Cette fois-là, j'avais une carte d'identité qu'un client musulman avait oubliée dans nos bureaux. Je l'avais vue aux objets trouvés et je me l'étais appropriée. A en juger par la photo, nous avions un vague air de ressemblance.

— Et tu as eu des ennuis ?

— Aucun. Ils m'ont laissé passer comme une lettre à la poste, mais ils ont épinglé la voiture qui me suivait. »

Dès le début de l'automne 1975, les musulmans refusaient de se rendre dans le secteur chrétien et d'ailleurs la plupart des habitants musulmans de la capitale se réfugiaient à Beyrouth-Ouest. Des dizaines de milliers de chrétiens habitaient aussi le secteur occidental. Quant aux cent mille d'entre eux qui passaient régulièrement d'un secteur à l'autre, pour se rendre à l'aéroport ou au travail, ils se procurèrent, grâce à leurs amis et à leur argent, de fausses cartes d'identité déclarant qu'ils étaient musulmans ou bien des documents émis par les divers groupes armés évoluant à Beyrouth-Ouest. J'ai un autre jeune ami chrétien, du nom de Jean-Paul Zebouni, chrétien chaldéen dont la famille avait fui les persécutions en Irak, dans les années trente. Arrêté par des musulmans armés à Beyrouth-Ouest, il leur montra sa carte d'identité : « Jean, ça va de soi, mais Paul en plus, c'est de la provocation pure et simple », déclarèrent-ils avant de le laisser repartir.

Malheureusement, tous ceux que l'on arrêtait ainsi n'avaient pas la chance de tomber sur des militants doués du sens de l'humour. J'ai vu de mes yeux des musulmans forcer deux chrétiens à s'arrêter, vérifier leurs papiers d'identité, les tirer de leur voiture et les abattre — le tout en moins d'une minute. Et je sais que leurs homologues chrétiens tuaient aussi de sang-froid, dans des circonstances analogues.

Le meurtre auquel j'assistai eut lieu dans le quartier qui est peut-être le pire de toute la capitale — les huit ou neuf cents mètres de route qui séparent l'hôpital Barbir, à Beyrouth-Ouest, de l'intersection du Musée, où l'on passe dans le secteur chrétien. Pendant une grande partie de la guerre de 1975-1976, cette intersection fut le seul point de passage entre les deux secteurs de la capitale. Partant de Beyrouth-Est, quiconque était bien résolu à se rendre à l'Ouest descendait une rue étroite, protégée par un autobus renversé qui empêchait de prendre de la vitesse avant de braver le feu des francs-tireurs, à l'endroit le plus exposé du trajet ; des fûts de pétrole remplis de sable et une canalisation rompue, qui crachait parfois son eau pendant des mois, venaient compliquer la manœuvre, lorsque l'on sortait en biais de la rue pour slalomer jusqu'à la sécurité toute relative d'un poste de l'armée libanaise. Aujourd'hui encore, je frémis chaque fois que je prends cette petite rue, bien qu'elle ait depuis longtemps cessé d'être le paradis des francs-tireurs. En mai 1976, durant l'attaque aux mortiers et aux mitrailleuses, je fus pris d'une telle panique à cet endroit que mon ami Joe Alex Morris Jr, du *Los Angeles Times,* dut menacer de m'abandonner dans la caserne de gendarmerie où nous nous étions réfugiés, avant que je ne consentisse à remonter dans sa voiture pour gagner Beyrouth-Ouest. (Joe est mort en 1979, à Téhéran, durant la révolution iranienne.) Deux semaines environ après mon accès de terreur, au moment où Henry Tanner, du *New York Times,* traversait l'intersection du Musée, la balle d'un franc-tireur vint tuer Edouard Saab, du *Monde,* qui était au volant et qui le ramenait du secteur chrétien. Même une fois que l'on avait franchi les sacs de sable de l'armée libanaise, on n'était pas encore au bout de ses peines, car c'était là, en effet, que les miliciens musulmans les plus extrémistes avaient établi leurs barrages. Deux ambassadeurs, un américain et un français, y trouvèrent la mort.

Ces exécutions sommaires, cependant, étaient loin d'être la règle. Tariq Mitri, un orthodoxe grec, grassouillet et barbu, employé par la Fédération mondiale des étudiants chrétiens, diplômé de physique de l'Université américaine de Beyrouth, finit par devenir expert ès enlèvements, puisqu'il se chargea de négocier la libération de plus de cent victimes à Beyrouth-Ouest. Mitri établissait trois catégories de ravisseurs. D'abord, les miliciens dont le fanatisme allait au-delà de la politique prônée par l'organisation dont ils relevaient officiellement. On les désignait, dans le jargon de la guerre civile, sous le nom d' « éléments incontrôlés » et, selon Mitri, c'étaient les plus terrifiants et les plus difficiles à manœuvrer, parce qu'ils n'avaient jamais dépassé le stade du « eux » et du « nous ». Il rangeait dans une seconde catégorie les créatures des diverses organisations armées qui avaient ordre d'enlever un certain nombre de passants innocents, afin d'aider à négocier la libération de leurs hommes enlevés par le camp adverse. (Dans une variation sur ce thème, on justifiait ce genre de rapts organisés en déclarant que l'autre camp avait perpétré des crimes si odieux que « les masses crient vengeance » et que « si nous ne la leur donnons pas, ce sera encore pire ». L'argument semblait bien indiquer que, en réalité, l'organisation en question avait peur de perdre son autorité si elle n'agissait pas. Il y eut suffisamment de crimes de part et d'autre pour pouvoir invoquer à d'innombrables reprises les raisonnements de cet ordre.) Les enlèvements de la troisième catégorie étaient d'un caractère individuel et toujours effectués sur la base de « soupçons ». Neuf fois sur dix, ceux-ci reposaient sur les dénonciations de tiers et avaient des causes aussi diverses que les querelles d'amoureux ou les rivalités d'affaires. Mitri s'aperçut que le parti communiste libanais était l'interlocuteur avec lequel il était le plus facile de traiter : « Beaucoup de ses chefs étaient chrétiens et on pouvait en appeler à leur sens idéologique. » A l'autre extrême, on trouvait des groupes musulmans fanatiques que leurs convictions politiques primaires et leurs loyautés partagées — ils étaient parfois financés par plusieurs régimes arabes rivaux — rendaient imperméables aux plus fervents efforts de Mitri. Ce dernier s'était trouvé engagé tout à fait par hasard dans les tractations de ce genre, pour la seule raison qu'il appartenait au groupe des Chrétiens patriotes, qui, à Beyrouth-Ouest, tentaient d'offrir une solution chrétienne parallèle à celle qui était alors en vigueur dans l'autre secteur de la capitale. « J'avais beaucoup d'amis, s'est rappelé Mitri, qui savaient que j'entretenais des contacts utiles avec les Palestiniens », et ces liens revêtirent de plus en plus d'intérêt, à mesure que la guerre se prolongeait. A Beyrouth-Ouest, en effet, à la fois par dessein et faute de mieux, les Palestiniens en vinrent à jouer au fil des mois le rôle de cour d'appel suprême, car la désintégration de la police et de la gendarmerie libanaises avait poussé l'autorité locale entre les mains des bandes de quartier, armées et encadrées par les commandos palestiniens : « La première fois, je crois qu'il s'agissait d'un voisin qui avait été enlevé et sa famille était venue me trouver », m'a expliqué Mitri. Et puis des évêques, de « l'autre côté », commencèrent à téléphoner, lui demandant s'il pouvait retrouver leur paroissien, X ou Y. C'était en mai 1975, moins d'un mois après le début des hostilités. Les gens prirent l'habitude de venir lui signaler des cas d'enlèvement : Untel a disparu à telle heure entre tel et tel endroit — le plus souvent lors du trajet entre sa maison et son travail ou vice versa.

« J'essayais alors de me rappeler quels groupes opéraient par là et puis je dressais une liste et j'allais tous les voir, les uns après les autres. C'était très important d'aller les voir.

— A chaque fois ?

— Oui. J'allais trouver un groupe avec ma liste. Ils me disaient qu'ils n'avaient personne. Alors, j'allais voir un groupe plus important qui me disait parfois : " Ce n'est pas nous qui les avons, mais il vaut mieux ne pas vous risquer tout seul auprès de ceux qui pourraient les avoir. Nous allons envoyer quelqu'un avec vous." On m'offrait invariablement du thé ou du café et puis, en route ! Il y avait souvent des pépins : " Oui, c'est nous qui avons ceux que vous cherchez, mais nous avons besoin de les questionner. Revenez à midi. "

— Et tu y retournais ?

— D'habitude, je téléphonais aux familles des victimes dans l'après-midi ; s'il ne se passait rien, au bout de vingt-quatre heures je recommençais toutes les démarches.

— Et si ça ne réussissait pas non plus ?

— Alors, le seul moyen, c'était de faire intervenir quelqu'un d'autre, parce que tout seul, je n'avais pas assez de poids. J'allais trouver Fatah qui, en sa qualité de principal groupe palestinien, avait le bras long. Mais il leur arrivait de refuser toute responsabilité, alors il fallait entrer dans des combines. Par exemple, les ravisseurs me disaient : " Nous savons que ce type vient du village de X et que c'est Y qui en est le député. " J'allais donc trouver le député en question et je lui demandais d'intervenir pour faire pression. »

Mitri et son équipe, qui ne comptait pas plus d'une quinzaine de personnes, en étaient le plus souvent réduits à supplier : « Il fallait connaître le dossier à fond et la meilleure carte à jouer était celle de l'éthique », s'est-il rappelé. La seule constante ou presque, c'était que les prisons étaient généralement situées dans le QG des diverses organisations. Les ravisseurs qui tenaient les barrages étaient toujours très jeunes, entre dix-sept et vingt-cinq ans. Mais les chefs qui se chargeaient des tractations n'avaient jamais moins de trente-cinq ans. Bien que Mitri eût des contacts dans tous les divers partis et organisations, jamais il ne parvint à discerner un véritable système. Fin 1975, début 1976, il existait une espèce de comité pour la coordination de la sécurité, chargé de s'occuper, entre autres problèmes, des enlèvements, mais il finit par s'effondrer, comme pratiquement toutes les institutions du pays. A partir de ce moment, Mitri se retrouva sans véritable bureau central et il ne lui fut plus possible d'établir des contacts durables avec les hommes qui tenaient les barrages : « Le temps qu'on arrive à bien connaître X ou Y, il était mort ou appelé à d'autres fonctions. »

La tension continuelle finit par agir sur les nerfs de Mitri, d'un naturel pourtant placide. Il eut un ulcère : « Tu nous vois, en train d'essayer d'arracher un chrétien innocent aux griffes d'un quelconque petit milicien qui recevait deux cents dollars par mois d'un pays arabe ? me dit Mitri. Nous prenions des risques incroyables pour persuader ces hommes armés, politiquement ignares et bien souvent amoraux, que le malheureux qu'ils menaçaient de tuer n'était ni un phalangiste ni un agent israélien. » Mitri intercéda même en faveur de miliciens chrétiens kidnappés et il lui arriva parfois de réussir dans cette tâche quasi impossible. Les hommes qu'il parvint à sauver avaient bien souvent été roués de coups. Jamais il ne put récupérer les dépouilles. L'un et l'autre camp préféraient se débarrasser anonymement des cadavres en ville ou en banlieue. Chez les chrétiens, l'un des dépôts de prédilection était un profond ravin, le long de la voie expresse côtière, au nord de Beyrouth, près du Casino du Liban. Très souvent, on voyait les automobilistes s'arrêter pour contempler les cadavres, loin au-dessous d'eux, comme si ce spectacle faisait partie d'un circuit de points de vue touristiques répertoriés. Les musulmans choisissaient des endroits moins spectaculaires, mais eux aussi montraient une nette préférence pour les ponts et les grand-routes, notamment un pont tout près de l'hôpital Barbir.

A quelques notables exceptions près, cependant, peu de femmes furent enlevées ou violées — probablement à cause d'une certaine attitude, fort répandue dans le tiers monde, qui relègue virtuellement les femmes au rang de non-personnes. Des ravisseurs retinrent pourtant en otage une grande amie de Mitri, parce qu'elle était vaguement apparentée aux Gemayel. Ils espéraient obtenir par ce moyen la libération de deux de leurs hommes, mais ils relâchèrent leur prisonnière lorsqu'on leur certifia que sa proche famille ne partageait aucunement les opinions politiques du cheikh Pierre Gemayel.

Pour finir, Mitri lui-même fut enlevé, un soir près de l'hôpital Barbir, au sortir d'une réunion, sa voiture étant tombée en panne. Arrêté près d'un barrage où il attendait le passage d'un taxi, il fut aussitôt embarqué à bord d'une jeep, parce que sa carte d'identité indiquait qu'il était chrétien — il n'avait jamais pensé à s'en procurer une fausse.

Comme tant d'autres victimes, jamais Mitri ne put découvrir quel groupe l'avait enlevé : « Ils refusaient de dire qui ils étaient. Je connaissais au moins une personne par organisation et je passais tout mon temps à parcourir avec eux la liste de mes relations. Le plus curieux, c'était leurs exclamations quand ils sont tombés sur une carte de l'American Express en examinant mon portefeuille : “ Américain, Américain, c'est un espion américain ce gars-là. ” Je me suis dit en moi-même : Cette fois-ci, tu risques ta peau. Ça a duré deux heures et puis ils ont fini par me relâcher. »

En tant que résident de Beyrouth, je savais ce qu'il avait dû éprouver. J'ai été moi aussi interpellé à d'innombrables reprises et, malgré ma carte de presse ou mon laissez-passer spécial, mes ravisseurs ont pris un malin plaisir à refuser de me laisser téléphoner à un seul des personnages haut placés de leur propre organisation que je déclarais compter parmi mes amis ou mes relations. Les refus de ce genre passaient, semble-t-il, pour un raffinement dans la science de l'interrogatoire. Dans cet ordre d'idées, d'ailleurs, prendre une carte de crédit pour une preuve d'espionnage est un signe de sous-développement tout aussi pitoyable que de prendre un magnétophone pour un talkie-walkie, comme l'avaient fait mes visiteurs communistes.

La méfiance durable et universelle des musulmans envers les chrétiens — même ceux qui étaient aussi manifestement bien intentionnés que Mitri — faisait également partie de l'amer héritage de la guerre civile. Et les seigneurs de la guerre chrétiens n'avaient à s'en prendre qu'à eux-mêmes, car le 6 décembre 1975, à l'occasion de ce que les Libanais appellent encore le Samedi noir, leurs miliciens perpétrèrent contre les musulmans un véritable pogrome qui dura un jour entier et qui donna le ton à l'atroce réaction en chaîne par laquelle les chrétiens massacraient les musulmans et ceux-ci exterminaient les chrétiens avec une sauvagerie croissante. Désormais, les deux factions en lutte ne se limitaient plus aux violences isolées. Au cours d'un de leurs plus sanglants excès, les miliciens chrétiens abattirent plus de deux mille Palestiniens et Libanais musulmans des classes pauvres, après avoir envahi le camp de réfugiés de Tal Zaatar, en août 1976, au bout de cinquante-deux jours de siège. Le détail le plus révélateur peut-être de ce carnage figure sur un film pris par un milicien ; on y voit les survivants de la tuerie grimper dans des camions fournis par le Comité international de la Croix-Rouge. Il ne reste plus un seul homme.

Le Samedi noir prouva, s'il en était besoin encore, à quel point le Liban échappait désormais à toute espèce de contrôle. Les apologistes officiels ont expliqué que le massacre avait été provoqué par le brutal assassinat à la hache de quatre miliciens phalangistes, tués au milieu de la nuit précédente alors qu'ils revenaient imprudemment d'une soirée tardive, le long d'une route proche de Tal Zaatar. Le carnage qui s'ensuivit, en plein centre de Beyrouth, fit plus de deux cents morts musulmans et prépara de nouveaux échecs chrétiens dans la guerre civile.

Ce jour-là, je me trouvai pris dans la panique, sans comprendre tout de suite ce qui l'avait causée. J'essayais de gagner la rue des Banques, pour vérifier la position de mon compte, lorsqu'une longue file de voitures folles, cornant à qui mieux mieux et plus oublieuses encore du code de la route qu'à l'accoutumée, se fraya en force un passage vers Beyrouth-Ouest. Les premiers récits du carnage furent accueillis avec incrédulité. Le cheikh Pierre Gemayel, chef des phalangistes, était parti le matin même pour Damas. Le bruit courait que le président syrien, Hafez Assad, songeait à changer de camp. Au début, il avait soutenu les fedayin palestiniens et leurs alliés gauchistes libanais, mais à présent, ceux-ci représentaient une menace pour lui. C'était une chose, en effet, de se gargariser comme il le faisait volontiers, de la rhétorique de la gauche progressiste en Syrie et c'en était une autre de vivre à deux pas de la réalité d'une déstabilisation révolutionnaire qu'entraînerait forcément la victoire de ses alliés nominaux. Aussi était-il tenté de s'allier aux seigneurs de la guerre chrétiens, qui avaient pour ainsi dire remplacé la coquille vide de l'Etat libanais.

La visite de Gemayel en Syrie et le massacre du Samedi noir illustraient deux fils bien différents de la pensée des chrétiens du Liban : le désir de nier tout ce qui était arabe et islamique se heurtait à la tentation de nouer des liens avec le monde arabe, incarné par cette nation arabe entre toutes qu'était la Syrie. Les excès du Samedi noir coupèrent, du moins momentanément, aux phalangistes l'accès à d'importants capitaux en provenance d'Arabie Saoudite et d'autres Etats du golfe Persique. En effet, affronter la gauche que les Saoudiens identifiaient systématiquement au communisme, c'était très bien, mais massacrer les musulmans par centaines, c'était inadmissible.

Les phalangistes firent savoir que le véritable responsable de la tuerie était un éminent journaliste chrétien, qui, le premier, s'était mis à tirer au hasard sur les musulmans, pour venger la mort de son fils, l'un des quatre jeunes gens tués à la hache, la nuit précédente. (Durant l'été, un autre de ses fils avait été assassiné dans la vallée de la Bekaa, pour avoir imprudemment tenu à disputer une course automobile dans ce territoire essentiellement musulman.) En réalité, la guerre civile avait déjà atteint un tel degré de fanatisme que n'importe quel incident aurait pu servir de détonateur. Trois jours à peine avant le Samedi noir, un camion transportant des corans en Arabie Saoudite avait été intercepté et brûlé sur le route Beyrouth-Damas, dans le village maronite notoirement fanatisé de Kahhalé, dans les hauteurs qui surplombent la capitale. En représailles, les musulmans avaient brûlé des églises.

Le matin du Samedi noir, Fouad Bizri, président-directeur général de la Compagnie d'électricité libanaise, société nationalisée, aperçut dans la rue, en regardant par la fenêtre de son bureau, au treizième étage d'un immeuble de Beyrouth-Est, des hommes armés qui couraient après des piétons et les arrêtaient : « Des gens sortaient de partout », m'a expliqué Bizri, musulman sunnite, éduqué chez les frères lazaristes au Liban, avant de faire ses études d'ingénieur en France. « Je n'ai pas tout de suite compris ce qui se passait, mais, comme toujours, lorsque les choses ont l'air quelque peu incertaines, j'ai ordonné la fermeture des portes du rez-de-chaussée. Je ne voulais pas voir le personnel musulman prendre peur, tenter de partir en voiture et risquer de se fourrer dans un guêpier qui manifestement avait assez mauvais air. Je leur ai demandé de monter jusqu'à mon étage. » Il téléphona ensuite au commandant de la gendarmerie et réclama deux voitures blindées pour escorter les employés musulmans jusqu'à Beyrouth-Ouest. Elles partirent peut-être, mais n'arrivèrent jamais. « Ils s'engageaient dans une des rues adjacentes et puis ils n'osaient pas continuer. Et même lorsqu'il est venu des renforts, les hommes armés se cachaient le temps de laisser passer les voitures blindées, puis ils se remettaient à arrêter les gens. »

Un ingénieur chrétien se présenta dans le bureau de Bizri, pâle et visiblement bouleversé : « Monsieur le Directeur, vous est-il possible de quitter votre bureau ? Des miliciens en tenues de camouflage sont au rez-de-chaussée. Ils sont masqués et demandent à vous voir.

— Dites-leur que je suis ici et qu'ils n'ont qu'à monter. »

Bizri se demanda ce qui se passerait lorsque la porte se rouvrirait. Serait-il abattu séance tenante ? Ou conduit ailleurs ? Jamais des miliciens n'avaient encore pénétré dans le siège de sa compagnie. Fort de sa qualité de conseiller de deux présidents de la République, il téléphona au palais présidentiel. Il eut la chance d'obtenir immédiatement la communication, ce qui n'était pas un mince exploit dans une ville où le réseau téléphonique était des plus médiocres et souffrait en outre d'un flagrant manque d'entretien. Il expliqua la situation à l'aide de camp du président Franjié, qui appela aussitôt le QG des phalangistes.

Lorsque la porte s'ouvrit enfin, Bizri vit entrer une délégation de gros bonnets phalangistes, assez penauds. Il apprit plus tard que huit miliciens et un officier phalangistes s'étaient introduits de force dans le bâtiment, exigeant de lui parler. Le portier avait d'abord déclaré qu'il était sorti, mais les miliciens avaient reconnu sa Jaguar garée devant l'immeuble. Le portier, qui avait l'esprit vif, avait expliqué sans sourciller que le directeur était parti faire une tournée d'inspection dans une des voitures jaunes, aisément reconnaissables, de la compagnie et avait expédié les phalangistes au huitième étage, où le personnel chrétien s'était réuni.

« Tout le personnel chrétien, au grand complet, leur a bloqué le passage, m'a raconté Bizri, et quelqu'un leur a dit : “ C'est très simple, nous sommes tous chrétiens ici, mais il faudra nous tuer si vous voulez passer. ”

« Le milicien a répondu : “ Mais c'est Bizri lui-même qui nous a fait dire de monter. ”

— Nous savons ce que vous voulez. Tant qu'il restera dans l'immeuble, nous y resterons aussi et nous ne vous laisserons pas passer, a déclaré mon personnel. »

Aux yeux de Bizri, « il était évident que les phalangistes voulaient se venger et que j'étais le seul musulman en vue sur lequel ils pussent mettre la main. Leurs autres victimes avaient été en grande partie des dockers. »

Les gros bonnets phalangistes finirent par mettre Bizri et la cinquantaine d'employés musulmans de la Compagnie d'électricité dans un convoi de quinze voitures, qui fut raccompagné jusqu'à la ligne de démarcation. A Beyrouth-Est, tandis que la longue file de voitures avançait vers l'ouest, les milices phalangistes continuaient à arrêter les gens, si bien que les musulmans armés qui surveillaient leur côté de la ligne eurent quelques soupçons, en voyant ce convoi émerger du no man's land pour pénétrer dans Beyrouth-Ouest.

« On leur a dit : “ Pour l'amour du ciel ! ”, avant de leur expliquer tout ce qu'on venait déjà de subir et tout le monde a ri », s'est rappelé Bizri.

Lorsqu'il se retrouva enfin dans son élégant appartement de Beyrouth-Ouest, près d'un camp de réfugiés palestiniens, le rescapé se versa un copieux verre de whisky.

« Un seul ? demandai-je.

— Oui, et je n'ai rien dit à ma femme. »

Moins d'une semaine après, il était de retour dans son bureau de Beyrouth-Est — exigeant que ses principaux assistants, les musulmans comme les chrétiens, y fussent aussi. Autocrate, patriote, jouissant d'utiles et puissantes relations, Bizri fut l'un des rares patrons à refuser de payer les travailleurs qui ne se présentaient pas quand on avait besoin d'eux. « Je leur menais la vie dure, parce que la Compagnie d'électricité était pour tout le monde. » Ce fut cette détermination qui décida les seigneurs de la guerre chrétien et musulman, le cheikh Pierre Gemayel et le chef de l'OLP, Yasser Arafat, à aider Bizri à assurer le fonctionnement de sa compagnie bien-aimée, malgré tous les efforts que faisaient leurs miliciens pour la démolir. En juin 1976, lorsque des combattants parvinrent à mettre hors service les treize lignes électriques qui alimentaient la capitale, ce fut la réputation de parfaite intégrité de Fouad Bizri qui incita Gemayel et Arafat à conclure un de leurs plus bizarres accords. A cette époque, la situation s'était déjà trop détériorée pour que Bizri pût appliquer sa tactique habituelle. Jusque-là, en effet, il était toujours parvenu à faire coïncider l'arrivée dans le no man's land d'équipes d'ouvriers stationnés en territoires chrétien et musulman ; ceux-ci agitaient des drapeaux blancs et coordonnaient leurs efforts à l'aide de mégaphones, pour être sûrs que les réparateurs des deux camps commenceraient à grimper aux pylônes endommagés exactement au même instant. De cette façon, les miliciens ne pouvaient rien tenter sans risquer de tuer aussi un des leurs.

Pour les besoins de la nouvelle combine mise au point par Bizri, il fallut convaincre Arafat d'envoyer deux petits pétroliers chargés de carburant lourd jusqu'à une centrale électrique de cinq mille kilowatts, située à Zouk, en territoire chrétien, à quelques kilomètres au nord de Beyrouth. A première vue, le projet de Bizri reposait sur un système d'échange relativement banal, mais cela faisait plus d'un an qu'il n'existait plus au Liban ni rime, ni raison. Toujours était-il que les chrétiens possédaient la seule centrale électrique qui fonctionnât et contrôlaient l'approvisionnement en eau de la capitale, mais ils n'avaient pas de carburant, alors que les Palestiniens et leurs alliés, qui faisaient la loi à Beyrouth-Ouest, en disposaient. Bizri fit donc valoir, avec sa belle logique d'ingénieur, que si les Palestiniens fournissaient du carburant pour le générateur, la centrale de Zouk serait à même de fournir une heure d'électricité par jour à chaque quartier de la capitale. Cela suffirait tout juste pour cuire le pain dans des fours électriques et fournir de l'eau. « Abou Nour », le « Père Lumière », comme on avait surnommé Bizri, ne connaissait pas Arafat, mais ce dernier éprouvait une certaine curiosité à l'égard du survivant du Samedi noir. Ils finirent donc par se rencontrer durant l'été 1976. « La situation ne peut pas continuer ainsi, déclara Bizri. Le pays n'y résisterait pas. Il faut m'aider. » Arafat accepta et Bizri promit de suspendre immédiatement l'opération de ravitaillement si les chrétiens voulaient se servir du carburant pour leur effort de guerre. Finalement, la centrale de Zouk fut à même d'assurer quatre heures d'électricité quotidiennes à toute la zone métropolitaine. L'OLP aida en outre à importer les fils électriques, isolants et autres matériaux dont Bizri avait besoin pour faire venir du Sud une ligne de cinquante mille kilowatts. Ces deux accords furent négociés durant le siège de Tal Zaatar qui marqua le point le plus bas des relations entre les seigneurs de la guerre chrétiens et l'OLP.

On pourrait faire valoir que Bizri dut son succès à quelques vieux restes de savoir-vivre politique, qui incitaient parfois les dirigeants rivaux à agir dans leur propre intérêt, ou plutôt dans celui des populations soumises dont ils régissaient l'existence. On considérait encore, à l'époque, comme un exercice rationnel les tentatives de se tenir au courant de la manière dont évoluait la guerre civile. Il y avait des successions entières d'événements qui semblaient avoir un sens, obéir à une logique, suivre une certaine forme de raisonnement, bizarre certes, gouverné par des règles qui lui étaient propres, mais un raisonnement quand même. J'étais, cependant, confondu, à chaque nouveau et macabre coup de théâtre, par le refus inexorable (ou bien s'agissait-il d'une incapacité fondamentale ?) de la part des belligérants de s'arrêter vraiment longtemps. Les interruptions entre ce que les Libanais considéraient toujours comme les différentes reprises d'un même combat devenaient au contraire toujours plus courtes, se limitant parfois à une simple trêve de fin de mois, pour permettre aux combattants et aux civils d'aller à la banque toucher leur salaire. Pendant une grande partie de la guerre les chrétiens eurent le dessous dans les combats — et pourtant c'étaient eux qui, le plus souvent, revenaient à la charge, si sévère qu'eût été leur précédente déroute. J'en vins à admirer leur refus obstiné de céder, même si j'étais fréquemment horrifié par les souffrances qu'ils imposaient ainsi à tout leur peuple, amis et ennemis confondus.

Dans leur désir de débarrasser leur territoire des Palestiniens et des Libanais musulmans, les chrétiens capturèrent, en janvier 1976, deux places fortes ennemies qui menaçaient effectivement les communications entre Beyrouth-Est et l'hinterland maronite, au nord et à l'est. La plus importante était le quartier de Karantina, que constituaient la vieille zone de quarantaine, près du port, et Maslakh, l'abattoir. Ce quartier — bidonville surpeuplé où grouillaient quelque trente mille personnes, musulmans chiites pour la plupart avec une poignée de Kurdes et d'Arméniens — appartenait en partie aux moines maronites et une grande majorité des hommes étaient employés comme dockers. Les fedayin palestiniens s'étaient infiltrés à Karantina, pour y distribuer des armes et y prendre plus ou moins les choses en main. Je m'étais fait tirer dessus suffisamment de fois, en traversant deux ponts stratégiques — notamment un pont en dos-d'âne que l'impossibilité de voir, avant qu'il ne fût trop tard, les véhicules arrivant en sens inverse et à fond de train, bien entendu, rendait d'autant plus dangereux — pour comprendre pourquoi les chrétiens avaient décidé d'attaquer Karantina.

La lutte ne fut rien moins qu'acharnée. Selon les survivants libanais, les Palestiniens empêchèrent les non-combattants de s'enfuir et ils tinrent eux-mêmes pendant trois jours, repliés dans la fabrique de matelas de Sleep Comfort, avant d'être exterminés jusqu'au dernier. Plus extraordinaire encore que la violence fut la naïveté avec laquelle les phalangistes laissèrent la presse travailler en toute liberté et leur incapacité de comprendre pourquoi les dépêches, films et photographies se rapportant à leurs activités étaient si catastrophiques pour leur cause. Dieu sait si la joie des phalangistes faisant sauter des bouchons de champagne ou jouant de la mandoline au-dessus d'un cadavre, tandis qu'à l'arrière-plan une maison dévastée dégorgeait de gros nuages de fumée, était déjà d'assez mauvais goût. Bien pire encore était le spectacle d'hommes musulmans de tous âges, alignés contre un mur, les mains liées derrière le dos, surveillés par des phalangistes portant d'énormes croix de bois autour du cou. Ou les cortèges larmoyants de femmes et d'enfants, agitant des drapeaux blancs, auprès desquels on n'apercevait pas un seul homme.

L'image que je garderai toujours de Karantina, cependant, c'est celle des jeunes enfants du quartier, les mains en l'air, rudoyés par les miliciens chrétiens. Je me trouvais là avec un ami phalangiste, à qui je déclarai que cette scène me faisait penser aux tristement célèbres clichés de petits enfants juifs terrifiés, environnés de soldats allemands, pris durant la destruction du ghetto de Varsovie par les nazis. Il inclina la tête en signe d'assentiment, sans comprendre apparemment le sens de ma remarque, ou, en tout cas, sans réagir. Une demi-heure plus tard, j'aperçus une très vieille femme, boitant bas, qui se traînait le long d'une rue encombrée de gravats. Je pris encore une fois mon phalangiste à l'écart et, m'efforçant de parler d'un ton calme, je lui expliquai que ses miliciens se conduisaient de façon atroce et que cela ne risquait pas de faire progresser leur cause. Ne pouvait-il au moins s'arranger pour faire transporter en voiture cette pauvre vieillarde terrifiée et visiblement fort mal en point ? Une photo de ce genre pourrait peut-être servir à contrebalancer très légèrement toutes les horreurs accumulées jusqu'à présent. Il me regarda comme si j'étais devenu fou. Le plantant là, je regagnai ma voiture et repartis en ville écrire mon article. Les phalangistes étaient déjà en train de déposer les femmes et enfants de Karantina à l'intersection du Musée. Ces derniers m'expliquèrent que tous les hommes avaient été abattus de sang-froid et qu'il avait fallu payer les Arméniens qui habitaient sur la rive opposée du fleuve, face à Karantina, pour les aider à sauver leur propre peau. Le nombre des victimes fut estimé à un millier environ. Karantina fut passé au bulldozer, mais on laissa debout quelques bâtiments où de nouvelles recrues vinrent s'entraîner dans l'art de la guérilla urbaine.

(Lorsque les films et photos du massacre furent présentés au monde entier, les phalangistes se mirent en rage contre les membres de la presse, qui avaient enregistré ce qui s'était passé à Karantina. Six ans plus tard, après Chatila, un ecclésiastique maronite influent me demanda d'un ton accusateur : « Pourquoi a-t-on laissé entrer la télévision ? » Comme si les Israéliens, si c'était eux que désignait ce « on » vengeur, avaient pu espérer cacher un carnage de cette envergure en plein milieu d'une capitale saturée de journalistes.)

Deux jours plus tard, les Palestiniens et leurs alliés libanais envahirent Damour, une ville côtière maronite, à une vingtaine de kilomètres au sud de Beyrouth. Pour certains observateurs, leur attaque tenait plus du sac que du véritable carnage, du moins selon les critères libanais. Personnellement, j'ai vu de mes yeux des familles entières gisant mortes devant leurs maisons brûlées et dynamitées. Cependant, le nombre relativement faible des victimes, pour une ville de vingt mille habitants — les rapports allaient d'une soixantaine pour les plus bas à cinq cents pour les plus élevés, avec une estimation moyenne de cent cinquante morts —, pouvait laisser croire que le massacre n'était pas le but véritable des Palestiniens. Au cours des jours suivants, des essaims de pillards vinrent dépouiller Damour de tous ses objets de valeur, jusqu'aux tuiles des toits, aux fils électriques et aux tuyaux d'écoulement. Je m'y rendis, jour après jour, me demandant ce qu'ils trouveraient encore à emporter et pourquoi les vieilles Mercedes qui faisaient office de taxis collectifs et les camionnettes se donnaient la peine de regagner Beyrouth à toute allure, chargées d'un butin de plus en plus lamentable. Mais les gardes palestiniens, rien moins que zélés, n'avaient pas l'intention de chercher noise à quiconque, et surtout pas aux rescapés de Karantina, en quête de lits, de chaises ou de matelas pour meubler les cabines de bain où on les avait entassés sur la plage de Beyrouth-Ouest. Finalement, les Palestiniens installèrent à Damour leurs propres hommes, ainsi qu'une poignée symbolique de réfugiés de Karantina.

Ce fut cette espèce de fascination pour un symbolisme se reflétant ainsi à l'infini qui provoqua six mois plus tard la sauvage attaque contre Tal Zaatar. Il s'agissait alors du dernier bastion palestinien en territoire chrétien. Les milices chrétiennes étaient assurées de l'emporter, étant donné qu'elles recevaient simultanément l'aide des Israéliens et des Syriens. Cependant, après tant de revers, les chrétiens voulaient une victoire — une victoire militaire. Et les Palestiniens, eux, voulaient un martyre ; ils ne cessaient de comparer Tal Zaatar à un nouveau Stalingrad. Les deux camps eurent gain de cause. On aurait pu aisément négocier une reddition en bon ordre. Le Comité international de la Croix-Rouge fit tout ce qu'il put pour l'obtenir, mais finalement, au lieu de cela, des milliers de Palestiniens et de Libanais réfugiés dans ce camp périrent inutilement.

Comme à Karantina, les rescapés libanais se plaignirent d'avoir été mis en coupe réglée par les Palestiniens, qui détenaient les armes et gardaient pour eux la majeure partie de la nourriture et de l'eau. Beaucoup de victimes furent abattues après la prise du camp, un nombre considérable étant même massacré juste avant d'atteindre la sécurité de l'intersection du Musée. Des cadavres furent traînés derrière des véhicules — les chrétiens se vengeaient ainsi de semblables profanations infligées à leurs morts, quelque temps auparavant.

Aux ultimes jours du siège de Tal Zaatar, la rhétorique chrétienne se fit de plus en plus virulente, pour mieux aiguillonner les troupes, et sous ce rapport, il convient de mettre hors concours un ancien officier de police, du nom d'Etienne Sakr. Sous le pseudonyme d' « Abou Arz » (le « Père Cèdre »), il avait pris la tête d'une petite milice appelée les Gardiens des Cèdres : « Si vous éprouvez de la compassion pour les femmes et les enfants palestiniens, déclarait Abou Arz, dont les détracteurs mettaient l'extrémisme sur le compte de sa naissance en Palestine, rappelez-vous que ce sont des communistes et qu'ils engendreront d'autres communistes. » Un des religieux européens qui professaient au collège du Mont-Lasalle, dans les collines qui dominent Beyrouth, s'est rappelé que les phalangistes avaient abandonné le cadavre d'un milicien ennemi à une centaine de mètres de leur établissement : « Nous l'avons laissé là, sans y toucher, pendant des jours et des jours, m'a-t-il précisé. Finalement, quelqu'un est venu verser de l'essence dessus. Nous, nous n'avons rien fait. Nous ne sommes pas courageux. » Les miliciens chrétiens installèrent plusieurs batteries d'artillerie dans les jardins du collège, pour bombarder Tal Zaatar : « Il n'y a pas, en Europe, un centimètre carré de terrain qui n'ait été arrosé par le sang de martyrs, m'a expliqué le frère, mais évidemment, tout cela s'est passé il y a bien longtemps. »

A mesure que la folie sous toutes ses formes se répandait à travers le Liban, l'unique asile psychiatrique du pays continuait à fonctionner avec une régularité exemplaire — les guerres semblent toujours fécondes en ironies du sort. Situé, lui aussi, dans les collines qui surplombent Beyrouth, l'hôpital du Liban pour les maladies mentales et nerveuses se trouva pris, de façon presque constante, entre les feux croisés des musulmans et Palestiniens, à l'ouest, et des chrétiens qui conservaient sur ce district une emprise extrêmement ténue. Soixante pour cent du personnel cessèrent de travailler, soit parce qu'ils avaient trouvé ailleurs un autre emploi, soit parce qu'ils avaient trop peur pour sortir de chez eux, soit encore parce qu'ils étaient musulmans et redoutaient les miliciens chrétiens. Parmi les patients — au nombre desquels figuraient des criminels confiés à l'établissement par les tribunaux et l'armée en des temps où ces institutions fonctionnaient encore — il n'y eut aucune friction entre les adeptes des deux religions. La consommation de tranquillisants et de drogues plus puissantes diminua considérablement : « Curieusement, la vie continuait comme si de rien n'était », m'a assuré Antranik Manoogian, directeur de l'hôpital et député représentant la minorité protestante du Liban. Ce qui cadrait parfaitement avec d'autres études cliniques antérieures, abondamment documentées, selon lesquelles, au milieu de conflits de ce genre, les personnes affligées de troubles mentaux se comportent souvent mieux qu'à des moments où la tension est moindre. « La guerre était une excellente thérapeutique occupationnelle. Les patients étaient véritablement au courant de ce qui se passait, parce que tout était rapporté à la radio, à la télévision ou dans les journaux », m'a précisé Manoogian.

Le danger le plus grave, pour son établissement, ce n'étaient pas les engins explosifs, mais les raids des miliciens chrétiens. Un seul des pensionnaires de l'hôpital fut tué par un projectile, tandis que les miliciens prirent l'habitude de se présenter à l'entrée, de faire sauter les serrures à coups de pistolet et de libérer à leur convenance amis ou parents. « Ils étaient armés et teigneux, toujours désireux de sortir quelqu'un de chez nous en quatrième vitesse et de filer, m'a déclaré Manoogian. Ce n'étaient jamais les femmes, ni les mères, ni les amies des patients qui venaient ; rien que des voyous. Et ils refusaient toujours d'écouter lorsqu'on essayait de leur dire qu'ils cherchaient les ennuis en emmenant de véritables malades, atteints de graves psychoses. Ils arrivaient et prenaient les gens qu'ils voulaient. Le plus grave, c'était que les pensionnaires en profitaient souvent pour s'évader en masse. A deux reprises, une quinzaine ou une vingtaine d'entre eux se sont enfuis et, en d'autres occasions, des groupes moins nombreux. Beaucoup sont revenus d'eux-mêmes, ou alors ils nous ont été ramenés par leurs familles, incapables de s'en occuper convenablement. Mais d'autres ont été retrouvés morts, parce que les miliciens du camp adverse qui opéraient dans le coin et tiraient sur tout ce qui bougeait considéraient comme licite de les abattre. »

Il me montra, à l'intérieur du bâtiment principal, une porte verte dont toute une partie avait manifestement été réparée à de multiples reprises et continua : « Nous avons dû réparer cette serrure trois fois. Finalement, nous avons mis un système au point. Les miliciens sonnaient, demandaient la personne qu'ils voulaient et nous allions la leur chercher. C'était plus commode de remettre quelques pensionnaires à leur famille que de laisser à chaque fois les miliciens s'introduire par la force et permettre à d'autres patients de s'enfuir et d'être abattus pour leur peine. »

Il ne fallut pas longtemps aux pensionnaires de l'hôpital pour en arriver à se demander si tout ce qui se passait à l'extérieur rimait à quelque chose : « Ils disaient : On dit que nous sommes déséquilibrés, mais regardez un peu ce qu'ils font, eux ! s'est rappelé Manoogian. Pourquoi ces gens s'entre-tuent-ils ? Pourquoi toutes ces explosions ? Pourquoi nous bombardent-ils ? »

Continuer à faire fonctionner son établissement constituait pour Manoogian, un homme intègre ayant dépassé les soixante-dix ans, un défi aussi grand que pouvait l'être pour Bizri celui de continuer à produire de l'électricité. Il me semblait, quant à moi, qu'il prenait des risques insensés. Dieu sait comment, il s'était arrangé pour recevoir du fuel du secteur musulman et de la farine en provenance du port, qui était aux mains des chrétiens. Parfois, cependant, pendant des mois d'affilée, l'hôpital n'avait plus ni eau, ni électricité. Les dix-sept gendarmes chargés de veiller sur les patients trop agités avaient disparu dès le début des combats. Et tous les mois, Manoogian devait braver les différents barrages de miliciens pour aller chercher de l'argent liquide à la banque et verser leur salaire à ses employés. Cela faisait longtemps que personne n'acceptait plus les chèques. A une époque où tous les députés étaient l'objet du mépris universel des miliciens de tous bords, le directeur de l'hôpital accomplissait son périple mensuel jusqu'à la banque, au volant de sa Chevrolet équipée de plaques minéralogiques spécialement réservées aux parlementaires — son numéro était le 104. « Pourquoi ? » lui demandai-je. « Je n'en avais pas d'autre », me répondit-il.

Ces jours-là, il se levait au milieu de la nuit et dès cinq heures du matin, il était sur la route, de façon à profiter de l'heure de trêve effective généralement — mais pas toujours — observée à ce moment-là. (On l'appelait la « trêve des journaux », car elle avait, disait-on, été établie pour laisser librement circuler les camions qui, tôt le matin, apportaient aux combattants des deux camps leurs journaux respectifs.) Manoogian traversait le territoire chrétien, pour prendre au passage le directeur de la banque — qui habitait près de la ligne de démarcation — puis il revenait sur ses pas, jusqu'à l'intersection du Musée, passait en zone musulmane et se rendait à Hamra, où était situé l'établissement ; le banquier ouvrait lui-même le coffre et sortait l'argent, après quoi Manoogian repartait en sens inverse. Jamais il n'emmena un garde du corps — « ils n'arrêtent pas les balles » — et jamais non plus, à ce qu'il semble, il ne s'inquiéta d'être volé en regagnant l'hôpital ; il fourrait tout simplement l'argent dans son portefeuille, sans même essayer de le cacher. Il m'a juré qu'on ne lui avait jamais tiré dessus, peut-être parce qu'il veillait soigneusement à se faire des amis parmi les francs-tireurs, qui lui disaient exactement quand la voie était libre et relativement sûre.

Pourquoi n'envoyait-il jamais quelqu'un d'autre chercher l'argent ?

« Au Liban, répondit-il, les choses ne se font que sur intervention personnelle — il faut connaître les gens et gagner leur confiance. »

Rétrospectivement, se serait-il lancé dans ces expéditions avec tant d'insouciance, s'il avait su que la guerre durerait si longtemps ?

« Mais personne ne croyait que tout cela durerait plus de quelques semaines. »

Aujourd'hui, à plusieurs années de distance, voyait-on surgir de nouvelles formes de dérangements psychiques ?

Il réfléchit un moment et répondit : « Pas encore, à vrai dire, si ce n'est que les gens commencent à perdre espoir. »

Manoogian m'apprit qu'à un moment donné, l'aile de son hôpital réservée aux criminels avait été la seule prison qui fonctionnât encore à l'intérieur du pays. En effet, deux grandes vagues de violence avaient finalement eu raison des institutions d'Etat, qui avaient réussi à échapper jusque-là au maelström. La première coïncida avec les combats de Karantina et de Damour, en janvier 1976. Il n'était désormais plus possible de nier la scission qui s'était fait jour parmi les dix-huit mille soldats de l'armée libanaise : depuis plusieurs mois, elle était immobilisée par les querelles politiques entre chrétiens et musulmans et il y avait déjà eu quelques mutineries isolées. A présent, soutenu par les Palestiniens, un musulman sunnite, le lieutenant Ahmad Khatib, à qui ses supérieurs maronites avaient systématiquement refusé de l'avancement, annonça brusquement, le 21 janvier, la création de l'Armée libanaise arabe. En l'espace de quelques jours, il avait persuadé deux mille soldats musulmans de se rallier à sa cause et, au zénith de son pouvoir, il revendiqua les trois quarts de toutes les casernes libanaises.

Pour la première fois depuis le début des hostilités, l'aéroport de Beyrouth, le principal point de fuite du pays, cessa de fonctionner et resta fermé pendant une semaine. A Beyrouth-Ouest, une bande d'hommes et de femmes, dont certains étaient des Libanais moyens parfaitement respectables, attaqua en plein jour le supermarché Spinney's et le dévalisa, chacun emportant des denrées alimentaires, de l'alcool, des postes de télévision et tout ce qui pouvait se transporter assez facilement. Plus d'un pillard s'aperçut, en arrivant au parking les bras chargés de marchandises volées, qu'on lui avait pris sa voiture pendant qu'il se trouvait à l'intérieur du magasin. D'autres allèrent jusqu'à se tirer dessus dans la furie du pillage. Tous les propriétaires de Beyrouth qui n'avaient pas encore fait installer des systèmes de sécurité renforcés à l'entrée de leurs immeubles le firent sans plus tarder. Les quelques rares habitants de la capitale assez courageux pour aller dîner dehors découvrirent quelle folie ils commettaient le jour où des hommes armés firent irruption au Relais de Normandie, un restaurant français, obligèrent les clients à leur remettre leur argent, leurs montres et leurs bijoux et repartirent en enlevant deux jeunes femmes qui furent ensuite violées.

Je me rappelle qu'un matin, alors que je remontais une rue fort passante, voisine de mon hôtel, un jeune homme mal rasé voulut m'arrêter en tirant de sa poche un revolver. Il m'agrippa par le veston, mais je fis semblant de ne rien voir et continuai à marcher. Quelque chose me disait qu'il ne me tirerait pas dessus de sang-froid, dans cette rue noire de monde, et que je courrais de plus grands risques si je me laissais impressionner. Le lendemain, mon agent de change, avec qui j'étais en affaires depuis des années, m'appela pour m'annoncer que mon dernier chèque était sans provision. Il se montra particulièrement hargneux et ne parut pas croire un mot de mes protestations d'innocence. Je téléphonai fiévreusement à ma banque, à New York, qui finit par découvrir une erreur d'ordinateur, mais non sans m'avoir laissé le temps de me voir déjà transformé, en imagination, en un de ces innombrables cadavres anonymes, les mains liées derrière le dos. A la fin de la semaine, les Israéliens autorisèrent la Syrie à expédier à Beyrouth une brigade de l'Armée de Libération de la Palestine, contrôlée par Damas, dont la seule présence ramena dans la capitale libanaise un semblant de loi et d'ordre pendant près de deux mois.

Déjà, une bonne moitié, au moins, de la population de Beyrouth avait pris la fuite. Celle qui restait apprit à survivre. Si votre téléphone devenait muet, vous empruntiez celui des voisins absents. Quand l'électricité déclarait forfait, il était possible de se raccorder de façon artisanale à la conduite principale, dans la rue. L'approvisionnement en eau était coupé, mais de nombreux habitants de Beyrouth creusèrent des puits artésiens dans leurs cours. Les zones où sévissaient les francs-tireurs étaient clairement signalées. Des camions vinrent déposer d'énormes tas de sable pour bloquer les rues dangereuses. Toujours à cause des francs-tireurs, il fallait éviter les balcons et les fenêtres trop exposées et, bien souvent, on installait des remparts de parpaings pour mieux se protéger. Lorsque les mortiers commencèrent à être très répandus, on abandonna les derniers étages, considérés comme trop dangereux. On fit face à l'avènement de l'artillerie lourde en interposant deux ou trois murs, souvent renforcés au moyen de sacs de sable, entre soi-même et ladite artillerie. Même aux environs de la ligne de démarcation, les gens vivaient souvent à l'arrière de leurs appartements, tandis que des miliciens faisaient le coup de feu dans les pièces du devant. Les hôpitaux, les écoles, les casernes, les marchés — tous les endroits où l'on se réunissait en grand nombre — étaient des cibles de prédilection. Mortiers, roquettes, artillerie étaient volontiers braqués sur ces objectifs fixes, mais c'était là l'extrême limite de la science militaire mise en œuvre dans la majorité des combats. En dehors du siège de Tal Zaatar, par les chrétiens, et d'une offensive gauchiste contre les palaces, les deux camps se montrèrent singulièrement ignorants des tout premiers rudiments de la guerre. A Beyrouth, le nombre des victimes était plus élevé chez les musulmans que chez les chrétiens, uniquement parce que les premiers étaient plus nombreux et vivaient dans des quartiers surpeuplés où les obus faisaient plus de ravages. Au début de la guerre civile, de nombreux musulmans négligeaient de prendre les précautions les plus élémentaires, par exemple d'installer des sacs de sable pour renforcer les murs, et continuaient à se rassembler dans des lieux de rencontre connus de tous. Après des années de combats, ni les chrétiens, ni les musulmans n'avaient encore appris à fixer des papiers collants contre leurs vitres, malgré les terribles blessures infligées par les éclats de verre. *Mektoub* — « ce qui est écrit », ce que nous appellerions en Occident le fatalisme — n'est pas un vain mot au Moyen-Orient.

La trêve hivernale prit fin le 11 mars, lorsque le général Aziz Ahdab, commandant ce qui restait de la garnison de Beyrouth, occupa le siège de la télévision nationale et annonça qu'il prenait le pouvoir, exigeant que le président Franjié présentât sa démission dans les vingt-quatre heures et que de nouvelles élections fussent organisées avant un mois, pour désigner son successeur. Bien que le « Général Télévision » — comme on le surnomma aussitôt — n'eût même pas un millier d'hommes sous ses ordres, sa cocasse intervention parut faire vibrer une corde sensible chez tous les Libanais — à l'exception du président Franjié. Musulmans et chrétiens, civils et chefs de milice sautèrent sans attendre dans le train en marche : soixante-huit des quatre-vingt-dix-neuf députés, soit plus de la majorité des deux tiers requise, votèrent en faveur de la destitution du président et il fallut une décision de dernière minute du cheikh Pierre Gemayel pour empêcher le Bureau politique de la Phalange d'emboîter le pas.

Ce qui restait des institutions d'Etat, c'est-à-dire la façade, s'écroula à son tour. Au cours d'une soudaine offensive, la gauche libanaise imposa sa volonté à ses alliés palestiniens récalcitrants et consomma enfin la débandade des chrétiens. Les Palestiniens délogèrent les phalangistes des vingt-sept étages de l'Holiday Inn, avant d'aider à les refouler jusqu'à la place des Martyrs, en l'espace d'une seule semaine. Kamal Joumblatt, le chef druze du Mouvement national, un parti assez flou dominé par les gauchistes, sortit de l'ombre pour proclamer la nécessité de trouver une solution militaire à la guerre civile. Les milices chrétiennes, jetées hors des hôtels Hilton et Normandy, au bord de l'eau, impuissantes à enrayer l'offensive déchaînée par leurs ennemis dans la montagne, forcées de recueillir Franjié, chassé du palais présidentiel par l'artillerie de Khatib, étaient, à la fin du mois de mars, au bord de la défaite.

Mais la Syrie, qui avait espéré dès le mois de janvier s'être bien fait comprendre des Libanais et des Palestiniens, se décida alors à intervenir plus ouvertement. Ce furent les Forces spéciales de Rifaat Assad, le frère du président syrien, qui empêchèrent les hommes de Khatib de poursuivre Franjié jusque dans son propre palais. Il était de plus en plus évident (mais pas assez évident, pourtant, pour que ses anciens alliés le comprissent) que le président Hafez Assad faisait tout doucement avancer ses troupes, dans l'Est du Liban, dans l'espoir que Joumblatt s'arrêterait à temps. Arafat se retrouva pris entre ses alliés syriens et libanais. Il essaya de raisonner Joumblatt, mais sans succès ; néanmoins, n'ayant pas oublié l'immense dette contractée envers lui pour avoir financé l'OLP après le désastre jordanien de 1970, Arafat se rangea, à contrecœur, dans le camp du chef druze. Voyant que les Palestiniens étaient incapables de modérer Joumblatt, la Syrie renversa officiellement son alliance et accorda son appui inconditionnel aux seigneurs de la guerre chrétiens.

Ces derniers, cependant, ne pouvaient être certains que la Syrie viendrait véritablement à leur secours. Le tocsin qui, à la fin du mois de mars, sonnait dans les églises de Beyrouth et de l'hinterland chrétien, ne parvenait pas à dissimuler l'anarchie totale qui régnait sur ces territoires, coïncidant avec les défaites militaires. La direction maronite avait depuis longtemps envisagé l'idée d'une partition du Liban et menacé de la mettre à exécution, si ses ennemis n'en passaient pas par où elle voulait. A présent, cette partition, c'étaient eux qui voulaient la lui imposer. Profitant de la confusion, des miliciens chrétiens s'emparèrent de la prison de Roumieh, dans les faubourgs chrétiens de Beyrouth, et libérèrent cinq cent soixante-dix prisonniers, préludant ainsi au sac de la sinistre prison des Sablons, à Beyrouth-Ouest, qui eut lieu le lendemain, 17 mars. Tandis que des fedayin palestiniens et des parents des détenus, scandant des slogans, entouraient le complexe carcéral, divers bâtiments à l'intérieur furent incendiés par des prisonniers qui mirent le feu à leurs matelas. Ils maîtrisèrent ensuite les gardes désarmés, s'emparèrent de leurs clefs et ouvrirent les portes extérieures. Une escouade de dix hommes, envoyée par le Fatah pour assister les autorités de la prison, disparut devant la centaine d'autres membres des commandos, qui tiraient en l'air et agitaient des drapeaux palestiniens. Sept cent dix prisonniers se répandirent dans les rues. Toutes les archives furent brûlées (mais furent ensuite reconstituées grâce aux listes de rationnement conservées par l'intendant de la prison). Le bâtiment, qui datait de l'empire ottoman, fut passé au bulldozer au milieu d'une effervescence que les participants n'hésitèrent pas à comparer à celle qui dut accompagner la prise de la Bastille, en 1789. (Le terrain sert aujourd'hui de parking à l'école polytechnique de l'Université arabe, financée par les Egyptiens.)

Le lendemain, on libéra soixante-six prisonnières, dont plusieurs étrangères, enfermées dans la prison de femmes de Beyrouth-Ouest. Les prisonniers chrétiens en territoire musulman et les musulmans incarcérés dans les geôles chrétiennes furent rapidement échangés à l'intersection du Musée. La police, qui désormais ne se donnait même plus la peine de se présenter au rapport, avec ses étuis à revolver vides, brillait à ce point par son absence que des commandos du Fatah purent pénétrer dans l'immeuble pratiquement abandonné de la Sûreté générale, situé juste en face du musée, et en repartir avec les archives. Les étrangers, y compris une poignée d'Américains condamnés pour trafic de drogue, se réfugièrent à l'ambassade des Etats-Unis, où l'on s'était naguère réjoui des sévères sentences qui les avaient frappés. A présent, les autorités américaines ne pouvaient rien faire d'autre que de fournir des passeports à sens unique, qui ne valaient que pour le retour aux Etats-Unis.

Pour la direction phalangiste, habituée à respecter la propriété privée tout autant que le nationalisme libanais, la seconde quinzaine de mars fut une période de honte et d'humiliation. C'était déjà bien dur de s'être fait chasser de leur arrogant perchoir de l'Holiday Inn, après avoir joui pendant des mois de ce prestige qui engendre les mythes et qui avait permis à leur service de propagande de comparer leur situation au siège de l'Alcazar durant la guerre d'Espagne. Brusquement, le moral général flancha et les chefs phalangistes furent incapables d'empêcher le pillage des banques (principalement l'œuvre de leurs adversaires), ni même celui du port (dû à leurs propres miliciens). Dans la faible mesure où il est possible de reconstituer les événements, il semble que le centre économique de la ville se soit effondré après la scission de l'armée et le coup d'Etat d'Ahdab. Depuis le mois de septembre précédent, en effet, l'armée était stationnée à l'intérieur du port et tout le long de la rue des Banques. Brusquement, elle disparut. Les gendarmes envoyés pour prendre sa place se révélèrent totalement inefficaces. Les nombreux détracteurs des phalangistes ont expliqué que ceux-ci avaient perdu l'Holiday Inn uniquement parce que leurs hommes avaient préféré aller participer au pillage du port. « Ils étaient beaucoup plus intéressés par les rapines que par les combats à livrer », m'a-t-on assuré de toutes parts. En fait, ce fut une unité spéciale de commandos palestiniens, utilisant des véhicules blindés prêtés par l'Armée arabe du Liban, qui délogea les phalangistes le 21 mars. Et ils durent même recommencer le lendemain, après qu'une milice gauchiste libanaise, à qui ils avaient remis l'édifice pour des raisons de propagande, se fut si bien employée à fêter l'événement que les miliciens chrétiens purent regagner subrepticement le bâtiment à l'aube. L'offensive des gauchistes et des Palestiniens était si résolue, cependant, que les phalangistes qui battaient en retraite n'eurent guère le loisir de piller quoi que ce fût avant d'atteindre leur principale ligne de défense, sur la place des Martyrs. Ils étaient bien loin, ces jours, si chers aux amateurs de folklore, où les miliciens rivaux avaient organisé leurs propres trêves pour pouvoir piller en paix. Selon l'un des récits les plus répétés, des miliciens qui se battaient dans une rue du centre, ayant fini de piller tous les magasins qui se trouvaient derrière eux, avaient conclu une trêve pour pouvoir mettre à sac tous ceux qui se trouvaient entre leurs positions respectives. Ils se réunirent, établirent un comité bilatéral et dépêchèrent des équipes communes chargées de vider systématiquement les boutiques ; puis, assurait-on, une fois qu'ils eurent mené à bien cette entreprise, ils reprirent la lutte là où ils l'avaient laissée.

Tous ces récits plus ou moins apocryphes devaient, de toute façon, être totalement éclipsés par le plus grand vol — ou plus exactement par le plus grand vol sans opposition — de l'histoire bancaire moderne. Pendant des semaines, les banquiers avaient été contraints de s'en remettre exclusivement à la protection que leur valaient les généreuses cotisations qu'ils versaient aux diverses milices, pratique inaugurée quelque temps auparavant, pour pallier la disparition chronique de l'armée régulière, chaque fois que les combats s'intensifiaient dans le quartier. Même après le vol, les banques continuèrent à payer pour être protégées. La chose devint parfaitement évidente lorsque les combats se terminèrent enfin, en novembre 1976 : les destructions massives dont on voyait la trace partout ailleurs, dans le centre, s'arrêtaient à la rue des Banques, où l'on déplorait tout au plus quelques bris de vitres. Au printemps précédent, cependant, « on se trouvait dans une situation unique : l'un des plus riches quartiers banquiers du monde fut soudain soustrait à l'autorité gouvernementale pour passer sous le contrôle de bandes rivales », se rappela, non sans amertume, un directeur de banque. « Vous savez, s'il n'y a pas de force armée pour le défendre, on peut dévaliser Fort Knox lui-même. » Sur les onze banques cambriolées, les plus sévèrement touchées furent celles qui disposaient d'une salle des coffres — la British Bank of the Middle-East (BBME), la Banco di Roma et la Banque Mishr-Liban. Le *Livre des Records Guinness* prétend que la seule BBME aurait perdu « un minimum absolu » de vingt millions de dollars, et, plus probablement, quelque chose comme cinquante millions de dollars, ce qui fait d'elle, pour le moment, la détentrice du record du plus gros vol bancaire jamais enregistré. Cependant, la direction de cet établissement a repoussé ces allégations, en les qualifiant de « parfaitement absurdes ». Une fois déduits les deux millions, au maximum, que les voleurs ont pu s'approprier en argent liquide et chèques de voyage, m'a expliqué le directeur, il aurait fallu, pour en arriver aux sommes mentionnées dans le *Livre Guinness,* que chacun des quatre cents coffres — tous vidés sauf un — eût contenu en moyenne une valeur de quarante-cinq mille à cent vingt mille dollars.

En fait, ce ne furent pas les banques qui perdirent cet argent, en tout cas sur le plan légal. Et peut-être ne saura-t-on jamais à combien s'est monté le butin. Les établissements concernés ont si complètement découragé toutes les questions relatives au coup de main qu'aucune estimation globale officielle des pertes subies n'a jamais été livrée au public. La nature même d'un coffre privé — que l'on pouvait louer à Beyrouth pour moins de soixante-dix dollars par an — veut que seul celui qui l'a loué sache exactement ce qui s'y trouve. Il n'existe donc aucune assurance pour couvrir ce qui est, somme toute, une forme d'assurance en soi. Et le code légal international n'a encore jamais proposé d'indemnisation pour les détenteurs de coffres spoliés. Lorsque les combats de septembre 1975 avaient anéanti leur abri traditionnel, certains marchands du souk de l'or avaient mis au coffre leur or et leurs bijoux. En revanche, d'autres usagers avaient peut-être jugé prudent d'en sortir des objets de valeur, étant donné l'insécurité qui régnait. On pouvait, le cas échéant, enterrer ses biens à Beyrouth même, si les risques qu'il y avait à les transporter jusqu'à l'aéroport ou dans les montagnes semblaient trop grands. Cependant, la présence de l'armée dans la rue des Banques et l'intérêt évident qu'avait le gouvernement à protéger coûte que coûte ces établissements, sans compter les bakchichs versés aux milices par les banques elles-mêmes, avaient pu laisser penser qu'il n'existait pas d'endroit plus sûr dans tout le Liban. En outre, parmi les locataires de coffres, figuraient de nombreux Arabes d'autres pays et divers étrangers qui avaient leurs propres raisons, parfois inavouables, pour garder leurs biens dans ces coffres. Plus encore que dans les autres parties du monde, la richesse au Moyen-Orient a tendance à être acquise de façon rien moins que légale.

Il semble que la rue des Banques ait changé plusieurs fois de mains avant l'effondrement de l'armée. Cela suffit à faire naître le bruit que deux milices chrétiennes — les phalangistes et les Tigres — s'étaient livré une véritable bataille rangée pour décider laquelle aurait l'honneur de voler l'argent liquide et les chèques de voyage de la BBME. L'opération ne nécessitait guère de savoir-faire, ni de persévérance, et l'on assura que les deux rivales s'étaient pour finir partagé le butin. Les chrétiens, cependant, subissaient manifestement une déroute trop sévère pour pouvoir en faire davantage. Ils n'avaient pas de temps devant eux, et c'était justement du temps qu'il fallait. Les Palestiniens, eux, avaient tout le temps qu'ils voulaient et des rumeurs persistantes leur attribuent la responsabilité du sac des deux banques qui possédaient les coffres les mieux garnis. Saiqa, l'aile syrienne de l'OLP, fut associée aux vols survenus à la Banco di Roma et les pertes de la BBME furent imputées au Front démocratique pour la libération de la Palestine d'idéologie marxiste. (Sur le moment, à cause du sentiment antisyrien de plus en plus violent chez les Libanais et de la réputation croissante de son chef, Zuhair Mohsen, dit « le Persan », en raison de la quantité de superbes tapis de cette provenance que ses hommes étaient accusés d'avoir volés dans les appartements de Beyrouth, Saiqa fut accusée d'avoir perpétré les deux crimes. Selon une version syrienne des événements, le ministre syrien de la Défense, Mustapha Tlass, aurait promis à l'ambassadeur d'Italie à Damas que la Banco di Roma serait dédommagée des pertes subies.)

Au début, les Palestiniens de la BBME avaient tenté de se frayer un chemin à l'intérieur de la salle des coffres à coups de dynamite, avec des résultats imprévus et macabres. Un des hommes du Front démocratique confia à un ami qu'il avait trouvé dans la banque une main, ayant, semble-t-il, appartenu à un autre Palestinien qui avait singulièrement mésestimé la charge explosive qu'il était en train de manier. D'autres Palestiniens exhibèrent des liasses de dollars déchiquetés et brûlés par les explosions, ainsi que des diamants et du platine. Beaucoup d'entre eux commencèrent à manifester, pour la première fois de leur vie, un vif intérêt pour le prix de l'or à Zurich et à Londres. La majeure partie du butin finit néanmoins dans les coffres de leurs organisations, non sans qu'on eût assisté à une véritable rixe. Saiqa avait posté des hommes à divers points stratégiques, tout au long de la rue, lesquels tentèrent d'empêcher les miliciens du Front démocratique d'emporter leur butin. Après une brève échauffourée, ces derniers firent venir des mitrailleuses lourdes, montées sur des jeeps, et ils n'eurent plus de difficultés.

A un moment donné, les pillards s'aperçurent qu'ils pouvaient effectivement contrôler la rue des Banques pendant assez longtemps pour y faire venir deux ou trois spécialistes européens de l'ouverture des coffres-forts, fournis peut-être par la Mafia. Telle est en tout cas la théorie avancée par un des responsables de la BBME. Après coup, il fut assez aisé de reconstituer la façon dont les voleurs s'y étaient pris. Ils avaient percé le mur mitoyen de l'église catholique des capucins, ce qui leur permettait d'avoir directement accès à l'intérieur de la banque. Les derniers travaux d'approche pour parvenir jusque dans la salle des coffres furent effectués avec beaucoup de doigté. Avec le bruit des combats pour noyer efficacement celui des explosions, les professionnels se sont facilement débarrassés de la grille posée par la firme Chubb, de Londres, avec ses trois barres de sécurité en acier, puis des deux portes blindées de la salle, chacune épaisse de quarante-cinq centimètres. Ils ont employé la dose nécessaire et suffisante d'explosifs, soigneusement plaqués sur les chambranles. La moindre erreur dans les calculs et c'était tout l'immeuble qui s'écroulait sur leur tête. Au lieu de quoi, les portes avaient été soufflées juste assez pour permettre aux hommes de se faufiler dans la salle. Au deuxième sous-sol, ils ont fait sauter les portes de la trésorerie avec la même rigoureuse exactitude. Pour ouvrir les coffres, ils ont mis de l'acide dans les serrures. On a dit que le signal d'alarme avait fonctionné et que des sonneries avaient retenti dans le commissariat de police le plus proche ; mais la police l'avait déserté depuis longtemps et les miliciens qui occupaient les lieux, ou bien faisaient partie de la bande, ou bien n'avaient aucune intention de risquer leur vie par excès de curiosité. Les locaux de la banque furent ensuite détruits au moyen de bombes incendiaires, sans doute pour éliminer toutes les traces indiscrètes, telles que les empreintes digitales. Les hautes instances de la BBME ont supputé que les bijoux avaient probablement été fondus ou écoulés chez des receleurs, les bons au porteur liquidés, comme les billets de banque, quant aux titres et autres documents difficiles à négocier, ils furent tout simplement jetés.

La compétence avec laquelle les coffres avaient été ouverts contrastait singulièrement avec le curieux amateurisme qui présida à l'écoulement des chèques de voyage et qui frappa les responsables de la BBME. En plus de sept années, une infime partie des chèques volés, seulement, ont été mis en circulation. Malgré les rumeurs chroniques, aucun des bijoux, ni des objets précieux n'a été, pour autant que l'on sache, remis en circulation, ni en Europe, ni en Amérique. Un directeur, à qui je demandais si les banques avaient, somme toute, été victimes d'un crime parfait, fit la grimace avant de répondre : « Normalement, un vol mûrement élaboré, dans une banque, peut susciter une espèce d'admiration inavouée pour la finesse mise en œuvre. L'opération dont vous parlez a comporté, de toute évidence, certains éléments de finesse — mais en bien faible quantité. » Il m'assura que la BBME avait remplacé l'équipement détruit de chez Chubb par des modèles encore plus perfectionnés de la même maison — à l'exception de la salle des coffres et de son contenu : « A vrai dire, m'a-t-il confié, nous avons pensé que les coffres n'auraient probablement plus beaucoup de succès à Beyrouth. »

Sarah Salem, une amie maronite vivant à Beyrouth-Ouest, eut plus de chance que la majorité des Libanais avec le contenu de son coffre. Le 15 mai, plus d'un mois après que la nouvelle des vols décrits plus haut eut commencé à se répandre, un employé de la BNP Intercontinentale à Beyrouth lui téléphona et se déclara ravi de la trouver, parce que c'était aujourd'hui le dernier jour — le tout dernier — où elle pourrait venir retirer le contenu de son coffre au siège de la banque, dans l'immeuble Fattal. Elle protesta que la dernière trêve en date ne lui inspirait guère confiance, que les francs-tireurs étaient aux aguets — surtout dans le centre, où se trouvait l'immeuble en question. Son interlocuteur se contenta de lui répéter ce qu'il venait de dire, ajoutant que l'homme à contacter était un phalangiste haut placé, du nom de Dib Anastase, au quartier général de la Phalange, près du port. Sarah se rappela soudain que les journaux avaient passé des annonces priant les possesseurs de coffres de se mettre en rapport avec leur banque et elle décida d'y aller. Une rapide vérification auprès de sa mère lui confirma que le coffre en question ne contenait ni argent liquide, ni bijoux, mais simplement des titres et des obligations. Elle se mit donc en route, traversant Beyrouth-Ouest et franchissant l'intersection du Musée pour passer en territoire chrétien.

« Chemin faisant, j'avais essuyé quelques balles perdues qui m'avaient mise dans le bain, se souvint-elle. Chez les phalangistes, Dib Anastase m'a expliqué qu'il allait envoyer un milicien avec moi, que nous prendrions ma voiture et que ce garçon, qui allait risquer sa vie pour moi, s'attendrait à une petite rémunération. J'ai dit : “ D'accord. ”

« Un jeune milicien blond, la tête ceinte d'un bandeau, est arrivé et m'a expliqué que nous allions traverser la rue Allenby le plus vite possible pour éviter les francs-tireurs. Je n'étais pas ravie de cette nouvelle et je l'ai été encore moins quand il a démarré, fonçant comme un fou au volant de ma voiture parmi les gravats, à travers une zone terriblement exposée, pour s'arrêter enfin devant un bâtiment : “ Mais ce n'est pas l'immeuble de Fattal ”, ai-je protesté.

« “ Attendez ”, a-t-il répondu. Il y avait des coups de feu sporadiques, un peu plus haut dans la rue. Nous sommes entrés dans un immeuble et nous en avons traversé, par l'intérieur, trois ou quatre autres, grâce à des passages percés dans les murs mitoyens, qui permettaient d'aller s'approvisionner sans essuyer le feu ennemi. Nous n'avons pas croisé beaucoup de miliciens. Il y avait une véritable mer de papiers éparpillés par terre ; les bureaux avaient été mis en pièces, par des pillards, m'a-t-il semblé. Les miliciens avaient établi des positions un peu partout, certaines complètement noircies, là où les ennemis avaient fait mouche ; toutes les salles étaient bourrées de savonnettes, de chocolats et de Dieu sait encore ce qu'importait la compagnie Fattal. Finalement, nous sommes arrivés devant une porte et mon guide m'a dit : “ Je vous attends dehors. ”

« “ Qu'est-ce que je fais, moi ? ” Il m'a indiqué la porte.

« Brusquement, dans la pénombre — il n'y avait pas d'électricité, bien qu'il ne fût certainement pas plus de dix heures du matin — j'ai vu d'autres miliciens. L'un d'eux m'a demandé mon nom et il a vérifié sur une liste avant de dire : “ D'accord. Je vais vous donner quelqu'un. ” J'ai regardé mon nouveau guide, ses yeux brillaient de convoitise. Je n'arrêtais pas de me dire que je n'avais rien à craindre, parce que le coffre ne contenait ni argent ni bijoux, mais je voyais bien qu'il était déjà en train de calculer son pourcentage. Pendant qu'on traversait le hall d'entrée de la banque, tout en marbre, il m'a dit : “ Couchez-vous par terre. Ils peuvent nous voir. ” Alors on a rampé.

— Qu'est-ce que tu portais ? m'enquis-je.

— Un pantalon, heureusement, mais tout à fait par hasard. C'était ce que j'avais sur le dos quand le téléphone avait sonné. Finalement, nous avons franchi l'endroit dangereux, à moins de deux cents mètres de la Banque de Syrie et du Liban, où se trouvaient les miliciens du Front populaire pour la libération de la Palestine, — commandement général d'Ahmad Jibril. Bref, on est descendus jusqu'à la salle des coffres. Quel spectacle — une grande pièce, tout en longueur, avec les portes des coffres sciées et noircies et, par terre, une incroyable quantité de débris de bois et d'acier dont on s'était servi pour essayer de forcer les portes.

« “ Je suis désolée, mais je n'ai pas la clef. C'est mon frère qui l'a et il vit au Koweit ”, ai-je expliqué.

« “ Ne vous en faites pas. Nous avons des moyens d'ouvrir les coffres ”, m'a assuré le milicien, et un homme au regard halluciné est sorti de nulle part, avec à la main un chalumeau et un masque pour se protéger les yeux. Il s'est mis au travail, mais j'ai cru comprendre que tous les tiroirs avaient été coincés par l'explosion qui avait fait sauter les portes de la salle, et il a fini par abandonner son chalumeau pour aller chercher une grande barre de fer qui se terminait par un crochet. Il a tiré, tiré et le grand tiroir a fini par venir.

« Il y a eu un moment vraiment dingue. Mon guide tenait une lampe électrique, mais il s'est discrètement écarté pour me laisser ouvrir le coffre ; n'empêche qu'il me surveillait constamment du coin de l'œil. Alors, j'ai ouvert le coffre et sorti les enveloppes remplies de papiers, d'obligations et de titres. Et lui m'a dit : “ C'est tout ? ” Il voulait s'en assurer et il m'a fait ouvrir toutes les enveloppes. Je te jure que les yeux lui sortaient de la tête — quelle envie de posséder des bijoux et de l'argent ! Et moi qui n'avais que des saletés de papiers !

« Alors, on a rebroussé chemin, par où on était venus, j'ai remonté l'escalier, avec le bruit des explosions dans les oreilles. A un moment donné, pendant qu'on retraversait en rampant le hall d'entrée, il y a eu des séries de rafales toutes proches et il m'a fait signe de m'arrêter : “ Ce sont les hommes de Jibril, dans l'autre banque ; c'est comme ça toute la journée ”, m'a-t-il expliqué. Je lui ai donné cinq cents livres libanaises — ça faisait environ cent quatre-vingts dollars à l'époque — en guise de pourboire. Des amis m'avaient dit que c'était le tarif normal pour les papiers. Ils touchaient aussi un pourcentage sur les bijoux ; certains de mes amis ont payé jusqu'à trois mille livres libanaises.

« On est allés retrouver le gars à la liste, j'ai signé et en échange, on m'a donné un papier déclarant que j'avais vidé mon coffre. Mon guide blond m'attendait à la sortie. J'aurais voulu que tu voies sa tête — sa déception. Il avait dû s'imaginer que j'allais ressortir avec des bijoux et des lingots d'or plein les bras. On a retraversé nos trois immeubles, repris la voiture et regagné son QG. Je lui ai montré les enveloppes et lui aussi a eu cinq cents livres de pourboire. Il n'arrêtait pas de me demander : “ C'est vraiment tout ce que vous avez sorti de la banque ? ” Comme si je devais être folle pour avoir risqué ma peau — et la sienne — pour si peu. Ce n'est qu'à ce moment-là que j'ai osé demander qui avait fait sauter les portes de la salle des coffres en premier lieu : “ Des éléments incontrôlés ”, m'a-t-il répondu.

« Je suis rentrée à Beyrouth-Ouest. C'est marrant, tu sais, sur le moment, pendant que ça se passait, j'ai gardé la tête assez froide. Mais une fois à la maison, j'étais tendue, mal à l'aise, surexcitée. Et puis furieuse contre tous ces miliciens avides. D'ailleurs, qui c'était ces " éléments incontrôlés ", hein ? Tu peux me le dire ? »

Cette notion d' « éléments incontrôlés », justement, ne plaisait guère à Nazo, important personnage de la milice phalangiste et le type même du jeune homme solide, sincère et intègre que les armées du monde entier considèrent comme « de la véritable graine d'officier ». Son dévouement à la cause phalangiste était quelque peu inhabituel. Nazir Najarian était en effet arménien et la communauté arménienne s'était efforcée, dans son ensemble, de rester en dehors du conflit. Il avait été grièvement blessé, au point de rester boiteux à vie, et son frère cadet avait été tué sur un autre front. A dix-huit ans, Nazo avait commandé la moitié des troupes phalangistes opérant dans le centre de Beyrouth. Je lui demandai un jour de me montrer ses anciennes positions et, comme l'avait fait Sarah Salem, il m'entraîna à travers un dédale de passages percés entre les murs mitoyens des immeubles ; nous traversâmes des bureaux abandonnés, dont le sol était jonché de papiers, une ancienne salle de cinéma déserte et un grand magasin désaffecté, pour arriver jusqu'à une position d'où l'on dominait la place des Martyrs, qui avait été le cœur même du vieux Liban. A présent, c'était une galerie de tir, entièrement vide, dont les fusillades quotidiennes — mais nocturnes — ne rimaient plus à rien et recueillaient à peine quelques lignes dans la presse. Derrière ces murs, qui constituaient la première ligne, vivaient les Libanais pauvres et déplacés qui, avec leurs faibles moyens, n'avaient pu trouver d'autres logements. Il y avait là aussi les éternels optimistes, comme le milicien qui cultivait tendrement son potager ou le projectionniste qui me parla avec éloquence des héros — et des héroïnes — des films américains qu'il avait projetés dans les salles minables de la place. Des containers renversés, volés dans le port tout proche, fournissaient aux positions phalangistes les plus exposées une certaine protection contre les francs-tireurs et la place des Martyrs proprement dite disparaissait presque entièrement sous une profusion toute tropicale d'herbe et de petits buissons, que ni les phalangistes ni les soldats de l'Armée de libération de la Palestine, commandés par les Syriens, n'étaient disposés à aller couper au péril de leur vie. Dieu sait pourquoi, je ne pouvais m'empêcher de penser au discours de William Jennings Bryan, éternel candidat démocrate à la présidence des Etats-Unis, prophétisant que « l'herbe poussera dans les rues » — et pour cause. On pouvait voir là certaines des plus belles réalisations des mineurs et des sapeurs de l'histoire militaire moderne. On disait même que dans le secteur Ouest, les conseillers techniques soviétiques s'étaient surpassés.

Je décontenançai Nazo en lui demandant ce qu'il avait éprouvé, en mars 1976, lui qui avait vu périr des dizaines de camarades — dont la moyenne d'âge tournait autour de dix-sept ans — en regardant les phalangistes piller le port. Les estimations varient, mais les chiffres avancés par les autorités portuaires concernant leurs pertes vont de sept cent quinze millions de dollars — dont soixante pour cent dans la zone franche, la part du lion étant destinée à un transbordement pour l'Irak — à plus de sept fois cette somme.

« Napoléon a dit qu'il y avait deux sortes d'hommes dans les révolutions, répondit Nazo. Ceux qui les font et ceux qui en profitent.

— Ce qui s'est passé au Liban, c'était une révolution ? »

Nazo en revint à ma première question. « Quand tout a commencé, j'ai fait le tour des positions, pour en discuter. Pour moi, le pillage n'était pas normal. On voyait le port, à cent mètres à peine, pas plus, et d'autres miliciens et civils — nos miliciens et nos civils — qui en arrivaient par moments à se taper dessus, à se tirer dessus même, tant ils étaient avides d'emporter les marchandises dans leurs voitures et leurs camionnettes. Je n'arrêtais pas de me dire à moi-même, de dire à mes copains : “ Il faut garder la tête froide, c'est ça le plus important, résister à la tentation matérielle, parce que ce sont les possessions matérielles qui finiront par nous corrompre. Et si nous sommes corrompus, nous ne pourrons pas continuer la lutte, nous serons submergés, liquidés, et pas seulement ici, au Liban, mais, en tant que chrétiens, dans tout le Proche-Orient. ” »

De par son héritage arménien, Nazo était fermement résolu à se battre pour conserver une présence chrétienne très forte au Liban. Cette attitude se rattache à un credo plus vaste, qui est que, si les Arméniens veulent voir un jour renaître une Arménie indépendante dans la Turquie moderne, ils doivent maintenir une présence effective dans cette partie du monde, au lieu d'émigrer aux Etats-Unis, autre refuge de prédilection. Nazo ne fut pas très content de m'entendre dire que le pillage était souvent le fait d'armées qui battaient en retraite et que les phalangistes étaient indéniablement en train de reculer lorsque la mise à sac du port avait commencé.

« Nous étions tous convenus de ne rien avoir à faire avec le pillage, m'a-t-il expliqué, mais on ne parlait que de ça, tant qu'il a duré, et il a duré plusieurs semaines. Nous, nous disions : “ Si vous voulez continuer avec nous, il faut rester purs. ”

— Et il y en a qui sont partis ?

— Oui, mais tout était comme ça pendant la guerre. Il n'y avait pas de véritable discipline. Si un milicien voulait quitter mes troupes pour aller ailleurs, il le faisait et personne ne disait rien, parce que nous avions tant besoin de combattants à cette époque.

— Mais le pillage du port a dû te paraître absurde, à toi qui venais de passer des mois à défendre le front du centre ville.

— C'est l'un des pires dilemmes que j'aie eus à affronter. Je ne suis ni riche ni pauvre, mais ce que je sais, c'est que tout ce que j'ai, je l'ai gagné tout seul. Il y a eu des tas de miliciens qui ont pillé pendant la guerre. Untel n'avait même pas un vélo et à présent il conduit une grosse américaine, me disaient mes hommes. Le pillage — c'était la nature humaine dans ce qu'elle a de plus bestial, de plus instinctif. Mais tous ces hommes qui ont obtenu de l'argent sans effort, ils l'ont gaspillé — le jeu, la drogue, ils l'ont claqué pour des idioties.

— Et tous ces gros pontes, ces marchands qui se sont encore enrichis en trafiquant et en pillant, pendant que vous risquiez votre peau, les types qui vendaient à tes gars du haschich, de l'héroïne, de la cocaïne ? C'était la première fois que des soldats goûtaient à cette drogue de riches.

— Ce n'était pas facile. Nous voulions vivre une vie pure et j'ai décidé de suivre cette voie. Je suis resté dans la Phalange, ou les Forces libanaises, comme on dit aujourd'hui. D'autres en sont partis — ils avaient le goût du profit, de l'argent, ils se sont mis dans les affaires. Tout le monde est libre. Nous sommes toujours ici, mais le plus drôle c'est que j'ai reçu une formation d'expert-comptable. »

Je ne pus me retenir de songer à ce qu'un ami banquier, moins indulgent, pensait du pillage du port : « Il suffisait de payer un phalangiste, parfois jusqu'à six mille dollars, et on était libre de remplir son camion avec tout ce qu'on voulait. Au bout de quelque temps, quand même, les phalangistes se sont un peu dégourdis et ils ont commencé à rassembler tous les articles qui avaient vraiment de la valeur — les tapis, les objets d'art, les voitures, les instruments de précision, l'alcool, les téléviseurs couleur, et j'en passe. Et puis ils ont organisé une vente aux enchères au collège des Frères des écoles chrétiennes à Gemmayzé — tu sais, à deux pas du port. C'était la Salle Drouot de Gemmayzé. »

Je me suis demandé depuis si Nazo n'était pas voyant extralucide et n'avait pas lu dans mon esprit que je pensais à la vente chez les Frères chrétiens, parce que, de façon presque surnaturelle, il me confia justement qu'il avait fait ses études secondaires au collège des Frères des écoles chrétiennes, établissement réservé aux fils de la petite bourgeoisie et des classes ouvrières. Le collège n'était qu'à trois cents mètres du port, vers l'est, au bout d'un quartier pratiquement abandonné par ceux qui l'avaient habité autrefois — et qui le jugeaient trop dangereux — où vivaient à présent en majeure partie des chrétiens que les combats avaient chassés de chez eux.

« Bien sûr que les gens ont volé des marchandises dans le port, me déclara Nazo. Mais ce qu'il faut comprendre, c'est que, s'il n'avait pas pu disposer de tous ces biens, le Liban chrétien aurait connu d'épouvantables difficultés économiques. Même ceux qui n'ont pas participé au pillage en ont profité, parce qu'ils ont pu acheter et revendre ce qui avait été volé. »

Eternelle Phénicie ! Commerçants dans l'âme ! Je ne répondis rien et résistai même à l'envie de lui demander si ce n'était pas plutôt chez les jésuites qu'il avait été élevé. Nazo, soldat chrétien, dévoué et honnête s'il en fut, retombait quand même dans la casuistique, lorsqu'il se trouvait confronté à des réalités déplaisantes. Cela faisait partie de la mentalité du ghetto chrétien, habilement manipulée par l'appareil de propagande de la Phalange. Les défaites étaient transformées en victoires, les plus atroces lâchetés en actes d'une bravoure exemplaire, l'optimisme rallumé à la cendre des erreurs passées.

En fait, je n'ai connu qu'un seul Libanais dépourvu d'illusions dès le départ ; c'était l'émir Maurice Chehab, maronite dont le titre officiel dénote la parenté avec une famille qui, pendant deux cent cinquante ans, jusqu'au milieu du XIXe siècle, a gouverné le Mont-Liban. Ancien directeur des Antiquités libanaises et actuel directeur du musée de Beyrouth, ce septuagénaire distingué ne partageait nullement l'optimisme longtemps inaltérable de ses concitoyens, qui les poussait à croire que les combats s'achèveraient aussi vite qu'ils avaient commencé. « Dès le début, j'ai dit que ces événements — c'était l'euphémisme par lequel cet érudit francophone désignait la violence endémique du Liban — dureraient vingt-cinq ans. » Dès les premières fusillades, en avril 1975, il avait sorti du musée tous les plus beaux objets, en commençant par ceux qui étaient les plus faciles à transporter. Le musée, protégé par des sacs de sable, où ils vivaient, sa femme et lui, — malgré les roquettes ou les salves de mortier qui atterrissaient parfois dans leur appartement, malgré la présence d'une batterie d'artillerie syrienne sur le champ de courses voisin et de troupes syriennes juste devant le bâtiment —, s'avéra être l'un des endroits les plus dangereux de Beyrouth. (Il fut terriblement bombardé par les Israéliens, en 1982.)

Où donc étaient passées les merveilles en or des Phéniciens, la collection d'antiquités de la Haute-Egypte, qui pouvait rivaliser avec celle du musée du Caire, les bijoux de la Rome antique, de Byzance et d'Arabie, la collection de mosaïques qui faisait l'admiration du monde entier, la collection de sarcophages ? L'émir sourit, reconnut qu'il avait prévu leur évacuation longtemps à l'avance et veillé à ne pas tout faire enlever en même temps. Que fallait-il penser des bruits qui assuraient que des soldats appartenant à diverses armées avaient dévalisé le musée ? Il sourit encore. Puis, devinant où je voulais en venir, tandis que je tentais intérieurement de formuler avec tact une question faisant état à la fois de son âge avancé et du danger évident qu'il courait en restant dans son appartement du musée, il déclara : « Ne vous en faites pas. » A quel sujet ? me crus-je obligé de demander. « Le président de la République sait où tout se trouve. » D'une certaine façon, cette information était aussi précieuse que le code nucléaire de la Maison Blanche, et la prévoyance de l'émir aussi rare, au Liban, que les superbes objets qu'il s'efforçait de préserver.

Vint le moment, au cours des dix-neuf mois de violence, où je compris enfin que mon refus professionnel de succomber au pessimisme systématique était le fruit d'un sot entêtement. Au fil des ans, dans de nombreux pays, j'avais vu des collègues, confrontés à des situations exaspérantes de complication, baisser tout simplement les bras et considérer le chaos ambiant à travers une paire de lunettes simplifiantes tout à fait spéciales. Il est toujours difficile, beaucoup plus difficile, d'essayer de retrouver son chemin au milieu du bourbier. Comme d'habitude, il fallut un véritable habitant des lieux, un indigène, au meilleur sens du terme, pour m'y inciter. Mon ami Lucien George trancha dans le vif du sujet, en novembre 1976, lorsque la Ligue Arabe donna officiellement sa bénédiction à une présence syrienne au Liban, habilement dissimulée sous les oripeaux d'une « force panarabe pour le maintien de la paix ». « Ce n'est pas la fin de nos épreuves, me dit-il, c'est le début. »

4

L'IRRÉSISTIBLE ASCENSION DE BÉCHIR GEMAYEL

« Le plus long coup d'Etat des annales modernes, m'assura le politicien phalangiste, en souriant de sa propre clairvoyance, ou en tout cas, ça y ressemble bougrement, si on se fie aux apparences. » En ce dernier mois de l'année 1982, il jetait un regard en arrière sur le demi-siècle, ou presque, d'histoire libanaise, qui venait de s'écouler et qui était inextricablement lié aux destinées changeantes de son parti et de sa dynastie fondatrice, les Gemayel de Bikfaya. Il savait, certes, que plus d'une demi-douzaine d'armées étaient stationnées au Liban, que l'avenir était bien incertain et les rêves, qu'il avait nourris comme tant d'autres Libanais, de voir rapidement se résoudre les difficultés que traversait le pays, s'étaient évaporés. Pis encore, Béchir était mort, assassiné avant même d'avoir pris officiellement les rênes du pouvoir. Et pourtant, que de réussites la Phalange avait à son actif ! En quarante-six ans, elle avait, sous l'égide de son fondateur, Pierre Gemayel, su transformer sa milice de boy-scouts montés en graine en force armée digne de ce nom. Elle avait cessé d'être un simple parti. Elle était même carrément en passe de devenir un véritable Etat. Le vieux Liban que chérissait Cheikh Pierre était mort : il s'était effondré depuis 1975, mais en revanche son propre parti et les ambitions de sa famille avaient pris leur essor. Il avait vu, désormais, deux Gemayel élus présidents de la République libanaise. (Dans la semaine qui avait suivi l'assassinat de Béchir, Amine, le fils aîné, lui avait succédé au poste suprême.) A présent, Cheikh Pierre — comme on l'appelait, les Libanais n'ayant jamais perdu le goût d'affubler leurs politiciens de titres honorifiques datant de l'empire ottoman — s'occupait d'arbitrer la lutte pour le pouvoir entre les Forces libanaises, force de frappe et Etat-dans-l'Etat créés par son fils Béchir, et la République, à la tête de laquelle se trouvait aujourd'hui son fils Amine. A soixante-dix-sept ans, le vieil homme avait enfin réalisé le rêve de toute une vie. Il avait dû attendre 1960 pour être élu député et, même s'il avait plusieurs fois été ministre, jamais il n'avait été vraiment à même d'obtenir cette présidence qu'il convoitait tant. D'ailleurs, il était à présent plus puissant qu'il ne l'avait été au cours des cinq ou six dernières années, où il avait été relégué à l'arrière-plan par Béchir.

Dès son jeune âge — et il conserva l'apparence physique de la jeunesse jusque dans son âge mûr — il y avait eu chez Cheikh Pierre un côté terriblement conventionnel. Droit comme un i, la chevelure blanche plaquée sur le crâne, c'était un homme pointilleux et courtois, tout à fait à l'ancienne mode. Ses détracteurs ont toujours pris soin de souligner qu'il n'était pas né au Liban, mais en Egypte, de parents libanais, comme s'il fallait imputer son nationalisme chrétien radical à cette naissance en terre étrangère. Jeune étudiant à l'Université Saint-Joseph, à Beyrouth, tenue par des jésuites français, Cheikh Pierre se passionnait avant tout pour le sport. Il faisait de la boxe, de la lutte et du football ; les hagiographies phalangistes reproduisent souvent un cliché le montrant sous le maillot de l'Université, frappé d'une grande croix. Puis, il fit ses études de pharmarcie et ouvrit boutique sur la place des Martyrs, dont la proximité avec le quartier réservé de la capitale lui valut, auprès de ses ennemis, le surnom de « Pierre la Capote ». C'était l'époque où les Libanais se permettaient encore de se gausser de lui et de sa Phalange.

Cheikh Pierre n'a jamais caché que c'était son voyage à Berlin, en 1936, à l'occasion des jeux Olympiques, qui l'avait incité à fonder le parti phalangiste. Plus récemment, cependant, il a préféré déclarer à ses visiteurs qu'il avait été plus impressionné par les clubs sportifs Sokol de Tchécoslovaquie que par ses hôtes nazis et que c'était surtout leur discipline qui l'avait frappé. Quoi qu'il en fût, il regagna Beyrouth où il équipa ses premiers adeptes avec toute la panoplie qui, dans les années trente, semblait être de rigueur chez les partis nationalistes de droite du bassin méditerranéen : casques coloniaux, guêtres, chemises et cravates sombres (kaki dans le cas des phalangistes) et saluts à bras tendu. Bien que la Phalange se fût arrogé, dans les années quarante, le droit de défendre la petite communauté juive du Liban, dont le nombre n'a cessé de décliner, les Israéliens n'ont guère de sympathie pour ses membres, parce qu'ils ressemblent extérieurement aux nazis. Les spécialistes attachent moins d'importance à l'influence du fascisme européen sur la Phalange qu'à l'intérêt qu'elle a toujours affiché pour l'organisation paramilitaire et la présence d'un chef unique et suprême.

Au début, Cheikh Pierre se lançait, à la tête de ses fidèles, dans des batailles rangées contre les troupes coloniales françaises, armées de bâtons. Avant la Seconde Guerre mondiale, son principal adversaire libanais fut un groupe conçu à peu près sur le même modèle que le sien, le Najjad, qui, comme beaucoup de partis politiques fondés par les musulmans sunnites, sommait la France de restituer le Liban à la Syrie qu'ils considéraient comme propriétaire légitime. En sa qualité de nationaliste libanais, Cheikh Pierre préférait parler français et d'ailleurs aujourd'hui encore, il parle un arabe plutôt approximatif.

Tout au long de l'histoire de la Phalange, Cheikh Pierre a considéré ses forces armées comme des troupes auxiliaires, chargées de soutenir l'Etat — c'est-à-dire le pouvoir établi chrétien. Ce même nationalisme qui lui valut tant de déboires auprès des autorités coloniales françaises fit de lui un fervent adepte du Pacte national. Une fois que les Britanniques et les Forces françaises libres eurent défait les représentants du gouvernement de Vichy au Liban, en 1941, cet accord tacite entre musulmans et chrétiens du Liban assura leur indépendance vis-à-vis d'une France terrassée — ce qui déchaîna l'ire du général de Gaulle envers les Britanniques et les Américains qui, dans cette affaire, avaient joué le rôle de sages-femmes. Jamais Cheikh Pierre ne se lassa de chanter les louanges d'un pacte où se trouvaient enchâssés les fondements du premier pouvoir politique indépendant qu'eussent possédé les chrétiens au Moyen-Orient, depuis les croisés. Les étrangers qui rendaient visite au quartier général de la Phalange avaient invariablement droit à de longs exposés sur les exactions commises jadis par les musulmans : « Mon grand-père, à Bikfaya, n'avait pas le droit de porter de la soie, ni de se rendre à cheval à Beyrouth ; il ne devait monter que des ânes », expliquait Cheikh Pierre, comme si ces brimades dataient de l'avant-veille. D'après les souvenirs d'un ancien ambassadeur des Etats-Unis au Liban, son besoin de se plaindre à tout un chacun du statut subalterne jadis réservé aux chrétiens était si pressant « qu'il n'y eut qu'une période très limitée, au cours de notre entretien, durant laquelle je pus aborder des points précis ». En cinquante années de vie publique, Pierre Gemayel a fait des milliers de déclarations quotidiennes à la presse de son pays, dénonçant des fléaux qui allaient des excès palestiniens à ceux de la gauche terroriste internationale et d'une cinquième colonne résolue à détruire le pacte de 1943. Il rappela à de multiples reprises qu'à l'encontre des juifs ou des Palestiniens, les maronites n'avaient jamais quitté leur terre natale, et proclama qu'ils mourraient, s'il le fallait, en luttant contre toutes les tentatives de les en chasser. C'était ce dernier argument qui faisait toujours vibrer la corde sensible chez les maronites. Cheikh Pierre exerça une influence considérable sur deux générations de chrétiens du Liban et surtout, mais pas exclusivement, sur ses frères maronites. Son message était un de ces messages rassurants que beaucoup de chrétiens ne voulaient pas énoncer eux-mêmes en public, mais qu'ils n'étaient pas fâchés de voir transmettre aux autres Libanais et particulièrement aux musulmans.

Bien que le parti phalangiste n'eût pas grand-chose pour attirer ni l'oligarchie établie, qui gouvernait effectivement le Liban avant 1975, ni les intellectuels, la liste des anciens membres du mouvement ressemble à un *Who's Who* de l'élite politique chrétienne, même si beaucoup d'entre eux ont quitté la Phalange après un séjour fort bref dans ses rangs — surtout les plus évolués que les façons autocratiques de Cheikh Pierre hérissaient. Une vieille plaisanterie libanaise explique pourquoi il n'existe pas de boutique de barbier en face du quartier général de la Phalange : « C'est parce qu'ils en partent tous avant d'avoir atteint l'âge de se raser ! » Néanmoins, la Phalange, avec son Bureau politique, son Comité central et sa structure compliquée d'organisations régionales et professionnelles, tolérait la discussion politique, sinon la démocratie, comme le revendiquaient ses défenseurs. Sa devise : « Dieu, Famille et Nation », plaisait tout particulièrement aux maronites qui avaient quitté leurs villages pour aller vivre dans les banlieues en pleine expansion de la capitale et à ceux qui étaient restés dans les montagnes, mais sans appartenir, ni être apparentés, aux vieilles et puissantes familles maronites. Pour ces déracinés, la Phalange en tant que parti avait de la *wasta*, c'est-à-dire de l'influence sur la bureaucratie souvent récalcitrante. Au niveau du village, elle était présente dans de nombreuses régions chrétiennes, sinon dans toutes.

A l'intérieur du mouvement, en dépit des apparences démocratiques, c'était Cheikh Pierre qui prenait toutes les décisions, mais il était suffisamment sagace pour promouvoir la cause du parti et de ses diverses organisations, plutôt que de compter exclusivement sur ses propres partisans, comme le firent bien des rivaux politiques, à l'origine mieux placés que lui. L'intelligence de cette tactique, ses adversaires — y compris les anciens présidents Camille Chamoun et Soleiman Franjié, ainsi que Raymond Eddé, fils de président et lui-même éternel candidat à cet honneur suprême — devaient la constater à leurs dépens.

La Phalange eut de la chance au bon moment. Avant la guerre civile, elle semblait battre très nettement de l'aile. Et puis, en avril 1975, au début des combats, les musulmans, la gauche et les Palestiniens commirent une grossière erreur en essayant d'exclure les phalangistes du gouvernement, et même carrément de la vie politique libanaise. Dès ce moment, de nombreux maronites, ainsi d'ailleurs que de nombreux chrétiens d'autres sectes, qui autrement n'auraient sans doute éprouvé pour la Phalange qu'un dédain amusé, se rallièrent à sa cause. Estimant la Chrétienté menacée, on se rua aux barricades. Durant ces premiers mois du conflit, les seules barricades de quelque importance étaient immanquablement phalangistes. « Les moins de vingt ans s'y précipitaient, se rappelle un maronite, exactement comme leurs frères aînés s'étaient entichés des billards électriques quelques années auparavant. » Selon les critères fort rudimentaires de l'époque, la Phalange était prête à lutter — non pas simplement grâce à la formation paramilitaire dispensée dans ses rangs par des membres de l'armée régulière, mais grâce aussi à son sens global de l'organisation. Fred Stokes, politologue britannique qui avait observé les phalangistes depuis de nombreuses années, fut stupéfait par leur organisation. Il alla même jusqu'à se demander si la Phalange n'était pas le plus puissant mouvement de libération nationale du Moyen-Orient et il s'inquiéta de savoir ce qu'elle comptait faire de tous les jeunes gens musclés qui la composaient.

Une fois que les combats eurent commencé, les plus puissants alliés de la Phalange furent les moines maronites qui, au sein de leur Eglise, avaient arraché le pouvoir au patriarche Antonios Boulos Khoreiche, que beaucoup considéraient comme une poule mouillée propalestinienne, né à deux pas de la frontière israélienne, bien loin du cœur de la communauté maronite. En leur double qualité de grands propriétaires terriens et d'éducateurs, les moines exerçaient sur les fidèles une grande influence, particulièrement en période de tension. Ils recueillirent de nombreuses familles chrétiennes chassées de leur région d'origine par les combats. Et leur supérieur général, le père Charbel Kassis, possédait au plus haut degré un talent fort répandu au Liban, le sens de l'investissement payant. Les ennemis des chrétiens prétendaient que c'étaient les moines qui réunissaient les fonds nécessaires pour acheter des armes. Pour reprendre la formule du chef druze, Kamal Joumblatt : « Les têtes tonsurées des moines libanais sont ceintes d'une auréole d'or. »

Les autres organisations guerrières chrétiennes ne purent jamais vraiment rivaliser avec les phalangistes. Parmi leurs principaux adversaires figurait la milice du Tigre, fondée par l'ancien président Camille Chamoun, qui, pendant la majeure partie de la guerre civile, fut ministre de l'Intérieur et puis ministre des Affaires étrangères. Né avec le siècle, Chamoun s'était tenu à l'écart de la lutte durant les premiers mois, préférant plutôt utiliser son influence politique à l'intérieur de son Parti national libéral (PNL). Au sein de ce parti, il ne partageait son pouvoir ni avec ses fils, Dory et Dany, ni avec quiconque. Il n'exerçait que le plus vague des contrôles sur sa milice débutante, souvent bien turbulente. Lorsque Chamoun lança enfin ses forces militaires dans la bataille (commandées par son fils cadet, Dany), celles-ci provoquèrent délibérément des combats — par exemple le siège de Tal Zaatar — que les phalangistes auraient préféré éviter. Certains chrétiens ont comparé les Tigres aux terroristes d'Irgun Zvi Leumi, commandés par Begin, qui, dans les années quarante, durant la guerre en Palestine, avaient serré de près le grand mouvement Palmach et contesté sa suprématie militaire et politique. « C'est nous qui avons livré les batailles, pas la Phalange, m'a confié Chamoun. Ils ne voulaient pas du siège de Tal Zaatar, mais finalement, ils ont bien été obligés d'y prendre part. Si nous avions été régulièrement approvisionnés en armes, nous aurions envahi Beyrouth-Ouest », ajouta-t-il, sous-entendant clairement qu'il aurait su mettre un terme immédiat à la guerre civile.

Le président du Liban, Soleiman Franjié, qui en 1975 voyait arriver l'expiration de son sextennat, avait certes été fort contesté, mais dans le Nord du pays, son clan et lui régnaient toujours en souverains absolus, car les minorités menacées ont tendance à changer le moins possible de chefs. Né en 1910, Franjié est le benjamin de ces politiciens chrétiens devenus seigneurs de la guerre.

Claquemurés à l'intérieur du Mont-Liban, environnés par les troupes syriennes chargées de maintenir la paix, qui étaient venues les sauver de leurs persécuteurs, les chefs chrétiens commencèrent à se chamailler entre eux. Le premier perdant fut Raymond Eddé, député courtois, qui, depuis le temps qu'il guignait la présidence, avait négligé de se procurer l'ingrédient indispensable au succès : une milice. Son mépris parfois fort sensé et toujours très tranchant envers les autres dirigeants chrétiens en fit la première cible de leur courroux. Je me rappelle avoir déjeuné avec lui, à Beyrouth-Ouest, au printemps de 1976, tandis qu'un colonel chrétien renégat, Antoine Barakat, bombardait le quartier. Les vitres de la somptueuse demeure qu'Eddé avait héritée de son père, président du Liban durant le mandat français, avaient depuis longtemps volé en éclats. Eddé fut fort amusé de me voir plonger sous la table après que plusieurs salves des hommes de Barakat eurent atterri sur les gratte-ciel voisins : « Ne vous inquiétez pas, au Levant on ne tue que le cheval, jamais le cavalier », me déclara-t-il, pour m'expliquer que normalement, on veillait à épargner les dirigeants dans le carnage général. Cet épisode, cependant, se situait avant que les séides de Béchir Gemayel ne l'eussent blessé au cours d'une embuscade, le forçant à s'exiler en France.

Rétrospectivement, la façon dont Béchir choisit d'humilier un politicien chrétien qui aurait pu être son père peut être considérée comme la première preuve concrète qu'il était en passe de devenir un homme avec qui il faudrait compter. Sa toute nouvelle autorité s'affirma plus clairement encore en juillet 1976, lorsqu'il devint le chef militaire de la Phalange, succédant à William Hawi, tué le 13 juillet, alors qu'il passait en revue les forces qui assiégeaient Tal Zaatar. Ce décès s'avéra si providentiel pour Béchir que de nombreux Libanais, dont plusieurs membres de la famille Hawi, sont restés convaincus qu'il n'y était pas étranger. (Toutefois, des porte-parole de l'OLP, qui n'ont aucune raison de blanchir Gemayel, ont affirmé qu'un de leurs tout jeunes fedayin, rescapé du siège, avait revendiqué l'assassinat d'un homme dont le signalement correspondait exactement à celui de Hawi.) Quoi qu'il en fût, Béchir ne devait plus cesser, dès lors, de s'élever. Malgré les réserves émises par son propre père, quant à la sagesse de confier un poste de cette importance à un jeune homme aussi impulsif — il faut noter d'ailleurs que Cheikh Pierre et Hawi s'étaient tous deux opposés à sa nomination au rang de commandant-adjoint — Béchir était à présent à même d'imposer sa volonté. Ni son père, ni son frère ne contestèrent vraiment ce qu'un membre influent du clergé maronite appelait, d'un ton approbateur, « sa rapacité de pouvoir ». Maintenant que la guerre faisait rage pour de bon, les politiciens perdaient la face — et le pouvoir — au profit des jeunes gens qui se battaient. Dans un univers où le droit d'aînesse en matière politique était une quasi-institution, sans la guerre civile, l'étoile de Béchir Gemayel n'aurait sans doute pas eu l'occasion de briller au firmament libanais.

Curieux destin pour un fils cadet qui ne possédait ni la grâce, ni le charme, ni les capacités intellectuelles de son frère aîné, Amine. Ceux qui ont bien connu Béchir adolescent et jeune homme le considéraient comme un être sympathique, mais plutôt insipide — mis à part, il faut le préciser, un certain penchant indépendant pour les opérations rocambolesques, marquées si possible, comme me le confia plus tard un ami professeur, par des effusions de sang.

Un beau jour, à la fin des années soixante, Béchir mit son cœur à nu devant cet ami. Tout en feuilletant un album de photos datant des jeunes années de son père, Béchir se prit à parler de son propre avenir. Il ferait son droit, il se marierait, mais son avenir politique semblait peu prometteur. Son père était encore actif, Amine l'était de plus en plus. Certes, mais la Phalange a besoin de beaucoup de sang neuf, objecta le professeur d'un ton encourageant. Le jeune homme expliqua alors que son père s'était forgé une réputation en luttant contre les musulmans et les autorités coloniales françaises. Il avait noué avec certains camarades des amitiés impérissables, fruits de nombreuses années d'activisme politique. Il était impossible de recréer des circonstances aussi spéciales, déclara Béchir d'un ton découragé, car le Liban connaissait à présent un âge d'or et aucune épreuve à surmonter ne se profilait à l'horizon.

Benjamin des six enfants Gemayel, Béchir reçut une éducation typique de la bourgeoisie maronite — au collège des jésuites à Jamhour pour ses études secondaires, puis, toujours sous les jésuites, à l'Université Saint-Joseph, pour y faire son droit. D'un physique plutôt rebutant, souffrant d'acné à vingt ans largement passés, il compensait par son application ce qui lui manquait en dons naturels. Une de ses anciennes condisciples m'a confié qu'il travaillait très dur — avec une diligence qu'il sut mettre à profit quelques années plus tard. Et, malgré sa propension à la violence, il avait des côtés charmants, une sorte de gentillesse de jeune chiot, un empressement à écouter autrui que l'on trouve souvent chez les jeunes gens sans expérience et peu sûrs d'eux, et un certain ébahissement devant le monde. Et puis, c'était quand même le fils de Cheikh Pierre, ce qui lui fut utile de bien des façons. Notamment en 1969, lorsque le ministre de l'Intérieur, Kamal Joumblatt, usa de son influence auprès de l'OLP pour obtenir sa libération. Un groupe de jeunes phalangistes, dont Béchir, s'était posté sur la route Beyrouth-Damas, au virage en épingle à cheveux de Kahhalé, et avait ouvert le feu sur un convoi palestinien qui rapportait en Syrie les corps de ses combattants morts ; en regagnant Beyrouth-Est, le petit groupe avait été capturé par des Palestiniens qui avaient arrêté la Morris 1100 de Béchir à Tal Zaatar et découvert des bérets ensanglantés dans le coffre. (Et non des têtes coupées, comme l'a prétendu un récit fantaisiste datant de la guerre civile.)

Revenu au Liban après un semestre supplémentaire d'études de droit à la Southern Methodist University de Dallas et un bref séjour dans un cabinet d'avocats à Washington, Béchir commença officiellement son apprentissage politique. Jusque-là, il avait appartenu depuis l'âge de douze ans au mouvement de jeunes de la Phalange, puis il avait joué un rôle actif dans ses importantes opérations estudiantines. A présent, sous l'égide d'un vétéran phalangiste, Jean Nader, il allait faire ses premières armes à Achrafieh, la branche la plus prestigieuse du parti à Beyrouth. Nader (qui devait périr en 1982, aux côtés de Béchir, dans les bureaux d'Achrafieh) me confia un jour qu'au début, son protégé s'était montré assez difficile : « Ce n'était pas un élève docile, m'expliqua-t-il. Il croyait pouvoir tout régler avec ses poings, mais, le temps aidant, il en est venu à comprendre qu'en politique, il ne suffit pas de se battre pour arriver à quelque chose. Il se battait avec la police, les gendarmes, dans la rue, avec n'importe qui ; et moi, je le sortais des guêpiers où il s'était fourré. Il était très impulsif. Il prenait des décisions immédiates, avait tendance à croire ses miliciens sur parole, sans rien vérifier. Mais ensuite, il a appris à accepter les critiques et je peux vous certifier qu'il n'a jamais tué personne de ses propres mains. »

Cheikh Pierre s'était élevé contre cet apprentissage à Achrafieh, convaincu que Béchir devrait plutôt commencer en province et faire son chemin tout seul jusqu'à la capitale. Béchir, chez qui le pouvoir a toujours eu un effet ambivalent, déclarait qu'il avait fait ses preuves et gravi seul tous les échelons, mais il n'oubliait pas que toutes ses déclarations concernant la nécessité d'une méritocratie dans un Liban régénéré, débarrassé de sa fonction publique sclérosée, fondée sur les quotas religieux, où il serait personnellement aux commandes, découlaient du fait qu'il était le fils de son père. Béchir et Amine souffrirent tous les deux de l'obstruction de leur père, lequel craignait surtout que la Phalange ne montrât par trop son véritable visage — celui d'une organisation destinée à servir les ambitions de la famille Gemayel — et que sa propre gestion ne fût contestée par ses deux ambitieux de fils. Tout au long de sa carrière, Béchir fut obligé de manœuvrer pour faire échec à des rivalités familiales — car Amine, lui aussi, s'opposait très souvent aux emportements de son jeune frère. D'une certaine façon, d'ailleurs, cette lutte fraternelle constituait pour les ambitions de Béchir un danger beaucoup plus sérieux que celle qui l'opposait à ses adversaires politiques officiels parmi les musulmans, les gauchistes, les Palestiniens ou même les autres politiciens maronites conservateurs.

Du propre aveu de Béchir Gemayel, chez lui la part de réussite qui n'était liée ni à sa naissance, ni à la guerre civile, était le résultat d'un travail acharné. Sa fidèle et joviale secrétaire, Isis, avait toujours sur son bureau une boîte remplie de chocolats Mars, car elle savait que son patron préférait en avaler quelques-uns plutôt que d'aller perdre son temps dans les copieux déjeuners qui faisaient partie intégrante de la tradition politique libanaise. Les autres dirigeants chrétiens jouaient à la politique, ou à la guerre, mais Béchir, lui, travaillait, encore et toujours, d'arrache-pied, souvent des quinze heures par jour. Tout en remplissant les corvées habituelles de la vie du politicien moyen, les mariages, baptêmes, enterrements et requiems, auxquels il ne pouvait se soustraire, Béchir prit une décision tout bonnement géniale. Au lieu de tenter de prendre le pouvoir à l'intérieur de la Phalange — où son père et son frère et leurs amis étaient solidement implantés — il créa sa propre organisation.

Sur le papier, les Forces libanaises avaient été mises sur pied au printemps de 1976, pour coordonner l'effort de guerre chrétien. Elles regroupaient les milices de la Phalange, du Parti national libanais (PNL) et de deux autres organisations beaucoup plus petites (incorporées en 1980), les Gardiens des Cèdres, groupuscule ultranationaliste et antipalestinien, proche des moines ; et Tanzim (qui en arabe signifie l' « organisation »), composée de membres des professions libérales — médecins, avocats, ingénieurs. Ce fut Béchir, en fait, qui façonna les Forces libanaises, surtout après la fin officielle de la guerre civile, en novembre 1976, où s'instaura une période de calme relatif, grâce à la présence sur le sol libanais de troupes syriennes pro-chrétiennes, chargées de maintenir la paix. A l'intérieur des Forces libanaises, Béchir veillait à l'avancement de ses propres jeunes lieutenants, souvent âgés de moins de vingt-cinq ans, qui dans certains cas n'avaient aucun lien officiel avec la Phalange.

Il ne fut jamais qu'un observateur aux délibérations du Bureau politique de la Phalange et il se dispensait souvent d'assister aux séances jadis sacro-saintes du lundi matin, qui commençaient à onze heures précises. Théoriquement, les trois quarts de ses hommes environ étaient des phalangistes, mais ils ne rendaient au parti qu'un hommage de pure forme. Tout en veillant soigneusement à laisser intacte la structure extérieure, Béchir et ses conseillers la vidèrent efficacement de sa substance. A mesure que les Forces libanaises prenaient forme, que les milices du temps de guerre, souvent anarchiques, se fondaient en un tout homogène et apparemment discipliné, comparable à une véritable armée régulière, c'étaient les hommes de Béchir que l'on voyait apparaître au premier plan, pas ceux du parti de son père, ni de son frère. (Vers la fin de 1981, Béchir profita d'un séjour d'Amine en Europe pour désarmer sa milice personnelle dans le Meten.) Malgré la mythologie maronite, qui voudrait faire de tout combattant maronite un vaillant montagnard recruté dans un village reculé, il est certain que beaucoup des hommes de Béchir sortaient des banlieues ouvrières de Beyrouth. Un autre groupe important rassemblait des chrétiens chassés de chez eux par les combats ou qui, de leur propre chef, avaient gagné la forteresse du Marounistan et juré de continuer la lutte jusqu'à ce qu'ils pussent regagner leurs foyers. Les deux groupes étaient faits de déracinés, les premiers coupés de leurs racines spirituelles dans les montagnes, les seconds physiquement empêchés de retourner chez eux.

Dès 1978, Béchir était prêt à agir de façon totalement indépendante — et il le montra en se livrant à l'un de ces accès de violence extrêmement risqués dont il était si coutumier.

***

Sur la centaine d'hommes utilisés pour cette opération, une poignée seulement en connaissait d'avance la cible, mais l'attaque sur trois fronts contre la ville d'Ehdene, dans les montagnes situées au nord du Liban, commença néanmoins sans ennuis techniques, peu après quatre heures du matin, le 13 juin 1978. Sur la route de Bécharré, à l'est, une force de diversion servit à éloigner la plupart des défenseurs de l'édifice qui servait de palais d'été sous la présidence de Soleiman Franjié. Sur la route de Zghorta, capitale des Franjié, située à une vingtaine de kilomètres de là, au nord-ouest, en bas d'une route de montagne en lacet, les attaquants tendirent une embuscade aux renforts alertés par les premiers bruits du combat et les tuèrent. La force principale partit à l'assaut du palais proprement dit. En moins d'un quart d'heure, toute résistance aux hommes de Béchir avait cessé. A l'intérieur des murs pourtant épais de l'édifice, il ne restait plus que des cadavres (ce qui n'avait rien d'étonnant, étant donné les projectiles utilisés). Gisant à terre, dans les vêtements de nuit qu'ils n'avaient même pas eu le temps de quitter, les assaillants découvrirent Tony Franjié, trente-six ans ; sa femme Véra, trente-deux ans ; leur fille Jehane, tout juste trois ans ; la femme de chambre, le chauffeur — et le chien.

Comme bien souvent au Liban, l'affaire avait mal tourné. Jusqu'à quel point, c'était encore à voir, c'était même le sujet d'interminables et nébuleuses supputations. Béchir devait jurer par la suite qu'il ignorait absolument que Tony se trouvait à Ehdene lorsqu'il avait déclenché son opération contre le palais. Il s'avéra que la Range Rover de Franjié était tombée en panne, ce qui l'avait empêché de regagner Zghorta dans la journée du 12, avec sa famille, comme il en avait eu l'intention. Mais cette panne était-elle vraiment accidentelle ? Tout en fournissant des versions divergentes quant à l'objectif de ce raid, ni Béchir ni le commandant à qui il en avait confié l'exécution n'admirent qu'ils avaient projeté de tuer Tony et encore bien moins sa famille. Pourtant, les raisons avancées par Béchir et ses hommes pour justifier l'opération contre Ehdene ne sonnaient pas de façon très convaincante aux oreilles des Libanais, *à moins* que le chef des Forces libanaises n'eût espéré éliminer son plus sérieux rival parmi la jeune génération des seigneurs de la guerre. (Quelques années plus tard, un des membres du commando confia à un ami que Gemayel avait annoncé avant l'attaque à son groupe d'assaut que son objectif était la disparition de Tony Franjié.)

Trente-neuf mois exactement, jour pour jour, après le début de la guerre de 1975 qui avait opposé les milices chrétiennes aux Palestiniens, musulmans et gauchistes, le camp chrétien succombait à son tour à la violence et à l'anarchie qu'il avait si souvent, et de façon si méprisante, condamnées chez ses adversaires. Là-dessus, en tout cas, il n'y avait pas à se tromper.

Aux yeux des Franjié, le massacre d'Ehdene, qui coûta la vie à trente-quatre personnes — soit la moitié des pertes qu'ils avaient subies en tout durant la guerre civile —, comportait deux éléments d'une suprême importance. Dans les montagnes, longtemps inaccessibles, du Nord-Liban, la mort violente des sous-fifres ne comptait guère et les femmes de Zghorta passaient une bonne partie de leur vie à porter le deuil de leurs hommes en lutte, victimes de sanglantes vendettas. Mais, en l'occurrence, c'était Tony qui était mort. Et ça, c'était très important. Il était heureux, cependant, dans ce malheur, qu'il fût tombé selon la grande tradition du Nord-Liban, en se précipitant instinctivement vers la cuisine qui lui aurait offert le meilleur champ de tir. Jusqu'à l'explosion de la grenade qui les tua, lui et les siens, Tony bey avait rendu coup pour coup à ses assaillants, comme il avait été dressé à le faire depuis son enfance, lorsque son père lui avait appris à tirer sur des pièces de monnaie lancées en l'air.

Un « sacrilège » : tel fut le terme que choisit d'employer, plus de deux ans après, lors d'un déjeuner dans la maison de son père à Zghorta, Lamia Daddah, l'aînée des trois sœurs de Tony, pour me décrire cet assassinat. Tout en buvant à petites gorgées une bière en boîte américaine, elle m'expliqua que c'était un sacrilège que de perdre ainsi l'héritier en titre du clan, membre de l'Assemblée nationale, ancien ministre, commandant de l'Armée de libération de Zghorta, le fils aîné de la famille, dont on avait avancé le nom pour les prochaines élections présidentielles. Et plus sacrilège encore était le fait que ce crime eût été perpétré jusque dans le fief des Franjié, dans leur résidence d'été de la vallée de la Qadicha, cette forteresse, ce refuge des maronites depuis un millénaire, ce symbole d'un christianisme inébranlable au milieu de ce qui apparaissait comme l'océan islamique.

« Nous croyons que le sacrilège est puni », annonça-t-elle, me débitant cette pieuse réflexion chrétienne avec l'assurance de ceux qui trempent depuis toujours dans les traditions de vendetta familiale. D'ailleurs, c'était justement parce qu'il était le prodrome de nouvelles violences que le massacre d'Ehdene troublait énormément les Libanais. La cynique mise en garde de Talleyrand, « pire qu'un crime, une erreur », vint à l'esprit de tous ceux qui étaient imprégnés de culture française. Le début de cette « première guerre maronite » aggravait la situation de *tous* les chrétiens du pays — ainsi d'ailleurs que celle des musulmans. Aux yeux des Libanais, les principaux bénéficiaires de la tuerie — et peut-être d'ailleurs ses instigateurs — étaient Israël et la Syrie, qui avaient l'un comme l'autre, mais chacun pour ses propres raisons, tout intérêt à maintenir le Liban ravagé en état de perdition. Cette manie de soupçonner automatiquement des puissances étrangères d'être intervenues dans les affaires libanaises était issue de plusieurs siècles de domination venue d'ailleurs.

Béchir Gemayel lui-même, qui d'habitude avait pourtant son franc-parler, jugea d'abord préférable de se dissocier du meurtre de son principal rival. Deux jours après l'événement, il reconnut que certains de ses miliciens — agissant « sur leur propre initiative » et en collaboration avec « d'autres éléments » non identifiés — étaient responsables du massacre d'Ehdene. Cependant, ce n'était pas son conseil de guerre qui avait ordonné cette « très regrettable » opération et Béchir assura à la presse qu'il y aurait une « enquête » et que des « mesures disciplinaires » seraient prises à l'encontre des coupables. Ces faux-fuyants embarrassés ne trompèrent personne chez un peuple habitué au besoin maladif qui poussait ses dirigeants à masquer sous de belles paroles de bien vilaines actions. Les Libanais ne se faisaient aucune illusion sur la valeur des promesses de punir les coupables, faites par les diverses milices. De toute façon, les tribunaux du pays avaient depuis longtemps cessé de juger les affaires criminelles. Les demi-vérités que contenait la déclaration de Béchir n'étaient pas plus flagrantes que celles débitées par des dizaines d'autres seigneurs de la guerre — encore que certains Libanais anticléricaux prétendissent que ses propos trahissaient l'influence d'une éducation entièrement confiée aux jésuites. En fait, il s'efforçait d'apaiser ainsi ses propres fidèles, désorientés, tout autant que le grand public. Non seulement il n'était pas parvenu à conserver la moindre enclave dans le Nord, traditionnelle place forte maronite, mais encore il avait jeté ses rivaux dans les bras de la Syrie, dont les troupes occupèrent dès lors une bonne partie du territoire chrétien. Par cette gaffe monumentale, les maronites, convaincus qu'ils devraient gouverner le pays *tout entier,* en étaient à présent réduits à gouverner moins d'un dixième de sa superficie et moins de la moitié de sa minorité chrétienne.

La véritable raison de l'affaire d'Ehdene remontait à certains événements survenus durant la guerre civile, lorsque les habitants du Nord-Liban, toujours soumis à un régime féodal, mais fondamentalement pro-arabes, s'étaient vus dans l'obligation d'appeler les phalangistes à leur secours contre les musulmans. Jusque-là, ils n'avaient que mépris pour le parti de Cheikh Pierre, à cause de sa fascination pour l'Occident et de son rejet concomitant de la culture arabe, et l'on peut dire qu'avant la guerre civile, la Phalange n'avait guère eu d'influence à Zghorta. Après la guerre, cependant, les phalangistes s'incrustèrent dans le Nord, attirant de nouvelles recrues, s'immisçant par la force dans les rackets locaux, notamment des affaires de ciment et de toiture, sur la côte, à Chekka. La réaction des nordiques avait été aussi brutale que traditionnelle. A la fin du printemps 1978, les phalangistes perdaient plusieurs hommes par jour, abattus par la Marada, ou « Brigade des Géants », milice du clan Franjié. Commandées par Tony en personne, ces forces armées de Zghorta étaient bien résolues à chasser de leur domaine les intrus méridionaux.

Dans les boulangeries, les stations-service, les pharmacies, on refusait de servir les phalangistes autochtones et les commerçants qui ne voulaient pas respecter la liste noire fournie par les Franjié pouvaient s'estimer heureux s'ils s'en tiraient simplement avec un magasin dynamité.

Une série d'entretiens entre les principaux protagonistes, organisée sous l'égide du patriarche maronite, dans son palais de Bkerké, ne déboucha pas sur la réconciliation espérée. A la fin de leur dernière entrevue, Béchir déclara à Tony que le féodalisme du Nord-Liban avait vécu. A quoi le fils de l'ancien président aurait rétorqué : « Mets seulement un pied au nord de Jounieh, et nous nous chargerons de te le briser. » Au début de juin, Joud Bayeh, directeur à Zghorta de la succursale d'une banque de Beyrouth et chef de la Phalange dans cette ville, fut assassiné. Béchir Gemayel prétendit par la suite que le président Franjié n'avait pas voulu que Bayeh fût enterré à Zghorta avec les sacrements de l'Eglise et il est certain que tous les prêtres de la ville refusèrent de célébrer un service religieux à la mémoire de la victime qui fut finalement ensevelie par son père et son fils. Béchir décida donc de répliquer avant que les Franjié n'eussent totalement miné sa crédibilité dans le Nord. Déjà les Franjié et les autres chefs de clan de la région, qui étaient leurs alliés, avaient renoué des relations avec leurs récents ennemis, les musulmans du port de Tripoli, lesquels, en des temps plus calmes, avaient été maintenus dans le droit chemin par des gorilles armés venus de Zghorta. (En mai, Soleiman Franjié avait cessé d'assister aux réunions du Front libanais, un groupe de dirigeants maronites résolus à affronter les anciens alliés syriens, avec l'aide et les encouragements d'Israël.) Les Franjié étaient si désireux de barrer tout accès aux Gemayel que le bruit courut qu'ils étaient sur le point de négocier avec la Syrie pour obtenir d'elle une protection militaire accrue dans le Nord du pays.

L'instrument choisi par Béchir fut un garçon de vingt-six ans, Samir Geagea, fils de policier, viscéralement hostile à la politique de clans qu'incarnaient les Franjié et natif en outre de Bécharré, la grande rivale de Zghorta dans les querelles ancestrales. Au début de juin, Béchir vint arracher ce jeune homme cultivé, réfléchi, doté d'une âme révolutionnaire à sa dernière année d'internat à l'hôpital de l'Université américaine de Beyrouth : « le Docteur » demanda, et reçut, carte blanche ; selon ses dires, seuls Béchir et quelques membres du conseil de guerre étaient au courant de sa mission. (Beaucoup de Libanais considèrent cette déclaration comme une tentative intéressée d'éviter d'impliquer la direction du parti phalangiste dans l'affaire.)

Béchir soutint que l'objectif d'Ehdene était tout simplement d' « arrêter » les assassins de Bayeh, qui, d'après les rapports de ses services de renseignements, se trouvaient dans le palais. Le but de l'opération était donc d'humilier les Franjié en organisant un raid audacieux contre leur résidence, au moment même où ils s'apprêtaient à venir y passer l'été.

Geagea, cependant, a précisé que son projet à lui était plus ambitieux. Il était résolu à s'emparer d'Ehdene et à s'y maintenir jusqu'à ce que les Franjié eussent évacué Chekka, où se trouvaient leurs affaires de ciment et de toiture. Les Franjié, convaincus que les forces de Geagea étaient en route pour Chekka, y avaient expédié un nombre de partisans considérable, tout comme les hommes du « Docteur » étaient eux aussi persuadés, à l'exception de deux ou trois, que Chekka était effectivement leur cible. (Les opérations de racket à Chekka représentaient une source de revenus fort lucrative pour la milice qui parvenait à contrôler la production et, au cours des semaines précédentes, des douzaines de miliciens rivaux étaient morts pour tenter d'obtenir le privilège de les monopoliser. Comme si souvent au Liban, on vénérait à la fois Dieu et Mammon — ou plutôt Baal, comme auraient dit les Phéniciens.) Geagea admit que son plan ne valait pas grand-chose — il ne disposait pas d'un nombre d'hommes suffisant — mais « il n'y en avait pas d'autre ». Béchir était si vivement pressé sur d'autres fronts qu'il ne pouvait lui fournir de troupes supplémentaires.

Ayant rassemblé ses effectifs à Qnat, village situé à la lisière méridionale de la Qadicha, Geagea expédia ses hommes vers leurs positions respectives par des chemins détournés et, juste avant quatre heures du matin, lui-même se trouvait à pied d'œuvre devant Ehdene. La principale force d'assaut se déchaîna évidemment en premier lieu contre le palais qui était à la fois le symbole du prestige des Franjié, leur centre de communication et leur arsenal. « Quelqu'un tirait à l'intérieur et nous avons répondu. Lorsque nous sommes entrés dans la maison, nous avons vu Tony et sa famille — morts, s'est rappelé Geagea. Mais, de toute façon, il ne pouvait manquer de se faire tuer, un jour ou l'autre. »

Durant le bref combat, Geagea fut sérieusement touché à l'épaule et perdit connaissance ; son suppléant écourta la mission. La retraite s'avéra difficile. Il y avait des barrages syriens plein les routes et des avions syriens poursuivaient et mitraillaient les assaillants. La milice des Franjié était sur le pied de guerre. Beaucoup des hommes de Gemayel durent se cacher jusqu'à la tombée de la nuit, avant de regagner subrepticement leurs lignes, à pied. Geagea considère qu'ils eurent de la chance de ne perdre, en tout et pour tout, que sept hommes ; ils le durent en grande partie à l'aide de leurs guides, des autochtones qui connaissaient à fond le terrain et permirent aux assaillants, originaires pour la plupart des banlieues de Beyrouth, de se sortir d'affaire. Lorsqu'il revint à lui, à l'Hôtel-Dieu de Beyrouth-Est, en fin d'après-midi, Geagea trouva Béchir à son chevet : « La situation n'est pas catastrophique, mais l'opération n'a pas marché comme nous l'avions prévu », annonça celui-ci.

Cette façon de minimiser les choses, qui n'était pas du tout habituelle à Béchir, trahissait son isolement. Tout le monde s'accordait à le condamner. Aux ennemis traditionnels, Palestiniens, gauchistes et autres musulmans, s'ajoutaient à présent des chrétiens et même des maronites qui avaient combattu sous son drapeau durant la guerre civile et dont il venait de s'aliéner le soutien. Ces chrétiens-là, en effet, ne voulaient pas entendre parler de luttes intestines dans leur camp, surtout lorsqu'elles se soldaient par le meurtre de la femme et de la fillette d'un rival politique. Certes, on trouvait dans l'histoire libanaise d'autres exemples de rivalités et de trahisons au sein de la communauté maronite, mais le besoin d'unité durant la guerre civile avait, dans une large mesure, masqué les différends qui existaient entre ses grandes familles politiques et militaires — les Chamoun, les Franjié et les Gemayel. A présent, l'opération d'Ehdene avait compromis la puissance et l'efficacité du projet — de la menace même — des extrémistes maronites, désireux de fonder un Etat purement chrétien, débarrassé des encombrants Palestiniens et musulmans.

D'ailleurs, la tuerie d'Ehdene ne réjouissait même pas forcément la propre famille de Béchir, n'en déplaise aux amateurs de folklore politique qui assuraient que le trio Gemayel fonctionnait selon une stricte répartition des tâches : Cheikh Pierre, tout auréolé de sa vertu de père à principes, intègre quoique un peu fruste, et de fondateur du parti phalangiste ; Amine, le fils aîné, député, modéré sur le plan politique, homme d'affaires avisé, qui s'opposait souvent à son cadet ; Béchir, enfin, le chef militaire, charismatique et résolu, même s'il était trop impulsif. Se fiant à cette vision quelque peu simpliste, beaucoup de Libanais avaient tendance à croire que ces apparentes différences entre les trois hommes étaient fabriquées de toutes pièces, pour impressionner la galerie, et n'existaient pas en réalité. Pourtant, Amine ne cacha pas à quel point il désapprouvait le raid d'Ehdene — ainsi d'ailleurs que beaucoup d'autres entreprises de Béchir. Un vétéran de la Phalange, avec quarante années de militantisme derrière lui, ne pensait pas que ce dernier eût consulté ni père, ni frère avant d'agir : « Cheikh Pierre était fou de rage, ulcéré, touché au vif par les excès d'Ehdene. En tant que père, m'a-t-il expliqué, il s'est cru obligé de parer aux critiques, mais cette opération a effectivement marqué la fin de ses efforts pour réaffirmer son autorité, face à la contestation croissante incarnée par Béchir. Il faisait des scènes, accusait Béchir d'avoir violé les principes phalangistes, mais c'est un homme qui souffre d'une grave artériosclérose et, malgré toutes ses appréhensions, il a fini par se résigner à voir Béchir prendre le commandement. » Toutefois, quiconque avait entendu Béchir Gemayel en déférer respectueusement à son père sur toutes les questions, grandes ou petites, n'était pas si sûr que Cheikh Pierre eût été totalement ignorant de ce qui s'était passé. Personne ne niait, en tout cas, que la façon dont Béchir avait manipulé les Forces libanaises lui avait effectivement assuré une base séparée sur laquelle asseoir son pouvoir.

Aux yeux du monde extérieur, le massacre d'Ehdene sembla consacrer l'ascendant pris par Béchir à l'intérieur du ghetto chrétien, brusquement rétréci, et aussi de sa propre famille. L'analyse qui cerne au plus près la réalité est peut-être celle d'un des conseillers de la Phalange : « Béchir a eu l'intelligence d'y aller en force, devinant que son père ne voudrait rien savoir, parce que s'il savait, il se croirait obligé de crier, de tempêter, m'a-t-il expliqué. Mais en fin de compte, Cheikh Pierre a toujours protégé Béchir, toujours. » Pourtant, le coup de main d'Ehdene révéla aussi la vulnérabilité de Béchir, celle d'un joueur invétéré qui s'obstine à relancer la partie, tout en sachant que finalement la chance l'abandonnera. « Je ne voudrais pas l'assurer sur la vie, fit remarquer un diplomate américain au lendemain d'Ehdene. Il vient de signer son arrêt de mort, avec cette opération. »

Comme toujours, Béchir crut bon de donner dans le stoïcisme grandiloquent, déclarant que même si lui devait mourir, le parti fondé et organisé par son père continuerait, alors que les Franjié, eux, étaient en bout de course. Il expliqua qu'après quarante années passées à lutter pour imposer leur hégémonie d'abord à Zghorta, puis dans le pays entier, les Franjié avaient déjà été sur le déclin durant la présidence fort contestée de Soleiman. D'ailleurs, beaucoup de Libanais accusaient ce dernier d'avoir exacerbé la guerre civile.

Pourtant, le climat qui régnait à Zghorta n'aurait pas dû inciter Béchir à l'optimisme. En regagnant le Nord-Liban depuis Beyrouth, Lamia Daddah s'était rabattue sur les traditions de leur pays pour annoncer la nouvelle du massacre à son neveu de treize ans, Soleiman, le fils de Tony.

« Soleiman, commença-t-elle, tu te rappelles notre chien à Ehdene ? Il a été tué.

— Par qui ? demanda l'enfant.

— Par les phalangistes.

— Est-ce qu'il a pu en mordre beaucoup avant de mourir ?

— Peut-être, répondit sa tante. Soleiman, tu te rappelles Fadwa, la femme de chambre à Ehdene ? Elle a été tuée, elle aussi.

— Par qui ?

— Par les phalangistes, répondit Lamia.

— N'étant qu'une femme, elle n'a sûrement pas pu se défendre, déclara le jeune garçon.

— Non, convint Lamia. Surtout qu'on lui a tiré dans le dos. »

A l'approche de Zghorta, elle reprit : « Soleiman, tu es adulte à présent, tu es un homme. »

Pressentant la vérité, l'enfant lui coupa la parole : « Ils ont tué mon père, hein ?

— Oui.

— Je suis sûr qu'il s'est bien battu, dit Soleiman. Il a tué beaucoup de phalangistes ? »

L'ancien président, dont le jeune garçon portait le nom, avait lui-même sur la conscience, selon la rumeur publique, quelque sept cents vies humaines, même si « personne ne pouvait rien prouver », pour reprendre la formule d'un parent admiratif. Surnommé « le Sphinx », en raison de son dédain très étudié pour les banalités de la conversation, le vieux Soleiman Franjié affectionnait le style « mafioso », depuis les années quarante, où il était devenu homme de main et agent électoral de son frère aîné, Hamid, plus raffiné. Alors que ce dernier déployait toute la suavité d'un député, ministre et candidat à la présidence de la République, Soleiman occupait un poste subalterne chez un fournisseur de navires de Beyrouth, franchissant deux fois par jour, dans une vieille Mercedes 170, les quatre-vingts kilomètres de route encombrée qui serpentaient entre la capitale et Tripoli, où il vivait, parce qu'il n'avait pas les moyens de s'offrir une chambre d'hôtel à Beyrouth. Fidèle aux coutumes de Zghorta, il veillait à ce qu'une fois par mois environ un tueur abattît ostensiblement un musulman tripolitain, pour rappeler à ceux qui l'auraient oublié qui tirait les ficelles. Selon certains bruits qui couraient dans la famille, Hamid aurait reproché à son frère de lui avoir coûté, par sa conduite irresponsable, la présidence aux élections de 1952, remportées par Camille Chamoun.

Ce dernier, qui aurait bien voulu rempiler pour un second mandat présidentiel, pourtant interdit par la Constitution, était bien décidé à discréditer son principal adversaire à l'approche des élections de 1958. L'année précédente, par conséquent, il gagna à sa cause le père Semaan Douaihi, un prêtre épicurien, sensible murmurait-on aux charmes de l'argent et des belles personnes, étant issu d'une des cinq plus grandes familles de Zghorta. Grâce à l'appui de Chamoun, le père Douaihi gravit les échelons ecclésiastiques plus vite que certains membres moins actifs de sa famille, à qui leur âge donnait cependant la préséance sur lui. Au cours d'un grave incident, que les Franjié, aujourd'hui encore, attribuent aux machinations de Chamoun — et dont le père Douaihi refuse purement et simplement de parler — les clans Franjié et Douaihi se livrèrent un véritable pugilat qui dégénéra assez vite en fusillade.

L'incident eut lieu dans l'église de la petite ville de Miziara, où l'on célébrait un requiem à la mémoire d'un paroissien disparu, partisan des Franjié. Ces derniers décrétèrent que les Douaihi n'avaient pas à y assister, bien que ce genre de cérémonie fît partie intégrante des devoirs d'un candidat aux élections. Il n'existe pas deux versions identiques de l'échauffourée. La fusillade commença lorsque Soleiman Franjié arriva avec ses hommes et se prit de querelle avec les Douaihi. Ceux-ci étaient plus nombreux à l'extérieur de l'église, les Franjié à l'intérieur. Les Douaihi envahirent l'édifice, mais il fallut quelques secondes cruciales pour que les yeux s'adaptent à la pénombre et les Franjié en profitèrent. Certains témoins ont prétendu que Soleiman et le père Douaihi avaient tous deux fait parler la poudre. Personne n'a nié qu'ils fussent armés, l'un et l'autre, mais la cadette de Franjié, Sonia Racy, m'a confié que son père n'avait pas tiré une seule fois. Il s'était borné à diriger les opérations, derrière un pilier, bien protégé par ses lieutenants : « Si quelque chose nous arrive à nous, ce n'est pas grave, mais si ça vous arrive à vous, nous sommes perdus », lui aurait déclaré un partisan, d'après les souvenirs de Sonia. En tout cas, on assure que ce furent les Franjié qui sortirent vainqueurs. D'après Sonia, le père Douaihi fut capturé et désarmé dans la sacristie par un partisan des Franjié qui voulait l'abattre, mais Soleiman l'en dissuada : « Rappelle-toi qu'il porte une soutane », aurait-il dit. L'affaire fit plus de vingt victimes — des partisans Douaihi, pour la plupart, mais aussi une bonne poignée des hommes de Franjié et plusieurs innocents paroissiens, parmi lesquels des femmes et des enfants. En arrivant aux abords de Miziara, Hamid Franjié, alerté par des coups de feu, regagna Tripoli en toute hâte.

Aux yeux de Sonia Racy, et de tout Zghorta, la complicité secrète de Chamoun dans cette affaire fut amplement prouvée par le fait qu'il émit instantanément quarante-six mandats d'arrêt contre Soleiman Franjié et ses acolytes (dont un jeune homme qui se trouvait depuis des mois dans un séminaire assez éloigné, où il se préparait à entrer dans les ordres). Soleiman et ses hommes s'enfuirent jusqu'en Syrie, où ils furent logés, au frais du gouvernement syrien, dans un hôtel du port de Latakia. (Ce fut, a-t-on dit, lors de ces mois d'exil que Soleiman fit la connaissance de deux jeunes officiers syriens, Hafez et Rifaat Assad, qui devaient devenir ensuite respectivement président de la République et commandant de la garde prétorienne de leur pays, mais aussi partenaires diligents des Franjié, père et fils, dans un certain nombre d'affaires de marché noir, fort lucratives.)

A quelques mois, à peine, de l'incident de Miziara, Hamid Franjié fut victime d'une attaque d'hémiplégie qui sonna le glas de sa carrière politique. Celle de Soleiman pouvait commencer pour de bon. Gracié dix-huit mois après la tuerie, il regagna Zghorta où il jouissait du respect universel que lui avait valu son comportement doublement vaillant : normalement, en effet, le *zaim,* ou chef, tuait lui-même ou — plus couramment — ordonnait à ses sbires d'abattre ses ennemis ; à Miziara, cependant, Soleiman avait fait l'un et l'autre, du moins l'assurait-on. Il succéda à son frère au parlement libanais et fut choisi, de temps en temps, comme ministre sans éclat dans divers gouvernements.

Brusquement, moins d'un mois avant les élections présidentielles de 1970, un assemblage assez hétéroclite de personnages qui opéraient dans les coulisses du pouvoir et qui étaient bien décidés à faire mordre la poussière au candidat présenté par le régime sortant, Elias Sarkis, s'empara de Soleiman. Après deux sextennats durant lesquels le gouvernement s'était efforcé par tous les moyens de rabattre leur caquet aux traditionnels groupements d'intérêts, ceux-ci s'étaient mis, à la dernière minute, en quête d'un candidat miracle. Dans les bureaux de Ghassan Tuéni, directeur d'*An Nahar,* le journal le plus prestigieux, peut-être, du monde arabe, le projet Franjié fut soigneusment élaboré, après quoi on se chargea de le faire adopter aux Eddé, Gemayel, Chamoun, Joumblatt, Salam et autres dynasties politiques qui s'étaient illustrées depuis l'indépendance du Liban. Soleiman Franjié s'engageait à rendre leur pouvoir à ces grandes familles, à démanteler le 2e Bureau, cette toute-puissante organisation militaire de renseignements qui, depuis douze ans, tirait les ficelles au Liban, à combattre l'influence croissante des Palestiniens et à imposer la loi et l'ordre à une société de plus en plus indisciplinée. On le présenta comme le candidat idéal. Sa réputation de chef de clan nordique, de « parrain » de la montagne, à qui on ne la faisait pas, fut brandie comme la preuve de toutes ces excellentes qualités. Ces arguments furent encore renforcés par la présence d'une quantité de partisans armés jusqu'aux dents — ces hommes, dont le nombre fut estimé à quelque quatre ou six mille, étaient en majorité des membres du clan — qui se rendirent en masse à Beyrouth, le 17 août, pour veiller à ce que les quatre-vingt-dix-neuf députés fissent bon accueil à leur candidat. Un capitaine de gendarmerie favorable à la cause Franjié introduisit subrepticement cinq hommes armés, venus de Zghorta, dans l'enceinte parlementaire, où les gardes du corps du président de l'Assemblée, Sabri Hamadeh, les dévisagèrent avec méfiance.

Après deux tours, ni l'un ni l'autre des deux candidats les mieux placés n'avaient obtenu la majorité requise. On commença un troisième tour. Avant de voter, chaque député débitait quelques compliments fleuris pour justifier son choix — et surtout la prime à laquelle ces messages codés de façon fort compliquée (appelés « clefs électorales ») lui donnaient droit. Il y eut cinquante voix pour Franjié, contre quarante-neuf pour Sarkis. Le président de l'Assemblée, qui soutenait la candidature de ce dernier, annonça qu'on allait procéder à un quatrième tour, puisque aucun des deux candidats restant en lice n'avait obtenu la majorité absolue, qui était, décréta-t-il, de cinquante et une voix. Dehors, dans la rue, les partisans de Franjié commencèrent à tirer en l'air, convaincus que leur chef avait gagné. A l'intérieur du bâtiment, pendant ce temps, Franjié, qui était armé, se précipita vers Hamadeh en hurlant : « Je ne me laisserai pas faire comme ça ! » Les fils du président de l'Assemblée faisaient le coup de poing avec le père Douaihi (passé à présent dans le camp Franjié, leur différend antérieur ayant été pardonné, sinon oublié). Les gardes du corps d'Hamadeh se rapprochèrent pour le protéger, mitraillette au poing. Les hommes de Franjié avaient sorti leurs revolvers et les tenaient en joue. Hamadeh se réfugia dans ses bureaux, d'où il téléphona au président de la République, Charles Hélou, pour lui demander conseil : « Les renseignements dont je dispose m'autorisent à vous dire que si vous persistez dans votre décision, il n'y aura pas un seul survivant dans l'enceinte parlementaire, annonça Hélou. Faites ce qu'il faut pour éviter la destruction du pays tout entier. »

Il n'y eut pas de quatrième tour. Franjié fut déclaré élu.

Le Liban du Pacte national de 1943 devait survivre encore cinq ans ou presque. Certains Libanais, quelques-uns chrétiens, mais surtout des musulmans, assurent qu'aussi bien avant qu'après la guerre civile de 1975-1976, Soleiman Franjié accéléra le processus de désintégration, en imposant un régime étroit d'esprit, corrompu et inefficace. D'autres fustigent plutôt ceux qui s'étaient acharnés à le faire élire. Cependant, de l'avis général, la mort de Tony fit ressortir chez son père toutes les qualités du chef de clan nordique.

Tout au long de la cruelle cérémonie funèbre, le chef vieillissant (il avait alors soixante-huit ans), assis dans son fauteuil, la tête dans les mains, ne trahit qu'à un seul moment son émotion, en essuyant brièvement quelques larmes. Moins d'un mois après avoir été hospitalisé, victime d'une crise cardiaque, l'ancien président, frêle silhouette à la chevelure en bataille, reçut personnellement tous les visiteurs de marque qui étaient venus lui présenter leurs condoléances. Les rues de Zghorta, grouillantes de monde car, malgré la chaleur, des dizaines de milliers de sympathisants avaient tenu à venir, étaient ornées de drapeaux noirs et d'immenses photos de Tony, avec sa femme et sa fille. Soleiman et sa famille portaient des vêtements clairs, car, à Zghorta, la tradition n'autorisait le port du deuil qu'une fois la victime vengée.

Le patriarche maronite, Antonios Boulos Khoreiche, célébra la messe de requiem, à laquelle assistèrent le nonce apostolique, l'ambassadeur de France, le frère du président Assad, divers hauts dignitaires des Eglises catholique et orthodoxe grecque, le général Victor Khoury, commandant en chef de l'armée, le père Charbel Kassis, supérieur général du puissant ordre des moines maronites et de nombreuses autres notabilités. Franjié avait à ses côtés son petit-fils, l'autre Soleiman, qui portait, comme des milliers d'autres enfants de Zghorta, un tee-shirt blanc à l'effigie de son père. A l'intérieur et à l'extérieur de l'église de la Sainte-Vierge, vieil édifice du xve siècle, presque dépourvu de fenêtres et dont les portes sont barrées par des sortes de murets de protection, destinés initialement à empêcher les cavaliers musulmans d'y pénétrer à cheval, les pleureuses ululaient. Samir Franjié, le plus jeune des fils d'Hamid, brebis galeuse de la famille en raison de ses convictions gauchistes qui l'avaient dressé contre le christianisme maronite, fut reçu à bras ouverts après trois années d'ostracisme. « Du jour au lendemain, on m'a de nouveau accepté, on m'a même recherché, s'est-il rappelé, parce que j'avais toujours dit à Soleiman que ces phalangistes étaient des ordures et qu'il s'avérait à présent que j'avais raison. »

Ni aux funérailles de son fils, ni durant le reste de la semaine, où il reçut des douzaines de délégations, Soleiman ne fit allusion à une vengeance contre les Gemayel. Cependant, comme l'écrivait un journal de langue française, *l'Orient-le Jour,* avec un sens de la litote bien levantin, dicté par les enseignements de trois années de violence durant lesquelles la presse n'avait pas été épargnée, « étant donné les traditions du pays, les observateurs sont convaincus que la tragédie qu'ils viennent de vivre ne s'achèvera pas par le service funèbre, célébré en ce jour torride ». Au week-end, Soleiman convoqua les prêtres maronites de sa région et leur ordonna de faire savoir à leurs paroissiens que les membres du parti phalangiste devaient immédiatement leur remettre leurs cartes d'adhérents et leurs armes et s'engager par écrit, auprès d'un bureau spécial, à démissionner dans les plus brefs délais. Sinon, ils devraient avoir quitté la région avant la fin du mois ou bien se préparer « à être durement traités ». Un flot de délégations phalangistes vinrent faire leur soumission. Dans plusieurs villes du Nord, les autorités demandèrent que l'on voulût bien respecter leur neutralité. La situation fut bientôt si tendue que le recteur de l'Université du Liban permit aux étudiants originaires du Nord de passer leurs examens à Tripoli, plutôt que de se risquer à descendre jusqu'à Beyrouth, à travers le territoire phalangiste. Les natifs de Zghorta qui habitaient des zones contrôlées par les phalangistes se hâtèrent de rentrer chez eux ou de se réfugier à Beyrouth-Ouest, alors aux mains des Palestiniens et des Syriens. Les habitants du Nord-Liban hostiles aux Franjié partirent au contraire vers le Sud, où beaucoup de leurs jeunes garçons s'enrôlèrent dans la milice de Béchir.

Les phalangistes feignirent d'être outrés de voir les Franjié avoir recours à l'Eglise pour diffuser leurs menaces et ils décochèrent quelques mordantes remarques contre ce comportement caractéristique des seigneurs nordiques, habitués depuis trop longtemps à disposer de tout, depuis les moutons de leurs paysans jusqu'à la virginité de leurs filles. En réponse, les cinq plus grandes familles de Zghorta — qui se querellaient volontiers entre elles, sauf lorsqu'elles devaient faire face à un ennemi extérieur — cosignèrent une longue lettre, accusant la Phalange d'essayer d'exterminer tous les autres mouvements chrétiens, de partager le Liban en zones musulmanes et chrétiennes, et d'y établir de façon permanente les Palestiniens honnis. Le document reprochait en outre au parti des Gemayel de régner par « la terreur, l'argent et les idées importées » — sournoise allusion à ses liens étroits avec Israël — et de ne même pas vouloir exempter d'impôts « les mères et les veuves des martyrs » tombés durant la guerre civile, les taxant aussi d'extorsions et de rançonnements à l'encontre de leurs propres coreligionnaires. Les Gemayel, demandaient les auteurs, avaient-ils l'intention de « régner sur tous les cimetières du Liban » ? Refusant la réconciliation prônée par un envoyé spécial du Vatican, ainsi que par d'autres ecclésiastiques et dirigeants laïcs, les familles de Zghorta concluaient par ces mots : « Jamais nous ne pourrons serrer une main qui dégouline de sang innocent. »

Camille Chamoun se trouvait pris, inconfortablement, entre deux feux. A l'encontre des Franjié dans le Nord, ou des phalangistes, plus au sud, au Mont-Liban, son Parti national libéral et sa milice du Tigre ne possédaient aucun territoire géographiquement distinct et incontestable. Il avait acquis une grande partie de son influence considérable en dressant l'un contre l'autre ses deux principaux rivaux. Il lui fallut cinq jours pour se décider à se rendre à Zghorta. Durant sa visite de soixante-dix minutes à Soleiman Franjié, scandée par les pleurs, il s'excusa de ne pas avoir pu venir plus tôt et s'éleva contre l'établissement d'un déplorable « précédent dans notre tradition », avec ce meurtre de femmes et d'une enfant, victimes d' « assassins qui ignorent les valeurs morales sur lesquelles le Liban a été édifié ». Ces marques de sollicitude furent reçues dans l'esprit même où elles avaient été prodiguées. Comme tout le monde au Liban, les Franjié savaient pertinemment que les Tigres de Chamoun n'avaient rien fait pour épargner les femmes et les enfants, lorsqu'ils avaient envahi le camp de Tal Zaatar, en août 1976. Cependant, le code moral de Zghorta se flattait de prôner des luttes « propres » : pas de mutilations, pas de viols et (à une importante exception près) pas de massacres des innocents. Les habitants du Nord-Liban, fiers d'une tradition militaire qui remontait à des temps immémoriaux, laissèrent entendre que la conduite des chrétiens du Sud reflétait leur terreur et la perte de leur identité, dues à leur déracinement loin des villages ancestraux et à leur fascination pour la civilisation occidentale.

« Dieu est grand, déclara Franjié à Chamoun, et il nous rendra justice. Si ce qui s'est passé était un sacrifice qu'il exigeait de nous, dans l'intérêt du Liban, nous devons l'accepter. »

Iris, son épouse, se montra moins résignée : « Faites attention à vos enfants. Dieu vous les garde ! »

Le jour du premier anniversaire de la mort de Tony Franjié, le cheikh Pierre Gemayel sortit légèrement blessé d'un attentat. On avait fait exploser à distance une R 16 bourrée de vingt kilos de TNT, déclenché un tir de mortier de cent vingt millimètres et mis le feu un à jerrican d'essence, sur la voie expresse située au nord de Beyrouth, au moment où le patriarche phalangiste passait devant dans sa Buick blanche. Deux de ses gardes du corps furent tués. Ce jour-là, à Zghorta, le père Youssef Yamin célébrait une messe et renouvelait le serment des Franjié : « Tous ceux qui ont profané Ehdene seront tués, surtout les membres du clan Gemayel, eux et leurs descendants dans les générations à venir, jusqu'à ce qu'il n'en reste ni homme ni femme. »

Le 23 février 1980, devant le ministère des Affaires étrangères à Beyrouth-Est, une voiture piégée, commandée elle aussi à distance et contenant trente kilos d'explosifs, sauta au moment où la Mercedes 450-SEL verte de Béchir Gemayel passait à côté d'elle. Maya, la fille de Béchir, née à la veille du massacre d'Ehdene, le chauffeur, deux gardes du corps et quatre autres personnes périrent dans l'explosion. Les trois hommes accompagnaient Maya chez ses grands-parents dans la voiture de son père : les assassins croyaient, semble-t-il, que ce dernier se trouvait lui aussi à l'intérieur. Les sauveteurs durent utiliser des chalumeaux pour extraire les cadavres du véhicule. On retrouva celui du chauffeur protégeant celui de l'enfant.

Béchir parvint à se contrôler et répéta, avec insistance, que le parti survivrait et que lui-même et sa famille ne comptaient pas. A dater de ce jour, cependant, Béchir, son frère et son père changèrent constamment leurs voitures équipées de radios-téléphones. Béchir, toutefois, faisait fi des gardes du corps et des escortes motorisées.

Lorsque je m'entretins avec Soleiman Franjié, en 1980 — nous nous trouvions dans son vaste salon de Zghorta, dont les murs étaient ornés de dagues, d'épées et de fusils du XIXe siècle, aux crosses incrustées de nacre — je parvins à demander si la mort de Maya marquait la fin de la vendetta.

« Tant que nous leur ferons peur, me déclara Lamia, ça n'ira pas si mal pour nous. » Puis, les mains croisées sur les genoux, elle prit le ton d'une maîtresse d'école s'adressant à l'idiot du village pour ajouter : « Si Béchir est le premier, après il y aura Amine, puis Pierre. Si c'est Amine qui est le premier, il y aura Pierre, suivi de Béchir. Si c'est Pierre qui part le premier... — elle s'interrompit, avec un sourire froid et satisfait, lissant sa jupe plissée de couleur claire, puis elle reprit : — A l'école, on m'a appris que lorsqu'on dispose de trois éléments variables, il y a neuf combinaisons possibles. »

J'étais si estomaqué que je mis plusieurs mois à m'apercevoir — encore fallut-il qu'un ami me le fît remarquer — que Lamia se trompait et qu'il n'y en avait que six.

Les puristes de Zghorta reprochèrent également à Lamia, à Sonia et à leur frère cadet, Robert, l'héritier en titre, de trop parler : « Oui, ils sont très virils, même les femmes, et c'est une qualité fort admirée, m'a déclaré quelqu'un qui connaissait bien Zghorta, n'empêche que c'était d'un goût déplorable de se réjouir ainsi de la mort de la fille de Béchir. Soleiman s'est beaucoup mieux tenu — il n'a pas trahi la moindre émotion, pas dit le moindre mot. Quand on est un *zaim,* on peut se permettre d'éprouver de la joie, si l'on se sent vengé, mais on n'a pas le droit de le montrer. » Pendant des années, Iris Franjié se rendit tous les jours à l'église, pour y prier devant les cercueils où reposaient Tony, sa femme et sa fille, en attendant qu'une chapelle eût été édifiée en leur honneur à Ehdene. La première réaction d'Iris en apprenant le massacre avait été : « C'est le début d'une guerre de cent ans. »

En prenant congé de Lamia et de sa famille, je lui demandai où en était, selon elle, la situation entre eux et les Gemayel.

« Acte premier, scène première », me répondit-elle.

Soleiman attendit son heure. Puis, en l'espace de deux mois, avec l'aide de ses alliés syriens, il entreprit de se venger. Les statisticiens comptèrent trois cent quarante-deux phalangistes et membres de leurs familles assassinés en représailles d'Ehdene, soit plus de dix victimes pour chacune de celles tombées ce jour-là. Comme l'a noté Chamoun dans son journal intime, aujourd'hui publié : « Couper la gorge aux gens pour propager la terreur n'est pas un élément nouveau dans la mentalité du Moyen-Orient. » (Il resta convaincu que les Syriens, ses bêtes noires, avaient manigancé la tuerie d'Ehdene, afin de diviser les chrétiens, fournissant même aux assaillants phalangistes des jeeps pour faciliter leur passage à travers les barrages syriens.)

L'honneur de Béchir Gemayel resta terni par la souillure indélébile d'Ehdene, que déploraient ses amis et que dénonçaient ses ennemis. Au cours de l'été et de l'automne qui suivirent, sa popularité ne cessa de décliner. Avec Chamoun, il provoqua les Syriens, espérant qu'un soutien israélien viendrait les aider à chasser leurs soldats du Liban. Le soutien escompté ne se matérialisa jamais et, finalement, avec l'accord tacite des Américains et des Français, ce furent les Syriens qui donnèrent une bonne leçon à Béchir et Chamoun et bombardèrent Beyrouth-Est. En dépit des protestations des propagandistes chrétiens, criant au génocide, il y eut relativement peu de victimes, le secteur oriental de la capitale étant en grande partie vidé de ses occupants. A peine si les maronites réussirent à sauver quelques lambeaux d'honneur, grâce à Chamoun qui refusa crânement de quitter sa demeure criblée de projectiles.

A l'intérieur de la Phalange, Amine Gemayel détenait à présent un pouvoir étendu et global, sous le titre de coordinateur. N'étant pas compromis par le moindre lien sérieux avec Israël, entretenant des rapports corrects avec les Palestiniens et les Syriens, Amine avait aussi réussi à affubler son cadet d'une réputation de dangereuse tête chaude. Courageux (plus encore que Béchir, il avait deux blessures reçues au combat pour le prouver), bel homme, courtois, député et membre du Bureau politique de la Phalange, Amine se trouvait à présent, pour la première fois depuis 1975, en mesure d'évincer son frère et de consolider une fois pour toutes ses prétentions à la primauté. Pourtant, en moins de six mois, Béchir reprit le dessus, considérablement aidé, il faut bien le dire, par le fait que son aîné était apparemment incapable de prendre des décisions et manquait de souplesse au point d'être surnommé *El Anid* (le Têtu) par les membres de son parti. Amine conserva néanmoins le contrôle de la milice qui opérait dans son fief politique de Meten et de ses nombreuses et rentables entreprises, qui allaient d'un supermarché à un cabinet d'assurances utilisant comme surveillants d'anciens militaires et réclamant des primes fort élevées. Ses détracteurs assuraient ne voir aucune différence entre son Association des services urgents et un chantage à la protection, mais la plupart trouvaient quand même prudent de payer.

D'ores et déjà, Amine avait perdu la partie. Son père avait choisi depuis longtemps. Comme le dit fort judicieusement un phalangiste qui connaissait bien les deux frères : « La course était terminée, mais les résultats n'avaient pas encore été affichés. » Progressivement, Béchir entreprit de se soustraire à la tutelle politique de Camille Chamoun ; il noua des rapports utiles avec les Syriens pour faire contrepoids aux liens très puissants qui l'unissaient à Israël. Il se trouvait dans la position rêvée pour attendre que le Moyen-Orient, si versatile, lui fournît l'occasion de frapper un grand coup. Vivant en paix précaire avec ses uniques voisins,

Béchir concentra toute son attention sur le Marounistan et le fond véritable de la politique libanaise, qui n'avait jamais rien eu à voir avec les nébuleuses affaires d'Etat, mais bien plutôt avec la manière d'exercer sa domination à l'intérieur de sa propre communauté.

Au plus complet mépris du président Sarkis, les Forces libanaises se mirent donc en devoir de saper pour de bon l'Etat libanais. Jadis, Cheikh Pierre déclarait volontiers que « notre force, c'est notre faiblesse », voulant dire par là que l'Etat libanais était d'autant plus en sécurité qu'il semblait moins impressionnant, car ainsi ses voisins — surtout Israël — ne se sentaient pas menacés. A présent, de prétendus ports « privés » se multipliaient tout le long du littoral méditerranéen — consistant pour la plupart en simples jetées de pierre auxquelles pouvaient venir s'amarrer de petites embarcations. Le « cinquième bassin » du port officiel de Beyrouth, celui où venaient mouiller les navires de fort tonnage, passa lui aussi sous le contrôle des phalangistes. Pour une fraction des droits de douane en vigueur, on pouvait désormais débarquer au Liban du whisky, des téléviseurs couleur, des cigarettes et des denrées alimentaires. Les marchands musulmans préféraient ces ports de contrebande du Marounistan aux ports officiels ou aux jetées illégales des secteurs palestinien et syrien, jugées moins sûres. Privé de ses droits de douane — sa principale source de revenus —, l'Etat libanais fut obligé de baisser les taxes sur l'alcool et le tabac pour pouvoir lutter.

Le ciment produit à Chekka était taxé par les Franjié qui contrôlaient la région, puis par les Forces libanaises qui possédaient leur propre poste de douane à Barbara. A l'intérieur du Marounistan, le mouvement de Béchir percevait des taxes supplémentaires sur l'essence, les notes de restaurant et de night-club, les casinos illicites et les transactions immobilières, et il imposait aussi une taxe d'habitation calculée suivant la taille de la demeure. A mesure qu'il devenait plus puissant, il tenta d'étendre son autorité à tous les habitants du Marounistan. En 1978 et 1979, l'industrieuse communauté arménienne, composée des descendants de ceux qui avaient pu échapper aux massacres de Turquie, subit l'assaut combiné des milices de la Phalange et du Tigre. Bien que politiquement alliés aux phalangistes, les Arméniens n'avaient pas oublié la leçon de 1958 : leur lutte aux côtés des chrétiens dans la guerre civile leur avait coûté cher en hommes et en argent ; ils entendaient désormais rester neutres. Cela leur valut d'être accusés de profiter de la situation et ils exaspérèrent encore plus les seigneurs de la guerre en refusant de verser la moindre obole à leurs milices. Le dos à la mer, environnés de territoires appartenant aux miliciens, les Arméniens tinrent bon et rendirent coup pour coup. Ils parvinrent à éviter ainsi la plupart des taxes imposées par les milices chrétiennes, mais cette résistance coûta la vie à des dizaines de leurs propres miliciens.

Les responsables financiers des Forces libanaises admettent que leurs revenus se montaient à cent millions de dollars par an. Certains banquiers privés situent le chiffre plus près des trois cents millions. Cet argent servait à payer les deux mille miliciens employés à plein temps, à financer l'entraînement paramilitaire dans les lycées et à se procurer du matériel de guerre, car Israël et les autres fournisseurs exigeaient d'être réglés en liquide. En contrepartie, les Forces libanaises contribuaient à élargir les programmes sociaux de la Phalange, instituaient un contrôle des prix sur les produits pharmaceutiques, créaient des services d'autobus peu onéreux pour ceux qui n'avaient pas de voiture et des parkings pour ceux qui en avaient (cette dernière mesure permettait en outre de réduire le stationnement le long des trottoirs et, partant, le risque de voitures piégées). Lorsque celles-ci explosaient quand même, les Forces libanaises enlevaient très rapidement les éclats de verre et les débris et veillaient à ce que les morts et les blessés fussent transportés au plus vite dans les hôpitaux. Béchir Gemayel se fit une règle de toujours se rendre sur les lieux de ces atrocités pour bien montrer à la population terrorisée à quel point il se sentait concerné. Les seigneurs de la guerre de Beyrouth-Ouest ne manifestaient pas tant de sollicitude. Dans les deux secteurs de la capitale, chacun avait tendance à rester chez soi le plus possible pendant une bonne dizaine de jours, après les explosions de ce genre.

Lorsque Béchir voulait quelque chose, il l'obtenait le plus souvent — mais pas toujours. Par un beau matin de l'été 1980, Charles Rizk, directeur de la Télévision libanaise, fut arrêté par deux tout jeunes miliciens qui, l'ayant fourré à plat ventre sur le siège arrière d'une voiture, l'y maintinrent avec leurs bottes. Il fut conduit jusqu'au port et jeté sans ménagements dans un container sans aération, infesté par les rats. Une demi-heure plus tard, Béchir et Pakradouni firent leur apparition, feignirent d'être fort surpris de le voir si inconfortablement logé et se mirent aussitôt à parler affaires. Cela faisait déjà quelque temps qu'ils voulaient une chaîne de télévision à eux, à la fois pour diffuser leur message politique et pour disposer d'une source de revenus publicitaires. Rizk avait refusé de céder, ne se donnant même plus la peine de répondre à leurs coups de téléphone — ce qui expliquait, lui précisèrent-ils, leur présente tactique. A présent qu'il savait ce qu'on attendait de lui, il était libre de partir. Le directeur de la Télévision se rendit tout droit chez le président Sarkis et lui donna sa démission, mais Sarkis refusa d'en entendre parler, faisant remarquer que la fonction publique comportait toujours une certaine part de risques. Il ne protesta pas, cependant, lorsque Rizk partit peu après en Europe pour un congé prolongé. Béchir ne parvint jamais à obtenir sa chaîne privée, mais il eut accès à la chaîne nationale. Lorsque Rizk regagna le Liban, quatre mois plus tard, Gemayel nota avec mépris que l'on n'avait pas suspendu ses appointements de directeur, durant sa longue absence : les fonctionnaires qui ne gagnaient pas l'argent que leur versait l'Etat figuraient parmi ses bêtes noires.

⁂

A mesure que les années passaient, la lutte pour le pouvoir entre Béchir et Chamoun, soutenu par sa milice du Tigre, se fit plus âpre. Dès février 1976, il y avait eu des heurts entre phalangistes et Tigres, mais tout au long de la guerre civile, les chrétiens étaient parvenus à cacher leurs désaccords de façon beaucoup plus efficace que les milices musulmanes et druzes à Beyrouth-Ouest, dont les fusillades et les bombardements étaient l'une des constantes, souvent dangereuse, de la vie quotidienne. Les brusques flambées de violence entre chrétiens étaient généralement attribuées à quelques « têtes brûlées » et les Chamoun et Gemayel étaient blanchis de toute responsabilité directe dans ces incidents.

Et puis, le lundi 7 juillet 1980, les Forces libanaises de Béchir Gemayel attaquèrent simultanément la caserne des chamounistes et les ports, bureaux et autres bastions du PNL. A l'origine, Béchir et ses lieutenants avaient prévu d'attaquer aux premières lueurs de l'aube, vers quatre heures du matin, mais se rappelant le gâchis d'Ehdene, ils préférèrent sacrifier l'élément de surprise et attendre huit heures trente, heure à laquelle le chef de la milice du Tigre, Dany Chamoun, aurait certainement quitté sa maison du bord de mer, à Safra-Marine, et serait en route vers les montagnes où il travaillait pour le moment à un projet de station de sports d'hiver. Les combats se prolongèrent toute la journée et une bonne partie de la nuit. Je fus arrêté au poste de contrôle de Barbara, qui marquait l'entrée en territoire phalangiste, et retenu jusqu'à vingt-deux heures. Tous les véhicules venant du nord, sous domination syrienne, étaient contrôlés par les hommes de Béchir et les conducteurs de poids lourds devaient acquitter un droit sur leur chargement. Le grondement sourd de l'artillerie lourde et des fusils sans recul était clairement audible, scandant la prise de la caserne des chamounistes, à Amchit, tout près de là. En dépit des précautions phalangistes, cette « Journée des longs couteaux » ne fut pas sans bavures. Du fait qu'ils avaient retardé leur attaque pour ne pas mettre en danger la vie de Dany Chamoun, les miliciens de Gemayel tuèrent un certain nombre de passants innocents, déjà sortis vaquer à leurs affaires. Selon certains témoins, les attaquants avaient l'air drogués et tiraient au hasard, particulièrement dans les marinas et les complexes hôteliers du bord de mer. Dans l'un de ces établissements, les Forces libanaises mirent tous les ascenseurs en panne, pour empêcher les gens de s'échapper, puis gravirent les escaliers en tirant sur tout ce qui bougeait, jetant les gens par les fenêtres des étages supérieurs et les canardant pendant leur chute. Un homme qui avait pris une journée de congé se trouvait dans la piscine lorsque les miliciens firent irruption. Ils le criblèrent de balles et le laissèrent se vider de son sang dans le bassin. Sa famille ne fut autorisée à récupérer le corps que deux jours après ; plusieurs femmes et enfants tués de la même facon furent repêchés en même temps.

Dany Chamoun affirma que les hommes de Béchir avaient tué cinq cents personnes, dont la plupart étaient des civils innocents. Les responsables des Forces libanaises, cependant, n'avouèrent en définitive que quatre-vingt-quatorze victimes, dont dix-huit de leurs propres combattants, cinq civils et beaucoup de malheureux Pakistanais employés comme dockers dans les ports du PNL et considérés, de ce fait, comme de la chair à canon, ou plutôt des cibles d'entraînement idéales. Plusieurs mois après cette nouvelle tuerie, un lieutenant de Chamoun estima que les pertes devaient se monter « tout au plus à cent cinquante personnes », dont trente passants, quarante-cinq Pakistanais, le reste étant à répartir à peu près également entre les deux milices.

Au début, la communauté chrétienne sembla sincèrement bouleversée par ce nouveau bain de sang, mais en l'espace d'une semaine, le coup de dés de Béchir avait porté ses fruits, en grande partie grâce à son habile propagande. La milice du Tigre fut accusée de toutes sortes de crapuleries — depuis les cercles de jeu illicites jusqu'à la contrebande du haschich dans chacun de ses cinq ports. (Les Forces libanaises ont toujours nié avoir poursuivi ultérieurement le trafic de drogue à leur compte. Les régions où poussait le haschich étaient contrôlées par les Syriens et l'on savait qu'une grande partie de la récolte était transportée de l'autre côté de la chaîne du Liban, en passant par le village prophalangiste de Deir-al-Ahmar, avant de traverser un territoire appartenant en majeure partie aux Franjié, pour quitter le pays à Tripoli où les Syriens faisaient la loi. Cela, c'était la version officielle des phalangistes. Mais les ennemis de Béchir, sans toutefois jamais fournir de preuves concrètes, refusèrent de croire que les Forces libanaises avaient accepté de laisser filer leur pourcentage sur ce qui restait le principal produit d'exportation du Liban, même si sa culture était illégale. L'autorité gouvernementale ayant disparu, au fil des ans, les zones consacrées à la culture du haschich, jadis limitées aux confins septentrionaux inaccessibles de la Bekaa, que l'on appelait l'Hermel, se répandirent progressivement vers le sud et, au début des années quatre-vingt, elles descendaient jusqu'à la route Beyrouth-Damas, où le haschich avait remplacé certaines cultures moins lucratives, telles que la pomme de terre ou le blé. Chaque récolte rapportait en effet des milliards de dollars à la pègre libanaise qui opérait dans le monde entier et escortait le produit fini jusqu'en Egypte, le plus gros marché traditionnel, mais aussi en Afrique noire, en Europe et aux Etats-Unis, où le haschich de première qualité de la Bekaa passait pour l'un des meilleurs du monde. Les cultivateurs autochtones, de pauvres musulmans chiites pour la plupart, en tiraient eux aussi une certaine prospérité, moindre évidemment, mais non négligeable, comme en témoignaient à Baalbek les nouvelles constructions et les magasins bourrés à craquer de coûteux produits d'importation.)

Béchir, pris d'un accès de vertueuse indignation, ferma les cinq ports des Tigres (pour les rouvrir trois semaines plus tard, sous prétexte qu'ils contribuaient à empêcher le coût de la vie de trop monter, par ces temps d'inflation). Un de mes amis, qui habitait Beyrouth-Est, commença un de nos entretiens en condamnant vigoureusement le massacre — Béchir, histoire de plaisanter, appelait son attaque contre les chamounistes le « mouvement correctif du 7 juillet », selon la formule consacrée au Moyen-Orient pour désigner les coups d'Etat — mais le termina en déclarant d'un ton plein d'espoir : « J'ai perdu trois appartements depuis 1975 ; à présent je vais peut-être pouvoir en garder un. » Béchir avait, en effet, rétabli l'ordre au Marounistan. Comme les personnages du *Rhinocéros* d'Ionesco, les habitants de Beyrouth-Est ne virent bientôt plus que les bons côtés d'une société fondée sur la loi et l'ordre, dans laquelle on ne tolérait que peu, voire pas du tout, de déviation de la pensée officielle.

Ce n'était pas la première fois que les téléphones étaient branchés sur des tables d'écoute, mais auparavant, les imprudents avaient toujours eu la ressource de réclamer la protection de l'autre milice chrétienne. A présent, les gens se montraient encore plus discrets et circonspects. Privé de sa force de frappe, Chamoun, fidèle à sa vieille habitude de se servir de ses défaites comme marchepieds vers des victoires futures, courba la tête et laissa passer l'orage. Il rencontra les Gemayel, en tête à tête, ou deux par deux.

Je lui demandai un jour pourquoi il ne se retirait pas de la scène politique ou ne rejoignait pas le camp des nombreux ennemis de Béchir.

« Vous voudriez que je fasse comme Soleiman Franjié et que j'accueille les Syriens à bras ouverts ? C'est la seule chose qui me restait à faire, vous savez, et le résultat aurait été une guerre civile et un millier de morts. Or moi, des morts, je ne veux même pas en avoir cent sur la conscience. »

Etait-ce le choix le plus pénible qu'il eût jamais eu à faire ?

« Je m'en fous pas mal », maugréa-t-il.

Dany, son fils préféré, se rendit dans le nord, pour voir Franjié, jura de se venger et passa à l'étranger, accusant Béchir de n'être qu'un « fasciste désireux d'établir une dictature ». Lorsque les Forces libanaises annulèrent une visite de presse dans les hôtels où, selon Dany, on avait massacré de nombreux civils, ce dernier déclara : « Evidemment, ils n'ont pas encore lavé les murs de tout le sang versé. » (A quoi Béchir rétorqua dédaigneusement : « Dany est un bon politicien à ses moments perdus. ») Eduqué dans des écoles anglophones au Liban, puis en Angleterre, fils d'une mère à demi anglaise, Dany épanchait désormais sa bile contre son ancien allié : « Avec les Israéliens, qui parlaient anglais, Béchir me laissait mener la conversation, et puis il retournait sournoisement les trouver de son côté. Quand on est en position forte, Béchir est l'être le plus obséquieux, le plus abject qui soit. Devant mon père, il s'incline. »

Béchir finit par amadouer Camille Chamoun. Il lui fallut deux bons mois, mais il tenait absolument à ce que Chamoun vînt assister au conseil de guerre des Forces libanaises, signe qu'il reconnaissait l'autorité de son cadet. Chamoun accepta, après que Béchir se fut engagé, par l'entremise d'émissaires, à lui permettre de percevoir, comme avant, son pourcentage sur les profits du port principal de Dbeyeh. On a dit aussi qu'une somme considérable — il a été question d'un million de dollars — avait été versée à Chamoun. C'étaient les on dit de ce genre qui donnaient un certain crédit aux rumeurs affirmant que le 7 juillet, une fois qu'il se fut assuré que Dany était sain et sauf, Camille avait téléphoné à Béchir pour lui dire : « Quoi qu'il arrive, n'annule surtout pas la réunion du comité financier » — lequel était chargé de partager le butin entre les deux milices rivales.

Béchir était donc roi du Marounistan, mais toujours pas roi des chrétiens, puisqu'une bonne moitié d'entre eux, estimait-on, vivait hors des étroits confins de son empire. « Béchir était le seul garçon sérieux, valable de toute l'histoire, a reconnu un chrétien qui ne l'aimait pourtant guère, mais c'est un monstre. Comme l'étaient Napoléon et Talleyrand. Béchir est l'enfant du mythe qui veut que le Liban ait besoin de dirigeants nouveaux et jeunes. » Le service de gérontologie de la politique libanaise — c'est-à-dire les pères fondateurs de 1943 — n'avait certes pas grand-chose pour séduire. Béchir cependant mit tant d'habileté à crééer un mythe nouveau qu'il parvint à balayer non seulement cette génération-là, mais encore les hommes de quarante et cinquante ans qui avaient souffert sous les pères fondateurs et estimaient qu'il était temps pour eux d'avoir leur place au soleil. Juste après la guerre civile, Sarkis avait pris l'habitude de consulter Pierre Gemayel et Camille Chamoun ; en 1978, c'étaient déjà Béchir et toujours Chamoun ; puis, après le « double sept » fatal aux chamounistes, ce ne fut plus que le seul Béchir qui se rendit au palais de Baabda, lorsque Sarkis décida de se ménager un soutien au Marounistan.

Jamais jusque-là les maronites n'avaient été représentés par un seul homme, ni une seule organisation. Jamais non plus, ils n'avaient été capables d'exercer leur domination sur les autres sectes chrétiennes qui, prises toutes ensemble, leur étaient égales par le nombre. Les erreurs de Béchir ne se comptaient plus. Rétrospectivement, il semble que les événements qui séparèrent le 7 juillet 1980 de l'invasion israélienne, moins de deux ans plus tard, faisaient tous partie d'un scénario inéluctable qui prévoyait, pour les maronites, la libération, le triomphe et la suprématie rétablie. Une analyse, même superficielle, de la période dément, cependant, cette interprétation. Pourtant, des Libanais de toutes les confessions repoussaient catégoriquement toutes les objections élevées contre leur tortueuse façon de penser, en déclarant : « Notre pays n'est pas rationnel. »

En octobre 1980, Béchir se sentit obligé d'humilier l'armée libanaise, en balayant les unités chargées de protéger ce qui restait de la milice chamouniste à Ain Remmaneh, la banlieue ouvrière d'où étaient partis les combats en 1975 ; ce faisant, il sapa la confiance précaire et récente des musulmans dans une armée qu'ils considéraient naguère comme faisant partie intégrante de l'appareil répressif des maronites. Deux mois plus tard, il expédia ses forces sur Zahlé, dans l'espoir d'étendre son influence à cette ville où la majorité des habitants étaient catholiques grecs et n'avaient jamais évolué dans l'orbite des maronites — ni d'ailleurs de la Phalange. Les troupes syriennes se chargèrent de rosser d'importance les Forces libanaises.

Aucune de ces deux expéditions ne rehaussa la réputation de Béchir, mais toutes deux lui servirent à maintenir sa pression sur les chrétiens du ghetto. La tactique offensive de Béchir éveillait les soupçons des autres communautés, mais auprès de son propre peuple, il faisait valoir que le Marounistan — la seule partie « libérée » du Liban, pour reprendre son expression — était en état de siège. Mounir Chamoun, lui-même, psychiatre pourtant réputé, m'assura avec insistance que la politique de « résistance » — les chrétiens du ghetto avaient ainsi baptisé leur approche tactique constamment changeante, empruntant le terme aux mouvements clandestins qui s'étaient formés en Europe sous l'occupation nazie — était nécessaire comme « point de départ, pour redorer l'image que les maronites ont d'eux-mêmes ». Le père Paul Kholy, pasteur des syriaques opprimés, qui avaient souffert comme les Arméniens de la persécution ottomane durant la Première Guerre mondiale, résuma ainsi l'éthique chrétienne prédominante : « Nous éprouvons une haine toute spéciale envers les musulmans », commença-t-il, énonçant une vérité devant laquelle même les chrétiens les plus fanatisés reculaient dans leurs déclarations publiques. « Au cours de la guerre civile, ils croyaient que nous ne tiendrions pas deux semaines. Ils nous imaginaient dans le genre " peignes et miroirs " [autrement dit des femmelettes], mais nous avons battu cent vingt millions de musulmans. » Sa communauté avait servi de chair à canon aux Tigres de Chamoun, les combattants les plus coriaces et les plus vicieux du camp chrétien. Exploités, puis abandonnés par Chamoun, récupérés ensuite par Béchir, ils n'avaient jamais pu obtenir les papiers, pas même les cartes d'identité, qui auraient fait d'eux d'authentiques citoyens libanais. Et pourtant, ils étaient totalement dévoués à ceux qui les avaient honteusement traités. Simplement, ils faisaient plus de bruit que les autres chrétiens.

En leur for intérieur, beaucoup d'autres chrétiens du Liban avaient été à la fois enchantés et stupéfaits par leur propre force. On eût dit qu'ils n'avaient jamais vraiment cru à la solidité de l'Etat libanais que les Français leur avaient légué, parce qu'ils n'avaient pas eu besoin de se battre pour gagner leur indépendance. A quelques rares exceptions près — presque toutes connues — les chrétiens du Marounistan étaient désormais massés derrière leur chef le plus militant et le plus radical. Vu de l'intérieur, cela semblait assez logique, bien que le Marounistan parût de plus en plus irréel aux autres Libanais — chrétiens compris — qui vivaient en dehors de ses limites souvent étouffantes. C'était une région où, en 1976, les combattants peignaient sur les murs : « Fuck Palestine ! » en anglais, plutôt que de l'écrire en arabe, ce qui les aurait rattachés au monde arabe ; où, en 1977, des professeurs de l'Université Saint-Joseph s'étaient inquiétés à l'idée que des miliciens d'un avant-poste tout proche lisaient de la propagande nazie, tandis que des milliers de leurs coreligionnaires chrétiens se rendaient en Israël pour y recevoir une formation militaire.

Sur une étagère de l'appartement de Béchir Gemayel à Beyrouth-Est, voisinant avec les mémoires de l'ex-ministre israélien des Affaires étrangères, Abba Eban, se trouvait un livre intitulé *le Christ au Liban*. Son auteur, Virgil Gheorgiu, né en Roumanie, était un catholique de droite. La dédicace de cet ouvrage, consacré au Liban, écrite à la main, était la suivante : « A Béchir Gemayel, grand généralissime et défenseur de la nation maronite. » Un autre intéressant soutien catholique pour Béchir était l'ordre des moines maronites, qui, grâce à son accès aux églises et monastères chrétiens en Israël, que lui garantissait l'armistice de 1949, était en mesure de traiter ouvertement avec le gouvernement juif. Les dignitaires de l'Eglise étaient les seuls civils libanais autorisés à passer librement la frontière. Bien des années avant sa nomination, en 1980, au rang de supérieur général, qui l'habilitait à porter la croix pectorale en or incrustée d'améthystes, symbole de cette dignité, le père Boulos Naaman n'avait rien fait pour cacher ces liens, même s'il me menaçait toujours gentiment du doigt en me traitant de « méchant » parce que j'avais écrit qu'il était « l'architecte de l'alliance israélienne ». Il se vanta une fois, devant moi, d'avoir dit au président Assad que Béchir « n'était pas le fils de Pierre Gemayel, mais le fils de toute l'injustice qui a frappé les chrétiens du Moyen-Orient depuis des siècles ».

Béchir, sa cause et ses lieutenants étaient aussi consolidés plus directement par les Israéliens. Ce fut en effet leur main salvatrice qui guida aux Etats-Unis la Ligue américaine libanaise de Béchir, avec à sa tête Alfred Madi, laquelle devint vite plus influente à Washington que l'ambassade officielle du Liban. Sous l'impulsion d'Israël, une partie des médias occidentaux fit de Béchir un parangon des vertus « du monde libre ». En 1981, dans l'émission *20/20* de la chaîne américaine ABC, Geraldo Rivera le dépeignit sous les traits d'un moderne croisé, se battant contre l'OLP dupe de l'Union soviétique, au nom des valeurs occidentales que partageaient évidemment les Etats-Unis et Israël. John Kifner, qui était alors le correspondant à Beyrouth du *New York Times*, dut se gendarmer en apprenant que la direction de son journal, outre-Atlantique, s'apprêtait à engager un journaliste indépendant — qui tenait à être débarqué au Liban par un sous-marin israélien — pour interviewer Béchir Gemayel, parce que, prétendait-elle, pas un seul membre de la presse étrangère en poste à Beyrouth-Ouest « n'osait » le faire. Même un magazine de gauche, à l'origine hostile aux Gemayel, comme l'avait été *le Nouvel Observateur,* changea d'avis pour trouver bien des vertus à Béchir et à sa cause.

Chez lui, au Marounistan, Béchir jouissait d'une admiration quasi universelle. Dans les rues étroites, souvent encombrées, de Beyrouth-Est, les pères se précipitaient dans leurs maisons, à la recherche de leurs enfants, pour leur faire serrer la main de Béchir, tandis que sa voiture avançait au pas dans le flot de la circulation. Sa femme, Solange, fille d'un des fondateurs de la Phalange et militante du mouvement depuis l'âge de quinze ans, attendait patiemment chez elle et faisait de son mieux pour protéger son mari. « Je ne suis pas calme, disait-elle. C'est Béchir qui l'est. » Elle se plaignait rarement des heures indues auxquelles il rentrait — souvent bien après minuit, ayant travaillé toute la soirée pour le parti — et s'obligea à ne jamais lui téléphoner au conseil de guerre (même si elle restait en contact épisodique avec la secrétaire particulière de son époux, Isis).

Au printemps de 1980, je passai une semaine en compagnie de Béchir Gemayel, mêlé à son entourage, pour essayer d'apprendre à le connaître. Aux journées de travail succédaient les soirées de travail et à celles-ci les nuits de travail. Il parlait, encore et toujours, aux fidèles du parti, assistait à d'innombrables réunions et déjeuners. Il rendait la justice, conseillant à un jeune amoureux de ne pas s'enfuir avec sa petite amie mineure, car « pour les maronites, il n'y a pas de divorce, alors pourquoi gâcher ta vie pour un caprice ? » Les dîners étaient consacrés à remercier ses lieutenants pour le beau travail qu'ils accomplissaient et à soutenir leur moral. A l'occasion d'un de ces banquets, un poète bien connu déchaîna les applaudissements en proclamant : « Notre pays n'est pas un pays d'Arabes, nous changerons les enseignements de l'Evangile, car nous ne tendrons pas l'autre joue. Nous sommes prêts à mourir pour toi, Béchir. » Tandis que nous quadrillions ainsi tout le Marounistan, j'essayai constamment de le faire parler de lui-même, de ses difficultés, de ses relations avec les Israéliens, les Américains, les Syriens. Il se laissait rarement aller aux confidences. Lorsque je le pressais trop vivement, il se réfugiait derrière la neutralité d'un : « Vous êtes libre d'interpréter les événements à votre guise. »

Après un long dimanche passé à faire de la propagande électorale, Béchir se rendit dans un petit stade dans la banlieue de Jdeideh, où il arriva durant le dernier quart d'heure d'une rencontre de football organisée par son frère. Béchir ne m'avait pas parlé de ce match à l'avance et je le vis tout hérissé de déplaisir à l'idée de voir une équipe chrétienne jouer contre un club musulman, pour la première fois depuis la guerre civile. Son père, en revanche, était aux anges, à la fois en tant qu'amateur du ballon rond et adepte convaincu de la formule pluraliste prônée par le Pacte de 1943 pour gouverner le Liban. Tous les joueurs ou presque avaient fait partie des deux milices ennemies en 1975-1976. L'équipe de Beyrouth-Ouest, Ansar, était venue accompagnée de trois mille supporters musulmans, qui agitaient frénétiquement des drapeaux verts (la couleur de l'Islam) dans la section séparée du stade où on les avait relégués. Ansar l'emporta par un à zéro et son capitaine reçut une coupe des mains de Cheikh Pierre. Dans l'euphorie du moment, le musulman se laissa aller à embrasser le vieux phalangiste et ses deux fils.

Dans la voiture qui le ramenait chez lui, Béchir fulminait : « Pendant quarante années de fausse indépendance, nous avons passé notre temps à jouer au football, au lieu d'aller au cœur du problème. Oui, nous avons joué pendant quarante ans et récolté cent mille morts au bout du compte.

— Est-ce que ça valait la peine ? demandai-je.

— Oui, je le suppose, si l'on est sans illusion. Le sport vous distrait de l'essentiel. Mais eux, est-ce qu'ils peuvent nous inviter dans leur secteur et nous garantir la sécurité ? »

Béchir était aussi capable de pester contre ses frères maronites, même si la base de sa popularité restait la suprématie maronite. Donnant soudain dans le révolutionnaire, il déchirait à belles dents l'autosatisfaction des maronites : « Le président de la République est un maronite, le chef de l'armée, les magistrats, le chef de la Sûreté sont tous des maronites et c'est par toutes ces institutions que le Liban a été détruit, me dit-il un jour. La plupart des maronites sont persuadés que pour certains postes haut placés un mauvais maronite vaut mieux qu'un bon musulman, parce que ce con serait de notre bord. » Cependant, il faisait toujours clairement comprendre que, nonobstant le soutien superficiel qu'il apportait à la méritocratie, ce qu'il voulait vraiment c'était un bon maronite à chaque poste haut placé.

Lorsque arriva l'année 1982, Béchir s'était laissé persuader qu'il fallait tenter de mettre un maronite bien particulier au poste le plus haut placé. Au début, l'idée de présenter Béchir aux élections présidentielles n'avait été qu'une lubie de son entourage politique. Mais lorsque le président Sarkis en personne eut promis son soutien, Béchir se décida. Evidemment, Sarkis était peut-être en train de tenter une manœuvre détournée pour essayer de s'assurer un second mandat — extraordinaire — le sien devant s'achever en septembre ; si tel était son plan, il lui fallait en effet commencer par brandir l'épouvantail Gemayel, pour terroriser tout le monde, à l'intérieur et à l'extérieur du Liban, et le gagner ainsi à sa cause. Parfois, cependant, Sarkis faisait valoir que seul Béchir était suffisamment fort pour préserver les derniers lambeaux de souveraineté libanaise.

Béchir, lui, maintenait son propre secteur sous pression. Il avait déjà habilement isolé son frère aîné, lequel n'était plus désormais que de nom le chef de sa propre milice de Meten et avait en outre vu les opérations portuaires de Beyrouth, qu'il dirigeait naguère avec ses amis, passer sous le contrôle de Béchir. Sur le plan politique, le nouveau candidat insistait pour que les troupes syriennes quittent d'abord Beyrouth, puis le Liban tout entier, avant le début de la campagne électorale, cet été-là. Peu de Libanais le prenaient au sérieux : les Syriens contrôlaient encore une partie suffisamment importante du territoire pour empêcher son élection et les Israéliens étaient de tels spécialistes de la douche écossaise que personne ne savait quoi penser de leurs menaces réitérées d'envahir le pays. Cependant, les plus perspicaces sentaient bien que la candidature de Béchir était sérieuse. Michel Aboujaoudé, le rédacteur en chef libéral d'*An Nahar,* maronite qui refusait de vivre à Beyrouth-Est, lui déclara, non sans lassitude, au mois de mars : « Vous êtes un petit Mussolini, un petit Franco, un petit Hitler. Vous êtes bien résolu à être président et vous avez derrière vous soixante-quinze pour cent des Libanais. Quant aux autres, ils restent dans l'expectative. A quarante-huit ans, les gens comme moi, qui ne sont pas d'accord, sont finis. Il n'y a plus de place pour nous. »

Béchir protesta, mais en fait le pluralisme politique que prônait le journaliste, tout spécialement à l'intérieur de la communauté maronite, ne faisait nullement partie de ses projets. En cette heure fatidique, les maronites — les chrétiens — devaient se serrer les coudes. La diversité des opinions viendrait plus tard, une fois que le pays tout entier serait « libéré » — c'est-à-dire une fois que Béchir serait élu. Un éminent homme d'affaires chrétien s'étonnait de cette tactique : « Ils sont devenus les maîtres de Beyrouth, disait-il des Forces libanaises, des espèces de néo-James Bond, autorisés à tuer qui bon leur semble, à maintenir la pression. Ce n'est plus du cinéma à présent tout ça ; c'est la réalité, ou du moins la réalité telle que nous la vivons. Ils nous gardent sous tension et ils attendent. »

Béchir expliqua aux hommes d'affaires ce qu'ils savaient déjà : l'année 1982 risquait d'être agitée. Au fil des ans, ils avaient pris leurs précautions et transformé le Marounistan en un Etat replié sur lui-même, sinon autonome. Quelque cent mille chrétiens en sortaient quotidiennement pour aller travailler à Beyrouth-Ouest, mais ils regagnaient le secteur oriental le soir. Ils ne fréquentaient plus ni les plages, ni les night-clubs, ni les cinémas qui avant 1975 avaient été situés presque exclusivement dans l'Ouest de la ville. Les spéculateurs immobiliers avaient violé la côte naguère vierge du Marounistan, pour y édifier des marinas et d'immenses hôtels de luxe. Les centres commerciaux, les bureaux et les immeubles d'habitation remplaçaient ou écrasaient les gracieuses maisons d'antan, avec leurs toits de tuiles.

Béchir avait déjà posé sa candidature à la présidence, lorsque les Israéliens envahirent le Liban, en juin 1982. Tandis que la majeure partie du pays s'inquiétait tout bonnement pour sa survie, les habitants du Marounistan se concentraient sur la campagne électorale de Béchir. Le choix de Michel Murr, ministre des Télécommunications, comme directeur officiel des opérations, était symptomatique, car il avait, jeune homme, fait fortune en Afrique et savait obtenir des résultats. Les élections libanaises ont toujours coûté beaucoup d'argent et les députés qui élisaient le président de la République avaient la réputation de figurer parmi les hommes les plus corrompus du Moyen-Orient. Quant à savoir combien coûta l'élection de Béchir Gemayel, cela dépend de qui l'on écoute. Ses ennemis assurent que le président de l'Assemblée, Kamal Assad — le personnage le plus important, puisque c'était lui qui décidait à quelle date il allait convoquer le parlement — avait reçu plus de dix millions de dollars et que les députés récalcitrants avaient vendu leur vote pour près d'un million pièce. Officiellement, les collaborateurs de Béchir au sein des Forces libanaises déclarèrent qu'ils avaient dépensé beaucoup moins qu'ils ne l'avaient prévu à l'origine, mais plus tard ils avaient officieusement précisé que leurs coffres étaient vides. En tout cas, annoncèrent-ils triomphalement, tout l'argent avait été fourni par leur organisation — et non, comme par le passé, par de riches donateurs indépendants, pleins aux as, qui attendaient en échange de futurs passe-droits. Et puis, de toute façon, contre-attaquaient les assistants de Béchir, ses ennemis avaient soutiré des sommes encore plus colossales aux Saoudiens, aux Libyens et à l'OLP, entre autres, pour empêcher son élection.

Rétrospectivement, il est relativement facile de comprendre comment Béchir a pu l'emporter. Il était, au fond, l'unique candidat, personne n'ayant osé se présenter contre lui. Chamoun attendit le dernier moment pour renoncer à sa tentative, assez tiède, de la onzième heure, tout en mettant tout le monde en garde contre les pressions israéliennes. Jusqu'au tout dernier moment, cependant, en attendant que le parlement se réunît, pour voter, le 23 août, à la caserne de Fayadieh, dans les collines proches du palais présidentiel, bien rares furent ceux qui croyaient que Béchir pouvait vaincre. Les chefs des musulmans sunnites qui choisissaient traditionnellement des présidents maronites ne songeaient qu'à sauver Beyrouth-Ouest, toujours assiégé par les Israéliens. Les premiers fedayin palestiniens avaient quitté le port de Beyrouth, en route pour un nouvel exil, deux jours auparavant. De même que Nabih Berri, le chef chiite de la milice Amal, les sunnites voulaient que l'élection fût repoussée jusqu'à ce que les Israéliens se fussent tout au moins retirés de Ba'abda, de Beyrouth-Ouest et de ses environs immédiats. Philip Habib, envoyé spécial des Etat-Unis, entièrement acquis à la cause de Béchir depuis plus d'un mois, car il était convaincu qu'il n'existait aucune autre solution réaliste, s'activait comme un possédé pour organiser une entrevue de dernière minute entre celui-ci et Saeb Salam, dans l'espoir que le chef sunnite abandonnerait son projet de boycott électoral. Salam et ses conseillers, cependant, étaient convaincus qu'ils sauraient persuader trente et un députés de boycotter la séance et empêcher ainsi le quorum d'être atteint. Ils se disaient que si Béchir ne remportait pas immédiatement la victoire, il serait forcé de se retirer en faveur d'un candidat du compromis. Consultant fiévreusement leur liste de députés, écrite à la main, ils additionnèrent leurs amis et prédirent qu'ils sauraient tenir Béchir en échec. Ils étaient désavantagés cependant ; durant le week-end qui précéda le scrutin, les Israéliens et les Forces libanaises avaient bloqué les routes qui sortaient de Beyrouth-Ouest, les lignes téléphoniques étaient coupées entre les deux secteurs de la ville et l'aéroport était fermé depuis le 7 juin. Privé de mobilité et de communications, Salam travaillait dans le noir. Il en allait de même pour les Syriens et les Saoudiens, qui restèrent apparemment convaincus jusqu'à la veille ou presque de l'élection que l'on pourrait empêcher Béchir de passer. Karim Pakradouni, proche conseiller de ce dernier, qui s'était rendu à Damas une semaine avant le jour J, n'avait rien fait pour décourager la confiance excessive des Syriens. Jusqu'à la toute dernière minute, il redouta le photo-finish.

A Fayadieh, le lundi fixé pour l'élection, les parlementaires commencèrent à arriver au compte-gouttes, vers le milieu de la matinée, dans leurs grosses voitures escortées par de véritables essaims de gardes du corps en Range Rover. « Ils seront tous là, les soixante-deux qu'il nous faut, avaient prédit avec confiance les spécialistes de Béchir, un peu plus tôt, à moins qu'ils ne soient pris de colique. » Ils n'avaient, semblait-il, rien laissé au hasard — Sarkis avait même dépêché jusqu'à Chypre des hélicoptères de l'armée libanaise, pour y chercher trois députés arrachés à leurs vacances européennes. Le président de l'Assemblée, boudiné dans un costume blanc de style colonial, avait réclamé que le quorum fût atteint avant onze heures du matin. Cependant, quand arriva l'heure fatidique, moins de cinquante députés avaient pénétré dans le long bâtiment blanc et bas de l'école militaire et descendu l'escalier jusqu'à l'amphithéâtre garni de bancs où l'élection devait avoir lieu. Même les mieux conservés parmi eux semblaient usés. En raison des combats, il n'y avait pas eu d'élections législatives au Liban depuis 1972, le parlement voyant tout simplement son mandat prolongé d'année en année. Par conséquent, peu des nouvelles organisations soutenues par les milices avaient des hommes à elles dans les rangs de l'Assemblée et tous ces vieux messieurs étaient peut-être encore moins représentatifs qu'ils ne l'avaient jamais été. Les jeunes gens élégamment vêtus des Forces libanaises, qui étaient présents en grand nombre, commençaient à s'agiter et, pour se libérer de leur angoisse, ils se mirent à rudoyer la presse. A midi largement passé, cinquante-six députés seulement étaient arrivés — on était donc encore à six voix du quorum. A ce moment précis, il sembla bien que le président de l'Assemblée allait être obligé d'annuler la séance et de fixer une nouvelle date pour l'élection. Et puis les hommes de Béchir annoncèrent triomphalement qu'ils avaient davantage de votes. Deux autres députés arrivèrent dans un crissement de freins — cinquante-huit. Peu après treize heures, les quatre derniers parlementaires se présentèrent tous ensemble, ex æquo, par une porte latérale. Personne n'avait voulu être le dernier. (Pakradouni devait me confier par la suite que, s'ils n'avaient pas réussi à dénicher ces quatre retardataires, « nous n'aurions pas pu persuader les autres de rester à Fayadieh plus de trente ou quarante minutes ».)

Le premier tour fut expédié en vingt-quatre minutes. Les coups de feu célébrant la victoire commencèrent à retentir après que le quarante-sixième député eut voté. Les soldats de l'armée régulière et les hommes de Béchir se déchaînèrent, mettant en œuvre un vaste déploiement d'armes : ils avaient calculé que quarante-six était le nombre magique, qui assurerait à Béchir une majorité relative au second tour. Cependant, quatre bulletins blancs et une voix pour Raymond Eddé privèrent Béchir d'une victoire dès le premier tour, étant donné qu'il fallait alors, pour être élu, une majorité des deux tiers. Ce qui n'empêcha pas le président, oubliant les règlements d'une Assemblée sur laquelle il régnait depuis plus de dix ans, de déclarer le candidat élu sans plus attendre. Un secrétaire, d'allure très noble, droit comme un i, lui fit remarquer son erreur et les députés s'avancèrent une seconde fois, à mesure que leur nom était appelé, pour placer leur bulletin dans l'urne de verre. Quatre d'entre eux étaient trop malades ou trop impotents pour bouger — la maladie de Parkinson, les problèmes cardiaques et le grand âge avaient laissé leurs traces —, si bien qu'un huissier dut porter l'urne jusqu'à leur siège. Dehors, le bruit allait croissant, car le tumulte et l'effervescence gagnaient peu à peu Beyrouth-Est et les banlieues chrétiennes. Cheikh Pierre, raide comme un piquet, accueillit debout les félicitations de ses collègues. Lui-même et les survivants de 1943 venaient de se faire, en toute connaissance de cause, un hara-kiri politique.

Aussitôt des soldats libanais sortirent d'on ne sait où de grandes photographies en couleurs du nouveau président. Les soldats israéliens riaient aux éclats et se tapaient dans le dos. Des adolescents chrétiens sillonnaient les rues en voiture, klaxonnant à qui mieux mieux et lâchant des salves de mitraillettes. Les adultes eux aussi brandissaient des armes et tiraient en l'air. Une demi-douzaine de badauds furent tués par des balles perdues. (De l'autre côté de la ville, les fusillades des fedayin en partance firent davantage de victimes.) Des centaines de voitures partirent pour Bikfaya où un adjoint zélé avait déjà planté un poteau indicateur, pointé vers la demeure des Gemayel, où l'on pouvait lire « Résidence du Président ». Les navires de la VIe Flotte américaine chassaient sur leurs ancres, clairement visibles depuis les routes de montagnes, où les maronites en délire arrêtaient les voitures et forçaient leurs occupants à boire du champagne. Pour une fois les cloches des églises sonnèrent en signe d'allégresse. On comptait parmi les admirateurs des puissants et des humbles — ainsi que le général Amos Yaron, commandant israélien de la région de Beyrouth, qui arriva en grand uniforme. Sa présence n'avait rien que de très normal, car, au fond, Israël avait participé à l'élection de Béchir. De toute façon, cela faisait des mois à présent que de nombreux responsables israéliens, à commencer par le chef du Mossad, Yitzhak Hoffi, hantaient en toutes occasions les salons élégants de Beyrouth-Est. Le leader druze gauchiste, Walid Joumblatt, déplora d'un ton rogue la victoire du « candidat des tanks israéliens » et les dirigeants sunnites s'élevèrent contre l'élection d'un président libanais choisi pour la première fois de l'histoire du pays contre leurs vœux, sans aller toutefois jusqu'à dire que toute l'opération était illégale. Saeb Salam déclara : « Les fondations mêmes sur lesquelles le Liban a toujours existé ont été ébranlées. » Il n'y avait pas jusqu'au chauffeur de taxi maronite qui me ramena de Fayadieh à Beyrouth qui ne s'inquiétât de l'avenir. « C'est Israël qui l'a voulu », m'expliqua-t-il.

Entouré de son conseil de guerre, Béchir suivit le scrutin à la télévision, puis servit le champagne. « Rappelle-toi, déclara le père Naaman pour le taquiner, tandis que l'heureux élu et ses amis riaient à gorge déployée, rappelle-toi que tu n'as que six ans devant toi. » Il se trompait. Béchir n'avait plus en fait que vingt-trois jours à vivre.

Deux avions israéliens survolèrent la cérémonie funèbre, le ministre de la Défense, Ariel Sharon, vint brièvement jusqu'à la demeure familiale présenter ses condoléances et le nouveau chef du Mossad suivit le convoi, à Bikfaya, le 15 septembre. « Cette fois, nous l'avons vraiment bouffé », déclara-t-il en hébreu à un reporter israélien — voulant dire par là que les Israéliens avaient perdu leur meilleur contact libanais. Déjà, de nombreux Libanais, chrétiens et musulmans, accusaient Jérusalem de la mort de Béchir, sans vouloir écouter les protestations de Begin qui se déclarait secoué jusqu'au tréfonds de l'âme. En ce mercredi matin, les Forces libanaises s'étaient réunies chez les Gemayel et avaient décidé de soutenir la candidature d'Amine à la présidence. Ce dernier passa la journée à recevoir les condoléances, son visage gonflé de larmes à demi caché derrière des lunettes noires. Les visiteurs, à qui l'on demandait de bien vouloir laisser leurs armes avant de pénétrer dans la résidence, traversaient à la queue leu leu le petit jardin, avant de gravir les degrés de pierre. Les femmes s'arrêtaient devant une pièce sur la gauche où la mère, la femme et la belle-sœur de Béchir étaient assises bien droites, les yeux rougis ; les hommes contournaient un délicat balcon jusqu'au grand salon de réception, orné de poutres. (Cette ségrégation des sexes était certes typiquement maronite — mais elle était aussi très arabe.) De nombreux sièges étaient rangés contre les murs et Cheikh Pierre se trouvait assis à l'extrémité la plus éloignée de la porte. De temps en temps, un visiteur se levait et prenait congé, cédant la place à l'un des arrivants, invariablement accueilli par le patriarche du clan qui se levait et lui serrait la main. Tous les dirigeants du Liban, religieux et politiques, militaires et civils, défilèrent dans cette pièce au cours de la semaine. Cette union, qui fuyait les Libanais dans la vie, était redécouverte le temps d'un enterrement.

Le père Naaman, resplendissant dans sa chasuble à capuchon et son pectoral d'or, pleurait. Il me pria de l'excuser.

« Il ne faut pas avoir honte de pleurer un ami, lui dis-je espérant le mettre à l'aise, ce n'est pas un crime.

— Je suis perdu, sanglota-t-il. Je n'avais jamais pleuré de ma vie. »

Dans l'église de Saint-Abdo, plusieurs miliciens craquèrent et se mirent à tambouriner sur le couvercle du cercueil, jusqu'à ce que Solange d'abord, puis Amine intervinssent. Ils voulurent alors hisser ce dernier à bout de bras sur la bière, mais Amine, trépignant de colère, leur ordonna de cesser. Ils obéirent instinctivement. Les Forces libanaises avaient appartenu à Béchir, mais la politique libanaise est une affaire de clan. Quelles que fussent leurs appréhensions, Amine était à présent leur chef, bien qu'il n'eût jamais caché son mépris pour les sbires de son frère, car c'était bien ainsi qu'il les considérait. Il eut quand même suffisamment de sens politique pour déclarer dans son oraison funèbre : « Nous promettons aux fidèles de Béchir que sa marche vers un Liban meilleur continuera. Ils ont détruit son corps, mais son esprit et son désir de libération restent intacts. » Le patriarche maronite, qui ne comptait pas parmi les admirateurs du défunt, le compara à « un grand astre, à présent disparu du firmament libanais, un martyr pour son ambition de reconstruire le pays, un rêveur qui, comme tant de rêveurs, s'était heurté à la jalousie et à la haine ». Le mythe était né ; quarante jours plus tard, lors d'une cérémonie commémorative au conseil de guerre, que les participants comparèrent aux meetings nazis de Nuremberg dans les années trente, le père Naaman devait trouver exactement le ton voulu : « Nous le connaissions sous forme de tempête, de cyclone, de feu et de lumière, déclara le religieux. Il arrive qu'un individu incarne la quintessence d'un peuple entier, d'une nation entière, dans toutes ses aptitudes et ses désirs. Les Forces libanaises sont le bouclier du Liban, sa force et son orgueil. Lui nous a quittés pour devenir un mythe et un exemple. »

« Difficile à élire, facile à gouverner », avait estimé Pakradouni après la victoire de Béchir. « Facile à élire, difficile à gouverner », prédit-il après celle d'Amine. Avec Zahi Boustany et Joseph Abou Khalil, Pakradouni était parvenu à dominer le sentiment de sa perte pour s'occuper de faire élire le nouveau président. « Cette fois, c'était du cousu main, a-t-il confié plus tard. Ce sont les députés eux-mêmes qui sont venus nous trouver, sans qu'on ait eu besoin d'aller les chercher. » Six jours après la mort de Béchir, deux jours après la fin de la tuerie de Chatila, les mêmes députés remontèrent à Fayadieh pour élire Amine au premier tour, par soixante-dix-sept voix contre trois. Lors de son entrée en fonctions, le 23 septembre, son premier geste fut de rendre visite au conseil de guerre, devant lequel il s'engagea solennellement à se tenir prêt à marcher sur les traces de son frère, à se préparer même au « sacrifice suprême », comme l'avait fait Béchir. Il reçut un accueil assez tiède. On a même raconté que les militaires se défiaient à ce point d'Amine qu'il fallut faire venir Solange, aux premières heures du jour qui précéda l'élection, afin qu'elle leur assurât qu' « Amine est Béchir et Béchir est Amine ».

A première vue, la chance, une fois de plus, avait souri à l'aîné de la famille. N'était-il pas ce fils Gemayel, joli garçon et intelligent, qui avait épousé Joyce, fille de Jo « Zozo » Tyan, un homme qui, de sa vie, n'avait rien fait d'autre que d'hériter de plusieurs fortunes? N'avait-il pas ensuite été élu député dès l'âge de trente ans, ce qui est jeune au Liban, grâce au décès de son oncle Maurice Gemayel, dont il avait récupéré le siège? Et aujourd'hui, à quarante ans, Amine, l'un des principaux candidats du compromis aux yeux des musulmans, était président de la République. N'était-il pas entré à Fayadieh, bras dessus, bras dessous avec Saeb Salam qui agitait un gros cigare en direction de ses collègues parlementaires, comme pour dire : « La classe de 1943 est sortie du tombeau »? Vierge de toute compromission avec Israël, convaincu du besoin de s'entendre avec les musulmans, fort engagé dans les affaires, comme tout Libanais qui se respecte, Amine semblait incarner, de prime abord, un retour aux vieilles traditions du Liban des jours meilleurs.

Malheureusement, au début de son mandat, l'autorité du nouveau président ne prit effet qu'à Beyrouth-Ouest et non pas sur son propre territoire chrétien. Les Forces libanaises refusèrent de mettre bas les armes. Au bout de plusieurs semaines de pression, elles finirent quand même par sortir de Beyrouth-Est un véritable petit arsenal, qu'elles allèrent stocker dans les montagnes, au fond des monastères, églises et autres lieux. Cheikh Pierre passait son temps à prendre le parti des Forces libanaises auprès d'Amine et celui d'Amine devant le conseil de guerre. Le nouveau président en conçut un tel agacement qu'un beau jour, il demanda à un dignitaire étranger qui connaissait bien le Liban « d'aller trouver mon père pour lui dire que je suis adulte à présent ».

Rien, cependant, ne hérissait tant Amine que le refus obstiné que lui opposait le conseil de guerre, de remettre l'assassin de Béchir entre les mains de la Justice pour qu'il fût jugé. Ses membres tenaient à garder Habib Tanios Chartouny dans leur propre geôle, ce qui, évidemment, ne faisait que souligner à quel point ils se méfiaient d'Amine et de ses œuvres. D'aucuns ont suggéré que, s'ils préféraient ainsi tenir entre leurs mains ce jeune homme de vingt-six ans, c'était parce qu'il avait impliqué les Forces libanaises dans l'assassinat : on avait là un bon exemple du genre de logique tordue que les Libanais avaient appris à ne jamais totalement rejeter. Car enfin, comment croire que les services de sécurité si hautement vantés du mouvement de Béchir aient pu flancher au point de permettre à un tueur d'éliminer leur chef à l'intérieur même du siège principal du parti ? Et ce n'était pas la seule question. Tout le monde savait parfaitement que Chartouny et toute sa famille étaient membres à part entière du Parti populaire syrien (PPS), les vieux rivaux chrétiens de la Phalange. Pourtant, Chartouny, sa sœur et ses grands-parents habitaient encore l'immeuble où était logée la branche d'Achrafieh ; ils occupaient en fait l'appartement situé juste au-dessus. Jean Nader les en avait expulsés durant la guerre civile, mais depuis, la famille avait été autorisée à réintégrer son domicile. (Selon certains on-dit, Nader avait volontairement fermé les yeux sur les risques que comportait cette situation, parce qu'il avait une liaison avec la jolie petite sœur de Chartouny.) Les Forces libanaises s'en voulurent tellement de leur propre sottise qu'elles envoyèrent des hommes jusqu'au village de Chartouny, dans le Chouf, lesquels ravagèrent le cimetière et malmenèrent les habitants, repartant toutefois sans avoir tué personne.

Les Forces libanaises eurent de la chance d'avoir affaire à un assassin comme Chartouny qui ne fit pas preuve d'une grande intelligence dans la façon dont il exécuta son crime. Il avait, en effet, déjà installé le détonateur électronique japonais, télécommandé, qui devait lui permettre de provoquer l'explosion, lorsqu'il s'avisa du fait que sa propre sœur et un de leurs amis, avec ses parents, se trouvaient encore dans l'immeuble. Il téléphona aussitôt à sa sœur et lui ordonna de partir sans tarder pour la place Sassine, un des grands carrefours de Beyrouth. Elle obéit, mais elle fut si bouleversée lorsqu'elle comprit qu'elle venait d'échapper à la mort, que quelques minutes à peine après l'explosion, elle expliquait d'une voix hystérique à qui voulait l'entendre qu'elle avait eu une chance miraculeuse. Ce ne fut pas le cas des autres. Chartouny avait mis au point une histoire qu'il comptait débiter aux parents de son ami : il leur annoncerait que leur fils était à l'hôpital et qu'ils devaient tous trois se rendre immédiatement à son chevet. Malheureusement pour eux, ce fut l'ami lui-même qui répondit et Chartouny, craignant qu'il ne reconnût sa voix, raccrocha sans rien dire. Toute la famille périt en même temps que Béchir.

Il ne fut pas facile, cependant, de persuader Chartouny de se mettre à table. Arrêté presque aussitôt, grâce aux propos inconsidérés de sa sœur, il commença par résister à tous les interrogatoires. Au bout de quatre jours de détention, à Bikfaya, il parvint même à s'échapper, mais il fut repris dans la banlieue côtière de Jal al-Dib. Ce fut alors qu'il passa aux aveux — sur cassette vidéo, par-dessus le marché, selon certains informateurs qui assurent qu'un jour, les Forces libanaises remettront toutes ces preuves à la Justice.

*
**

D'après ce que l'on a pu reconstituer, Chartouny croyait sincèrement que la charge explosive servirait simplement à effrayer Béchir et non à le tuer. Comme il l'expliqua à ceux qui l'interrogeaient, il voulait faire comprendre au président qu'il était aussi vulnérable que n'importe quel autre Libanais. Cependant, lorsqu'on passa des détails techniques aux autres aspects de l'affaire, Chartouny répéta sur tous les tons qu'il ne savait absolument pas qui se cachait en définitive derrière cet assassinat. Le PPS l'avait recruté en 1979, à Paris, où il poursuivait ses études. Un des chefs militaires du parti lui avait fourni les explosifs et le détonateur et, peu après l'explosion, était passé en Syrie. On suggéra que l'OLP, ou en tout cas un de ses éléments, était mêlée à l'affaire, ainsi qu'une partie des nombreux services de renseignements opérant en Syrie.

Les Forces libanaises dénoncèrent elles aussi l'OLP qui avait autant de raisons que la Syrie (ou que Franjié) de vouloir la mort de Béchir. Aux yeux des Palestiniens, en effet, ce dernier était le véritable responsable de toute une série de massacres et c'était son alliance avec Israël qui avait fourni à Begin et Sharon le prétexte nécessaire pour envahir le Liban et humilier l'OLP. Quelle douce vengeance, donc, pour ces Palestiniens que les maronites avaient si souvent accusés d'être la cause unique des maux de leur pays, que de prouver qu'en fait, c'étaient les Libanais eux-mêmes qui étaient ingouvernables. Car, abstraction faite de tout autre résultat, la mort de Béchir fut suivie d'une reprise de la lutte intercommunautaire, qui prouva amplement cette vérité. Cette disparition soulignait aussi un autre des arguments classiques de l'OLP : les Arabes qui frayaient avec Israël finissaient toujours assassinés. La grosse faiblesse de cette thèse « palestinienne », cependant, c'était que l'OLP, de son propre aveu, n'avait jamais réussi à noyauter les Forces libanaises ; c'eût donc été un véritable miracle pour elle que d'y être parvenue juste au moment où les fedayin étaient au comble de la débandade. Or, les miracles, les Palestiniens n'y croyaient guère. Et puis, le résultat le plus immédiat de la mort de Béchir Gemayel, ce fut indéniablement le massacre de Chatila.

L'opération avait été montée de façon professionnelle, compartimentée, et pour le rôle de meneur de jeu, on n'avait que l'embarras du choix. Soleiman Franjié, par exemple, me déclara — en accumulant les mensonges —, lorsque je parvins à franchir les lignes tenues par les Forces libanaises, les Syriens et finalement par les Marada, pour aller le voir dès le lendemain des obsèques de Béchir — que ce n'était pas lui qui avait tué ce dernier, ni qui l'avait fait tuer : « Malheureusement, je ne suis pas responsable de cet acte vengeur », me dit-il, le visage éclairé par une expression de joie mal dissimulée. C'était pour cette raison, d'ailleurs, m'expliqua-t-il, qu'il ne portait toujours pas le deuil, parce que, à ses yeux, Tony et les siens n'était pas vengés. Contemplant depuis sa demeure d'Ehdene la vallée de la Qadicha. Soleiman ajouta : « Nous avons essayé, depuis 1978, mais nous n'avons jamais eu de chance. »

A présent que Béchir était mort, se tiendrait-il quitte et épargnerait-il Amine et Cheikh Pierre ?

« Absolument pas », répondit-il, avant de me préciser soigneusement que l'on devait exercer sa vengeance personnellement. Aux yeux de Soleiman, la mort de Béchir ne comptait même pas.

« Dieu est grand, déclara-t-il, et c'est tout ce que j'ai à dire, puisque notre tradition nous oblige à respecter les morts. »

Allait-on pouvoir ensevelir enfin Tony et sa famille ?

« Malheureusement, non, répondit-il, parce que, comme il me l'avait déjà expliqué — de façon suffisamment détaillée, lui semblait-il — on ne peut ensevelir les victimes que lorsque l'on a exercé sa vengeance. »

Soleiman me fit remarquer, fièrement, l'exactitude de sa prophétie : « J'ai dit, tout de suite après son élection, que Béchir ne vivrait pas assez longtemps pour prendre officiellement ses fonctions. »

Comment l'avait-il su ? demandai-je.

« Ce fut une inspiration divine. Je suis proche du Seigneur. » (En fait, le bruit courut que les Syriens avaient précisément fait cette promesse à Soleiman, lorsqu'il s'était rendu à Damas peu après l'élection de Béchir.) Pour achever de me convaincre de son innocence, il me précisa que le soir de l'attentat, il était allé se coucher tôt, en maugréant : « Tant pis ! », lorsque la radio avait d'abord annoncé que l'on avait sorti Béchir indemne des décombres. C'était sa fille, Lamia, qui était venue lui apporter la nouvelle de cette « agréable surprise ».

« J'ai été réveillé, à minuit passé, par des coups de feu. C'est une coutume ici, de tirer en l'air en signe de joie, pour célébrer les grandes occasions ; mais ce ne fut que lorsque Lamia me plaqua sur le visage un gros baiser, sonore et chaud, que je compris que Béchir était mort. »

Techniquement parlant, du reste, cet assassinat choquait ses critères de puriste. Jouant machinalement avec un chapelet en bois, les yeux fixés sur le tapis vert qui recouvrait la table, Soleiman me confia à quel point l'utilisation des explosifs lui déplaisait : « Moi, je suis partisan du face à face, et non pas de cette façon de tuer les gens par-derrière. »

En fait, dans les propos que venait de me tenir Franjié, il y avait, semble-t-il, peu à prendre et beaucoup à laisser. Lamia, Sonia et son mari, et Robert avaient assisté, à ce qu'on me dit, dans la chapelle d'Ehdene, à une messe spéciale, à la mémoire de Tony et de sa famille, dès deux heures du matin, lorsqu'ils avaient appris la mort de Béchir. D'ailleurs, je me rappelai, à la réflexion, que Sonia était vêtue de noir lorsque je m'étais présenté chez les Franjié, au lendemain de l'assassinat. Pour la jeune génération du clan Franjié, en tout cas, il semblait que trop fût trop. Leur attitude était dictée, en partie, par la réalité. Ils devaient leur sécurité à la présence de l'armée syrienne, laquelle avait été sérieusement mise à mal durant les récents combats et allait vraisemblablement se retirer, à un moment quelconque, et les laisser sans protection. Déjà, on commençait à contester très sérieusement l'autorité de Soleiman au Nord-Liban. En dépit d'une déclaration émise à la veille de l'élection présidentielle, avertissant que le patriarche du clan considérerait quiconque voterait pour Gemayel comme responsable de la mort de son fils, onze des dix-huit députés de la région, y compris des maronites de Zghorta, avaient osé le braver. Soleiman fit raser la gracieuse demeure de Fouad Ghosn, le député de Batroun, sur la côte, mais il n'osa pas punir les deux députés de Zghorta qui avaient voté pour Béchir et encore moins faire sauter leurs maisons.

Quelques jours à peine après l'élection d'Amine et son discours inaugural, dans lequel il proposait d'oublier le passé, Soleiman Franjié ravala son orgueil et cessa de menacer d'exterminer le reste du clan Gemayel. A première vue, il n'avait guère le choix : les Syriens lui avaient envoyé un émissaire chargé de lui faire clairement comprendre qu'ils avaient l'intention de traiter avec Amine. Néanmoins, quelques habitués de Zghorta assuraient que Soleiman n'avait accepté cette réconciliation que pour mieux bercer les Gemayel d'un faux sentiment de sécurité et pouvoir ainsi se rapprocher davantage de sa proie. Certains Libanais se répétaient d'un air réjoui le coup de téléphone que Sonia aurait, paraît-il, passé à Solange pour lui présenter ses condoléances : « Je suis ravie d'apprendre que Béchir est mort et désolée que ce ne soit pas nous. Il y aura d'autres veuves en grand deuil, quand nous y arriverons. »

Toutes ces théories cadreraient assez bien avec certaines rumeurs persistantes, assurant qu'un officier de l'armée libanaise, originaire de Zghorta, aurait, avec l'aide de miliciens du PPS, tendu une embuscade le long de la route qui va de Beyrouth à Bikfaya, le jour même de la mort de Béchir. Cela permettrait d'établir un lien entre le PPS, Chartouny et Zghorta, tous unis dans le même complot anti-Gemayel, et d'établir de surcroît un autre lien entre ces trois conspirateurs et leur protecteur commun, la Syrie.

Les Palestiniens, eux, ont tenté de prouver que les responsables de la mort de Béchir n'étaient autres que les Israéliens et leurs amis chrétiens. Certains chrétiens du Liban étaient d'ailleurs de leur avis : « Tous les lieutenants de Béchir étaient sur la longueur d'onde israélienne », m'a assuré un homme d'affaires chrétien qui connaissait bien leur façon de penser. Et, à l'en croire, leur mobile n'était pas bien compliqué. Les Israéliens étaient mécontents de la nouvelle indépendance que manifestait Béchir, de son flirt avec les Américains, de sa tentative de devenir un grand leader national au détriment de son alliance avec eux. Plutôt que de l'éliminer eux-mêmes, ils laissèrent tout simplement faire la nature — c'est-à-dire qu'ils encouragèrent ses miliciens à se débarrasser de lui. En parlant, comme il l'avait fait, de dissoudre sa milice et de former une armée nationale de soixante mille (voire cent mille) hommes, Béchir s'était condamné lui-même. Les Forces libanaises avaient frappé pour protéger leur puissance.

Le défaut de ce raisonnement-là, c'était que personne n'avait jamais vraiment cru que Béchir allait effectivement dissoudre sa milice. Celle-ci serait sûrement restée, sous une forme quelconque, sa garde prétorienne. Les miliciens n'avaient donc rien à gagner en l'éliminant. Non plus d'ailleurs, en toute logique, que les Israéliens. Begin avait manifesté une colère sincère, lors de son entrevue avec Béchir à Nahariyya, mais Sharon avait par la suite rendu visite au nouveau président libanais élu et lui avait pour ainsi dire présenté des excuses officielles pour l'éclat de son Premier ministre. En apparence, tout au moins, les Israéliens tenaient en la personne de Béchir Gemayel un excellent investissement et ils avaient toutes les raisons de croire que les relations futures entre leurs deux pays pourraient devenir tout à fait pacifiques, même en l'absence d'un traité de paix officiel. Et si Israël décidait finalement de prendre l'autre voie, d'affaiblir et de diviser le Liban, Béchir n'avait guère de chances de pouvoir l'en empêcher, car on accordait sans hésiter aux Israéliens la capacité de le faire disparaître plus tard, au bout de quelques mois au pouvoir, s'il s'avérait être un danger pour eux. Les poisons de la vie libanaise étaient faciles à activer. De toute façon, ils avaient tout leur temps pour faire plier Béchir. Alors pourquoi perdre ainsi espoir et l'éliminer avant même qu'il fût entré en fonctions, précipitant ainsi l'élection de son frère qui n'avait pour eux que la plus profonde méfiance ? Pour ceux qui restaient convaincus que les Israéliens avaient tué Béchir, de vieux vestiges d'antisémitisme et la défiance qu'ils nourrissaient instinctivement envers Israël avaient tendance à tenir lieu de véritable analyse. Les Palestiniens n'étaient pas les seuls à apprécier le célèbre dicton : « Je l'ai tué et j'ai marché derrière son cercueil. »

Ce qui semblait plus plausible, en revanche, même à ce moment-là, c'était que les Israéliens n'avaient pas eu grand mal à persuader leurs amis au sein des Forces libanaises de prendre part à l'opération de Chatila. Cela faisait près d'une semaine que les services de renseignements israéliens assuraient aux Libanais que les Palestiniens projetaient de tuer Béchir. Et puis voilà qu'il était mort. Selon la vision un peu simpliste des miliciens chrétiens, il fallait bien que les Palestiniens y fussent pour quelque chose. En butte aux sarcasmes des Israéliens parce qu'ils refusaient de se joindre aux combats, les Libanais tombèrent dans le panneau. Privés de Béchir, leurs chefs se révélèrent être des imbéciles, bornés et malléables. Lorsqu'un conseiller politique de la Phalange, qui avait joué un rôle important dans l'élection d'Amine, demanda pourquoi il n'avait pas été informé de l'attaque contre Chatila, Fady Frem, le commandant en chef des Forces libanaises, lui répondit d'un air penaud : « Oh, nous savions que vous étiez débordés de travail et nous n'avons pas voulu vous déranger. »

Un an plus tard, les responsables de la mort de Béchir et du massacre de Chatila n'ont toujours pas été punis. Chartouny paiera très probablement son forfait de sa vie, mais il est beaucoup moins certain que ses juges parviendront à établir quels ont été les véritables instigateurs de cet assassinat. Quant aux responsables du massacre, ils échapperont probablement à tout châtiment, si bien connus que soient plusieurs d'entre eux au sein des Forces libanaises — les Joe Eddé, Michel Zouein, Maroun Machalani, Elie Hobeika... Leur véritable punition c'est la dissension qui s'est déjà fait jour dans leurs rangs, due moins aux tensions entre factions rivales qu'à l'absence d'un vrai chef. Car, malgré la propension naturelle des Libanais à l'individualisme et aux disputes, Béchir savait tenir en main son organisation. Ce ne fut qu'après sa mort qu'il devint évident que les divers groupes qui composaient les Forces libanaises — les politiciens rivaux, les seigneurs de la guerre subalternes, les groupes économiques, les moines — s'imaginaient tous que Béchir était exclusivement « à eux ». Sans lui, ils paraissaient encore assez fort, et *sont* d'ailleurs assez forts, pour défier Amine et l'Etat. Finalement, en février 1983, Amine prit par les cornes le taureau des Forces libanaises ; celles-ci, après bien des tergiversations, laissèrent l'armée libanaise pénétrer dans Beyrouth-Est et les banlieues chrétiennes. Dorénavant, l'autorité du président n'était plus limitée à Beyrouth-Ouest. Cependant, les toutes dernières pages de l'histoire maronite semblent indiquer que de nouveaux affrontements sont inévitables. Pas davantage que Béchir en 1980, les miliciens ne peuvent se permettre de fermer des ports ou de cesser d'imposer des taxes spéciales. A six ans de distance, les Forces libanaises jouent auprès d'Amine le jeu que jouait Béchir contre Sarkis.

Le politicien phalangiste qui méditait, au début de ce chapitre, sur le coup d'Etat prolongé de son parti, devait conclure ses réflexions sur une note bien sombre : « Vous savez, me dit-il, si les assassins de Béchir voulaient vraiment vouer notre pays à sa perte, ils n'auraient qu'à éliminer Cheikh Pierre. Il n'y a plus que lui, à présent, qui empêche le Liban de voler en éclats. »

5

DÉSINVOLTURE AMÉRICAINE

« Les chiens, les chiens ! » glapit-elle d'une voix soudain grimpée vers le suraigu, étranglée par le sentiment d'outrage, d'humiliation, de ressentiment qui lui revenait en mémoire dans toute sa violence initiale. Sonia Racy, la deuxième fille de l'ancien président de la République libanaise, se redressa sur son siège.

« Non, mais vous vous rendez compte ? Le président Franjié arrive à l'aéroport Kennedy, en 1974, pour parler au nom de la Ligue arabe, pour présenter la cause palestinienne et Yasser Arafat aux Nations unies. Et qu'arrive-t-il ? »

Elle était hérissée de colère. Et c'était moi qui, en toute innocence, lui avais demandé de se replonger dans le passé, de se remémorer les relations de son père avec les Etats-Unis. « Qu'arrive-t-il ? On fait renifler les bagages du groupe présidentiel à des chiens. Non pas une, non pas deux fois, mais trois ! » Sa voix remontait dangereusement. « Quand le président l'a appris, il était au bord de l'apoplexie, permettez-moi de vous le dire. Vous imaginez un peu ! Accompagné par deux anciens présidents de la République, trois anciens présidents de l'Assemblée nationale, quatre anciens Premiers ministres — l'élite politique libanaise au grand complet, représentant les dirigeants des dix-neuf membres de la Ligue arabe. Les chiens, les chiens ! » Elle n'avait pas besoin de s'expliquer davantage, car quiconque connaît les Arabes sait qu'ils considèrent le chien comme un animal dégoûtant et, sur ce chapitre, les maronites sont de vrais Arabes.

Il ne fallait plus songer à calmer, ni à interrompre Sonia Racy, à présent qu'elle était lancée dans l'évocation de cette journée de novembre 1974 à New York. Des agents trop zélés du Bureau des narcotiques avaient utilisé des chiens pour s'assurer que les bagages du groupe Franjié ne contenaient pas de haschich, exportation illicite, certes, mais néanmoins la plus importante du Liban, qui rapportait, estimait-on déjà à l'époque, plus de trois cents millions de dollars au fils du président, Tony, entre autres — entre beaucoup d'autres. Selon un tuyau confidentiel qu'avaient reçu les spécialistes des narcotiques à l'ambassade des Etats-Unis à Beyrouth, il existait un projet de faire passer du haschich en fraude à bord de l'avion présidentiel et ils avaient, comme l'exigeait la routine administrative, communiqué ce renseignement au Bureau des drogues dangereuses à Washington. Mac Godley, l'ambassadeur des Etats-Unis au Liban, avait alerté le secrétaire particulier de Franjié, Boutros Dib, qui lui promit que les services de sécurité libanais examineraient les bagages du groupe présidentiel avant qu'ils fussent chargés à bord de l'appareil. En fait, à l'insu de Franjié, des représentants de l'ambassade s'étaient arrangés pour assister à cet examen. L'ambassadeur adressa alors à Washington un télégramme leur enjoignant de ne pas insister davantage, mais le fonctionnaire chargé des affaires libanaises au Département d'Etat dormait à son poste et oublia d'en informer le Bureau des drogues dangereuses. « Les gars des narcotiques n'étaient pas très futés, devait me déclarer un membre de l'ambassade quelques années plus tard, parce qu'il aurait été difficile d'imaginer une pire insulte. »

Franjié refusa d'accepter les excuses verbales du président Ford. Il stipula que l'ambassadeur américain ne serait autorisé à reparaître à Beyrouth qu'à condition que lui-même eût reçu des excuses écrites officielles et il resta plus que jamais convaincu que le gouvernement des Etats-Unis voulait sa peau.

« Ne me racontez pas que c'était encore un coup du sort ou une erreur bureaucratique, continua Sonia. Pourquoi aller tout mettre sur le dos d'un pauvre petit fonctionnaire ? » demanda-t-elle d'un ton péremptoire, en me montrant bien à quel point elle méprisait cette façon de fuir ses responsabilités.

« Mais les erreurs, ça existe, protestai-je. Il n'y a que les étrangers, expliquai-je adroitement, pour être convaincus qu'aux Etats-Unis tout marche comme sur des roulettes. »

L'époux de Sonia, Abdullah Racy, tenta de me venir en aide : « Même s'il y avait eu du haschich dans l'avion, déclara-t-il, ils n'auraient jamais dû intervenir — raison d'Etat. »

Aussitôt, Sonia se mit à énumérer toutes les autres « erreurs » américaines. « Godley envoyait à Washington des rapports quotidiens qui cherchaient à faire croire que les chrétiens du Liban étaient un ramassis de décadents, comme la clique de Mme Nhu au Vietnam, que personne n'aimait le président, que la famille s'enrichissait, que Tony gagnait des millions en tant que ministre », déclara-t-elle, répétant très exactement ce que beaucoup de Libanais, chrétiens et musulmans, avaient dit, en effet, du sextennat de son père. « C'est Godley qui a noirci le président, en racontant à Washington que l'élite chrétienne faisait fortune, tandis que le peuple mourait de faim. »

Presque immédiatement, cependant, elle en revint à ce qui la préoccupait véritablement — les chiens. « C'était un camouflet, une insulte, et pas seulement au président, mais à toute la Ligue arabe, infligée non par le seul Godley, mais par tout le gouvernement Ford. »

Il eût été plus exact de dire que l'absurde incident de l'aéroport Kennedy n'était que l'un des plus curieux parmi tous les malentendus dont étaient truffées les vingt-cinq années de relations bilatérales américano-libanaises. Tels deux interlocuteurs conversant dans une langue étrangère à tous deux — et qui prétendent l'un et l'autre la parler mieux qu'ils ne le font vraiment — les dirigeants chrétiens et les Américains s'étaient maladroitement fourvoyés dans la tragédie. A chaque étape nouvelle, les Américains étaient persuadés que leur message avait été reçu cinq sur cinq. Les dirigeants libanais, de leur côté, n'aimaient pas ce qu'ils entendaient et refusaient donc de le croire, préférant remodeler la conversation à leur convenance. Aucun des deux n'eut conscience de l'abîme qui les séparait, avant qu'il ne fût trop tard. Humilié et contrit, après une série de revers qui allaient du Vietnam à Watergate, le gouvernement des Etats-Unis n'était pas, dans les années soixante-dix, d'humeur à tenter le genre d'aventure auquel songeaient les chrétiens du Liban. Ce qui n'empêchait nullement ces derniers d'être automatiquement convaincus — au point de refuser d'en démordre — que les Américains avaient accepté une fois pour toutes la responsabilité de défendre leur pays, ce qui faisait d'eux les derniers représentants en date d'une longue lignée de protecteurs occidentaux qui remontait aux croisés. S'étant finalement lassés de ce dialogue de sourds, les Etats-Unis se lavèrent les mains du Liban et de tout ce qui s'y rapportait, sans toutefois se donner la peine de le faire officiellement savoir. De toute façon, aucun des hommes qui comptaient à Washington ne manifestait le moindre intérêt à ce sujet, en dépit de certaines déclarations de pure forme, promettant de soutenir l'indépendance, la souveraineté et l'intégrité territoriale du Liban. Lorsque les autorités américaines se rendirent enfin compte de l'importance de l'enjeu, il était trop tard. Etant elles-mêmes impuissantes, elles ne firent rien pour empêcher les deux ennemis mortels du Moyen-Orient, Israël et la Syrie, de se partager le Liban. Certains Libanais, particulièrement soupçonneux, allèrent même jusqu'à affirmer que c'étaient les Etats-Unis qui avaient organisé la curée. Evidemment, on n'appelait pas ça comme ça ; on vantait au contraire le projet, en expliquant que c'était la seule façon de stabiliser le pays. Peut-être même n'y eut-il personne à Washington pour en évaluer les véritables conséquences. Toujours est-il que, six ans plus tard, le résultat est là.

Je ne m'étonnais plus, en tout cas, d'avoir eu tant de mal à approcher les Franjié. J'avais tenté de mettre un premier entretien sur pied, en 1980, mais, après des heures de dur labeur, j'avais finalement dû m'avouer vaincu par le réseau téléphonique antédiluvien. (Cela aussi est un des thèmes de l'histoire libanaise : le mauvais état du système téléphonique était antérieur à la guerre civile et beaucoup de Libanais assuraient que la faute en incombait à Tony Franjié, ministre des Télécommunications au début des années soixante-dix ; il était accusé d'avoir empoché des sommes colossales pour l'élaboration d'un vaste projet de modernisation, resté lettre morte. Quant à la retransmission télévisée par satellite, elle avait été retardée de dix ans, lorsque les clients en puissance, notamment les chaînes américaines, avaient refusé de payer les coûts d'installation et d'utilisation exagérés que Tony leur réclamait comme dessous de table.) En cette première occasion, j'étais allé jusqu'à me présenter chez l'ex-président sans invitation officielle. Il se trouvait alors dans son fief, à Ehdene, sa résidence d'été. On ne risquait pas de se perdre en route, car sur des kilomètres, le long édifice, clair et bas, était annoncé par des poteaux indicateurs fraîchement repeints en blanc et bleu, beaucoup mieux entretenus que ceux qui indiquaient le palais présidentiel près de Beyrouth. A travers les rues ornées de posters en couleur de Tony, le fils assassiné avec sa femme et sa fille, je gagnai directement les grilles de la résidence. J'y fus dévisagé d'un air soupçonneux par des gardes armés qui, après un intervalle que je trouvai d'une longueur indue, daignèrent céder à mes supplications et porter ma carte de visite à l'intérieur. Cette fois-là, cependant, je ne dépassai pas l'antichambre, où j'expliquai ce que je venais faire ; on m'écouta poliment, mais on me renvoya néanmoins bredouille, avec le mépris que la maison Franjié réservait à tout ce qui était américain.

Des négociations prolongées, par l'entremise de Libanais influents — et d'innombrables heures pendu à ce téléphone horripilant — me furent nécessaires avant que la famille consentît à se laisser fléchir et à me donner enfin accès au « président ». Là-haut, dans ses montagnes, Soleiman Franjié avait gardé son titre.

S'il m'avait été bien difficile à moi de parvenir à voir Franjié plusieurs années après qu'il eut quitté la fonction suprême, lorsqu'il était encore au pouvoir, durant les combats de 1975-1976, la chose avait été quasiment impossible au gouvernement des Etats-Unis. Si son père avait entretenu de meilleurs rapports avec Mac Godley, me hasardai-je à demander à Sonia, les Etats-Unis auraient-ils pu contribuer à mettre un frein à la violence ? J'aurais mieux fait de me taire. « Ce n'est pas nous qui sommes hostiles aux Etats-Unis, rétorqua-t-elle. Si la situation au Liban a été telle qu'elle était, c'est par la faute de la politique américaine. Telle est en tout cas notre vérité et nous continuerons à y croire, jusqu'à preuve du contraire. »

Au Liban, le message quelque peu sibyllin de Sonia Racy ne nécessitait pas le moindre décodage. On trouvait en effet, emberlificoté dans cette déclaration, l'héritage paranoïaque des maronites : chassés de Syrie par d'autres chrétiens (détail qu'ils aimaient mieux taire pour insister plutôt sur les persécutions mythiques infligées par les musulmans — les treize cents années passées à supporter la présence envahissante de l'Islam, depuis l'isolement qu'ils s'étaient imposé dans les montagnes), fiers de leur réputation d'indépendance, les maronites sont passés maîtres dans l'art d'exploiter toutes les possibilités sous un aspect d'angélique sincérité. Ils partagent aussi avec les autres Libanais un besoin fataliste de se raccrocher aux étrangers, et tout spécialement aux Occidentaux, au-delà des mers. Les musulmans, eux, se tournent évidemment vers le monde arabe pour s'assurer un soutien susceptible de faire contrepoids à l'intérêt de l'Occident pour les chrétiens. Pour maladroite que fût sa façon de s'exprimer, Sonia s'efforçait de formuler l'article de foi maronite, qui affirmait que les Etats-Unis étaient moralement tenus d'aider les chrétiens quoi qu'il advînt.

Pour reprendre le jargon de l'endroit, le Liban pro-occidental était-il censé être « le porte-avions économique » des Etats-Unis en Méditerranée, exactement au même titre que son voisin Israël en était « le porte-avions politique » ? Les Etats-Unis qui, avant la Seconde Guerre mondiale, ne possédaient pas d'intérêts vitaux au Levant étaient en passe de reprendre à leur compte la mission économique, politique et culturelle abandonnée par la Grande-Bretagne et la France, à mesure que leur influence périclitait, surtout après l'humiliant épisode de Suez, en 1956. Quoi de plus normal que de voir les Américains reprendre ainsi le flambeau lâché par ses alliés ? Désormais les puissances étrangères achetaient les élections libanaises, exactement comme elles avaient, depuis un siècle, intrigué et exercé leur influence de tant d'autres façons. Pourquoi en faire toute une histoire ? En 1976, William Colby, alors directeur de la CIA, n'avait-il pas déclaré sous serment devant le Congrès que son agence avait fourni, dans les années cinquante, des armes et de l'argent aux phalangistes et au parti arménien Tachnag ? Ces activités de la CIA étaient le fruit d'une politique à l'honneur pendant la guerre froide, qui consistait à utiliser les minorités pro-occidentales dans la lutte contre le communisme. Les chrétiens du Liban se considéraient indéniablement comme faisant partie du « monde libre ». C'était même une expression qu'ils continuèrent à utiliser sans la moindre fausse honte, longtemps après qu'elle eut pris aux Etats-Unis, déboussolés par les excès de leurs propres présidences impériales, un sens quelque peu péjoratif.

Les activités de la CIA au Liban, dans les années cinquante, étaient si universelles que, bien des années plus tard, un ancien ambassadeur des Etats-Unis dans ce pays me fit remarquer : « Nous achetions les gens au prix de gros. Je ne serais pas surpris d'apprendre que tous les hommes importants du Liban étaient payés par la CIA, même si j'exigeais d'en voir la preuve. » C'était justement des preuves de cet ordre que prétendait fournir Wilbur Crane Eveland, ancien agent de la CIA au Moyen-Orient, dans son livre *Ropes of Sand,* publié en 1980, en dépit des efforts des services de renseignements américains pour en différer la distribution. Eveland dépassait de très loin les déclarations de mon ancien diplomate quand il s'agissait de confirmer ce que tous les enfants du Liban savaient de toute façon. Sous prétexte de lutter contre le communisme et le nationalisme arabe, tous deux suspects à John Foster Dulles, secrétaire d'Etat, et à son frère Allen, directeur de la CIA, celle-ci finança les élections législatives libanaises de 1957. Eveland a écrit que l'ambassadeur des Etats-Unis, à l'époque Donald Heath, avait insisté sur un financement à saturation pour venir à bout de sept puissants politiciens qui avaient démissionné de leurs fonctions de députés pour protester contre la politique pro-américaine du président Chamoun. Heath exigea aussi que Charles Malik, ministre des Affaires étrangères, dont les convictions pro-américaines frisaient le ridicule, se présentât à ces élections. Selon Eveland, cette seule opération coûta à la CIA la bagatelle de vingt-cinq mille dollars pour les frais de campagne électorale, plus vingt-cinq mille autres réclamés par Chamoun pour dédommager l'adversaire malheureux du candidat américain. En fait, les fonds avancés par la CIA pour les divers graissages de pattes furent distribués par Chamoun lui-même. Tout au long de la campagne électorale, Eveland se « rendit régulièrement au palais présidentiel, avec une serviette bourrée de livres libanaises, regagnant tard le soir l'ambassade », où la CIA la remplissait à nouveau. « Bientôt ma De Soto or à toit blanc était garée presque en permanence devant le palais et je proposai à Chamoun de passer par un intermédiaire que je rencontrerais dans un endroit moins voyant, s'est rappelé Eveland. Mais le président semblant tenir à se charger personnellement et tout seul de chaque transaction, je me résignai à l'idée que tous les Libanais que ces histoires préoccupaient n'auraient probablement aucun mal à deviner exactement ce que je faisais. »

Comme on pouvait s'y attendre, les candidats de Chamoun obtinrent une victoire écrasante, avec une marge si extravagante que quelques plaisantins proposèrent de créer un sénat pour apaiser les rivaux vaincus du président, privés de leurs sièges normalement assurés à la Chambre des députés. Persuadés que Chamoun allait désormais demander au parlement d'amender la Constitution, de façon à ce qu'il pût se succéder à lui-même, puis de lui accorder un second mandat, ses adversaires sollicitèrent l'appui des Egyptiens et des Syriens. En mars 1958, la crise avait dégénéré en guerre civile. En juillet, des Marines américains débarquaient au Liban — pas tellement pour aider Chamoun que pour consolider les autres régimes arabes pro-occidentaux du Moyen-Orient, secoués par le coup d'Etat militaire qui venait de renverser la monarchie irakienne, pourtant protégée par la Grande-Bretagne. L'Irak était, bien sûr, synonyme de pétrole et les Etats-Unis craignaient que la révolution irakienne ne s'étendît à tout le monde arabe, menaçant ainsi les intérêts pétroliers occidentaux dans cette partie du monde. Aux yeux des Américains, le Liban était un problème de second ordre.

La présence au Liban des Marines américains interrompit net les combats et permit à Chamoun de remplir son mandat jusqu'au bout. Il fut, cependant, fort déconfit d'avoir pour successeur Fouad Chehab, commandant en chef de l'armée, qu'il avait accusé de ne pas vouloir utiliser ses troupes pour mater les rebelles. Avec la bénédiction des Américains, Chehab se rabibocha avec l'Egypte, dont le gouvernement continua à exercer à Beyrouth, pendant des années, une influence véritablement proconsulaire. Il se désolidarisa des attitudes pro-occidentales les plus intransigeantes du gouvernement précédent et adopta une politique étrangère neutraliste qu'il estimait mieux adaptée au statut de l'Etat libanais, ce pays mi-chrétien, mi-musulman au milieu du monde arabe.

A la fin de l'été, les quatorze mille Marines avaient refait leurs paquetages et regagné les navires de la VIe Flotte. Le rapport officieux des Américains sur cette opération exprimait par-dessus tout un immense soulagement à l'idée d'avoir pu se sortir sans plus de mal de ce guêpier presque entièrement de leur fabrication. Cependant, quiconque se donnait la peine d'aller un peu au fond des choses n'était pas particulièrement satisfait de ce qu'il voyait : « Les spécialistes du Moyen-Orient — parmi lesquels figuraient les frères Dulles — se rendaient compte que Chamoun nous avait roulés, rapporte un diplomate américain en activité au Moyen-Orient à cette époque. 1958 était une véritable révolution libanaise. En envoyant nos Marines, nous avons bloqué son évolution naturelle qui passait par un pouvoir politique accru pour les musulmans. » Washington n'était pas d'humeur à encourager les révolutions — non plus que les évolutions, d'ailleurs — même dans un pays aussi pro-occidental que le Liban. Tout comme ils réagirent, vingt ans plus tard, après la guerre du Vietnam, contre les interventions à l'étranger, ainsi, en 1958, les Etats-Unis cessèrent brutalement de s'intéresser à ce qu'ils considéraient comme la sordide et levantine complexité de la politique intérieure libanaise : « Au fond, bien peu de membres de l'establishment américain s'intéressaient véritablement au Liban, en dehors des missionnaires et, peut-être, de quelques spécialistes du pétrole, m'a déclaré un ancien responsable de la CIA. Les Etats-Unis avaient une politique pour Israël, une politique pétrolière, une politique à l'égard des Arabes radicaux, une autre vis-à-vis des Arabes conservateurs, une politique face à l'Union soviétique dans cette partie du monde, mais pas de politique libanaise. La politique libanaise, c'était ce qui restait quand tout le monde était servi. »

L'ennui c'était qu'il n'y avait pas moyen de faire saisir aux Libanais le message américain. Cette espèce de malformation culturelle dont ils étaient affligés allait empoisonner les relations américano-libanaises pendant les vingt-cinq années à venir. Cela faisait si longtemps que Beyrouth était le grand carrefour du monde des renseignements et du commerce que les Libanais finissaient par tenir pour acquises des vérités qui n'existaient pas. Il suffisait qu'un fonctionnaire américain se montrât informatif et compréhensif pour qu'ils le crussent aussitôt, à tort, tout dévoué à leur cause. C'est une maladie qui a toujours existé dans le monde arabe, mais qui revêtait chez les Libanais une forme endémique et particulièrement aiguë. « Les Libanais, spécialement les maronites qui détenaient le pouvoir, croyaient qu'un mouvement des sourcils au cours du déjeuner, un haussement d'épaules de l'ambassadeur indiquaient une politique quelconque, m'a dit un spécialiste américain du Moyen-Orient. Je ne crois pas que les Américains aient sérieusement participé à ce que les Libanais considéraient comme un dialogue. Au fil des ans, leurs politiciens ont pu avoir accès, chez nous, à des responsables moyennement et haut placés — mais c'était par pure courtoisie. On les recevait à Washington, comme tant d'autres politiciens étrangers qui cherchaient à être officiellement reconnus par les Etats-Unis pour impressionner leurs compatriotes là-bas dans leur pays. On les traitait fort poliment, mais leurs questions ne rencontraient que la plus universelle fin de non-recevoir, enveloppée dans des banalités. »

Durant les années soixante, l'ambassade des Etats-Unis à Beyrouth devint une véritable voie de garage. Cependant, après la victoire israélienne dans la guerre des Six Jours, en juin 1967, les principaux pays arabes rompirent les relations diplomatiques avec Washington. Ils entendaient manifester ainsi la colère qu'avait suscitée chez eux le soutien américain à Israël, mais leur geste reflétait aussi leur humiliation et leur impuissance. Le Liban, toutefois, ne suivit pas le mouvement, si bien que l'ambassade de Beyrouth se retrouva chargée de responsabilités régionales et dut s'efforcer de suivre ce qui se passait dans tout le monde arabe. Les responsables de la politique étrangère américaine recommencèrent à s'intéresser au Liban — mais pas aux Libanais. C'étaient plutôt les Palestiniens qui fascinaient Washington ; ils avaient profité de la lamentable défaite des régimes arabes discrédités pour leur voler la vedette. Le brusque intérêt des Américains pour les Palestiniens s'attacha d'abord à leur utilisation du terrorisme pour attirer sur leur cause trop longtemps négligée l'attention mondiale. Les Palestiniens étaient devenus l'une des forces dynamiques du Moyen-Orient, capable de bouleverser le statu quo, peut-être même de causer une explosion qui obligerait à trouver une solution. Leurs détournements d'avions commerciaux et leurs attaques contre les citoyens israéliens, à l'intérieur et à l'extérieur de leur pays, étaient du bois dont on fait les gros titres.

Les accords du Caire, en novembre 1969, négociés entre l'OLP et le gouvernement libanais et arbitrés par Nasser, marquèrent pour la souveraineté libanaise le point de non-retour et ratifièrent officiellement le statut d'Etat-dans-l'Etat auquel était désormais parvenue l'OLP. L'autorité du gouvernement libanais sur son propre territoire était sévèrement tronquée, puisque les Palestiniens avaient le droit de faire eux-mêmes la police dans leurs camps de réfugiés ; les fedayin étaient en outre autorisés à établir des bases logistiques et des camps d'entraînement dans la région d'Arqoub, aux confins de la Syrie et d'Israël, près de l'Hermon, et l'on devait tolérer la présence d'un nombre limité de fedayin — sous le contrôle de l'armée libanaise — dans la région appelée secteur central, face à la Galilée. Il ne fallut pas plus de quelques mois aux Palestiniens pour outrepasser ces limites. Beaucoup de chrétiens du Liban en conçurent un vif ressentiment, mais tous les députés sauf un (Raymond Eddé) avaient approuvé le texte, censément secret, des accords du Caire.

(Comme l'ont déploré officieusement presque tous les diplomates américains nommés dans les capitales arabes, l'intérêt des responsables de Washington pour les Palestiniens n'était pas de nature politique. L'idée même d'une discussion constructive avec l'OLP — par contraste avec les pourparlers occasionnels, dictés par des problèmes de sécurité ou toute autre nécessité ponctuelle — était contraire à l'optique gouvernementale. La chose était vraie avant même qu'Israël n'eût arraché à Henry Kissinger, alors secrétaire d'Etat, une annexe secrète, par laquelle les Etats-Unis s'engageaient à ne pas négocier avec l'OLP aussi longtemps que la centrale palestinienne refuserait à Israël le droit d'exister. Tel fut en effet le prix que dut payer Kissinger pour obtenir de l'Etat israélien un important retrait de ses troupes stationnées dans le Sinaï, opération mise sur pied par les Américains en septembre 1975. Connu sous son nom de code diplomatique, Sinaï II, cet accord sous-entendait beaucoup plus que la simple restitution à la souveraineté égyptienne des territoires occupés par Israël. Il marquait la première scission importante entre l'Egypte, le plus peuplé des Etats arabes, et le reste du monde arabe et il confirmait tout spécialement le divorce entre l'Egypte et la Syrie, les deux principaux membres de l'alliance contre Israël, lors de la guerre du Kippour en 1973. Sinaï II sonnait aussi le glas d'une résolution fort ancienne, quoique officieuse, de poursuivre au Moyen-Orient des négociations globales. L'accord élaboré par les Etats-Unis qui faisait partie de la diplomatie américaine dite « des petits pas » fut sévèrement critiqué, tant par les Arabes radicaux que par leurs frères conservateurs, lesquels prétendirent à juste titre que l'Egypte venait de faire le premier pas vers une paix séparée avec Israël. Or, se hâtaient-ils de préciser, une telle démarche était entièrement à l'avantage des Israéliens, puisque les Arabes seraient ainsi privés de leur plus importante force armée. On se dirigeait vers les accords de Camp David, qui éliminèrent effectivement l'Egypte de l'équation militaire dans cette partie du monde et fournirent aux Israéliens les moyens de régler successivement, et à moindre risque, leur compte à ses deux principaux rivaux, la Syrie et l'OLP.)

Les chrétiens du Liban n'avaient jamais voulu d'une véritable armée nationale, car — en bons négociants qu'ils étaient et dignes descendants des Phéniciens qu'ils prétendaient être — ils ne voulaient pas avoir à la payer. Ils ne voulaient pas non plus provoquer Israël et ils voulaient encore moins encourager la croissance d'une force armée qui risquerait peut-être de fomenter quelque coup d'Etat, comme tant d'autres l'avaient fait dans les pays voisins. Ils devaient cependant payer ce refus. En 1970, l'armée jordanienne écrasa les Palestiniens, au cours de la bataille dite Septembre noir, et les milliers de combattants palestiniens qui échappèrent au courroux des soldats jordaniens, tout au long de l'année qui suivit, se réfugièrent au Liban. Déjà, la ceinture de camps palestiniens qui encerclait Beyrouth et qui était, pour reprendre l'expression d'un Libanais, « comme un garrot autour de notre cou », inquiétait fort les autorités officielles.

En 1973, l'assassinat, par un commando palestinien, de l'ambassadeur des Etats-Unis au Soudan, Cleo Noel, renforça encore chez les Israéliens et les Américains la conviction que leurs craintes, intérêts et politiques coïncidaient en tout point, lorsque l'on abordait la menace que posaient les fedayin et terroristes palestiniens. « Nous autres, Américains, étions à cent pour cent hostiles aux Palestiniens, m'a déclaré un diplomate. Dans nos documents et déclarations officiels, nous les traitions de terroristes. Nous nous sommes volontairement braqués, au point de souffrir d'un véritable blocage psychologique. » Ce fut pourtant une politique que les Israéliens eux-mêmes en vinrent à regretter. Une enquête officielle, ordonnée pour savoir pourquoi les services de renseignements israéliens n'avaient pas su prévoir l'attaque du Kippour, en octobre 1973, en imputa la faute à l'intérêt obsessionnel que manifestait le Mossad pour la lutte contre les Palestiniens dans le monde entier, au détriment de la surveillance qu'il devait exercer également sur les deux principaux adversaires de son pays, l'Egypte et la Syrie. Et les responsables israéliens admettent aujourd'hui volontiers, quoique officieusement, que la seule véritable menace militaire contre eux serait un conflit auquel prendraient part une armée ou des armées conventionnelles, et non pas les Palestiniens.

Dès 1970, Joseph W. Sisco, alors sous-secrétaire d'Etat pour les affaires du Proche-Orient et du Sud asiatique, fit escale au Liban avec le secrétaire d'Etat, William Rodgers. Ils retirèrent de ce séjour l'impression que le Liban ne disposait d'aucune véritable force de sécurité pour imposer les décisions gouvernementales. Déjà les Libanais s'inquiétaient du virtuel statut d'Etat-dans-l'Etat dont jouissaient les Palestiniens. Au cours des années qui suivirent, Washington encouragea donc le gouvernement du président Franjié à serrer la vis aux Palestiniens, avant qu'il ne fût trop tard, et la « jordanisation » du Liban devint le grand sujet de conversation dans le circuit des cocktails mondains de Beyrouth ; il en fut de même, à l'intérieur de l'ambassade américaine, de « l'ammanisation » du Liban — ces deux néologismes désignaient, en raccourci, le genre d'affrontement avec les Palestiniens dont le roi Hussein était sorti victorieux en 1970 et 1971.

La minute de vérité survint en mai 1973. Un raid israélien au cœur de Beyrouth permit d'éliminer trois des principaux responsables des commandos palestiniens — sans aucune opposition de la part de la caserne de l'armée libanaise située non loin de là. Le Premier ministre, Saeb Salam, réclama la démission du commandant en chef de l'armée, puis démissionna lui-même, lorsque Franjié refusa de lui donner satisfaction. L'inertie de l'armée libanaise renforça dans leur méfiance les musulmans qui pensaient que les dirigeants chrétiens approuvaient tacitement le coup de main israélien. Finalement, après que quatre soldats libanais eurent été enlevés par des fedayin, Franjié ordonna aux quinze mille hommes de son armée de passer à l'action. Les troupes se réunirent à la caserne de Bir Hassan, près de leur objectif, le camp de réfugiés de Sabra, au sud de Beyrouth, équipé de solides défenses. « On aurait dit les grandes manœuvres de Fort Benning — une véritable débauche de tanks, se souvient un diplomate américain. C'est la seule et unique fois de ma vie où j'ai vu les militaires libanais se montrer vraiment efficaces. Il y a eu des combats assez sérieux et les vieux Hawker-Hunter de l'aviation libanaise ont mitraillé les Palestiniens à Borj-Brajneh, près de l'aéroport de Beyrouth que les fedayin avaient fermé par un barrage de mortiers. »

Le hic, c'était que l'attaque de l'armée, prévue pour le tout début de la matinée, ne démarra effectivement qu'en milieu d'après-midi. Le lendemain, il y eut une trêve et puis on en resta là, malgré quelques petites échauffourées qui se prolongèrent pendant plusieurs jours. A l'ambassade américaine, on estimait que la dernière chance de mater une fois pour toutes les commandos palestiniens venait de s'envoler. Au temps pour « l'ammanisation » ! Les rumeurs qui couraient dans tout Beyrouth assuraient que l'épouse pro-palestinienne du Premier ministre, Amine Hafez, l'avait persuadé d'y aller doucement et d'autres Libanais restèrent convaincus que le président Franjié n'avait jamais sérieusement voulu liquider les fedayin, mais tout simplement leur faire peur. Selon cette théorie, le but véritable de Franjié était de mettre à l'épreuve les musulmans de l'armée libanaise : l'unique bombardement des positions de l'OLP fut effectué par une batterie que commandaient des musulmans et la majeure partie des pilotes étaient également de confession islamique. Ainsi, la preuve était faite que cette armée, que l'on disait dominée par les chrétiens, pouvait compter sur ses éléments musulmans, en dépit des rumeurs qui voulaient qu'ils fussent, à l'instar de leurs coreligionnaires civils, de plus en plus favorables aux Palestiniens.

Quelle que fût la validité de cette thèse, les deux camps en tirèrent des conclusions étonnamment similaires. Franjié, qui dès 1969 avait commencé, avec l'aide d'officiers de l'armée libanaise, à mettre sur pied sa propre milice, les Marada ou « Brigade des Géants », accéléra le rythme de son entraînement. Plusieurs autres dirigeants chrétiens, notamment les Gemayel, en firent autant. On acheta des armes légères en Bulgarie. Bientôt, à travers tout le territoire chrétien et jusqu'en Jordanie (le roi Hussein était un ami de longue date de Camille

Chamoun), les manœuvres militaires allèrent bon train. Les pique-niques jadis idylliques dans les montagnes étaient à présent ponctués par les salves de mitrailleuses et de mortiers des jeunes chrétiens qui recevaient les premiers rudiments de l'art de la guerre. Les Palestiniens, de leur côté, renforcèrent leurs défenses. Politiquement parlant, ils se rapprochèrent davantage de leurs alliés libanais, gauchistes et musulmans, espérant que ce soutien suffirait à les protéger d'un gouvernement qui, sous l'emprise des chrétiens, était bien résolu, assuraient-ils, à les priver de leur dernier refuge. Sur le plan militaire, ils établirent une présence armée face aux principales places fortes chrétiennes et à tous les points où l'on pouvait facilement couper les communications.

A mesure que l'affrontement se rapprochait et qu'ils voyaient se profiler ce qu'ils considéraient comme une bataille inévitable contre les Palestiniens, la gauche et les musulmans, les chrétiens tentèrent de s'assurer l'aide de leurs amis traditionnels, la France et surtout les Etats-Unis. Moins d'une semaine après son arrivée à Beyrouth, en février 1974, Godley, le nouvel ambassadeur, avait déjà eu droit aux théories des extrémistes chrétiens concernant la partition du Liban. Sa seule présence était d'ailleurs matière à controverse et illustrait parfaitement ce que les arabisants occidentaux ont flétri sous le nom de « facteur Wog ». « *Wog* » est un terme péjoratif et méprisant inventé par les colons anglais pour désigner ceux qu'ils appelaient (ironiquement) les « *worthy oriental gentlemen* » (« distingués messieurs orientaux ») ; quant au facteur Wog, il désigne une tendance très nette chez beaucoup de ressortissants du tiers monde à voir des conspirations partout et à confondre la réalité avec la fiction. La réputation de Godley, qui, en poste au Laos au début des années soixante-dix, s'était fait l'apôtre impénitent de l'intervention militaire américaine musclée, l'avait précédé au Liban : certains députés libanais déposèrent une motion de censure exigeant que leur gouvernement revînt sur sa décision et refusât son agrément.

En fait, on avait bien spécifié au nouvel ambassadeur, lorsqu'il avait quitté Washington, qu'il ne devait « pas jouer au feld-maréchal ni au gauleiter », sobriquets que lui avait valus son séjour au Laos. Si l'on songe à ce qu'était alors la situation américaine, le conseil n'était pas pour surprendre. Les Etats-Unis étaient obnubilés par le scandale de Watergate. L'ultime rémission en Indochine touchait à sa fin. La CIA était l'objet d'une enquête ordonnée par le Congrès et ses excès passés livrés à un minutieux examen public. Kissinger n'était plus le faiseur de miracles qu'il avait été au début de l'ère nixonienne — à la grande époque de ses missions secrètes en Chine, de ses négociations pour entamer des entretiens sur la réduction des armements avec les Russes et de l'organisation d'un retrait honorable des troupes américaines hors d'Indochine. Le secrétaire d'Etat semblait pris au centre d'une toile d'araignée dont les fils avaient commencé à se dévider un à un pour ne presque rien lui laisser de cette réputation de « Super-K » si facilement acquise un an à peine auparavant. Il ne parvenait plus, désormais, à tenir sous son charme un Congrès et un pays naguère émerveillés par les prodiges de sa diplomatie funambulesque, d'un bout à l'autre du Moyen-Orient. L'humiliant ratage de la CIA en Angola était à présent tout proche. Les responsables politiques de Washington avaient tellement peur de mentionner devant le Congrès une présence militaire américaine au Moyen-Orient que la Mission pour le soutien du Sinaï, organisation entièrement américaine, établie pour surveiller le désengagement des forces israéliennes conformément aux accords de Sinaï II, fut confiée à une firme privée plutôt qu'à l'armée. (Pour des raisons identiques, ces mêmes responsables attendirent la fin de 1979 pour présenter certains projets, longuement ruminés, concernant l'établissement d'une force de déploiement rapide dans le golfe Persique.)

Cependant, les politiciens maronites ne tinrent aucun compte de ce néo-isolationnisme américain — étonnant aveuglement de la part d'une secte dont la survie et la prospérité, à travers les siècles, avaient si étroitement été liées à une interprétation exacte des événements à l'étranger. Durant l'été de 1974, la Turquie profita de l'effondrement de la junte militaire grecque pour envahir Chypre. Bien que cette île fût située à moins de deux cents kilomètres de leurs rivages, les Libanais ne parurent pas remarquer que les Etats-Unis n'étaient pas intervenus pour protéger la majorité grecque contre les Turcs musulmans. Godley et d'autres diplomates prêchèrent aux chrétiens la modération, firent l'éloge des accommodements et des compromis et découragèrent systématiquement les maronites qui espéraient un nouveau débarquement des Marines. Les chrétiens les écoutaient distraitement et ressortaient inlassablement les mêmes arguments. Longtemps après, en 1980, lorsque je l'interrogeai à ce sujet, Soleiman Franjié balaya d'un geste les considérations de ce genre et fustigea Godley, dont il mettait d'ailleurs les mobiles en question : « Il est arrivé chez nous, venant directement du Vietnam, le plus dangereux des ambassadeurs, me déclara l'ancien président, et vous savez mieux que moi ce que peut un ambassadeur américain. »

Il aurait, en fait, vu plus juste, s'il avait raisonné différemment, car à vrai dire personne ne prêtait attention à ce que disait Godley et les ambassadeurs façonnent rarement les politiques officielles. Néanmoins, à Beyrouth, d'aucuns gardaient encore l'espoir que l'on pourrait éviter le pire — grâce à un équilibre de la terreur entre les Palestiniens et leurs alliés d'une part et les milices chrétiennes de l'autre. Cependant, comme je pus le constater personnellement lors d'un séjour d'une semaine dans la capitale libanaise, en septembre 1974, dans le privé diplomates et politiciens étaient malades de peur, convaincus que l'explosion n'était plus désormais qu'une affaire de temps. Lorsque le *Washington Post* publia ma prophétie apocalyptique, je fus sévèrement dénoncé comme un dangereux fauteur de troubles et interdit de séjour pendant six mois.

Cependant, ce petit scandale n'incita pas pour autant les Libanais, ni les Américains ni aucun autre gouvernement à réfléchir ou à prendre des mesures correctives. Ce fut à peine, me firent savoir mes amis, si mes déboires alimentèrent brièvement la conversation dans les cocktails.

Les politiciens chrétiens ne pouvaient — et ne désiraient — absolument pas comprendre que les Américains ne voulaient surtout rien avoir à faire avec leurs assommants problèmes, ni avec leur système politique, plus décadent que tout ce que l'on pouvait trouver dans l'émirat le plus arriéré du golfe Persique. On avait beau le leur expliquer patiemment, en multipliant les exemples, rien n'y faisait. Ils fermaient leur esprit à tous les indices contraires à ce soutien américain actif qu'ils appelaient de leurs vœux. Leur mémoire sélective leur permettait de faire abstraction de tout ce qui s'était passé depuis leurs souvenirs idéalisés de 1958. Les Etats-Unis étaient le guide du « monde libre », la plus puissante nation du monde et un pays chrétien de surcroît, donc un allié inconditionnel. La Baie des Cochons, Martin Luther King, les assassinats des frères Kennedy, le Vietnam, le Cambodge, le Laos, Kent State, Watergate, rien de tout cela ne put faire impression sur les dirigeants maronites. L'important, c'était que depuis des années, les Etats-Unis avaient encouragé le gouvernement libanais — c'est-à-dire les chrétiens et les maronites — à serrer la vis aux Palestiniens. A présent, les milices chrétiennes étaient prêtes pour l'affrontement suprême, puisque, en avril 1973, l'armée libanaise n'avait pas été capable de mener à bien cette mission. Un second débarquement des Marines eût été, certes, une excellente chose, mais sans être vraiment indispensable. Cette fois-ci, les chrétiens pouvaient faire le travail eux-mêmes, si Washington leur fournissait un soutien diplomatique, des armes, des munitions, voire, tout simplement, des encouragements. Comme devait se le rappeler Godley bien des années plus tard : « Dieu sait que nous en avons donné des conseils aux maronites, mais, avec le plus gracieux des sourires, ils ont préféré ne pas les écouter. »

C'est qu'ils savaient toujours mieux que tout le monde, aussi. Et qu'ils n'acceptaient jamais les refus. Convaincus que Godley lui-même était hostile à leur cause sacrée, les maronites se raccrochèrent à l'illusion que le Département d'Etat, la Maison-Blanche et le Congrès américain les adoraient, en revanche. Un homme incarnait à lui seul ces certitudes inébranlables — et ces prétentions illusoires à un soutien américain occulte — c'était l'ancien ministre libanais des Affaires étrangères, Charles Malik, un orthodoxe grec, plus maronite que les maronites sur le plan de l'obstination. Ses études à Harvard, les amis américains qu'il s'était faits au cours des longues années passées à Washington comme ambassadeur, puis à l'Université américaine de Beyrouth, comme enseignant, ses liens avec la famille Rockefeller, ses relations personnelles avec Richard Nixon — tout cela l'auréolait d'un prestige suffisant, à l'intérieur du camp maronite, si replié sur lui-même, pour réduire au silence ses détracteurs lorsqu'ils s'en prenaient à sa myopie stratégique. Sous la présidence de Nixon, Malik passait parfois le week-end à la Maison-Blanche. A la fin de 1981, il avait encore assez de poids et d'assurance pour faire jouer ses relations américaines et obtenir un entretien avec le nouveau secrétaire d'Etat, Alexander M. Haig Jr.

Un responsable phalangiste m'a raconté ses efforts inutiles pour faire comprendre aux dirigeants maronites les erreurs de Malik, avant que ce dernier n'eût encore aggravé la situation : « Au début de la guerre, Malik prétendait que les Marines débarqueraient où et quand il le voudrait. A mesure que les mois passaient et qu'on ne voyait toujours rien venir, il a fini par reconnaître : “ Eh oui, ils prennent leur temps, mais ils viendront. ” Il m'a fait une vie enragée. Moi, je disais : “ Au vu de mes entretiens avec les diplomates et journalistes américains, force m'est de conclure que les Etats-Unis ne nous aideront pas. ” Seulement, moi, j'étais jeune et lui, Cheikh Pierre l'écoutait volontiers. Chamoun et lui étaient de vieux complices, depuis les années cinquante. Rappelez-vous quelle mentalité est la nôtre. Bien sûr que l'ambassade avait dit : Pas de Marines !, mais nous espérions une autre divine surprise, une autre révolution irakienne — quelque chose, n'importe quoi. Malik n'arrêtait pas de répéter : “ Ne vous en faites pas, j'irai aux Etats-Unis, je passerai à la télévision, ce qui compte, là-bas, c'est l'opinion publique. ” Lorsque nous lui demandions d'où il tirait toutes ces informations, pourquoi et comment il pouvait être si sûr de tout, il se montrait évasif, ou bien tentait de laisser entendre que la Maison-Blanche était dans le coup, mais je crois qu'il parlait surtout ex cathedra. Et nous, nous voulions croire que la moindre petite nuance dans la plus banale des déclarations du Département d'Etat était favorable à notre cause. »

Tout au long des deux années qui l'une précéda et l'autre suivit le début des combats, en avril 1975, Kissinger, de l'avis général, ne put ou ne voulut pas s'intéresser au Liban. C'était, tout autant qu'autre chose, son *modus operandi* qui expliquait ce désintérêt. Quelle que fût la situation, il aimait agir lorsque la crise venait d'éclater, en concentrant alors dessus toute son attention. Seulement le Liban n'arriva jamais tout en haut de la liste des problèmes prioritaires, avant qu'il ne fût trop tard, et pour lui, et pour Kissinger. Celui-ci consacra les premiers mois de l'année 1975 à sa tentative, tout d'abord infructueuse, de négocier les accords de désengagement dans le Sinaï. Au début, le gouvernement libanais ne s'opposa nullement à ces accords, mais avertit l'ambassade à Beyrouth « qu'il ne fallait pas oublier le Liban », où, que l'on y songe, des puissances arabes rivales intriguaient depuis longtemps pour s'assurer la suprématie, faisant connaître leurs préférences dans les journaux qu'elles finançaient à Beyrouth ; leur présence y était d'ailleurs plus envahissante que jamais, à présent qu'elles aidaient aussi à financer leurs propres armées privées parmi les nombreuses milices qui sévissaient dans toute la capitale. Et puis, en avril, l'Indochine s'effondra. Durant l'automne de 1975, ce fut la vulnérabilité croissante de Kissinger vis-à-vis des événements en Angola qui contribua à le monopoliser. Pourtant cette indifférence du secrétaire d'Etat à l'égard du Liban était surprenante, compte tenu de l'intérêt minutieux qu'il avait toujours porté à l'Egypte, à la Syrie, à la Jordanie et à tous les autres voisins arabes d'Israël. Le Liban, pour petit, compliqué, importun qu'il fût, n'en avait pas moins une frontière commune avec l'Etat israélien et, pour cette raison, sinon pour une autre, il aurait dû susciter davantage d'intérêt. C'était en outre un Etat qui, on l'avait répété sur tous les tons, était tout disposé à devenir « le second pays arabe à signer un traité de paix avec Israël ». Certes, cela signifiait clairement que le Liban ne voulait pas être le premier, mais justement, il semblait bien que l'Egypte, le plus beau de tous les partis, fût prête à assumer ce redoutable honneur.

Outre sa volonté de dresser ses compatriotes contre toute intervention armée des soldats américains à l'étranger, l'explication la plus clémente que l'on puisse avancer pour justifier l'inertie de Kissinger, c'est qu'il fut victime de sa propre « technique du projecteur », qui consistait à se concentrer totalement sur le plus immédiat des problèmes qui se posaient, quel qu'il fût, et à reléguer tout le reste au fin fond des oubliettes, sans la plus petite arrière-pensée. En dépit de sa réputation de magicien, Kissinger était en fait incapable de faire face à plus d'une crise à la fois.

C'est pourquoi il oublia bel et bien le Liban. C'est pourquoi aussi il ne donna jamais aucune instruction à ses ambassadeurs et n'écouta jamais non plus leurs informations — pas même quand il s'agissait de ceux qui auraient dû être directement mêlés à ses projets. Au Département d'Etat, les dépêches diplomatiques en provenance de Beyrouth quittaient rarement le panier des « Arrivées » du bureau de Sisco. Au cours des mois qui débouchèrent sur la guerre civile, plusieurs jeunes fonctionnaires de son ambassadeur s'efforcèrent de dissuader Godley d'envoyer une telle quantité de télégrammes, ce qui l'incita finalement à leur faire remarquer qu'il savait parfaitement que Kissinger ne les lisait pas, mais que d'autres que lui devaient être tenus au courant de la situation. Il employait là le moyen de défense classique des diplomates de carrière contre l'indifférence dont ils étaient l'objet au Département d'Etat. Godley avait fait son devoir. Ses assistants, cependant, estimaient que c'était, pour reprendre l'expression de l'un d'eux, comme s'il avait « pissé dans un violon ». De leur propre aveu, les responsables politiques à Washington poursuivaient leur petit bonhomme de chemin sans la moindre intuition du drame qui se déroulait au Liban. En juillet 1975, les combats se ralentirent, mais pour reprendre de plus belle juste avant que Kissinger n'eût victorieusement mené à bien, le 1er septembre, à sa seconde tentative, les négociations de Sinaï II. Il était peut-être inévitable que la reprise de la lutte au Liban, coïncidant ainsi avec les accords du Sinaï, incitât les Etats arabes qui leur étaient hostiles à accuser les Etats-Unis d'être derrière ces troubles. N'étaient-ils pas venus juste à point pour distraire l'attention générale des accords sur le désengagement ? Un diplomate intimement mêlé aux négociations me confia plus tard : « Je ne crois pas que Kissinger ait été particulièrement mécontent des troubles au Liban, mais ils ne faisaient pas partie de son plan. »

Cependant, dans cette partie du monde où tout un chacun est toujours prêt à blâmer les gens du dehors — et aussi, bien sûr, à attendre d'eux le salut — l'absence des Etats-Unis sur cette scène que l'on considérait depuis si longtemps comme leur chasse gardée ressemblait fort à un complot. Mes amis libanais tournaient en dérision ma feinte innocence — feinte à leurs yeux, s'entend — lorsque je protestais contre cette interprétation. Pour eux, si les combats s'éternisaient ainsi, c'était parce que les deux principaux acteurs étrangers de la crise de 1958 — les Etats-Unis et l'Egypte — n'étaient pas cette fois-ci directement engagés.

En tout cas, tandis que le Liban dérapait inexorablement, au fil des mois, vers le suicide national, aucun plan américain, quel qu'il fût, ne fit surface. Le Vatican, en revanche, avait clairement compris le danger et en novembre 1975, le pape envoya aux maronites le cardinal Paolo Bertoli, premier d'une longue série d'émissaires de haut rang, pour les exhorter à la modération. Comme toutes celles qui devaient suivre, sa mission se solda par un échec. Il repartit en maugréant : « Ces gens-là ne sont pas des chrétiens » — si l'on se fie aux cancans de Beyrouth. Sur ses talons arriva l'ancien ministre français des Affaires étrangères, Maurice Couve de Murville. En dépit de son prestige personnel et de celui dont jouissait la France auprès des maronites depuis des siècles, le représentant du gouvernement français n'eut pas plus de succès que le cardinal.

Malgré les preuves quotidiennes du contraire, la voix conventionnelle de la sagesse soutenait encore mordicus que les Libanais étaient des gens sensés et qu'ils n'allaient pas tarder à revenir à la raison et à s'arrêter. Un ami à moi, banquier libanais très en vue, repoussait la liste des meurtres et crimes de toute sorte que je lui présentais et me faisait invariablement remarquer que l'on n'avait pas interrompu la construction de la succursale de la banque Narodny de Moscou, ce qui prouvait bien que les Russes ne désespéraient pas du Liban ; il m'invitait vivement à en faire autant. Et puis, dans le courant de l'automne, les travaux en question furent arrêtés. Peu après, mon ami partait pour le Brésil, suivant en exil des centaines de milliers d'autres résidents, libanais et étrangers.

A la grande surprise des Libanais de tous bords — et à celle de beaucoup de Palestiniens — les Américains ne faisaient toujours rien, en tout cas rien de perceptible à l'œil nu. « C'était une véritable tragédie grecque, attendant son *deus ex machina,* et le *deus* en question, ç'aurait dû être nous, me déclara longtemps après un diplomate américain influent, mais nous étions coincés par la classique limitation de nos pouvoirs. Intervenir était la seule chose à faire, mais cela aurait coûté cher — une vraie bagarre acharnée cette fois-ci, pas une partie de plaisir comme en 1958. A cause du Vietnam, nous ne pouvions rien faire d'efficace et les Syriens, eux aussi, étaient empêchés d'agir utilement. »

Cette longanimité de la part des Etats-Unis, en plein milieu d'une crise aussi importante, était si déconcertante que beaucoup d'habitués du Moyen-Orient finirent par se convaincre que la CIA devait avoir une politique bien définie — avec ou sans la bénédiction officielle du gouvernement Ford. Cette politique clandestine était, supposait-on, d'aider les milices chrétiennes à rester dans la partie, en dépit d'un entêtement qui les maintenait en équilibre instable au bord du gouffre, dans le but hypothétique d'affaiblir l'OLP et de faire plaisir au service de renseignements israélien, le Mossad. Toujours selon la même théorie, les Américains avaient en effet besoin d'amadouer celui-ci et de s'assurer sa coopération, surtout depuis qu'une série de scandales dont on avait beaucoup parlé avait ébranlé à l'étranger la confiance générale dans la discrétion et la fiabilité de la CIA. Après tout, les ramifications du Mossad avec l'agence américaine s'étendaient, au-delà du Moyen-Orient, au bloc soviétique. Les variations sur ce thème ont été exposées par Eveland dans son *Ropes of Sand,* ainsi que par un ancien assistant désabusé de Kissinger, Roger Morris, dans un livre intitulé *A Certain Greatness.* Tant dans leurs ouvrages qu'au cours d'entretiens, les deux hommes ont suggéré que le bureau de la CIA à Athènes — ainsi d'ailleurs, par la suite, que les Israéliens eux-mêmes, à la demande des Etats-Unis — avait contribué à fournir des armes de surplus, puis des armes soviétiques capturées, aux milices chrétiennes du Liban. Eveland a reconnu ne pas avoir de « preuve flagrante », mais il a certifié qu'il avait « parlé à des gens bien placés pour le savoir, et je les crois ».

Ces suggestions, les Libanais les ont transformées en faits indubitables. Ainsi, le bruit courut que les accusations portées par Kamal Joumblatt, chef de la gauche libanaise, et par d'autres, assurant que la CIA avait donné à Israël deux cent cinquante millions de dollars pour déchaîner la guerre au Liban et pour canaliser armes et munitions vers les milices chrétiennes, avaient été étayées par la confirmation d'une source inattaquable — en l'occurrence, le sénateur du South Dakota, James Abourezk. En fait, ce dernier avait déclaré avoir entendu dire au Département d'Etat que la CIA avait fourni aux Israéliens entre soixante-dix et quatre-vingts millions de dollars pour s'acheter du soutien aux Nations unies, parmi les délégués d'Afrique noire, et il n'avait seulement jamais su si l'Etat hébreu avait bien dépensé ces fonds à cet effet. Il était au courant de rumeurs alléguant qu'une partie de cette somme, voire la somme entière, avait été utilisée comme le prétendaient Joumblatt et ses amis, mais il était pratiquement impossible de prouver la véracité ou la fausseté de ces affirmations.

Un certain nombre de facteurs plaidait en fait contre leur vraisemblance. L'un était la désorganisation même de la CIA, dont les anciennes opérations secrètes furent soumises par le Congrès à un examen minutieux tout au long de 1975 et 1976. La thèse de Morris, selon laquelle la CIA aurait agi au Liban à l'insu de Kissinger — et à sa grande fureur, paraît-il, lorsqu'il aurait découvert plus tard ce petit jeu — ne tient pas non plus très solidement debout. En effet, si les enquêtes sur la CIA ont permis de mettre en lumière une vérité centrale, c'est bien que cette organisation n'agit pas de son propre chef. Elle obéit plutôt aux ordres du pouvoir exécutif. Or, sous le gouvernement Ford, le pouvoir exécutif pour toutes les affaires ayant trait à la politique étrangère et aux opérations de renseignements, c'était bel et bien Kissinger. Certes, la CIA avait entretenu des rapports avec la Phalange, dans les années cinquante. Un ancien compagnon d'armes des Gemayel, et non des moindres, puisqu'il s'agit de Dany Chamoun, commandant de la milice des Tigres, créée par son père Camille, a même affirmé que la CIA avait versé à la Phalange, en 1974 et 1975, par le truchement de l'armée libanaise, plusieurs millions de dollars. (Notons, toutefois, que Dany n'émit cette accusation qu'en 1980, après que la milice des Gemayel eut liquidé les Tigres.) Durant les combats de 1975-1976, cependant, il y eut même quelques diplomates américains à Beyrouth pour se demander si la CIA n'avait pas apporté son aide aux chrétiens. Pourtant, tout au long de la guerre civile, les milices chrétiennes ne cessèrent de se plaindre du fait que les Etats-Unis ne levaient pas le petit doigt pour les aider.

C'était précisément à cause de tels imbroglios — sans parler des antécédents de la CIA — que plusieurs influents diplomates américains, qui ont joué un rôle actif dans les affaires du Moyen-Orient au cours des vingt-cinq dernières années, ne voulaient pas repousser d'office l'idée d'une intervention de l'agence de renseignements américaine au Liban. D'autant qu'aucun des spécialistes de la question qui travaillaient avec Kissinger ne pouvait être totalement sûr de ce que manigançait ce dernier. Tout ce qu'ils pouvaient dire, c'était que rien n'indiquait que la CIA fût secrètement à l'œuvre au Liban. Ses agents dans ce pays, qui ont volontiers admis que leurs effectifs avaient été considérablement augmentés durant la guerre civile, pour permettre des rapports en profondeur sur les événements, contestent en revanche la théorie de l'opération clandestine. « D'abord, il aurait fallu avoir une politique, m'a déclaré un de ces agents, et je peux vous garantir que nous n'en avions pas. » L'ambassade américaine et le bureau de la CIA étaient tous deux si peu au courant de ce qui se passait dans le pays qu'en mai 1975, lorsque le président Franjié nomma un général à la retraite chef d'un éphémère gouvernement militaire, ni l'une ni l'autre ne savaient qui était cet homme. Se pourrait-il, cependant, que la CIA eût monté une opération clandestine au Liban, à l'insu du chef de son bureau à Beyrouth ? « Il n'est pas totalement impossible, m'a déclaré plus tard un homme de la CIA, en poste dans la capitale libanaise à cette époque, qu'il se soit passé certaines choses dont nous ne savions rien. »

Vers la fin de l'automne 1975, la paralysie occidentale — et particulièrement américaine — était si évidente qu'avec le consentement tacite des Etats-Unis, la Syrie et Israël, les deux ennemis jurés, décidèrent d'un commun accord de prendre en main la situation au Liban. A présent que les chrétiens étaient si clairement sur la défensive, dans ce conflit, la perspective d'avoir pour voisin mutuel un Etat libanais radical dominé par les Palestiniens leur était on ne peut plus désagréable. La Syrie fit miroiter aux yeux des chrétiens une alliance stratégique, dans laquelle Israël voyait aussi une aubaine : en tolérant une présence militaire syrienne au Liban, ce qui, selon les critères sionistes ordinaires, était véritablement sacrilège, Israël pouvait espérer immobiliser la seule importante armée arabe qui, tactiquement, fût disposée à utiliser la force pour mettre au pas l'autre grand ennemi, l'OLP. Ostensiblement, les Etats-Unis obéissaient à un désir de limiter la guerre et d'empêcher l'anarchie de gagner le Liban tout entier et de s'étendre au reste du Moyen-Orient. Quant à savoir si Kissinger se rendait compte que cette politique déboucherait forcément sur la partition du Liban et sur la prolongation — plutôt que la fin — des violences, c'est un point qui reste à débattre.

Les Syriens furent les premiers à agir, au vu et au su de tout le monde. Le 22 janvier 1976, à la suite d'un accord avec Israël, arbitré par les Etats-Unis, ils expédièrent à Beyrouth des troupes régulières de l'Armée de libération de la Palestine (ALP), placée sous leur contrôle, afin de mettre fin aux pillages et à l'anarchie qui sévissaient dans la capitale. Cependant, Dany Chamoun avait, plusieurs mois auparavant, renoué les très anciens rapports qu'avait entretenus son père avec les Israéliens et commencé une série de visites en Israël, afin d'organiser l'envoi aux Tigres de cargaisons d'armes.

Sur les instances américaines, l'entrée des militaires syriens au Liban, en janvier 1976, fut exécutée avec un tel doigté qu'il fallut encore deux autres opérations similaires, plus évidentes et plus massives, quoique toujours partielles, pour que les Palestiniens et leurs alliés libanais comprissent enfin ce qui se passait. Au début du mois, Kissinger avait reçu, dans son bureau au septième étage du Département d'Etat, un distingué visiteur israélien. Ce dernier lui avait précisé que le Liban représentait à présent un intérêt national crucial pour son gouvernement, lequel était bien décidé à venir en aide aux chrétiens dont la situation s'aggravait de jour en jour. Les différentes versions de cet entretien divergent quant à la réaction du secrétaire d'Etat. Selon l'une d'elles, il n'éleva aucune objection ; il ne dit même rien du tout. Selon une autre, en revanche, il aurait répondu : « D'accord, mais n'utilisez pas d'équipement militaire américain. » « Tu vas voir, aurait déclaré à un collègue un des témoins de cette rencontre, Israël va prendre tout ça pour un soutien américain. »

Ghassan Tuéni, rédacteur en chef d'*An Nahar* et ambassadeur du Liban aux Nations unies, a raconté quant à lui l'anecdote suivante. A peu près à la même époque que l'entrevue mentionnée plus haut, un dirigeant libanais chrétien discutait avec un haut fonctionnaire du Département d'Etat qui avançait, pour justifier l'entrée au Liban des Syriens, le prétexte que leur présence armée « arrêterait les Palestiniens ». « Mais alors, voulut savoir le Libanais, qui arrêtera les Syriens ? » La réponse était toute simple, franche et éminemment « kissingérienne » : « Les Israéliens, bien sûr. » Tuéni a ajouté que personne n'avait, semble-t-il, posé alors la question logique : « Et qui arrêtera les Israéliens ? » Dans les années qui suivirent, cette question sans réponse devait faire bien du mal à tout ceux qui, de près ou de loin, étaient mêlés à l'imbroglio libanais. A supposer qu'il eût été en son pouvoir de revenir en arrière, l'Etat hébreu n'avait guère intérêt, malgré toutes ses protestations d'amitié, à consolider la stabilité au Liban tant que ses principaux adversaires, les Syriens et les Palestiniens, s'y trouvaient enlisés. En intervenant à moindre risque, les Israéliens pouvaient — et ils ne s'en privèrent pas — faire baisser ou remonter la pression, à volonté, à travers tout le monde arabe, rien qu'en exacerbant la violence au Liban, chaque fois que cela leur convenait. C'était l'équivalent moyen-oriental du jeu que les Russes avaient joué si assidûment à Berlin, avec les trois Grands occidentaux, jusqu'à ce que le statut de l'ancienne capitale allemande eût été réglé en 1972.

En 1976, en l'absence d'une véritable politique, l'accord israélo-syrien, négocié par Kissinger, semblait bien être ce que l'on pouvait arranger de mieux avec les moyens du bord. La Syrie devait envoyer au Liban juste assez d'hommes pour mettre fin à l'anarchie. Les Etats-Unis encouragèrent Israël à fournir aux chrétiens suffisamment d'armes pour les empêcher de couler à pic, mais pas assez en revanche pour causer de véritables problèmes. Ils estimaient ne pas être, pour leur part, en position de fournir des armes et Israël, de par sa commode proximité avec le Liban, pouvait agir vite.

Ainsi, curieusement, Israël et la Syrie se retrouvaient alliés, même temporairement ; ils étaient donc libres de se liguer contre les commandos palestiniens, malgré toutes les promesses qui avaient été faites. Pendant une grande partie de 1976, des vaisseaux israéliens et syriens patrouillèrent dans divers secteurs de la côte libanaise, afin de priver les Palestiniens de réapprovisionnement. Durant le siège du camp de réfugiés de Tal Zaatar, les deux nations fournirent en outre des armes et des munitions aux milices chrétiennes. Etant donné la propension de tout habitant du Moyen-Orient à tirer prématurément des conclusions de tout, ces arrangements ad hoc ne pouvaient que revêtir, aux yeux des observateurs locaux, toutes les apparences d'une intrigue à la Kissinger. Les spécialistes américains des questions de renseignements, convaincus que techniquement la CIA avait gardé « les mains propres » dans cette affaire, sont prêts à croire, en revanche, que les Israéliens n'avaient pas hésité à laisser entendre qu'ils agissaient pour le compte des Etats-Unis, qui ne pouvaient se permettre d'intervenir directement, en raison de leurs difficultés politiques internes. Comme l'a fait remarquer un responsable haut placé à la CIA, spécialiste du Moyen-Orient et parti aujourd'hui à la retraite : « C'est le coup classique. »

Peu après que les Syriens eurent envoyé l'ALP au Liban, Godley, qui souffrait d'un cancer du larynx, quitta Beyrouth pour subir une opération chirurgicale. Il ne devait jamais revenir. Bientôt, l'équipe syrienne chargée de négocier la paix — le ministre des Affaires étrangères, Abdel Halim Khaddam, le chef de l'Etat-Major, Hikmat Shehabi, et le commandant en chef de l'armée de l'air, Naji Jamil — se retrouva prise au piège des interminables déjeuners qui sont une des caractéristiques principales et paralysantes de la politique libanaise. Pour sa première sortie en qualité de superpuissance régionale, la Syrie se montra passablement maladroite et ses représentants pataugèrent sans convaincre entre l'intrigue byzantine en coulisse, la médiation officielle et les grossiers étalages de force militaire. Comme la bonne trentaine de cessez-le-feu qui l'avaient précédé, celui de janvier 1976 ne tarda pas à donner les signes avant-coureurs, désormais familiers, d'effondrement. Le 11 mars, soutenu par les Palestiniens, un général musulman du nom d'Aziz Ahdab s'empara des locaux de la radio-télévision d'Etat et annonça que Franjié était destitué. Cependant, le « général Télévision », n'ayant pratiquement pas de troupes derrière lui, ne parvint par cette intervention qu'à déclencher une nouvelle série de combats plus meurtriers que tous ceux qu'on avait connus jusque-là. L'armée qui dès janvier avait commencé à se scinder, en grande partie à cause du soutien apporté par l'OLP à un lieutenant sunnite, Ahmed Khatib, et à sa prétendue Armée du Liban arabe, se partagea définitivement en deux groupes, chrétien et musulman. Des artilleurs musulmans dissidents bombardèrent le palais présidentiel, forçant Franjié à s'enfuir en territoire chrétien. Lorsque les Palestiniens et les gauchistes libanais déclenchèrent une importante offensive dans les montagnes qui surplombent la capitale, les chrétiens furent repoussés hors de leurs derniers bastions de Beyrouth-Ouest. Une fois de plus, les églises sonnèrent le tocsin. Qu'on le veuille ou non, les Libanais avaient à nouveau accaparé les gros titres.

A Washington, en mars, Kissinger, venu recevoir à l'aéroport son invité officiel, le roi Hussein de Jordanie, remarqua parmi les fonctionnaires alignés pour l'accueillir L. Dean Brown, un petit homme débordant d'énergie, qui avait naguère été ambassadeur à Amman et avait récemment quitté le service diplomatique pour devenir directeur de l'Institut du Moyen-Orient. Brown avait la réputation de savoir se débrouiller dans les pires situations : en 1970, en plein milieu des combats de Septembre noir, entre l'armée jordanienne et les Palestiniens, il avait été présenter, en voiture blindée, ses lettres de créance au roi Hussein. Kissinger le convoqua au Département d'Etat et quarante-huit heures plus tard, Brown arrivait à Beyrouth. On était le 31 mars 1976. Ses seules instructions étaient de s'en donner tout seul. Il y avait toutefois deux conditions à respecter : il fallait répéter une fois de plus aux chrétiens que les Marines ne débarqueraient pas ; et leur dire en outre que les Etats-Unis voulaient qu'ils fussent « forts, afin de pouvoir négocier » la fin des combats.

La première décision de Brown fut de faire rédiger un historique de la guerre, en dépit des protestations de George Lambrakis, le jeune chargé d'affaires de l'ambassade, qui était clairement dépassé par cette tâche et qui fit vainement remarquer que le Département d'Etat avait reçu quotidiennement deux rapports détaillés depuis que les combats avaient commencé, près d'un an auparavant. Kissinger — et Brown aussi, sans aucun doute — voulaient savoir qui étaient les protagonistes ; c'était avouer tacitement que le secrétaire d'Etat n'avait encore jamais trouvé le moyen de suivre d'un peu près la lente détérioration de la situation. A l'ambassade même, l'arrivée de Brown ne souleva pas l'enthousiasme. Le sentiment général était qu'après tant d'indifférence, les Etats-Unis n'étaient plus en mesure d'agir bien utilement, à supposer qu'ils le voulussent enfin. En outre, le personnel n'était pas convaincu que le gouvernement eût vraiment l'intention de vider l'abcès. De Washington arrivaient certaines rumeurs assurant que si le président Ford et Kissinger avaient envoyé Brown, c'était surtout pour empêcher Ronald Reagan — le dangereux rival de Ford au titre de candidat du parti républicain à la présidence, que l'on devait nommer cet été-là en vue des prochaines élections présidentielles — de pouvoir faire remarquer que le gouvernement avait manqué à tous ses devoirs en laissant pourrir ainsi, par pure négligence, l'atroce gâchis libanais.

Les chrétiens, quant à eux, ne s'embarrassaient pas de telles inquiétudes. Il faut dire qu'avec soixante-douze heures seulement de munitions à leur disposition, ils ne pouvaient guère se le permettre. Ils étaient ivres de joie. Enfin, les Américains avaient compris ! Leurs illusions furent, hélas, de courte durée. Les seigneurs de la guerre vinrent presser Brown de définir exactement ce qu'entendait Kissinger en leur enjoignant d'être « forts ». Ils repartirent très vite, avec l'impression que les Etats-Unis voulaient qu'ils demandent de l'aide aux Israéliens. Chamoun confirma indirectement dans son journal, à la date du 2 avril, qu'il n'avait pour sa part jamais cru que les Américains viendraient à la rescousse des chrétiens. Il avait donc une autre corde à son arc : « Echange de vues avec des visiteurs importants qui tiennent à rester anonymes », a-t-il noté, décrivant son entretien avec le ministre israélien de la Défense, Shimon Peres, sur un navire israélien ancré au large du port de Jounieh. « Les résultats sont positifs, ajoutait-il. Ils porteront leurs fruits si les hostilités se prolongent et si nos forces continuent à affronter un adversaire puissant. »

Une fois de plus, cependant, les Syriens avaient agi les premiers et promis aux chrétiens l'aide que les Etats-Unis étaient capables de négocier auprès d'Israël, mais pas de leur fournir directement. Manifestement, les Syriens étaient hostiles à l'OLP. Dix jours plus tard, Zuhair Mohsen, leur homme au sein de l'organisation palestinienne, mit les points sur les i : « Le Liban ne peut être sauvé que par la VIe Flotte américaine ou par l'armée syrienne, me déclara-t-il en agitant son cigare, il n'y a pas d'autre solution. Il faudrait au bas mot deux divisions, et d'autres prêtes à franchir la frontière le cas échéant. Les trois quarts des Libanais accueilleraient à bras ouverts toute force susceptible de mettre fin à la lutte religieuse et aux pillages dans leur pays. » Malheureusement, ses anciens alliés de l'OLP et leurs amis libanais ne comprirent pas où il voulait en venir. Des Syriens se faisant passer pour des membres du commando palestinien pro-syrien, Saiqa, commencèrent à lever le siège de Zahlé, dans la vallée de la Bekaa. Des blindés syriens entrèrent au Liban et y établirent des positions — d'abord à cinq kilomètres de la frontière, puis un peu plus loin. Lorsque les Syriens envahirent pour de bon le pays, au mois de juin, ils utilisèrent très exactement deux divisions. Voyant l'armée syrienne engagée jusqu'à la garde chez leur voisin, Israël augmenta son aide aux chrétiens. C'était le début d'une impasse qui ne devait prendre fin que lorsque les Israéliens envahirent à leur tour le Liban en 1982.

Bien qu'ils eussent été sauvés par la Syrie — puis ayant souscrit à ce qu'ils considéraient comme une police d'assurance auprès d'Israël —, les chrétiens n'étaient pas contents. L'Occident, et surtout les Etats-Unis, les avaient encore une fois laissés choir, malgré leur absolue certitude que Washington avait enfin compris. Ils ne songeaient donc qu'à se venger, à leur façon toujours un peu bizarre. En l'espace de quelques jours, ils commencèrent à faire courir le bruit, rapporté partout comme parole d'évangile, que Brown avait offert d'embarquer tous les chrétiens du Liban sur des navires américains pour les transporter jusqu'aux Etats-Unis et au Canada. Il importait peu — car comme toutes les bonnes histoires, celle-ci ne dépendait, pour sa réussite, que d'un minimum de détails sonnant de façon vaguement authentique — que la VIe Flotte ne fût guère à même de véhiculer plus de quelques milliers d'hypothétiques réfugiés, sur le bon million que supposait un tel rêve, à moins que Brown n'eût prévu un plan d'évacuation aux proportions véritablement « dunkerquoises ». Les Américains, cependant, s'aperçurent que le simple fait de réfuter certains détails était le premier pas fatal vers l'admission implicite qu'un tel projet existait effectivement dans ses grandes lignes. Ils eurent beau par la suite multiplier les dénégations, cela ne servit qu'à renforcer l'étrange vision que se faisaient les chrétiens de leur triste sort. Si les Américains refusaient de les aider, eh bien ils étaient, à n'en pas douter, les salauds de l'histoire. Par conséquent, avec cette élucubration concernant la VIe Flotte, les dirigeants chrétiens entendaient braver ceux qui les avaient déçus, en leur faisant savoir qu'ils ne bougeraient pas de chez eux. Jamais les chrétiens du Liban ne deviendraient de nouveaux Palestiniens, jamais ils ne déserteraient la terre qui, insistaient-ils (de façon fantaisiste, dans une partie du monde où les invasions s'étaient succédé de tout temps), leur appartenait depuis six mille ans. (Lors de mon entretien avec Soleiman Franjié, en 1980, tandis que nous savourions autour de la table de sa demeure, à Zghorta, un arak distillé dans la région et des cigares, je le questionnai de but en blanc au sujet de cette histoire. Tous ceux qu'on m'avait désignés comme témoins de l'offre de Brown avaient soit nié, soit prétendu tenir l'histoire de Franjié lui-même. Tirant sur son fume-cigarette en ivoire, d'une façon vaguement rooseveltienne, l'ex-président n'avait d'abord répondu que par un grognement. Puis, il avait déclaré que Kissinger « n'est pas un Américain — c'est un sioniste ». Peut-être, répondis-je, mais Brown et la VIe Flotte, que fallait-il en croire ? Je le pressai d'élucider le mystère. Il me conseilla dédaigneusement de compulser *le Monde* du 28 novembre 1978 et d'interroger Carlos Khoury, le secrétaire général permanent de la présidence de la République. Cependant, ce numéro du quotidien français dûment étudié ne jeta aucune lumière sur l'affaire, et Khoury encore moins. Il refusa de me recevoir, ne voulut pas se mouiller au téléphone et ne répondit jamais à une demande écrite officielle le priant de confirmer la version Franjié de l'événement. Et pourtant, je ne trouvai pratiquement pas un maronite prêt à la mettre en doute.)

Comme bien d'autres interlocuteurs avant lui, Brown découvrit à quel point il était difficile de placer un mot, et a fortiori une pensée, auprès des dirigeants chrétiens traditionnels, dont l'âge moyen se situait largement au-delà des soixante-dix ans. L'Américain était bien décidé à leur parler du Liban d'aujourd'hui et de demain. Eux le ramenaient constamment à l'histoire du pays, de préférence, semblait-il, l'histoire ancienne. Brown croyait leur avoir fait comprendre un certain ensemble d'idées. Les chrétiens étaient convaincus d'en avoir entendu un autre. Et le phénomène n'était pas limité aux seigneurs de la guerre. Le diplomate rendit visite à Raymond Eddé, le seul dirigeant maronite qui n'eût pas de milice, qui fût en bons termes avec les musulmans et qui s'opposât justement aux seigneurs de la guerre, à l'intérieur de sa propre secte. Il fut accueilli par les félicitations du Libanais, heureux de le voir arriver juste à temps pour déjouer le complot de la CIA. Brown affirma que ce complot n'existait pas, mais sans parvenir à convaincre son hôte. La CIA, expliqua ce dernier, voulait prouver que l'Etat fondé sur le pluralisme religieux, tel qu'il était conçu au Liban, ne pouvait fonctionner. Elle travaillait en cela pour les Israéliens, depuis longtemps ulcérés d'entendre les Palestiniens citer l'exemple libanais pour étayer leur conviction qu'il serait possible d'établir un Etat analogue en Palestine, en remplacement de l'Etat sioniste.

Kamal Joumblatt, le chef féodal druze, qui s'était affirmé comme le leader de la coalition de musulmans, gauchistes et Palestiniens qui combattait les seigneurs de la guerre chrétiens, parla à Brown de la nécessité de tuer douze mille maronites pour obtenir les réformes nécessaires et ramener les chrétiens à la raison. Ces propos étaient d'ailleurs relativement mesurés, puisque à la même époque il exprimait devant ses amis journalistes, dans son appartement de Beyrouth, son désir de « boire du sang dans des crânes maronites ». Quelqu'un avait dit de Joumblatt, qui était à la fois une incarnation de la vengeance de 1860 et une caricature du chef féodal qu'il restait (en dépit de ses moments de soudaine et excessive humilité), qu'il était le Pablo Picasso de la politique libanaise. Kamal Joumblatt, seigneur féodal, pensionnaire d'un ashram aux Indes durant sa phase contemplative, lauréat du Prix Lénine de la Paix et capitaliste calculateur, songeait avant tout à régler d'anciens comptes avec les maronites, et tout spécialement avec Camille Chamoun, auquel l'unissaient des rapports tendus mais prolongés, en qualité de co-dirigeant du massif du Chouf, au sud de Beyrouth. Brown confia à des amis libanais que Joumblatt lui faisait l'effet d'un véritable sauvage ; pourtant, sur le papier, ses demandes officielles de réformes politiques minimales paraissaient rien moins que radicales à quiconque était un peu familiarisé avec l'histoire mondiale postérieure à la Révolution française. Joumblatt décida, pour sa part, de considérer que les remarques circonspectes de Brown visaient à soutenir sans restriction *son* point de vue, ce qui prouvait bien que ses demandes de réformes ne déplaisaient pas aux Etats-Unis et que les Américains lui donnaient, bien au contraire, le feu vert pour reprendre son offensive contre les chrétiens dans les montagnes, avec une mise en garde aux Syriens par mesure de précaution. Joumblatt se trompait lourdement. Il fut assassiné dès l'année suivante, dans le Chouf, près de Moukhtara qui était depuis des siècles le fief de sa famille. Officiellement, ses tueurs ne furent jamais identifiés, bien que le véhicule criblé de balles du chef druze eût été doublé et attaqué près d'un poste de contrôle de l'armée syrienne. Pour les Libanais, cette preuve était amplement suffisante. Ils savaient fichtrement bien que les Syriens étaient coupables, mais ils n'osaient pas les attaquer. C'est pourquoi plus de cent chrétiens furent tués en représailles, malgré l'intervention personnelle du propre fils de Joumblatt, qui s'éleva contre ces violences. Au Liban, nous l'avons déjà dit, on châtie qui on peut et pas toujours qui on veut.

Et Brown quitta le Liban comme il y était venu. La seule trace tangible de son passage fut l'élection anticipée tragi-comique d'un nouveau président de la République. Le projet américano-syrien était d'obliger Franjié à quitter ses fonctions avant l'expiration légale de son mandat, le 23 septembre 1976. Sous une véritable grêle d'obus et de balles, on emmena les députés — souvent escortés par des soldats syriens, et parfois « escortés » le fusil dans les reins — jusqu'à une ancienne villa patricienne qui servait de local temporaire, depuis la destruction des bâtiments de l'Assemblée nationale au centre de Beyrouth. Les malheureux durent d'ailleurs subir deux fois ce pénible trajet, une première fois en avril pour amender la Constitution, afin de pouvoir avancer la date de l'élection présidentielle, et une seconde fois au début de mai, pour élire à la place de Franjié le gouverneur de la Banque centrale, Elias Sarkis, un petit homme replet, archétype du bureaucrate, totalement dépourvu d'influence personnelle. Selon la petite histoire, Chamoun n'accepta de voter pour Sarkis que lorsque les Syriens lui eurent versé quatre millions de livres libanaises, ce qui à l'époque équivalait grosso modo à un million deux cent cinquante mille dollars. (Une variante de cette anecdote prétend même que Chamoun regimba, lorsque les Syriens commencèrent par vouloir le payer en argent syrien, qui avait beaucoup moins de valeur ; une dernière touche précise que les Syriens payèrent Chamoun avec l'argent libanais que le commando Saiqa avait volé dans les diverses banques pillées en mars, lorsqu'il contrôlait le quartier financier du centre ville.) Finalement, toutes ces machinations n'aboutirent à rien. A l'instar de Chamoun qui, dans des circonstances très semblables, en 1958, avait refusé de se laisser faire, Franjié ne remit les maigres vestiges de pouvoir présidentiel qui restaient qu'à l'expiration légale de son mandat, au mois de septembre. Méditant sur ce piteux épisode, un des spécialistes de la CIA se désolait : « Quand on pense à l'emprise que nous avions à l'époque sur les Syriens, il aurait quand même été utile de discuter avec eux du genre de président que nous voulions tous les deux. Sarkis est un brave type, mais ce qu'il nous fallait, était-ce un bon arbitre ou un homme qui savait ce qu'il voulait, je vous le demande ? Pour autant que je sache, la question ne fut pas seulement abordée. » Plus tard, un diplomate américain devait déclarer qu'encourager Sarkis à agir, c'était comme « essayer d'enfoncer un spaghetti trop cuit à travers un trou de serrure ».

A la mi-mai, Francis Meloy vint remplacer Godley en tant qu'ambassadeur. Le choix semblait heureux : un célibataire, n'ayant donc pas de soucis à se faire pour sa famille, prudent et habitué aux contraintes des situations délicates. (Lorsqu'il était ambassadeur à Saint-Domingue, les conditions de sécurité, ou plutôt d'insécurité, étaient si précaires qu'il n'avait même pas le droit de sortir sur sa terrasse.) Le 16 juin, en compagnie de Robert O. Waring, son conseiller économique, sur le point de prendre sa retraite, Meloy se dirigea vers l'intersection toujours dangereuse du Musée, le seul endroit alors où l'on pouvait passer d'un secteur à l'autre de la capitale. Ils avaient rendez-vous avec Sarkis. Ils n'atteignirent jamais leur destination. Les corps des deux diplomates et du chauffeur de l'ambassade, Zuhair Moghrabi, qui occupait ce poste depuis fort longtemps, furent retrouvés l'après-midi même, sur un dépôt d'ordures proche de la plage, à Beyrouth-Ouest.

Malgré six mois d'enquête, le gouvernement américain prétend ne pas connaître à l'heure qu'il est l'identité des assassins. Le candidat le plus vraisemblable, cependant, est un groupuscule purement libanais, le Parti travailliste socialiste arabe, un mouvement affilié au Front populaire pour la libération de la Palestine, fondé par Georges Habache, et à tendance marxiste, de ces groupes de jeunes Libanais, à cheveux longs, armés et dangereusement excités, qui contrôlaient le tronçon de route juste avant d'arriver au musée. Ses membres n'avaient guère de sympathie pour les journalistes américains, et encore moins pour leurs compatriotes diplomates. Inexplicablement, l'escorte libanaise de l'ambassadeur n'avait pas accompagné la voiture blindée jusqu'au passage dangereux, et l'on n'a jamais très bien su non plus pourquoi le chauffeur s'était arrêté au lieu de foncer dans le tas des assaillants. Les Libanais sont convaincus qu'il avait été « travaillé » — c'est-à-dire qu'on l'avait persuadé soit par le chantage, soit par la corruption de livrer les deux diplomates. A l'époque les employés de l'ambassade protestèrent avec véhémence : les Américains avaient promis à Moghrabi des visas, fort convoités, pour émigrer aux Etats-Unis avec toute sa famille. Personnellement, j'opte pour la version de l'ambassade. En octobre de l'année précédente, alors que j'étais, bien involontairement, le dernier client payant à l'hôtel Saint-Georges, Moghrabi avait traversé, avec la même Chrysler noire blindée, toute la zone de combat pour venir me sauver, ainsi que trois autres collègues pris au piège.

Meloy et Waring ne furent ni les premiers, ni les derniers diplomates étrangers assassinés au Liban. Cinq ans plus tard, dans le même quartier, l'ambassadeur de France, Louis Delamare, fut tué dans sa voiture, alors qu'il regagnait son domicile pour déjeuner. La mort des deux Américains, cependant, suscitait l'amertume de nombreux employés de l'ambassade. Selon certains diplomates, qui laissèrent également entendre que tous les messages du secrétaire d'Etat avaient disparu des archives, Kissinger, impatient, s'était acharné après Meloy pour qu'il allât voir les chrétiens à Beyrouth-Est, malgré les dangers bien connus de l'intersection du Musée. Un jeune fonctionnaire avec qui je me suis entretenu semblait hanté par un sentiment encore plus durable : « Ils sont morts victimes de notre incapacité de parler à l'OLP, m'a-t-il assuré. Si nous avions eu des interlocuteurs palestiniens, ils seraient encore en vie. »

En décembre suivant, Kissinger reçut au Département d'Etat Ghassan Tuéni. Le visiteur se présentait en tant qu'envoyé spécial de Sarkis, pour discuter de l'aide vaguement promise par les Etats-Unis pour la reconstruction d'après-guerre, puisque la guerre civile avait officiellement pris fin le mois précédent. Se rappelant qu'ils avaient tous deux fréquenté l'Université Harvard, peu après la Seconde Guerre mondiale, Kissinger chercha à mettre le Libanais à son aise. Les deux pieds calés sur son bureau, il déclara : « Parlons donc un peu comme deux anciens d'Harvard. Je tiens à ce que vous sachiez que, depuis six mois, le président des Etats-Unis et le secrétaire d'Etat sont personnellement chargés d'éplucher toutes les dépêches en provenance du Liban. » Ce que Kissinger ne disait pas, c'était que la guerre durait déjà depuis plus d'un an lorsqu'il avait enfin consenti à s'intéresser activement au Liban, et que de toute façon, avec la récente élection de Jimmy Carter à la Maison-Blanche, ses jours à lui étaient comptés.

La méthode « bouts-de-ficelle et rodomontades » utilisée pour différer le désastre — sorte d'ersatz à retardement qui passait pour la politique américaine — avait bien montré ses limites. Elle avait eu les faveurs des responsables depuis 1975. En 1982, encore, Israël et la propre viscosité du Liban eurent raison d'un gouvernement américain momentanément décidé à remettre un peu d'ordre dans le gâchis de Beyrouth. « Nous avons tenté un tour de passe-passe pour distraire l'attention, m'a expliqué un diplomate américain. Si nous avions dit la vérité et admis que les choses allaient à vau-l'eau, elles y seraient tout simplement allées encore plus vite. » La vérité, la voici : pour les Etats-Unis le Liban n'était toujours qu'un problème très secondaire. Ils ne voulaient pas qu'un seul changement important intervînt au Moyen-Orient, sans leur bénédiction, et ils étaient tout juste assez puissants pour empêcher le Liban de servir de catalyseur à une nouvelle guerre généralisée dans la région. Cependant, cette politique américaine équivalait aussi, inconsciemment peut-être, à condamner le Liban. C'était l'une des clauses tacites, et pourtant cruciales des accords sur le désengagement dans le Sinaï et plus encore des entretiens de Camp David en 1978. Ceux-ci encourageaient l'Egypte et Israël à conclure des accords bilatéraux et fournissaient vertueusement le schéma d'une autonomie quelque peu nébuleuse pour la Cisjordanie et la bande de Gaza, toujours occupées par les Israéliens. Cependant, quiconque connaissait bien le Moyen-Orient savait que les efforts américains pour parvenir à un accord global dans cette partie du monde étaient en fait au point mort. Et justement, en l'absence d'un accord global, le Liban restait un champ de carnage commode où les grandes puissances régionales pouvaient en découdre et se défier, sans risquer de se trancher mutuellement la jugulaire. Carter, qui au début de son mandat était plus déterminé que ses prédécesseurs à résoudre le casse-tête du Moyen-Orient, finit par établir sans le vouloir les fondations sur lesquelles Begin allait édifier sa politique d'agression en tranches successives. En 1982, au moment où la guerre israélienne au Liban prenait son essor, un jeune diplomate américain, déprimé par le manque de réaction du gouvernement Reagan, me confia : « Je me demande dans quelle mesure le gouvernement des Etats-Unis est un agent actif des forces du mal. »

Parmi les responsables américains, sa façon de penser était assez peu répandue (et généralement exprimée par ceux qui avaient quitté le service actif). Les Américains, en public et en privé, étaient si entichés de l'approche pragmatique qu'ils avaient tendance à oublier l'avalanche de péchés d'action et d'omission commis par la politique américaine au Moyen-Orient depuis vingt-cinq ans. Lorsqu'on allait véritablement au fond des choses, on s'apercevait que la vison américaine du Liban avait quelque chose de vaguement méprisant. Ce Liban, dites voir, ça existait vraiment ? Et, dans l'affirmative, pourquoi fallait-il le protéger des raclées qu'une entité territoriale aussi hétéroclite ne pouvait manquer d'essuyer ? Le Liban était en outre une création française et, traditionnellement, Washington manifestait aussi peu d'enthousiasme pour les produits du colonialisme français qu'avaient pu en manifester les Britanniques à l'apogée de leur empire.

Pour les Etats-Unis, le Liban n'était peut-être en définitive qu'un lieu qui pouvait être sacrifié, dont les loyautés étaient insondables et le fonctionnement compliqué, si bien qu'on ne pouvait jamais lui faire entièrement confiance. A sa belle époque, Beyrouth avait été un endroit commode pour prendre le pouls des recoins les plus mystérieux du monde arabe. Lorsque Beyrouth était encore utile aux Etats-Unis, ceux-ci avaient veillé à empêcher les autres de s'en servir comme poste d'écoute. Mais ils avaient à présent tendance à se retrancher dans l'insouciance des nations riches. De toute façon, les événements vraiment importants se passaient ailleurs. Beyrouth n'était plus le centre bancaire du Moyen-Orient. Le volume des factures de pétrole arabe avait augmenté avec une telle rapidité que la capitale libanaise était trop petite : les milliards de pétrodollars filaient directement à la Cité de Londres et dans les banques américaines. Les Libanais n'étaient même pas les intermédiaires dans les émirats du golfe Persique, donnant des conseils et passant commandes à leurs patrons américains ou occidentaux : les firmes occidentales s'aperçurent qu'il leur fallait envoyer leurs propres hommes dans le golfe Persique s'ils voulaient conserver leur clientèle. Beyrouth, chambre à coucher de l'homme d'affaires, avait vécu. Non que les Libanais ne gagnassent point d'argent dans le golfe Persique. Ils en gagnaient plus que jamais au contraire, mais leur pouvoir de décision était moindre. Ainsi allait le monde, et les Américains n'ont jamais été des romantiques. Pourtant, ils agissaient, en l'occurrence, en dragons récalcitrants. Lorsqu'ils débarquèrent encore une fois leurs Marines au Liban, en 1982, ils firent de véritables acrobaties pour s'assurer que leurs hommes ne se feraient pas tirer dessus et surtout ne tireraient sur personne. Le Congrès passait au crible les moindres mesures prises par le gouvernement. Le Pentagone, de son côté, était sur le qui-vive, redoutant que les politiciens n'allassent une fois de plus embarquer les soldats américains dans une vilaine aventure étrangère, pour laisser ensuite les militaires de carrière porter le chapeau.

« Si les Romains veulent un empire, m'a déclaré un ami libanais, historien de son métier, il faut qu'ils le payent. » Mais si nos néo-Romains ne voulaient pas d'empire, que fallait-il faire ? La solution la plus indiquée était de se soumettre aux fantaisies et aux caprices de la superpuissance régionale, Israël, qui devait ce rang non point seulement au soutien américain, mais aussi à son propre comportement agressif. Il ne fallait pas s'étonner si l'Etat hébreu, malgré sa politique souvent mal embouchée, était respecté et admiré. Les Israéliens avaient repris le rôle que les anciennes puissances impérialistes avaient joué pendant si longtemps. Eux, au moins, semblaient savoir ce qu'ils voulaient.

6

LA FILIÈRE ISRAÉLIENNE

Je ne me rappelle plus la date exacte, mais c'était encore relativement tôt dans la guerre civile — disons, vers la fin d'octobre 1975 — parce que, presque sans exception, les participants au séminaire arboraient encore le costume trois-pièces, uniforme de l'élite libanaise en temps de paix. Avocats, négociants, médecins, professeurs, aucun d'eux ne cachait que leurs séances d'étude portaient sur des projets de partition du Liban — c'est-à-dire sur l'établissement d'un Etat chrétien séparé — si on ne laissait pas les chrétiens gouverner le pays tout entier. C'étaient justement certaines rumeurs concernant ces projets si radicaux qui m'avaient amené à Kaslik et son Université du Saint-Esprit, si noblement nommée, à quelques centaines de mètres de l'autoroute expresse qui mène de Beyrouth au Nord-Liban, non loin de l'embranchement de Jounieh. L'endroit, avec ses bâtiments en faux gothique, n'était pas sans me rappeler, en plus grandiose, une de ces écoles de la Nouvelle-Angleterre ; ses détracteurs assuraient avec mépris que le niveau intellectuel laissait considérablement à désirer. Cependant, les moines qui dirigeaient Kaslik étaient riches, résolus et irrémédiablement obstinés. Leurs étudiants, relativement frustes, étaient issus de milieux plus simples que les jeunes bourgeois des deux sexes qui fréquentaient l'Université Saint-Joseph, tenue par les jésuites et protégée par les Français, ou encore l'Université américaine de Beyrouth, fondée par les missionnaires protestants. Kaslik puisait dans les revenus que lui rapportaient ses immenses propriétés pour acheter une grande partie des armes utilisées par les jeunes maronites qui allaient au combat avec d'énormes croix de bois autour du cou et des décalcomanies de la Sainte-Vierge sur la crosse du fusil.

Nous discutâmes politique. Ou, plus exactement, j'élevai des objections et les autres participants m'écoutèrent patiemment. Personne, commençai-je, ne voudrait reconnaître un Etat-croupion chrétien tel qu'ils l'envisageaient. Personne ne voudrait seulement lui venir en aide.

Les chrétiens ne réussiraient qu'à exaspérer encore un peu plus le monde arabe, dont ils dépendaient pour vivre en lui fournissant leurs services. Les membres du séminaire, quinquagénaires pour la plupart, s'attardèrent encore quelques brefs instants, puis se dirigèrent nonchalamment vers leurs voitures. Seul un jeune homme resta avec moi. Jamais les chrétiens n'abandonneraient la lutte, me déclara-t-il. Ils regagneraient les montagnes et résisteraient, comme ils l'avaient toujours fait. J'objectai qu'à notre époque d'avions à réaction, d'hélicoptères, de routes macadamisées, de véhicules blindés et d'artillerie à longue portée, les montagnes ne constituaient plus un refuge efficace. « Alors, nous irons souper avec le diable ! » me jeta-t-il avec un orgueil évident. D'ailleurs, ajouta-t-il, les responsables de Kaslik étaient d'ores et déjà en rapport avec les Israéliens, grâce à l'armistice de 1949, entre Israël et le Liban, lequel autorisait les religieux maronites à franchir la frontière pour aller visiter les monastères et autres édifices que possédait leur Eglise en Israël. « C'est tout simple, m'expliqua-t-il, après samedi, vient dimanche. » C'était un vieux proverbe, signifiant que les musulmans disposeraient d'abord des juifs, dont le sabbat tombe le samedi, avant de liquider les chrétiens, dont le dimanche est le jour de repos et de vénération hebdomadaire.

Je me rappelle encore à quel point je fus déconcerté : pour les chrétiens, traiter avec Israël faisait figure de péché mortel. J'avais plus que vaguement conscience du fait qu'en 1967, les chrétiens du Liban avaient été ravis de voir les Israéliens humilier l'Egypte, durant la guerre des Six Jours. A leurs yeux, ce Nasser qui avait tenté de s'emparer de leur pays en 1958 ne l'avait pas volé. Il est certain qu'au cours de la décennie qui suivit, chrétiens du Liban et Israéliens eurent un ennemi commun en la personne des Palestiniens. Je ne parvenais pas, cependant, à imaginer les chrétiens assez sots pour aller quémander de l'aide à un allié aussi suspect à tous les pays arabes. Car enfin, le génie maronite, depuis des siècles, n'avait-il pas justement été de contracter des alliances avec des puissances suffisamment fortes, mais aussi *suffisamment éloignées* pour rester maître chez soi, sauf en période de danger extrême ? Les Israéliens étaient trop proches — et trop puissants —, ce seraient eux qui mèneraient la danse. Ce seraient eux, et non les maronites, qui décideraient à quel moment la mesure serait comble. Si j'avais mieux connu mon histoire contemporaine, je n'aurais pas été aussi surpris.

Pour utiliser le jargon politique du Moyen-Orient, disons que Liban et Israël étaient de fervents partisans de ce qu'on appelait la théorie des « Etats mosaïques ». « C'est uniquement lorsque Israël va solliciter des fonds auprès des juifs américains que nous autres, Israéliens, prétendons que le monde arabe est un seul et unique mastodonte bien résolu à jeter à la mer le pauvre petit Israël, aime à expliquer un arabologue israélien de ma connaissance. En réalité, le Moyen-Orient est un véritable puzzle de peuples et de cultures. Des régimes minoritaires gouvernent la Syrie et l'Irak. Le roi Hussein et ses bédouins sont également minoritaires en Jordanie, où les Palestiniens sont beaucoup plus nombreux. Le Soudan possède une importante minorité animiste et chrétienne, l'Algérie et le Maroc des populations berbères en nombre non négligeable. Si Israël parvenait à contacter tous ces groupes opposés à l'arabisme et à l'Islam, il pourrait mettre en pièces l'univers islamique » — et vivre heureux jusqu'à la fin de ses jours. Un succès, même partiel, dans une entreprise de ce genre diminuerait les pressions qui pèsent sur Israël et détournerait de lui l'attention de ses ennemis jurés. (Aucune de ces idées n'était particulièrement neuve. Durant la première moitié des années soixante-dix, Israël avait fourni des armes et des munitions — du matériel soviétique pris aux armées arabes en 1967 — aux Kurdes en lutte contre le régime irakien et, un peu plus tôt, il avait fait parvenir, via l'Ethiopie, des secours du même genre jusqu'au sud du Soudan où les autochtones s'étaient soulevés contre le gouvernement central à Khartoum.) Les chrétiens radicaux du Liban partageaient ce point de vue et considéraient Israël comme la superpuissance régionale, résolue et agressive, et comme un allié potentiel, à présent que l'Occident les avait abandonnés.

Mieux encore, leurs deux pays étaient voisins. A la fin de la Première Guerre mondiale, lorsque la Grande-Bretagne et la France s'étaient partagé les dépouilles de l'empire ottoman au Moyen-Orient, la France avait décidé de séparer les territoires dont la Société des Nations lui avait confié la tutelle en cinq Etats, dont un Grand Liban, gouverné par les chrétiens : pour ce faire, ils avaient annexé au Mont-Liban, traditionnellement chrétien, des régions où les musulmans prédominaient, notamment celle de Tyr et de l'ensemble du Sud, de Tripoli et du Nord, ainsi que la fertile vallée de la Bekaa à l'est, afin de créer une nation économiquement viable. En 1936, avant que la Commission Peel eût été établie pour mettre fin à la violence en Palestine, le patriarche maronite avait témoigné en faveur d'un Etat hébreu dans cette zone. L'année suivante, David Ben Gourion, alors président de l'Agence juive, avait déclaré au Parti ouvrier mondial sioniste, réuni à Zurich, que « le Liban est l'allié naturel des juifs de la terre d'Israël... La proximité du Liban fournira à l'Etat juif, dès qu'il aura été créé, un allié loyal ». Faisant remarquer la frontière commune, Ben Gourion ajoutait que cela « nous laissera toute possibilité d'expansion avec l'accord et la bénédiction de nos voisins qui ont besoin de nous ». Les principaux centres de population chrétienne au Liban étaient situés nettement au nord de la frontière israélienne, mais les chrétiens contrôlaient une portion suffisamment importante de la côte pour permettre un accès facile par voie de mer depuis les ports israéliens. (Immédiatement après l'effondrement de l'empire turc, en 1918, les sionistes avaient vainement tenté de persuader la Grande-Bretagne de revendiquer, au nom de la Palestine, tout le sud du Liban jusques et y compris les eaux si précieuses du Litani, mais c'était la France qui l'avait emporté et en 1920 la frontière avait été tracée telle qu'elle existe aujourd'hui.) En 1948, au cours de ce que les Israéliens appellent la guerre de l'Indépendance, leurs soldats avaient occupé le Liban jusqu'au Litani et ne s'étaient retirés sur l'actuelle frontière que l'année suivante.

Moins de dix ans plus tard, Moshé Sharett, alors Premier ministre de l'Etat d'Israël, nota dans son *Journal* de nouveaux desseins, pour le moins inamicaux envers le Liban. Parfois décrit comme l'équivalent israélien des dossiers du Pentagone, ce *Journal,* qui couvre les événements à partir des années trente, a été publié en hébreu en 1979, après que le fils de Sharett eut réussi à déjouer les tentatives de l'establishment israélien pour empêcher sa publication. Bien avant que les fedayin palestiniens en vinssent à menacer physiquement Israël, Sharett a consigné les projets de déstabilisation et même de démantèlement du Liban, afin d'y installer un régime fantoche soumis aux diktats israéliens. Divers passages, consignés à partir des années trente, nous montrent Sharett occupé à décourager les rêves extrémistes des maronites, qui espéraient s'assurer le concours des sionistes pour consommer la perte du Grand Liban créé en 1920.

A la date du 27 février 1954, Sharett a noté que Ben Gourion, ex-Premier ministre récemment démissionnaire, Pinhas Lavon, ministre de la Défense, et Moshé Dayan, chef de l'Etat-Major, rêvaient d'un coup d'Etat en Syrie pour envahir le Liban. Ben Gourion soutenait même que si l'Irak envahissait la Syrie, ce qui paraissait possible, « ce sera le moment de soulever le Liban — c'est-à-dire les maronites — et de l'inciter à proclamer un Etat chrétien ». Sharett protesta :

« J'ai dit que c'était un songe creux. Les maronites sont divisés. Ceux qui sont en faveur du séparatisme chrétien sont faibles et n'oseront rien tenter. Un Liban chrétien serait obligé de renoncer à la région de Tyr, à Tripoli, à la Bekaa. Aucune force ne pourra rendre au Liban ses dimensions d'avant la Première Guerre mondiale, d'autant moins qu'il perdrait ainsi toute viabilité économique. Ben Gourion, furieux, m'a répondu. Il a commencé par proposer une justification historique d'un Petit Liban. Si un fait est créé, les puissances chrétiennes n'oseront pas s'y opposer. J'ai fait valoir qu'il n'existe pas un seul facteur disponible pour créer une telle situation et que si nous commençons à faire de l'agitation et à tout bousculer, nous allons nous retrouver mêlés à une affaire qui ne pourra nous valoir que de la honte. A ces mots s'est déchaîné un torrent d'invectives concernant mon manque d'audace et ma myopie politique. Il fallait envoyer des émissaires et dépenser de l'argent. Il n'y a pas d'argent, ai-je dit. La réponse, mûrement réfléchie, a été que c'était de la foutaise. Il fallait trouver de l'argent et s'il n'y en avait pas dans le Trésor, faire appel à l'Agence juive (!) — pour une telle entreprise, on pouvait risquer cent mille, cinq cent mille, un million de dollars, tout ce qu'on voulait, pourvu que l'on pût établir la chose ; il y aurait alors une redistribution définitive au Moyen-Orient et une ère nouvelle commencerait. Je me suis lassé de discuter avec une tornade. »

Le jour même où Sharett écrivait ces lignes, Ben Gourion, depuis le kibboutz de Néguev, au sud de Sde Boker, où il s'était retiré, fit valoir que le Liban « est le maillon le plus faible dans la chaîne de la Ligue [Arabe] et que ses chrétiens représentent la majorité du Liban historique ; or cette majorité possède un patrimoine et une culture totalement différents de ceux du reste de la Ligue. Même à l'intérieur de ses frontières élargies (et la plus grave erreur de la France a été de les élargir), les musulmans ne sont pas libres de faire ce qu'ils veulent, bien qu'ils y soient en majorité (ce dont je ne suis pas si sûr), par crainte d'un schisme chrétien. L'établissement d'un Etat chrétien est donc une démarche naturelle. Il a des racines historiques et trouvera un soutien auprès des grandes puissances chrétiennes, catholiques et protestantes. En temps ordinaire, cela serait virtuellement impossible, en premier lieu à cause du manque d'initiative et de courage des chrétiens eux-mêmes. Mais, en ces temps de confusion et de désordre, de soulèvement et de guerre civile, les choses changent et les faibles diront : Je suis un héros. Peut-être (car, en politique, bien sûr, rien n'est certain) le moment est-il propice pour voir s'établir un Etat chrétien à nos frontières. Sans notre initiative et notre aide énergique, il n'en sera rien. Et il me semble que c'est là aujourd'hui la TACHE CENTRALE ou, tout au moins, L'UNE des tâches centrales de notre politique étrangère et que nous devons investir des moyens, du temps, de l'énergie et agir de toutes les façons susceptibles d'entraîner au Liban un changement fondamental. [Eliahu] Sassoon et tous nos autres arabologues doivent être mobilisés. Si l'on a besoin d'argent, il ne faut pas lésiner sur les dollars, même si ce doit être à fonds perdus. Il faut concentrer là-dessus toutes nos forces. Peut-être devrait-on faire venir ici Reuven [Shiloah, un autre arabologue] uniquement dans ce but. On ne nous pardonnera pas si nous laissons passer cette occasion historique. Il n'y a rien ici qui puisse faire figure de provocation envers les puissances mondiales. En fait, nous n'avons pas besoin d'agir " indirectement " — mais tout devrait, à mon avis, être fait vite et de toutes nos forces.

« Evidemment, l'objectif ne peut être atteint sans rétrécir les frontières du Liban, mais s'il existe dans ce pays même ou au-dehors, en exil, des personnes que l'on pourrait recruter pour l'établissement d'un Etat maronite — il n'aurait aucun besoin de frontières élargies, ni d'une vaste population musulmane, et les considérations de ce genre sont donc sans importance.

« Je ne sais si nous avons des gens à nous au Liban, mais il y a toutes sortes de façons d'agir, si l'on décide de faire la tentative proposée. »

D'un ton quelque peu las, Sharett répondit, le 18 mars, à la lettre de Ben Gourion, en faisant valoir, de son côté, qu' « il n'y a ni rime ni raison à tenter de créer de l'extérieur un mouvement qui n'existe pas à l'intérieur. On peut consolider un souffle de vie lorsqu'il existe déjà. Mais pour autant que je sache, il n'y a aujourd'hui au Liban aucun mouvement qui cherche à faire de ce pays un Etat chrétien, où les décisions finales seraient entre les mains de la communauté maronite ». Sharett estimait qu'au fond les Français avaient tenu leur pari de créer un Etat mi-chrétien, mi-musulman, capable de fonctionner. Cependant, il nota ce passage prophétique :

« La transformation du Liban en un Etat chrétien est aujourd'hui hors de question, si une initiative extérieure se trouvait mêlée à l'affaire. J'apporte certaines réserves à mon affirmation en parlant ainsi d'une " initiative extérieure ", car je n'écarte pas définitivement la possibilité que cela puisse arriver dans le sillage d'une série d'ondes de choc qui secouerait le Moyen-Orient, causerait des redistributions radicales et jetterait les schémas existants au fond d'un creuset, de façon à en faire jaillir des formations nouvelles. »

Non seulement les chrétiens n'étaient-ils plus majoritaires au Liban, mais la minorité orthodoxe grecque ne voulait rien avoir à faire avec un Etat chrétien dominé par les maronites, déclara Sharett. Les principaux chefs maronites, eux-mêmes, avaient décidé que leur meilleur atout était une association avec les musulmans. La proposition de Ben Gourion serait donc « désastreuse, car elle est susceptible de déchirer d'un seul coup le tissu de la coopération entre chrétiens et musulmans à l'intérieur de l'actuel cadre libanais, lequel a été tissé au moyen d'un travail obstiné et au prix de sacrifices considérables pour toute une génération ; de précipiter les musulmans du Liban dans les bras de la Syrie, et enfin, dernière étape du processus, d'amener sur la tête du Liban chrétien la catastrophe historique de son annexion à la Syrie et le brouillage total de son identité à l'intérieur d'une Grande Syrie musulmane. »

Balayant les éventuelles objections de Ben Gourion à ces arguments, Sharett voulait savoir ce qui laissait croire à quiconque que les zones où les musulmans prédominaient accepteraient d'être dissociées du reste du pays, que la Ligue arabe ou l'Occident se contenteraient de regarder sans intervenir et que « la guerre sanglante, qui devra nécessairement éclater, après pareille tentative, restera confinée au Liban et n'entraînera pas immédiatement l'entrée en guerre de la Syrie ». Le Mont-Liban n'était devenu viable que depuis son association aux zones musulmanes, en 1920. « Pour en revenir à la situation antérieure, continuait Sharett, il ne suffirait pas simplement d'une opération chirurgicale, mais d'un tel écrasement d'organes que le Liban ne pourrait y survivre. » Cela dit, le Premier ministre veillait à montrer qu'il n'avait rien d'une colombe :

« J'accueillerais avec joie cette agitation [au sein de la communauté maronite] en soi, tant pour la déstabilisation qu'elle entraînerait que pour les troubles qu'elle créerait à l'intérieur de la Ligue arabe, pour le détournement de l'attention loin du conflit israélo-arabe qui s'ensuivrait, pour la naissance même de l'étincelle du désir d'indépendance chrétienne qui arriverait dans son sillage. Mais que faire ? Le ferment n'existe pas. Dans une telle situation, je crains que toute tentative de soulever la question de notre part ne soit considérée comme un signe de frivolité et de superficialité — ou pis encore : comme un désir digne des pires aventuriers de profiter du bien-être et de la survie d'autres hommes, et comme une volonté de sacrifier leur bonheur fondamental au gain d'un avantage tactique momentané pour notre pays.

« Qui plus est, si cette affaire ne devait pas rester secrète, mais être communiquée au grand public — risque que l'on ne peut négliger dans le contexte du Moyen-Orient —, le tort que cela nous causerait vis-à-vis des Etats arabes comme des puissances occidentales serait incalculable, tort pour lequel le succès (éventuel) de l'opération proprement dite ne nous apporterait aucune compensation. »

La réponse raisonnée de Sharett ne convainquit pas Ben Gourion, cependant, et ne put le dissuader de poursuivre ce projet de déstabiliser le Liban. Plus d'un an après, le 16 mai 1955, au cours d'une réunion de hauts-fontionnaires des ministères des Affaires étrangères et de la Défense, Ben Gourion, de retour au gouvernement au poste clef de ministre de la Défense, en revint à ce que Sharett appelait « son vieux rêve » d'intervenir au Liban. Il y avait à l'époque une certaine tension entre l'Irak et la Syrie et « la possibilité d'une invasion irakienne en Syrie » incita Ben Gourion à suggérer que les druzes et chiites accepteraient peut-être de se joindre à une entreprise de déstabilisation. Sharett a noté que pour Moshé Dayan : « Tout ce qu'il nous reste à trouver, c'est un officier, même un simple capitaine. Il faudrait le gagner à notre cause, ou l'acheter, pour qu'il accepte de se déclarer le sauveur de la population maronite. Alors, l'armée israélienne entrerait au Liban, occuperait les territoires où nécessaire, établirait un régime chrétien allié à Israël et tout marcherait comme sur des roulettes. Si nous écoutions le chef de l'Etat-Major, nous mettrions l'affaire en route dès demain, sans attendre le moindre signe de Bagdad, mais, en l'occurrence, il veut bien se montrer patient et attendre que le gouvernement irakien en fasse à sa tête et conquière la Syrie. Ben Gourion n'a évidemment pas été long à souligner que son propre plan ne devrait être mis à exécution que dans le sillage d'une conquête de la Syrie par l'Irak. »

Et Sharett, au désespoir, de noter : « Je n'ai pas voulu me lancer dans une vaste et acerbe discussion avec Ben Gourion au sujet de ses projets abracadabrants autant qu'imprudents — dont le côté primaire, et complètement en dehors de la réalité, est vraiment surprenant — devant ses officiers d'Etat-Major. » Au lieu de cela, Sharett se contenta d'avertir son ministre que « le résultat serait non pas la consolidation d'un Liban chrétien, mais une guerre entre Israël et la Syrie ». Sur les instances de Ben Gourion, un groupe commun aux ministères des Affaires étrangères et de la Défense fut établi pour s'occuper du Liban, sous l'égide de

Sharett qui espérait bien le voir contribuer à faire classer purement et simplement les plans de déstabilisation.

Sharett déplorait néanmoins le « manque de sérieux vraiment effrayant » des militaires et leur « attitude foncière vis-à-vis des pays voisins et tout spécialement des questions les plus complexes concernant la situation intérieure et extérieure du Liban ». Il écrivait : « J'ai clairement vu comment ceux qui ont sauvé le pays par leur héroïsme et leurs sacrifices durant la guerre d'Indépendance seraient capables de provoquer une catastrophe si on leur laissait les coudées franches en temps ordinaire. »

Dans un énième réquisitoire contre Ben Gourion, il nota : « Il envisage toujours le Liban tel qu'il était à l'époque de l'empire ottoman — un corps indépendant, dont la population était composée, en immense majorité, de chrétiens maronites. Mais au sein du Grand Liban, les maronites ont depuis longtemps perdu leur supériorité numérique, les orthodoxes gravitent vers l'orbite syrienne, les musulmans constituent une majorité croissante, en vertu de leur taux de natalité plus élevé, les réfugiés palestiniens ont encore renforcé cette majorité et fait retomber les maronites à une minorité d'un tiers, la communauté maronite a perdu toute audace et tout élan, la plupart de ses dirigeants sont de connivence avec les musulmans et la Ligue arabe et toute tentative israélienne pour les pousser dans la voie de la révolution est susceptible de leur valoir une flétrissure universelle et de leur faire essuyer une défaite écrasante. »

Deux semaines plus tard, toujours dans son journal, Sharett se plaignait que Dayan soit « favorable à l'idée d'engager les services d'un officier [libanais], prêt à jouer le rôle d'homme de paille pour que l'armée israélienne ait l'air de répondre à son appel de venir " libérer " le Liban chrétien du joug de ses oppresseurs musulmans ». Tout en qualifiant, le 17 juin, ce projet de « chimère », il nota que « la vérité est que nous avons des liens avec un certain groupe », à l'intérieur du Liban, « que nous avons fait de nombreuses tentatives pour en sonder plusieurs autres et qu'il faudrait en particulier établir quelques contacts au sein de l'armée [libanaise] ».

Au cours du même mois, Sharett consigna le désir qu'avait Dayan de repousser un pacte de sécurité offert par les Etats-Unis, parce qu'« il passerait les menottes à notre liberté d'action militaire » et nota que le chef de l'Etat-Major avait élaboré une sorte de doctrine du « la-guerre-égale-la-paix », selon le modèle annoncé par George Orwell dans *1984.* L'Etat « peut, non — il *doit* inventer des dangers et, pour ce faire, il faut adopter la méthode de la provocation-suivie-de-vengeance... et par-dessus tout — espérons une nouvelle guerre avec les pays arabes — afin de pouvoir enfin nous débarrasser de nos problèmes et acquérir de nouveaux espaces », a écrit Sharett dans son *Journal* avant de noter : « (Quel lapsus linguae — Ben Gourion lui-même a dit que cela vaudrait la peine de verser un million de livres à un Arabe pour qu'il commence une guerre.) »

Ces extraits du *Journal* de Sharett ont un côté presque surnaturel, lus à la lumière des événements survenus au Liban depuis 1975 : oui, la guerre civile a englouti le Liban. Oui, Israël a mis la main sur un officier chrétien renégat, le capitaine (plus tard commandant) Saad Haddad, qui a effectivement exécuté ses ordres dans la zone frontalière du Sud-Liban. Oui, les puissances occidentales ont accepté le démembrement effectif du Liban, moins cependant pour sauver les chrétiens menacés — reproche inlassablement rabâché dans les prétextes avancés par les gouvernements israéliens successifs pour justifier leurs propres mobiles plus que douteux — que par pure lassitude. Oui, le Liban a subi l'occupation militaire de la Syrie (et d'Israël). Oui, les généraux israéliens ont fini par tirer tellement de ficelles au Liban qu'ils ont failli compromettre la réputation internationale et la sécurité de leur propre pays. Et enfin, oui, les complications de leurs rapports avec les chrétiens ont contribué à causer entre Israël et la Syrie une guerre dont ni l'un ni l'autre ne voulaient.

Durant la seule année 1976, Israël parvint à établir les règles selon lesquelles on a depuis joué au Liban. Les Etats-Unis, harcelés par leurs propres difficultés intérieures et extérieures, furent bien contents de limiter leur rôle à un simple et honnête arbitrage. Pour ce faire, ils durent encourager la Syrie à tenir pour la première fois un rôle principal au Moyen-Orient et insister auprès d'Israël pour lui faire comprendre qu'il serait également bénéfique à ses propres intérêts de laisser les troupes syriennes pacifier le Liban. Les Israéliens firent chèrement payer leur « complaisance » à ce sujet, tout en sachant fort bien qu'ils conservaient un avantage décisif à tous les principaux points de pression. Cette capacité de convaincre l'opinion mondiale que sa sécurité est menacée, alors même qu'elle est justement renforcée, n'est pas la moindre des forces d'Israël.

En termes géopolitiques, la Syrie fut autorisée à envahir et occuper le Liban, afin de faire cesser l'anarchie qui menaçait le Moyen-Orient tout entier, certes, mais surtout le régime toujours vulnérable de Damas, gouverné par une secte minoritaire de l'Islam, particulièrement honnie, les alaouites, que la grande secte sunnite considérait comme des hérétiques. Il y eut, en fait, une séparation tacite du Liban en zones d'influence syrienne et israélienne. La Syrie évita de reconnaître *de jure* l'Etat d'Israël, mais consentit à admettre que certains intérêts stratégiques vitaux de l'Etat israélien étaient en jeu au Liban, au sud du Litani. Réduit à ses points essentiels, l'accord permettait à la Syrie d'établir une force de police au Liban, mais ne l'autorisait pas, en revanche, à y installer des missiles sol-air, qui auraient pu nuire aux vols de reconnaissance ou aux raids aériens des Israéliens contre les positions palestiniennes. C'était là le cœur même des accords de la « Ligne rouge », négociés par les Etats-Unis. Jamais publiés, probablement parce que jamais rédigés, sujets à des interprétations divergentes et à des révisions géographiques soudaines et bien souvent unilatérales (Yitzhak Rabin m'a dit un jour : « N'importe quelle interprétation de l'accord tacite est correcte »), les accords de la (ou des) Ligne(s) rouge(s) devaient empoisonner la vie des Libanais depuis leur naissance, en 1976, jusqu'en 1982, date à laquelle Israël balaya l'armée syrienne au Liban. Tant qu'ils furent en vigueur, ils interdirent l'utilisation de la force aérienne syrienne pour des opérations au sol et défendirent aux soldats syriens de s'approcher à moins de vingt-cinq kilomètres du point le plus septentrional de la frontière israélo-libanaise. Plus tard, ce facteur devait valoir bien des déboires à tous les protagonistes et, en 1982, il contribua à entraîner la guerre.

Les soldats syriens postés au Liban, dont le nombre se monta, par moments, à trente mille, étaient, en jargon militaire moderne, bons pour le casse-pipe. Pour Israël, ils représentaient un nombre correspondant de soldats en moins dans le Golan, qui était le véritable lieu de son affrontement avec la Syrie et beaucoup trop important pour le genre de petits jeux auxquels se livraient les deux adversaires au Liban. Et pourtant, malgré tous ses effectifs stationnés au Liban, la Syrie en eût-elle envoyé deux fois plus qu'elle n'aurait pu pour autant imposer sa volonté sur un point aussi fondamental que la formation du gouvernement. Politiquement frustrée, la Syrie ne pouvait pas grand-chose pour empêcher ses troupes d'occupation de succomber aux nombreuses tentations de la vie, et du vice, au Liban — lesquelles allaient du jeu à la drogue. Avec les Lignes rouges, Israël, qui n'avait pas, ni politiquement ni militairement, autant investi chez leur voisin commun, constituait un facteur de limitation. A vrai dire, la Syrie était prise au piège, incapable de se sortir à son avantage du guêpier libanais, ni même peut-être de s'en sortir tout court, sans risquer la propre chute du président Hafez Assad à Damas.

Seule une période de calme prolongée pouvait la sauver de ce dilemme, mais Israël pouvait, presque à lui seul, empêcher la réalisation de cette éventualité, et ce fut exactement ce qu'il fit. Ainsi, Israël avait le dessus, incapable peut-être de dicter sa solution au problème libanais, mais à même, en revanche, d'empêcher la Syrie de le faire. Tactiquement, il tira de nombreux avantages de cette situation, au fil des ans : le Liban détournait l'attention de la paix séparée entre les Israéliens et les Egyptiens, mobilisait des troupes syriennes qui n'étaient, de ce fait, plus disponibles pour opérer en première ligne, obligeait la Syrie à assister, impuissante, aux bombardements aveugles des cibles palestiniennes, annihilait ses prétentions au rang de leader régional et semait le doute dans l'esprit des responsables politiques américains, quant à l'utilité de la Syrie au Moyen-Orient.

Pour les Libanais, la conséquence la plus diabolique de toutes fut la haine acharnée qu'ils en conçurent à l'encontre des Syriens. Pressés, à l'origine, d'intervenir, pour protéger les chrétiens contre les musulmans et Palestiniens, les Syriens parvinrent à s'aliéner presque tout le monde. Abstraction faite de leurs abus, réels ou imaginaires, leur principal tort fut tout simplement d'être là. Comme tant d'autres armées d'occupation avant eux, ils s'incrustèrent bien après que leur présence eut cessé de plaire. Les Israéliens contribuèrent, d'ailleurs, à créer cette situation, mais ils devaient apprendre à leur tour que leurs soldats, lorsqu'ils furent stationnés au Liban, pouvaient, comme les autres, se transformer en l'espace de quelques mois d'armée de libération en armée d'occupation.

Cependant, malgré tous les faits historiques à présent portés à la connaissance du grand public, on n'a pour le moment fourni aucun document susceptible de prouver qu'au début de la guerre civile, Israël eût fait autre chose que d'assister de loin à l'effondrement du Liban. Selon les critères les plus objectifs, ce sont les Libanais eux-mêmes qui doivent endosser la plus grosse part de responsabilité pour la ruine finale, la ruine matérielle effective de leur pays. Les politiciens israéliens versèrent des larmes de crocodile sur la violence de leurs voisins, mais la mort du Liban démocratique qu'ils avaient connu n'était quand même pas pour eux un bienfait sans mélange. A chaque fois qu'ils avaient cru bon de sermonner les autres pays arabes, quant aux avantages d'une future coexistence pacifique au Moyen-Orient, les Israéliens avaient indiqué le Liban comme parfait exemple d'une démocratie pro-occidentale à l'économie florissante. A présent, certains détracteurs accusaient Jérusalem d'avoir sapé les fondations de leur voisin. Israël était désormais l'unique démocratie du Moyen-Orient — ce qui n'était pas le moindre des arguments lorsqu'il s'agissait de rappeler aux Américains la prédominance des dictatures militaires chez les Arabes. L'engagement des Palestiniens dans la guerre civile libanaise et les aspects musulmans-contre-chrétiens du conflit contribuaient à justifier le refus qu'opposait Israël aux offres de l'OLP, proposant de remplacer l'Etat sioniste par une « démocratie séculière », regroupant sur son sol des chrétiens, des musulmans et des juifs. Dès septembre 1975, le ministre israélien des Affaires étrangères, Yigal Allon, déclara : « Le modèle libanais est notre meilleure objection » aux propositions de l'OLP et constitue « la preuve que la coexistence de groupes de nationalités et de confessions différentes, au sein d'une démocratie, au Moyen-Orient, est impossible ». En octobre 1976, il affirma que la guerre du Liban montrait bien que le projet de l'OLP était un « mirage ». Israël défendit sa propre intervention dans les affaires libanaises en prétextant avoir agi pour préserver l'indépendance, la souveraineté et l'intégrité territoriale de son voisin. Un personnage aussi considérable que Shlomo Avineri, directeur général du ministère des Affaires étrangères (ce qui faisait de lui le plus haut placé de tous les fonctionnaires), déclara en août 1976 que « sans Israël, la Syrie aurait annexé le Liban ».

Une grande partie de ces propos n'était qu'un matraquage tactique, pour obtenir un avantage momentané, occupation fort prisée au Moyen-Orient. Cependant, les annales de l'histoire ont gardé la trace d'une longue tradition de violences israéliennes envers le Liban, laquelle avait contribué à créer les circonstances qui étaient venues saper le gouvernement de Beyrouth. Par exemple, le *Journal* de Sharett contient, dès 1955, un passage décrivant la tentative infructueuse, mais pleine de fougue, du chef de l'Etat-Major, Moshé Dayan, pour obtenir du gouvernement l'autorisation d'effectuer un raid de représailles contre un village libanais. Des Israéliens qui circulaient en autocar en Galilée avaient péri au cours d'une attaque terroriste et Dayan voulait répondre, avant même que les enquêteurs eussent établi qui était responsable de ce forfait. Les représailles de ce genre contre divers points du Sud-Liban, densément peuplés de préférence, devaient pourtant devenir presque routinières en l'espace de quelques brèves années. Jusqu'à la guerre de 1967, cependant, la zone frontalière resta relativement calme. Puis, la défaite des armées arabes en moins d'une semaine amena au premier plan les fedayin palestiniens. L'Etat libanais n'était plus assez fort pour les maîtriser. Le cycle raid-représailles-nouveau raid devint vite familier aux habitants de ces régions.

Certains Libanais sont restés convaincus que si Israël épargna le Liban jusque vers la fin des années soixante, ce fut uniquement par considération pour la France. Pendant plusieurs années, en effet, celle-ci avait été le principal fournisseur d'armes de l'Etat hébreu et le symbole de la victoire éclatante des Israéliens, en 1967, n'était autre que le Mirage de fabrication française. Le général de Gaulle s'intéressait personnellement au Liban, où il avait servi à l'époque où le pays était encore sous mandat de la SDN, entre les deux guerres. Cependant, c'était ensuite les Etats-Unis qui étaient devenus la grande source d'armement, alors que la France, de son côté, dès la fin de la guerre d'Algérie, en 1962, tentait d'améliorer ses rapports avec le monde arabe. De Gaulle avait conseillé aux Israéliens de ne pas déclencher le conflit de 1967 et à dater de ce moment-là, affirmaient les partisans de cette thèse, le Liban avait cessé d'être en sécurité. Bien que l'OLP fût également active en Jordanie et en Syrie, c'étaient ses bureaux au Liban qui étaient visés plus souvent qu'à leur tour, chaque fois qu'Israël répondait à une attaque des Palestiniens, quel qu'eût été son lieu d'origine.

Il n'y a pas jusqu'à certains historiens israéliens qui n'aient blâmé la férocité du raid de représailles mené par leur pays, le 28 décembre 1968, contre l'aéroport de Beyrouth, au cours duquel Middle East Airlines, la compagnie aérienne nationale du Liban, perdit treize appareils au sol. Cependant, plus nocive encore que ces pertes matérielles fut l'humiliation que le responsable du raid, Raphaël Eitan, infligea aux Libanais dans leur saint des saints, l'aéroport le plus actif du Moyen-Orient, pour l'acquisition duquel le pays avait renoncé à tout semblant de défense nationale. Ce fut un acte d'agression caractérisé, une mise en garde annonçant aux Libanais que leur âge d'or touchait à sa fin. Peu d'entre eux comprirent, sur le moment, qu'ils venaient de franchir un point de non-retour. Ce fut de Gaulle qui se chargea de tirer la leçon de cet événement : il mit un embargo sur toute nouvelle vente militaire à Israël. Cependant, les raids, incursions, bombardements et rapts israéliens dans le Sud-Liban, moins spectaculaires peut-être, mais plus éprouvants par leurs effets accumulés, continuèrent de plus belle. Ils étaient conçus tout autant pour dresser les Libanais contre les commandos palestiniens que pour extirper ces derniers de leur refuge.

Au début des années soixante-dix, des dizaines de milliers de Libanais du Sud, pauvres musulmans chiites pour la plupart, fuirent la zone frontalière, que le gouvernement de Beyrouth négligeait, de toute façon, depuis longtemps, peu disposé qu'il était à lui fournir un semblant d'éducation, de mesures sanitaires ou de services chargés du développement économique. Ils s'installèrent en majorité dans les banlieues pauvres de la capitale, où vivaient aussi de nombreux Palestiniens, dans une ceinture de bidonvilles entourant la ville. A Beyrouth et dans le Sud, des militants gauchistes parvinrent à radicaliser les chiites, ce qui provoqua la frayeur des dirigeants maronites de droite et incita les chrétiens à prendre les armes.

Lorsque la guerre civile éclata enfin, en avril 1975, le Sud-Liban devint paradoxalement un rare havre de paix dans un pays dont les autres régions étaient presque sans exception ravagées par la violence. La raison en était assez simple : les fedayin avaient abandonné la zone frontalière pour se précipiter à Beyrouth où se déroulaient les principaux combats. En fait, l'année 1976 était déjà considérablement avancée lorsque les Israéliens parvinrent enfin à tirer parti de la tragique situation des chrétiens du Sud, isolés par poches tout le long de la frontière. Israël attendit patiemment, tandis que des unités musulmanes qui s'étaient détachées de l'armée régulière du Liban privaient ces chrétiens d'eau et leur coupaient la route de la capitale, pour les forcer à se soumettre. En désespoir de cause, ceux-ci se tournèrent vers Israël. Selon certains récits apocryphes, un garde-frontière israélien aurait retrouvé, coincée dans la clôture qui marquait la frontière, une note implorant du secours.

Brusquement, et au sens le plus littéral du terme, un passage s'ouvrit dans ce qu'on baptisa la « bonne clôture » entre Israël et le Sud-Liban. Le rêve sioniste devint enfin réalité. Sous prétexte de porter généreusement secours aux chrétiens cernés de la zone frontalière, Israël vint occuper militairement et économiquement la région, procurant du travail aux chrétiens et expédiant ses marchandises en contrebande vers le nord pour les distribuer à travers tout le pays. En quelques années, les soldats israéliens parvinrent à réduire pratiquement à zéro les infiltrations palestiniennes à la frontière, qui leur avaient causé auparavant pas mal de déboires. (Ainsi, dès 1980, les infiltrations ou tentatives d'infiltration n'avaient débouché que sur huit des deux cent soixante-deux attaques de fedayin et attaques à la bombe officiellement enregistrées en Israël.) Au sol, une double clôture, des détecteurs électroniques, de constantes patrouilles et des incursions israéliennes de plus en plus fréquentes en territoire libanais firent l'affaire. Cependant, les peuplements les plus septentrionaux d'Israël restaient tout à fait à la portée de l'artillerie et des roquettes de l'OLP. Désormais, la possibilité d'utiliser les enclaves chrétiennes isolées fournit à Israël le moyen rêvé d'établir sur le sol libanais une présence embryonnaire, susceptible d'être considérablement renforcée lorsque les circonstances l'exigeraient. Les Libanais n'étaient pas les seuls à soupçonner qu'Israël avait formé le projet d'annexer tout le territoire jusqu'au Litani, dont il pourrait ainsi détourner les eaux convoitées depuis si longtemps. Les diplomates occidentaux, qui n'avaient pas oublié les villages maronites frontaliers annexés par Israël en 1948, étaient convaincus qu'Israël pousserait son avantage partout où il le pourrait.

Six bons mois avant que la « bonne clôture » eût commencé à fonctionner, les chrétiens du Nord, en quête d'armements et de munitions, avaient été en contact avec Israël. Dany, le fils de Camille Chamoun, commandant de la milice du Tigre, inaugura la filière en 1975. C'était un choix logique. Camille Chamoun faisait partie du paysage moyen-oriental depuis une bonne quarantaine d'années. Selon les critères régionaux, c'était un véritable homme d'Etat, un ancien président ; on savait à qui l'on avait affaire. En 1955 déjà, soit vingt ans auparavant, on trouvait trace, dans le *Journal* de Sharett, de la visite d'un émissaire libanais venu « apparemment au nom du président Camille Chamoun. Le Liban serait prêt à signer une paix séparée si nous acceptions les trois conditions suivantes : garantir la frontière entre nos deux pays, venir au secours du Liban si la Syrie l'attaquait et acheter son surplus agricole ». En outre, selon les propres acolytes de Chamoun, l'approvisionnement en armes de provenance israélienne n'avait rien de nouveau. Durant la guerre civile de 1958, le président libanais avait reçu des Israéliens quelque cinq cents mitraillettes Thompson, Beretta et Bren. Quelques années plus tard, Rabin, alors à la tête du commandement-Nord d'Israël à Nazareth, avait, selon ses souvenirs, collaboré avec Chamoun pour mettre fin aux infiltrations de Syriens qui introduisaient clandestinement des armes au Liban, afin d'aider à renverser le président. Cependant, la véritable aide matérielle israélienne — qui allait du carburant, de l'artillerie lourde et de trente-six tanks super-Sherman, de fabrication américaine, issus des surplus de la Seconde Guerre mondiale, au matériel électronique le plus avancé et aux uniformes — ne commença à arriver qu'après que les troupes syriennes eurent effectivement pénétré au Liban au printemps de 1976.

Israël voulait immobiliser ses deux principaux ennemis — les Syriens et les Palestiniens. Les milices maronites du Nord, sauvées du désastre par les Syriens, furent enchantées de recruter, quelques jours à peine après ce salut inespéré, une puissance compensatrice, leur permettant de faire contrepoids à leurs sauveurs. En faisant leurs offres d'assistance, les Israéliens s'aperçurent qu'ils avaient affaire à deux groupes distincts de seigneurs de la guerre. Chamoun leur parut au départ un choix préférable aux Gemayel, avec leurs faux airs de nazis, directement issus de la visite de Cheikh Pierre aux jeux Olympiques de Berlin en 1936. (Pourtant les Gemayel entretenaient depuis fort longtemps d'étroites relations avec la minuscule communauté juive du Liban. Les phalangistes en étaient les protecteurs semi-officiels — comme ils l'avaient prouvé durant la guerre des Six Jours, lorsque leur milice établit tout autour du quartier juif de Beyrouth, Wadi Abou Jamil, un cordon infranchissable, afin d'en interdire l'accès à des visiteurs mal intentionnés.) En outre, Chamoun était résolument anti-Syriens, alors que la Phalange, plus éclectique, possédait une aile qui avait négocié l'alliance de dernière minute avec la Syrie.

Au début, les Israéliens s'arrangèrent habilement pour ne pas révéler aux deux groupes libanais, alliés mais rivaux, qu'ils leur fournissaient de l'aide à tous deux. La première rencontre au sommet eut lieu en avril 1976, entre Rabin, alors Premier ministre, et Camille Chamoun, à bord d'un navire de guerre israélien ancré au large du port chrétien de Jounieh. Shimon Peres, à l'époque ministre de la Défense et architecte de ce projet, s'est rappelé : « Nous avions été contactés séparément par les deux factions. » Un Israélien qui assista aux négociations m'a déclaré que quand ce fut au tour de Cheikh Pierre de rencontrer les distingués visiteurs, il leur parut plutôt mal à l'aise : « C'était la première fois qu'il rencontrait un Premier ministre israélien et il avait manifestement besoin de surmonter un blocage psychologique. Mais en dépit de son évidente nervosité, il était intelligent, rusé et plein de dignité. »

Les Israéliens veillèrent, en tout cas au début, à partager scrupuleusement leurs cargaisons d'armes et de munitions entre les deux groupes, cinquante-cinquante. Cette répartition égale permettait à Chamoun, dont la milice n'était qu'une petite entreprise mineure, comparée à l'imposante machine militaire de la Phalange, qui opérait depuis plusieurs générations, de recruter davantage d'hommes — mais il n'arriva néanmoins jamais à lutter avec les phalangistes, ni en nombre ni en discipline. Les chamounistes ajoutaient en outre à leur trésor de guerre en vendant les armes dont ils n'avaient pas besoin aux phalangistes et aux autres milices chrétiennes. Dès juillet, les arrivages de matériel israélien avaient atteint de telles proportions qu'un diplomate américain de Beyrouth remarqua : « Les chrétiens se débrouillent si bien avec l'aide d'Israël que nous n'avons même pas besoin de nous en mêler, à supposer que nous l'osions. »

Dès le départ, les Israéliens firent clairement comprendre que tout en étant disposés à aider les chrétiens du Nord à se défendre, ils n'avaient pas l'intention de combattre à leur place — « la doctrine Nixon », c'était ainsi que Peres désignait parfois sa version de la politique américaine qui consistait à armer ses alliés étrangers, sans se battre à leurs côtés. Il ajoutait, à propos des chrétiens du Liban : « J'avais beaucoup d'admiration pour eux. Ils se sont battus courageusement, bien qu'ils fussent un peu trop poètes à notre goût » — voulant dire par là, semble-t-il, qu'ils manquaient d'organisation militaire. Les Israéliens aidèrent ouvertement les chrétiens du Sud-Liban et leurs alliés chiites, envoyant régulièrement des patrouilles dans la zone frontalière libanaise, qu'ils utilisèrent bien souvent pour leur artillerie. A mesure que le temps passait, les chrétiens cherchèrent de plus en plus à mêler les Israéliens à leurs intrigues purement libanaises et, en plusieurs occasions, ils faillirent bien provoquer, contre la Syrie, un affrontement plus étendu que ne l'aurait voulu Jérusalem. Cependant, au cours d'une série d'entretiens que j'eus avec les dirigeants du Parti travailliste israélien, en 1980, après qu'ils eurent perdu le pouvoir, ils veillèrent tout spécialement à souligner qu'ils avaient toujours été d'une brutale franchise avec les chrétiens : « Jamais je ne les ai induits en erreur », m'a déclaré Rabin — avec véhémence, comme s'il pensait que j'avais voulu dire qu'Israël avait tenté de profiter de l'inexpérience des seigneurs de la guerre. Les responsables israéliens et même certains maronites, comme Dany Chamoun, affirment tous que les chrétiens n'ont jamais demandé, et qu'on ne leur a jamais promis, autre chose qu'une aide matérielle, sauf en cas de génocide, menace difficile à définir entre toutes. Néanmoins, les maronites aiment à suggérer qu'en plusieurs occasions les Israéliens et eux ont été à deux doigts de déclencher d'importantes opérations au sol conjuguées, lesquelles furent annulées au tout dernier moment.

Même sous le gouvernement Rabin, les propagandistes officiels d'Israël montèrent en épingle la protection qu'octroyait leur pays aux chrétiens du Liban ; ils en profitaient d'ailleurs souvent pour flétrir au passage le honteux abandon où les laissaient les nations occidentales qui sacrifiaient leurs coreligionnaires au pétrole arabe. Ce thème fut amplifié, à partir de 1977, avec l'arrivée au pouvoir de Menahem Begin qui était, lui, sincèrement convaincu que les chrétiens du Liban étaient menacés par une version moyen-orientale de la « solution finale » et qui, de l'avis général, se faisait une gloire du renversement de situation qui permettait à présent au colosse juif de protéger les chrétiens persécutés.

Un arabologue israélien m'a dit que les chrétiens du Liban avaient appris à manipuler Begin très tôt dans leurs relations, en invoquant les responsabilités d'Israël envers *toutes* les minorités du Moyen-Orient — depuis les coptes d'Egypte, jusqu'aux Kurdes, qui sont pour la plupart des musulmans sunnites. « Lorsque Begin parle des risques de massacre que courent les chrétiens, me confia mon interlocuteur, vous pouvez le croire à cent pour cent. » D'autres Israéliens, cependant, étaient nettement plus cyniques quant aux rapports qu'entretenait leur pays avec les chrétiens du Liban. Ils auraient voulu les limiter à la bande frontalière, plutôt que de les étendre jusqu'à Beyrouth et au cœur du territoire chrétien encore plus au nord. Les Israéliens un peu au fait des réalités savent parfaitement que les chrétiens ne constituent pas plus de dix ou quinze pour cent de la population, dans la zone frontalière, bien que l'on ait pris l'habitude de parler de la milice « chrétienne » de cette région. En fait, tout comme la population, les miliciens sont en majorité des musulmans chiites et seuls le chef, le commandant réformé de l'armée libanaise, Saad Haddad, et la plupart des officiers sont chrétiens.

« En vérité, nous n'en avons rien à foutre des chrétiens, m'a expliqué un Israélien très au courant de ce que pensaient les forces armées. Nous avons toujours eu une brigade druze et à présent nous avons une brigade chrétienne, ou en tout cas dont les gens pensent qu'elle est chrétienne. Notre arrangement tout entier avec les chrétiens ressemble à un de ces mariages modernes : quelques bonnes années ensemble et puis qui sait ? Certes, les chrétiens du Liban ont aidé à faire passer des juifs irakiens et syriens en Israël, jusque vers le milieu des années soixante-dix, mais il faut voir les choses en face : nous sommes déjà durs avec nos propres hommes. Nous nous servons d'eux jusqu'à ce qu'ils soient lessivés. Lorsque les chrétiens ont commencé à faire affaire avec Israël sur une grande échelle, ç'a été une véritable aubaine pour nous. Mais eux, qu'en ont-ils tiré ? Suffisamment d'armes pour défier la Syrie.

« L'intérêt d'Israël ? Il ne se situe pas tellement dans le domaine des renseignements — dans ce domaine, nous avions déjà quelque chose en train avec les chrétiens depuis très longtemps. Ce n'est pas non plus seulement de foutre le bordel chez les Syriens et de ne pas laisser un instant de répit à l'OLP, mais aussi d'avoir désormais notre mot à dire dans les futurs gouvernements libanais. C'est toujours une bonne chose d'avoir des amis dans un pays hostile. Tout s'est enclenché à merveille. Et puis Begin a tout révélé et l'opération s'est continuée à ciel ouvert et non plus à couvert. »

La politique israélienne envers les chrétiens du Nord-Liban semblait conçue de façon à leur maintenir la tête tout juste hors de l'eau. Dany Chamoun, par exemple, s'est plaint devant moi du fait que, durant le siège de Tal Zaatar, qui dura cinquante-deux jours, en plein été 1976, les Israéliens leur avaient distribué les munitions au compte-gouttes : « Ils voulaient prolonger l'agonie le plus longtemps possible », m'a-t-il expliqué. L'un des principaux assistants de son père à l'époque renchérit : « Les Israéliens n'ont jamais voulu que nous gagnions cette bataille. Ils ne nous ont pas donné une seule balle en excédent de ce qu'il nous fallait pour nous défendre. »

Quelques semaines à peine après la première rencontre entre les Israéliens et Chamoun, au large de Jounieh, les premiers miliciens chrétiens quittaient le Liban pour Israël, via Chypre, afin d'y subir un entraînement militaire intensif. Du jour au lendemain, sembla-t-il, certaines petites touches typiquement israéliennes devinrent visibles dans le comportement des miliciens — depuis leurs bottillons, leurs armes et leurs uniformes jusqu'à la façon dont ils portaient leurs fusils d'assaut (suspendus autour du cou par une bandoulière, plutôt que tenus à la main). Dans le Sud-Liban, des miliciens de Jounieh arrivèrent jusqu'aux enclaves chrétiennes, par le port israélien d'Haïfa, afin de muscler un peu les rangs de leurs coreligionnaires. Les Israéliens proches de Peres ont estimé qu'environ cinq cents soldats ou vétérans de l'armée régulière, en majorité chrétiens, et mille cinq cents miliciens, musulmans chiites pour la plupart, équivalaient pour leurs forces armées à deux brigades.

Dès le début, en 1976, toute la politique frontalière — spécialement celle qui régissait la « bonne clôture » — fut un véritable sac d'embrouilles. Rabin, alors Premier ministre, accepta l'entrée de troupes syriennes au Liban, mais il décréta, arbitrairement, qu'elles ne devraient pas avancer au-delà de ce qu'on appelait la Ligne rouge, qui allait grosso modo de la raffinerie de pétrole de Zahrani, sur la côte méditerranéenne, au sud de Sidon, jusqu'à Kafr Mechki, dans la vallée de la Bekaa. A l'origine, il aurait caressé l'idée de laisser les Syriens descendre jusqu'à la frontière israélienne, dans le but, paraît-il, de mettre les fedayin palestiniens en coupe réglée dans leur ultime territoire autonome et de se servir des Syriens pour accomplir cette tâche impopulaire. (Les responsables palestiniens admettent volontiers que l'OLP aurait été impuissante à résister à une prise de pouvoir par les Syriens.) Mais l'éternel rival travailliste de Rabin, Shimon Peres, éleva des objections. Son raisonnement était plus conventionnel : comment Israël, après avoir dépeint pendant des années l'armée syrienne comme l'une des plus sanguinaires du monde arabe, pouvait-il accepter sa présence, même privée de défenses anti-aériennes, à portée d'artillerie d'Haïfa et des principaux centres de population de Galilée ? Cette politique, qui consistait en somme à laisser la bride sur le cou aux Palestiniens dans le Sud-Liban, devait être un fléau pour plusieurs gouvernements israéliens — et libanais. Ce fut une éloquente illustration de l'avantage momentané travesti en politique à long terme. Les observateurs extérieurs se demandaient de plus en plus souvent si l'optique officielle des autorités israéliennes ne *nécessitait* pas la présence à leur frontière d'un ennemi palestinien sur le qui-vive, valide et tout juste assez menaçant pour rappeler à leur électorat le danger qui pesait sur lui. Des efforts répétés pour persuader les Israéliens de laisser pénétrer d'abord des soldats syriens, puis des soldats de l'armée libanaise au Sud-Liban, dans des zones situées nettement au nord de la frontière, furent tentés, à l'instigation des Américains, en 1977, 1978 et 1979. Israël les repoussa tous, ce qui amena les diplomates à soupçonner qu'il rejetait sciemment une solution politique en faveur d'un désordre permanent au Liban. Un responsable américain, étroitement impliqué dans l'une de ces tentatives, concernant les Syriens, en 1977, raconte que les Israéliens « avaient complètement perdu la boule ». Quelles qu'eussent été les raisons du gouvernement hébreu à l'époque, ce fut une politique qui devait leur coûter très cher — ce qui ne manqua pas de surprendre les autres protagonistes de l'affaire. Ils étaient habitués à voir les Israéliens gagner automatiquement.

Il fut un temps où le perdant le plus évident, dans toute cette histoire, était Ronald Parker, l'ambassadeur américain à Beyrouth. Durant l'été 1978, il devint le bouc émissaire d'un gouvernement libanais humilié. Parker se trouva pris entre deux feux, lorsque les Israéliens refusèrent à la dernière minute de ratifier un projet d'envoyer des soldats libanais dans le sud du pays, projet négocié par les Etats-Unis. Les Israéliens signalèrent leur changement d'avis en expédiant des salves d'obus fournis par les Américains, au moyen de canons fabriqués aux Etats-Unis, sur des soldats libanais équipés eux aussi par Washington, dont un nombre considérable furent blessés. Le gouvernement libanais écumait de rage et une remarque mal interprétée de son ministre des Affaires étrangères lança la rumeur que Parker avait été prié de quitter le pays. En fait, il venait d'être muté au Maroc, mais les Libanais, piqués au vif, ne firent rien pour faire taire les bruits qui attribuaient ce départ au fiasco de l'opération militaire. Cet incident illustre bien, en tout cas, l'attitude agressive des Israéliens envers tout le monde, alliés ou non, ce qui amena un des responsables politiques américains à constater sans plaisir : « Ils sont capables de tenir plus longtemps que nous sur pratiquement toutes les questions. »

Si la politique israélienne semblait parfois suicidaire, elle n'en était pas moins admirée par de nombreux diplomates américains, pour la bonne raison qu'elle, au moins, existait. Bien souvent, la seule politique américaine en évidence semblait s'incarner dans ce que les milieux diplomatiques en vinrent à appeler la « guerre des deux ambassades », qui opposa les Américains en poste à Beyrouth à leurs collègues de Tel-Aviv. (En fait, l'ambassade de Tel-Aviv était elle-même divisée, l'ambassadeur, Samuel Lewis, étant bien souvent contraint d'imposer autocratiquement ses volontés à certains subordonnés qui n'étaient pas d'accord avec son optique inébranlablement pro-israélienne.) Les Américains de Beyrouth réclamèrent la fermeture de la « bonne clôture », conformément à la sollicitude maintes fois proclamée par Washington envers la souveraineté, l'indépendance et l'intégrité territoriale du Liban. Lewis et ses partisans, à l'ambassade de Tel-Aviv, se faisaient alors l'écho du point de vue israélien officiel : après avoir passé vingt-cinq ans à encourager les échanges entre Arabes et Israéliens, comment les Etats-Unis pouvaient-ils s'opposer à une entreprise aussi manifestement humanitaire que la « bonne clôture » ? Le Liban, assuraient les Israéliens, était un cas désespéré, qui ne méritait pas que l'on perde tant de temps à résoudre ses difficultés, au détriment de questions jugées plus importantes pour les relations américano-israéliennes. Pour un des durs à cuire américains à l'ambassade de Tel-Aviv, le Liban était dans « une situation qui, dans les circonstances actuelles, n'est pas susceptible d'être réglée : la diplomatie n'a aucune fondation sur laquelle faire reposer ses efforts. Nous considérons le Liban et particulièrement le Sud-Liban comme un problème moral, qui ne pourra toutefois être résolu tant que la souveraineté libanaise n'aura pas été rétablie. Israël considère le Liban comme une réalité stratégique ».

Les diplomates américains à Beyrouth déploraient ce défaitisme et mettaient en doute la sagesse d'Israël : « Israël ne s'inquiète pas des conséquences à long terme. A ses yeux, le Sud-Liban n'est qu'une bonne occasion d'établir un cordon sanitaire à moindres frais et de faire livrer ses batailles par quelqu'un d'autre, protesta un diplomate haut placé. S'ils parviennent éventuellement à annexer le Sud, c'est autant de beurre dans leurs épinards. La politique israélienne est faite par le commandement-Nord de l'armée, lequel se désolidarise régulièrement du ministère de la Défense. Les Israéliens ne cessent de répéter au gouvernement américain : " Nous pouvons parfaitement vivre avec le Sud-Liban tel qu'il est, ça nous est bien égal qu'ils s'entre-tuent. " A notre avis, c'est là qu'ils font preuve de myopie. Israël devrait s'intéresser à la stabilité du Liban et la meilleure façon de l'obtenir, c'est de permettre aux Syriens d'aider à rétablir la souveraineté sur tout le territoire. Nos collègues de Tel-Aviv nous assurent que pour Israël le Sud n'est qu'un problème secondaire, tandis que nous le considérons, nous, comme essentiel à la stabilité gouvernementale. » Cela c'était au début.

L'ambassade de Beyrouth était incapable d'imposer son point de vue, alors que d'évidents intérêts politiques américains étaient en jeu. Ainsi, ses diplomates se virent-ils frustrés dans toutes leurs tentatives de faire fermer la station radio la Voix de l'Espoir — dont le code était WORD (le Verbe) — que des évangélistes californiens des ministères de la Haute Aventure, basés à Van Nuys, banlieue de Los Angeles, établirent en septembre 1979, avec le soutien des Israéliens, dans la zone frontalière du commandant Haddad. Surnommée la Voix de la Mort — car Haddad profitait souvent de ses micros pour annoncer son intention de bombarder des cibles civiles — cette station de trente mille watts, sur ondes moyennes, diffusait de la musique country et western, des messages édifiants, des passages de l'Ancien Testament, ainsi que des bulletins d'information favorables à Haddad, dont une bonne partie était fournie par la Voix d'Israël, réseau radiophonique d'Etat. A un certain moment, le gouvernement américain fut suffisamment troublé par les liens qui unissaient la station-pirate à l'Etat israélien, par la violation flagrante du monopole d'Etat libanais et par les rumeurs de soutien américain officiel à cette entreprise, pour menacer ses propriétaires américains de les faire poursuivre par le fisc, pour avoir censément abusé de leur statut de mission religieuse, exemptée d'impôts. Chuck Pollack, le directeur chrétien régénéré de la station, balaya, en février 1981, les suggestions selon lesquelles les origines américaines de son organisation pourraient laisser croire qu'il s'agissait d'un soutien américain officiel au commandant Haddad ou aux Israéliens : « Les implications politiques de ce que nous faisons, à tort ou à raison, sont secondaires par rapport à ce que Dieu nous a ordonné de faire », déclara Pollack, qui résidait en Israël et qui, avec six autres Américains, passait quotidiennement la frontière pour aller travailler au Liban, grâce à des laissez-passer délivrés par Haddad. (Il est évidemment ironique de penser que jamais les Israéliens n'auraient toléré chez eux un tel prosélytisme.) Les poursuites fiscales firent long feu, avant même que Ronald Reagan eût été élu président, en novembre 1980 ; depuis la Voix de l'Espoir a créé sur ondes courtes une station de deux millions de dollars et commencé à diffuser des émissions de télévision, à l'aide de matériel estimé par ses propriétaires à quatre millions et demi de dollars.

Rien ne refléta mieux la victoire de l'ambassade de Tel-Aviv sur celle de Beyrouth, dans les années soixante-dix, que l'indulgence avec laquelle Washington voyait Israël utiliser de plus en plus ouvertement au Liban des armes en provenance des Etats-Unis. Les armes américaines finirent par devenir un élément si banal de la politique d'attaques préventives adoptée par Israël que l'on fit des gorges chaudes de mon invraisemblable naïveté, en janvier 1981, lorsque j'arrivai à Jérusalem avec une liste péniblement assemblée et soigneusement documentée de violations de la loi américaine qui avaient permis d'équiper si généreusement Israël. Le Mutual Defense Assistance Act de 1952 (loi d'aide défensive mutuelle) délimitait clairement l'utilisation des armes américaines vendues à l'étranger. Depuis son entrée en vigueur, Israël a choisi de ne se recommander, parmi toutes ses clauses compliquées, que de celle précisant l'exemption en cas d' « autodéfense ». Par conséquent, dans l'esprit des Israéliens, il n'y a jamais eu en fait la moindre violation.

Une fois, au moins, un officier américain, présent en tant qu'observateur militaire des Nations unies dans le Sud-Liban, a mis sous le nez d'officiers israéliens haut gradés des photographies, qu'il avait prises, de civils libanais victimes des artilleurs israéliens utilisant du matériel fourni par les Américains. Il menaça de les publier, si les bombardements ne cessaient pas dans son secteur, quels que fussent les remous que cette initiative personnelle risquait de créer au sein de l'ONU. Les Israéliens cédèrent. John Gunther Dean, alors ambassadeur des Etats-Unis à Beyrouth, adopta une attitude similaire, quoique plus orthodoxe, au sujet des dommages causés par les Israéliens. En 1980, il condamna deux fois, en l'espace d'une semaine, des attaques israéliennes particulièrement dévastatrices contre le Sud-Liban, lesquelles avaient, comme c'était souvent le cas, coûté la vie à beaucoup plus de civils libanais qu'aux hypothétiques fedayin prétendument visés. Bien qu'il se fût servi de termes identiques à ceux déjà utilisés par le Département d'Etat, à Washington, un porte-parole du ministère désavoua ouvertement son ambassadeur. Les cyniques en conclurent qu'en plein milieu d'une campagne de réélection bien aléatoire — et finalement malheureuse — le président Carter avait préféré éviter tout ce qui risquait d'indisposer Israël et ses puissants amis aux Etats-Unis. Cyrus Vance, qui avait l'année précédente soutenu une initiative analogue du même Dean, laquelle avait mis fin pour neuf mois aux raids israéliens dans la zone de tir franc, n'était plus secrétaire d'Etat.

Moins d'une semaine après le désaveu du Département d'Etat, des hommes armés à bord d'une Mercedes mitraillèrent la Chrysler noire blindée de l'ambassadeur avec des armes automatiques et expédièrent, au lance-roquettes, une grenade entre le véhicule et les voitures des services de sécurité libanais, chargées de l'escorter. Dean et sa suite quittaient tout juste une zone proche de sa résidence, dans les collines, laquelle se trouvait à l'intérieur des dix kilomètres carrés administrés par ce qui restait du gouvernement central libanais. Son escorte de onze hommes, armés jusqu'aux dents, ouvrit le feu à son tour et la Mercedes dut s'arrêter. Trois hommes, les occupants de l'automobile, semble-t-il, furent brièvement détenus, puis relâchés. A Beyrouth, la rumeur publique mit cette attaque à l'actif des Forces libanaises, agissant sur les ordres d'Israël. On assura, cependant, avec la logique quelque peu tordue du cru, que les assaillants avaient simplement voulu intimider l'ambassadeur, puisqu'ils ne lui avaient lancé qu'une seule grenade. Quelques instants après l'attentat, Dean descendit en ville, pour assister à un dîner à l'Université américaine de Beyrouth. Après la victoire de Reagan aux élections du mois de novembre, les Israéliens exigèrent qu'il fût rappelé du Liban et il partit en juin suivant. Sans qu'il y eût vraiment de sa faute, il avait été incapable de mettre fin à l'utilisation d'armes américaines au Liban ; mais du moins était-il encore en vie.

Comme me l'a dit un jour, à Tel-Aviv, un diplomate américain désabusé : « Au Moyen-Orient, on se fait à bien des choses. » Au printemps de 1980, un autre responsable américain à Tel-Aviv estimait, non sans irritation, que quarante pour cent du temps de l'ambassade étaient monopolisés par le Sud-Liban et le ton de sa voix indiquait assez qu'il jugeait ces efforts en très grande partie futiles. On eût dit que les Etats-Unis se croyaient encore dans les années soixante, avant que les excès d'Indochine aient cristallisé l'opinion publique américaine sur les méfaits d'une puissance de feu massive. Il fallut d'ailleurs attendre l'après-Vietnam pour voir les Américains se demander si Israël utilisait vraiment les armes fournies par leur gouvernement conformément à la loi de 1952. Durant la guerre d'usure entre l'Egypte et Israël, en 1969-1970, l'état hébreu avait ouvertement utilisé des Skyhawk et des Phantom, de provenance américaine, et personne n'y avait rien trouvé à redire — personne sauf l'Egypte et les autres Arabes, bien sûr.

« Les Etats-Unis ont mis les pouces, pour ce qui est du problème des armes au Sud-Liban, a reconnu un responsable américain, mêlé de très près aux affaires moyen-orientales en 1980, parce que la bureaucratie washingtonienne n'est pas prête à se battre et à mourir — elle croit avoir des chats plus importants à fouetter dans le cadre de ses relations avec Israël. » Qu'en était-il, dans ce cas, des clauses de « non-utilisation », par lesquelles, en théorie, les utilisateurs étrangers de l'armement américain s'engagent solennellement à ne pas en mésuser et à ne pas le céder à d'autres sans l'accord exprès de Washington ? Un autre expert ès politique étrangère secoua la tête : « Personne n'a le courage de l'appliquer, me confia-t-il. Le Département d'Etat fera n'importe quoi pour pouvoir ignorer la loi et ses violations. Que ce soit au sein du gouvernement ou au Congrès, personne ne s'intéresse à ce genre de choses. » Il me regarda pensivement, cherchant le moyen de me faire comprendre à quel point il était facile, pour Israël, d'ensevelir les Américains sous des monceaux de paperasserie : « Sous le seul rapport du volume, me dit-il enfin, les échanges de dépêches diplomatiques entre Washington et Israël ne le cèdent qu'à ceux qui existent entre Washington et Moscou. »

De temps en temps, le niveau de la violence excédait le seuil toléré jusque-là et le gouvernement américain concentrait toute son attention sur le Liban. Ainsi, en mars 1978, un commando naval palestinien, parti de la côte libanaise, échappa à la détection des radars israéliens par la faute du mauvais temps, débarqua en Israël et massacra trente-deux personnes. Comme toujours, lorsque les Palestiniens se livraient à de tels actes de terrorisme, il ne s'agissait pas pour les Israéliens de savoir *si* l'on allait exercer des représailles, mais plutôt quand et dans quelle mesure. Comme toujours aussi, les Etats-Unis furent consultés et n'élevèrent, pour autant que l'on sache, aucune objection de principe. Trois jours plus tard, le temps s'étant amélioré, les Israéliens passèrent à l'attaque. Ils envahirent le Sud-Liban avec une armée de trente mille hommes soutenus par des blindés, de l'artillerie automotrice et une force aérienne très puissante. Cette opération, prévue depuis longtemps, dont le nom de code était « Pierre de la Sagesse », constitue la plus grande opération militaire israélienne en temps de paix. Elle surprit considérablement les Etats-Unis.

La destruction se fit sur une échelle bien connue au Vietnam. Singeant l'extravagante puissance de feu américaine en Indochine, les Israéliens s'efforcèrent de réduire au minimum leurs propres pertes en vies humaines — et y parvinrent. Mais ils ne purent exterminer, comme prévu, les commandos palestiniens qui avaient eu tout le temps voulu pour courir se mettre en sécurité au nord du Litani. Empilant matelas, vêtements et familles dans des taxis et des camionnettes surchargés, plus de deux cent mille Libanais s'enfuirent également vers le nord, loin des zones dangereuses. Ils devinrent de véritables exilés dans leur propre pays, s'installant en squatters dans les appartements inoccupés de Beyrouth où ils firent encore monter la tension générale. Les Israéliens firent néanmoins de très nombreuses victimes : presque toutes étaient des civils libanais — environ un millier, selon le Comité international de la Croix-Rouge. Au cours de scènes d'une violence frénétique, durant lesquelles les Israéliens commirent de véritables atrocités, plus de six mille logis furent détruits ou sévèrement endommagés, une demi-douzaine de villages pratiquement rasés.

La destruction semblait plus gratuite encore que dans la plupart des guerres. Tapi à l'intérieur de l'hôpital de Tyr, le premier jour des hostilités, je regardais les avions israéliens passer au-dessus de nous en frôlant les arbres, dans un hurlement aigu, pour aller bombarder le port. Ils ratèrent les navires, mais détruisirent, entre autres édifices, la maison toute proche d'un ami, datant de l'époque ottomane. En regagnant le Sud, quelques jours plus tard, je tombai sur un quatuor à cordes israélien qui jouait du Mozart, au milieu d'un champ, pour distraire les troupes. On eût dit qu'un quelconque Bunuel israélien s'essayait à trouver l'équivalent de ces spectacles américains qui avaient tant plu aux GI's combattant au Vietnam. Pourtant, les soldats israéliens paraissaient mal à l'aise, presque honteux des destructions dont ils étaient responsables.

Pour aggraver encore le cas des Israéliens, « Pierre de la Sagesse » fut un gâchis militaire d'une telle envergure que le gouvernement se sentit tenu de nommer une commission officielle pour enquêter sur les erreurs les plus évidentes. Les attaquants avaient totalement manqué leur effet de surprise. Ils n'avaient pas détruit les ponts sur le Litani, ni parachuté de troupes au nord du fleuve pour bloquer le passage aux fedayin qui battaient en retraite et les prendre au piège. Tactiquement, les envahisseurs commencèrent par s'arrêter à dix kilomètres au-delà de la frontière libanaise, puis le lendemain, ils marchèrent vers le nord, en direction du Litani, tandis que les Etats-Unis se mettaient à rassembler fiévreusement la Force intérimaire des Nations unies au Liban (FINUL) pour faire la police dans le sud du pays. Carter était furieux et bien décidé à mettre fin à cette invasion qui excédait de très loin la limite des représailles tolérées. Les Israéliens supposèrent, à tort, que, devant les Nations unies, les Soviétiques opposeraient, au nom de l'OLP, leur veto à l'initiative des Etats-Unis. Craignant par ailleurs de trop nombreuses pertes dans leurs propres rangs, ils ne délogèrent pas les Palestiniens des vastes poches qu'ils occupaient autour de Tyr.

Les seuls, ou presque, convaincus que les Israéliens étaient sur la bonne voie étaient les chrétiens du Liban — et encore, pas tous. Les Forces libanaises projetaient d'expédier en toute hâte des troupes à Haïfa afin de participer au grand mouvement de tenailles que les Israéliens allaient, ils n'en doutaient pas, lancer depuis la frontière, en les voyant quitter leurs places fortes du Mont-Liban pour s'avancer vers le sud. Il est bien difficile parfois de résister à l'autosuggestion. En fait, à la suite de puissantes pressions américaines, les Israéliens furent obligés de s'arrêter avant d'avoir pu remettre la zone tout entière à la milice du commandant Haddad. C'était du moins ce que s'imaginait le gouvernement américain. Pour finir les Israéliens furent effectivement contraints de retirer leurs soldats du Sud-Liban, mais il fallut pour cela que le président Carter envoyât à Begin une lettre de menace : si le Premier ministre n'ordonnait pas l'évacuation des troupes dans les vingt-quatre heures, écrivait le président des Etats-Unis, lui-même interromprait immédiatement ses livraisons d'armes et son aide économique et proposerait aux Nations unies une résolution condamnant l'occupation israélienne. Begin céda. Ce qui n'empêcha pas les Israéliens d'avoir, en quelque sorte, le dernier mot. Le 12 juin, à la fin de leur troisième mois d'occupation et à la veille du jour où ils devaient évacuer la dernière bande de territoire libanais occupée par leurs troupes, ils annoncèrent qu'il remettaient cette zone au commandant Haddad. Ils défiaient ainsi ouvertement les résolutions de l'ONU, ordonnant aux six mille soldats de la FINUL de s'avancer jusqu'à la frontière internationale pour aider à réaffirmer la souveraineté libanaise sur chaque pouce de territoire occupé. En même temps, ils s'arrangeaient pour laisser, dans la confusion de l'évacuation, un trou de six kilomètres dans les lignes de la FINUL. Il devait par la suite fournir un passage fort commode aux commandos israéliens qui allaient effectuer des raids en territoire libanais et ce fut par là qu'une partie des troupes israéliennes entra au Liban lorsque leur gouvernement déclencha enfin en juin 1982 la vaste opération au sol, à laquelle les chrétiens du Nord-Liban n'avaient pas tout à fait cessé de croire, depuis tant d'années.

Le gouvernement Carter avait déployé tant d'efforts pour faire sortir les Israéliens du Liban qu'il n'y eut pas de véhémente protestation de sa part lorsque l'Etat hébreu exécuta sa manœuvre cousue de fil blanc. Un diplomate qui travaillait alors à l'ambassade américaine de Tel-Aviv s'est rappelé : « Les Nations unies nous ont traînés dans la boue et nous en avons fait autant avec les Israéliens, mais nous n'avons pas insisté. A l'époque, Haddad ne passait pas pour quelqu'un de bien important. » Armé, payé, aidé par Israël, Haddad servit de couverture, tandis que les Israéliens reliaient entre elles trois enclaves chrétiennes jusque-là isolées. A présent, ils avaient pour la première fois à leur disposition une première bande de sécurité, qui fonctionnait parfaitement, contrôlée par Haddad interposé, puis, grâce à la présence de la FINUL, une seconde zone-tampon qui courait presque tout le long du Litani, d'est en ouest. Les violations israéliennes étaient si flagrantes que les Etats-Unis protestèrent, du moins sporadiquement, contre l'habitude croissante d'introduire en « Haddadie » des armements fournis par les Etats-Unis. Ces violations, il n'était plus question de les attribuer à la chaleur du combat. Au cours de leur invasion, les Israéliens lâchèrent des « cluster bomb units », ou CBU, ces bombes anti-personnel particulièrement meurtrières que les Etats-Unis avaient fréquemment utilisées en Indochine. Elles continuaient à tuer des civils libanais et palestiniens, en 1982, lorsque d'autres armes du même genre furent employées sur une échelle beaucoup plus vaste. Cependant, même en 1978, il fut impossible à l'Etat israélien de réfuter purement et simplement ces accusations : l'utilisation de bombes anti-personnel fit l'objet de questions en plein Congrès et le Département d'Etat promit d'enquêter — publicité indésirable qui eut le don de mettre Begin hors de lui. (L'enquête n'aboutit pas.) En 1982, les Israéliens donnèrent dans l'innocence outragée lorsqu'on rappela l'enquête de 1978 et ils continuèrent à utiliser ces bombes anti-personnel, même après que le gouvernement américain eut ordonné de suspendre leur livraison. (De toute façon, à la suite d'une erreur bureaucratique, celle-ci ne fut jamais interrompue.)

Plus tard, un des responsables politiques de Washington devait se rappeler que le ministre israélien des Affaires étrangères, qui à l'époque n'était autre que Moshé Dayan, avait été pris à partie par ses interlocuteurs américains, durant une de ses visites périodiques aux Etats-Unis. La présence au Sud-Liban des M-113, véhicules blindés de fabrication américaine pour le transport des troupes, constituait une nouvelle violation de la loi de 1952. Dayan affirma que le rapport était incorrect. Cependant, précise cet Américain, « une photo en temps réel, prise par satellite U-2, atterrit sur le bureau du président Carter dans l'heure qui suivit, montrant avec précision ces véhicules dans un village du Sud-Liban. Carter était fou de rage ; il déclara qu'il n'aimait pas qu'on lui mente, que c'était contraire à notre politique et à notre loi et qu'il serait obligé d'en informer le Congrès et de mettre fin à l'avenir à toute aide militaire, si les véhicules ne quittaient pas le Liban dans les vingt-quatre heures. Les Israéliens obtempérèrent, mais l'incident laissa de profondes cicatrices dans nos relations bilatérales.

« Et puis, Jimmy Carter cessa de jouer au dur. De toute façon, même quand il y jouait, le Liban ne figurait pas en tête des questions prioritaires dans nos relations avec Israël ; il venait peut-être en troisième ou quatrième position. Même en 1978 et 1979, où nous étions tout le temps sur le dos de Begin — lui envoyant parfois trois dépêches par jour ou bien une de Vance ou une du président —, c'était le type même du problème secondaire. Et puis, l'affaire est tombée en panne. Par pure négligence. Il n'y avait plus personne à Washington qui se souciât du Liban ou qui fût prêt à se mouiller pour lui. »

Le Liban eût-il trouvé, au sein du gouvernement américain, des partisans plus vaillants, cela ne lui aurait nullement garanti la compassion israélienne. Un responsable israélien, évoquant les difficultés que l'on était susceptible de rencontrer lorsqu'on discute avec son Premier ministre, s'est rappelé avoir lu dans un compte rendu des entretiens de Camp David : « A un moment, Carter a dit à Begin : " Permettez-moi d'insister sur telle ou telle chose ", et Begin a rétorqué du tac au tac : " Vous n'insisterez sur rien du tout. " »

Les Etats-Unis devaient effectivement connaître d'autres problèmes avec le gouvernement israélien, à présent bien décidé à dresser les chrétiens du Marounistan contre la Syrie. La visite du président Sadate à Jérusalem en novembre 1977 avait été une véritable révolution pour les esprits frileux du monde arabe, mais ce fut comme d'habitude le Liban qui absorba physiquement les premières ondes de choc. Une fois que Sadate eut clairement exprimé son désir de voir l'Egypte conclure une paix séparée avec les Israéliens, la Syrie et les fedayin se sentirent obligés de resserrer les rangs. Bon gré, mal gré, ils furent contraints d'oublier la haine qui avait grandi entre eux depuis la guerre ouverte qui les avait opposés l'année précédente, lorsque les commandos palestiniens s'étaient battus contre les envahisseurs syriens au Liban. Ils n'avaient plus le choix, face à une machine de guerre israélienne désormais libérée de tout souci concernant l'armée égyptienne, la plus puissante du monde arabe. Plusieurs mois avant la visite de Sadate à Jérusalem, Béchir et ses amis avaient commencé à faire les yeux doux à Israël, provoquant ainsi chez les Syriens, à qui ils devaient leur salut, une réaction d'innocence sincèrement outragée. Ces derniers commencèrent par nier les preuves de plus en plus nombreuses de cette complicité que leur fournissaient les Palestiniens, puis ils se plaignirent amèrement de l' « ingratitude » chrétienne. Aiguillonnés par leurs amis israéliens, les chrétiens tentèrent alors de chasser les Syriens de leur pays. Des agents du Mossad leur vantèrent les audacieuses opérations israéliennes, les bienfaits de la détermination, du dynamisme — « la création des faits », comme disaient les premiers sionistes en parlant de leur politique. A partir de février 1978, inaugurée par une fusillade entre des soldats syriens et une caserne de l'armée libanaise, dans les collines à Fayadieh, près du palais présidentiel, une série d'incidents, dont la violence allait croissant, précipita les milices chrétiennes contre les troupes syriennes.

Dès 1976, les Israéliens avaient bien escompté que la lune de miel entre Syriens et seigneurs de la guerre maronites ne durerait pas éternellement. Même aux plus beaux jours de l'idylle, lorsque Israéliens, chrétiens et Syriens s'y étaient mis à trois pour rosser les fedayin et leurs acolytes libanais, l'étrange alliance avait sonné faux. Je demandai un jour à un haut responsable israélien, qui évoluait depuis longtemps dans le sillage de Peres, s'il n'était pas un peu gêné par l'incongruité d'une aussi étrange liaison. « C'est ça la vie au Moyen-Orient », déclara-t-il, puis, voyant que je continuais à m'étonner, il ajouta comme pour se défendre : « Ce n'est pas parce qu'une fille flirte avec mon rival qu'elle est moins intéressante. Au contraire, même. Et de toute façon, ce n'est pas nous qui avons commencé les agaceries. » Le véritable nœud de l'affaire, cependant, c'était que les Israéliens redoutaient que les Syriens ne retirent leurs troupes des environs du Golan, où était stationné le gros de leurs forces armées. (En décembre 1981, profitant de la crise polonaise, qui avait détourné l'attention mondiale sur l'Europe de l'Est, Israël annexa les territoires du Golan occupés durant la guerre de 1967.) Et tant pis si d'autres Israéliens étaient, en revanche, bien décidés à éjecter du Liban l'armée syrienne chargée d'y faire la police. La cohérence en matière de tactique n'a jamais été le point fort d'Israël. Ses ressortissants seront d'ailleurs les premiers à vous le dire.

De sérieux combats éclatèrent entre Syriens et chrétiens du Liban en juillet 1978. Les seigneurs de la guerre n'avaient pas le dessus. Beyrouth-Est s'était considérablement vidé ; c'était la première fois depuis le début des combats, en 1975, que ses habitants avaient refusé de rester chez eux. Les Israéliens envoyèrent alors deux avions à réaction Kfir franchir le mur du son au-dessus de la capitale — ce qui se faisait couramment en période de tension accrue. Les Syriens cessèrent leurs bombardements. En dépit de cette accalmie, les Etats-Unis se rendaient parfaitement compte que les Israéliens projetaient d'aliéner, et si possible de déstabiliser, la Syrie.

Les préparatifs de la rencontre au sommet de Camp David, qui devait avoir lieu en septembre, dans l'espoir de promouvoir les négociations de paix entre Israël et l'Egypte, suivaient leur cours. Le gouvernement Carter se retrouva tout seul de son avis, quant à la meilleure attitude à adopter envers la Syrie, ses partenaires égyptiens et israéliens ayant chacun ses propres raisons pour être en mauvais termes avec elle. Cependant, le président Carter croyait fermement que le président Assad était le chef d'Etat qui convenait à un pays qui, avant qu'il eût pris le pouvoir, en 1970, avait résolument refusé de reconnaître à Israël le droit d'exister et, a fortiori, celui de négocier. Qu'on l'aimât ou non, Assad était considéré comme l'un des protagonistes essentiels de toutes les tentatives de paix au Moyen-Orient. Le rôle joué par les Syriens au Liban se prêtait certes à des interprétations variées et quelquefois négatives, mais Washington le croyait toujours crucial, de peur que les Libanais ne fussent repris par les démons de l'autodestruction.

Tout au long d'août 1978, la France et les Etats-Unis s'efforcèrent de persuader les leaders chrétiens de renoncer à courir se jeter dans les bras d'Israël. Dans son journal, Camille Chamoun rapporte que l'ambassadeur de France, Hubert Argod, l'avait averti qu'Israël n'était pas « disposé à faire la guerre pour vous » ; et Chamoun d'ajouter : « L'esprit défaitiste de 1940 continue à imprégner les milieux diplomatiques français. » Parker, l'ambassadeur des Etats-Unis, fit savoir à Chamoun qu'il valait mieux pour lui éviter d'en être réduit à choisir entre Israël et les Etats-Unis : Washington était plus crédible, ajouta-t-il, étant donné qu'Israël ne pouvait tenir toutes ses promesses. Telle était en tout cas la situation, dans l'esprit des politiciens libanais. L'establishment israélien commençait à émettre des propos antisyriens et prochrétiens qui ne préageaient rien de bon — Begin lui-méme parlait de génocide ; le chef de l'Etat-Major, Raphaël Eitan, annonçait que son armée « était prête à toute éventualité au Liban » et divers membres de la Knesset comparaient les chrétiens du Liban aux juifs du ghetto de Varsovie, en 1941, et dénonçaient les pressions américaines qui empêchaient Israël de leur venir en aide. Le 23 août, Camille Chamoun se rendit par mer en Israël, où il fut reçu au domicile de Begin, en compagnie du ministre des Affaires étrangères, Moshé Dayan, et du ministre de la Défense, Ezer Weizman : « Au défi des avertissements et des menaces américaines, Begin et ses amis décident de nous fournir leur soutien sans réserve, dans la limite de leurs moyens, sans y attacher la moindre condition politique ou autre », note Chamoun dans son journal. Quoique chrétien et Israéliens aient toujours affirmé officiellement qu'Israël n'avait jamais *promis* d'aider, Chamoun déclara en privé à des intimes que c'était justement ce qu'avaient fait les dirigeants juifs — si les Syriens intervenaient à nouveau. Un ami libanais ayant déconseillé à l'ancien président de la République de se fier aveuglément aux dirigeants Israéliens s'entendit répondre qu'il s'y connaissait autant en politique que lui, Chamoun, en chinois.

Certains Israéliens étaient convaincus que Begin s'était laissé entraîner à en dire plus qu'il ne pensait et avait effectivement donné à Chamoun l'impression que cette fois-ci, Israël aiderait véritablement les chrétiens du Liban à se débarrasser des Syriens. Dans le degré limité où la logique joue un rôle dans la politique moyen-orientale, les preuves vont à l'encontre d'une telle interprétation. Les négociations de Camp David commencèrent le 6 septembre, pour s'achever le 18. Même les Israéliens suffisamment cyniques pour suggérer que Begin s'était trouvé embarqué dans cet accord avec les Libanais à son corps défendant convenaient qu'en cas d'affrontement, il n'aurait d'autre choix que de sacrifier ses amis chrétiens pour sauvegarder son intérêt suprême qui était de préserver l'alliance d'Israël avec les Etats-Unis. Quelques jours à peine après les accords de Camp David, de nouveaux combats éclatèrent à Beyrouth, entre chrétiens et Syriens. Dans leurs déclarations séparées, mais étrangement similaires, le vice-président des Etats-Unis, Walter Mondale, et le ministre français des Affaires étrangères, Louis de Guiringaud, accusaient les chrétiens d'avoir provoqué les Syriens.

Les accords de Camp David, qui engageaient Israël et l'Egypte dans la voie d'une paix séparée, ne firent qu'aggraver le sentiment de catastrophe imminente au Liban, car les Libanais avaient compris depuis longtemps qu'une pareille rupture au sein du monde arabe aurait pour résultat une explosion de violence sur leur propre sol. Certains dirigeants chrétiens soutenaient que ces accords donnaient à la Syrie le prétexte idéal pour passer à l'attaque, étant donné qu'Israël avait désormais les mains liées. Mais, de toute façon, les seigneurs de la guerre étaient déçus par le manque d'intérêt de l'Etat hébreu — sans parler de l'inexistence de son aide militaire. Un chrétien haut placé et bien informé reste convaincu que les Israéliens leur avaient joué une entourloupette. « Durant les bombardements de septembre et d'octobre, m'a-t-il confié, nuit après nuit, les gars sont descendus jusqu'à la côte avec leurs chronomètres, pour attendre le débarquement israélien. » Il ne vint jamais.

Il y eut une journée particulièrement pénible, où Chamoun convoqua ses principaux lieutenants, espérant trouver une façon de mettre hors d'action des mortiers syriens de deux cent quarante millimètres, installés dans les collines qui surplombaient Beyrouth. Ces armes redoutables faisaient de terribles ravages, leurs projectiles s'enfonçant dans le béton le plus solidement renforcé et détruisant des immeubles entiers. Apprenant qu'une attaque au sol était impossible et l'installation d'une contre-batterie difficile, étant donné la disposition du terrain, Chamoun griffonna quelques mots sur un bout de papier arraché dans un petit carnet, sonna sa secrétaire et lui remit le billet. Quatre heures plus tard, environ, elle lui rapporta la réponse. A travers ses épaisses lunettes, le Libanais déchiffra le message dactylographié, hurla : « Bougres de salopards ! » en arabe et jeta à terre le papier roulé en boule. A son insu, quelqu'un le ramassa et lut : « Désolés de ne pouvoir nous battre à vos côtés. » Sans signature. Mais il n'y en avait pas vraiment besoin.

Lorsque l'inévitable cessez-le-feu fut annoncé, en octobre, les dirigeants chrétiens n'avaient toujours pas fait amende honorable et quelques-uns de leurs homologues israéliens, tout au moins, se demandaient s'ils n'avaient pas failli se faire manœuvrer par ces diables de Libanais. Depuis le bunker, installé dans le sous-sol de son immeuble, où il était courageusement resté tandis que l'artillerie syrienne bombardait tout le quartier, Camille Chamoun, plein de défi, somma Israël de se montrer à la hauteur de ce qu'il présentait, à mots couverts, comme des promesses. A la question de savoir combien de temps il pensait que durerait le cessez-le-feu, Chamoun aurait répondu au *Jerusalem Post :* « Franchement, cela dépend de la validité des promesses d'assistance israéliennes. Si Israël les tient, les milices ouvriront le feu pour provoquer les Syriens. Nos dirigeants comptent sur Israël pour créer un Etat chrétien couvrant dix mille kilomètres carrés de territoire libanais. » Or, cette superficie correspondait aux fameux 10 452 km^2 du Liban tout entier. Chamoun avait donc doublé la mise, passant de l'établissement d'un Etat croupion chrétien au rétablissement de l'hégémonie chrétienne sur tout le pays — ce qui n'avait rien de commun.

Vers la même époque, à peu près, Begin déclara publiquement qu'il y regarderait « à mille fois » avant d'envoyer des troupes israéliennes suffisamment loin à l'intérieur du Liban pour pouvoir se porter au secours des chrétiens du Nord. Pour une fois, le Premier ministre semblait avoir tenu compte des sérieux avertissements de Washington, visant à décourager les faucons israéliens. De toute façon, en dehors de quelques vibrantes paroles d'encouragement durant les combats entre chrétiens et Syriens, cet automne-là, Israël se contenta de faire bombarder par sa flotte des positions palestiniennes sur la côte du Sud-Liban, bien loin de Beyrouth-Est et de ses chrétiens, qui supportaient le gros de l'attaque syrienne. Ce comportement égoïste ne devait pas échapper à leurs alliés libanais qui se convainquirent qu'Israël les avait laissés en plan. Ils ne tardèrent pas cependant à oublier cette leçon et à tenter encore une fois de mêler les Israéliens à un nouvel affrontement avec la Syrie.

Pour eux, d'ailleurs, l'épisode tout entier — le terrible bombardement syrien sur Beyrouth-Est, l'impossibilité d'obtenir l'aide d'Israël — fut un véritable désastre. Le temps aidant, pourtant, certains des chefs maronites d'Achrafieh, le quartier général de la Phalange à Beyrouth-Est, trouvèrent le moyen de minimiser leurs propres responsabilités et d'imputer les actions syriennes à Soleiman Franjié, leur ancien allié, assurant que c'était lui qui avait persuadé ses amis syriens de ravager le secteur chrétien de la capitale pour venger l'assassinat de son fils Tony par les phalangistes, en juin précédent. De tels propos, cependant, sentaient un peu trop la justification a posteriori, mêlée de culpabilité et d'un constat d'échec pur et simple. Les milices hurlèrent, bien sûr, au génocide, mais en fait le nombre des victimes n'était guère supérieur à deux cents, des civils en majorité, comme d'habitude. Quant aux récits affirmant qu'il avait fallu brûler les cadavres dans les rues de la capitale, ils relevaient de la pure invention. La vérité, c'était que les chrétiens avaient commis quelques graves erreurs de jugement. Ils n'avaient pas su remarquer, ou en tout cas pas su évaluer à sa juste valeur, la visite du secrétaire d'Etat américain, Cyrus Vance, à Damas, après les accords de Camp David, laquelle aurait dû clairement leur indiquer que les Etats-Unis en tenaient pour la Syrie.

Les Syriens finirent par évacuer Beyrouth-Est. Beaucoup de chrétiens, cependant, restèrent convaincus que le prix payé pour obtenir leur départ — en dégâts matériels, mais aussi en dislocation sociale et économique — avait été trop élevé. A Beyrouth-Ouest, le résultat le plus évident des hostilités fut le retour dans les rues, pour la première fois depuis la fin officielle de la guerre civile, deux ans auparavant, des milices musulmanes et gauchistes. Les Syriens expédièrent vers la Ligne verte, séparant les deux secteurs de la capitale, les soldats de l'Armée de libération de la Palestine, placés sous leur commandement. Ces répercussions furent peu goûtées des habitants du secteur occidental. Par la suite, les seigneurs de la guerre chrétiens ne se firent pas faute d'insister lourdement sur la haine qui couvait à Beyrouth-Ouest contre ces « troupes d'occupation » palestiniennes et appelèrent leurs compatriotes musulmans à se soulever et à rejeter le joug « étranger ».

Un mois plus tard, environ, dans ce haut lieu de la pensée maronite qu'était Kaslik, je me heurtai à un moine que je connaissais depuis un certain temps et lui demandai quel avait été le plan original.

« Nous avons cru que nous pourrions jouer aux petits Israéliens —

vous savez, faire joujou avec eux, comme eux font avec vous autres, Américains.

— Et que s'est-il passé ?

— Rien du tout, répondit-il. Nous avons joué aux apprentis sorciers. Nous nous étions pris pour de grands magiciens.

— C'était quand même un drôle de risque, même selon vos propres critères, non ?

— Oui. Personnellement, je n'y croyais guère, mais, comme saint Thomas, j'ai voulu voir la preuve, si elle existait vraiment. Ce n'était pas le cas. Les Israéliens n'ont pas levé le petit doigt. »

Cette leçon n'avait été retenue, en revanche, ni par les seigneurs de la guerre chrétiens, ni par les faucons israéliens, qui partageaient une même tendance, sans cesse consolidée, à forcer leur chance, sans tenir compte des périls qu'ils faisaient ainsi courir à leurs intérêts fondamentaux les plus évidents. Au début, chaque nouvelle aventure semblait prouver que seule l'audace payait. Cependant, souvent, leurrés par de premiers succès faciles, ils se retrouvaient pris dans un véritable maelström de violence, de brutalité et d'atrocités imprévues.

Durant leur invasion de mars 1978, les Israéliens commirent eux-mêmes des atrocités et furent les témoins impassibles de celles dont se rendaient coupables leurs alliés libanais. Le lieutenant Daniel Pinto, qui faisait fonction de commandant d'une compagnie d'infanterie, passa en cour martiale pour avoir torturé, puis étranglé jusqu'à ce que mort s'ensuive quatre paysans libanais. Leurs cadavres, pieds et poings liés, furent retrouvés, enfoncés dans un puits. Pinto fut condamné à douze ans de réclusion, mais le général Eitan, chef de l'Etat-Major israélien, obtint que cette peine fût réduite à deux ans seulement et ordonna presque aussitôt la remise en liberté du prisonnier. Eitan chercha à cacher la part qu'il avait prise à cette libération en instituant une censure militaire, mais le *Los Angeles Times* fit connaître les faits. Le général intervint également pour blanchir le lieutenant-colonel Aryeh Sadeh, dont la condamnation initiale à cinq ans de réclusion, pour le meurtre d'un civil libanais, fut réduite de moitié, après quoi il fut réintégré dans l'armée, au même grade. Les Israéliens d'un certain âge se rappelèrent, non sans malaise, d'autres absolutions analogues, à commencer par celle, en 1948, de Menahem Begin, responsable du massacre, par les forces d'Irgun, de civils palestiniens dans le village de Deir Yassin, suivie dans les années cinquante par la mansuétude qui accueillit la série de meurtres et d'assassinats imputée à Ariel Sharon et à son commando spécial de l'unité 101. En 1976, le gouvernement israélien commença par nier, avant de les confirmer, certains rapports affirmant qu'une patrouille navale de leur marine avait remis à des vaisseaux phalangistes des Palestiniens appréhendés à bord d'un bateau au large de Saïda. A l'époque, les Israéliens effectuaient régulièrement des patrouilles dans les eaux libanaises et, selon le cours normal des choses, ils auraient dû conduire les Palestiniens jusqu'à Haïfa, où on les aurait interrogés. Les remettre aux phalangistes équivalait, ni plus, ni moins, à signer leur arrêt de mort.

Ce fut au Sud-Liban, cependant, que les Israéliens s'allièrent officiellement, pour la première fois, à des hommes aussi endurcis à la violence que les miliciens de Saad Haddad. Dans trois villages de cette région — capturés sur intervention israélienne, durant l'invasion du Litani — les forces du commandant libanais massacrèrent plus de cent musulmans chiites, hommes, femmes et enfants. Le pire carnage eut lieu à Khiam, près de la frontière israélienne, l'une des villes les plus prospères et les plus peuplées du Sud. Les malheureuses victimes furent rassemblées dans une mosquée : « Nous avons sombré au niveau des hommes de Haddad, s'est rappelé, plein de honte, un spécialiste militaire israélien. A Khiam, j'ai regardé ses hommes abattre soixante-dix personnes de sang-froid. »

Ce fut en interrogeant, au Sud-Liban, des réfugiés libanais qui fuyaient vers le nord en quête de sécurité, que j'entendis parler pour la première fois du massacre de Khiam. Je n'étais qu'à quelques kilomètres du village, mais les Israéliens refusaient de laisser les correspondants de presse qui se trouvaient dans le secteur franchir leurs lignes. Je regagnai Beyrouth et, avec la bénédiction du *Washington Post,* je pris l'avion pour Athènes et de là pour Tel-Aviv, car c'était alors le seul moyen d'atteindre Israël dans la journée — telles sont les bizarreries du Moyen-Orient, puisque même en temps normal la frontière entre le Liban et Israël est fermée aux étrangers. Bien décidé à arriver jusqu'à Khiam pour me rendre compte par moi-même de la situation, je passai tout un dimanche de Pâques particulièrement frustrant à Marjayoun, tout proche, à discuter avec des officiers israéliens plus que têtus, qui avaient établi leur quartier général dans ce village chrétien. En dépit des promesses du centre de liaison de l'armée, à Tel-Aviv, les autorités militaires locales refusaient de me laisser gagner Khiam, clairement visible en haut d'une colline voisine. « Trop dangereux », déclaraient-ils. Je leur fis remarquer que l'armée israélienne m'avait fait signer un formulaire précisant qu'elle déclinait toute responsabilité concernant ma personne. Il y eut un conciliabule, puis ils m'annoncèrent : « Trop dangereux pour l'officier d'escorte » — le chien de garde obligatoire que les Israéliens accrochaient aux basques de tous les correspondants qui voulaient être admis en territoire libanais. Six heures s'écoulèrent ainsi. Ce ne fut que lorsque je menaçai de faire connaître leur refus de coopérer en rapportant dans mon journal qu'ils m'avaient empêché de vérifier personnellement les allégations de massacre qu'ils s'amadouèrent. Pour finir, à Khiam même, dévastée et déserte, les soldats israéliens m'interdirent l'accès de la mosquée où les meurtres avaient eu lieu. La presse israélienne, cependant, et c'est tout à son honneur, dénonça les atrocités et posa la question inévitable : quelle espèce d'allié Israël s'était-il donc choisi ?

En dépit des vaillantes attaques d'une partie de l'opinion israélienne contre l'opération du Litani et les excès de Haddad, le sentiment d'impunité qui régnait parmi les responsables israéliens ne fit que croître et embellir au fil des ans, à mesure que le reste du monde en venait, d'abord à contrecœur, puis sans sourciller, à accepter cette « occupation par procuration ».

Le Liban porta plainte, auprès du Conseil de sécurité de l'ONU, contre l'artillerie israélienne qui avait envoyé du phosphore blanc sur les champs pour détruire les récoltes, violant ainsi la convention de Genève. Les rapports des observateurs des Nations unies signalaient régulièrement certaines activités israéliennes, tels l'établissement de nouveaux champs de mines, l'investissement de bandes de territoire proches de la frontière ou la construction de routes permettant d'accéder à l'enclave de Haddad. Autre violation de la convention de Genève, Khiam fut utilisée — et terriblement abîmée — pour l'entraînement des soldats israéliens à la guérilla urbaine, avec de véritables projectiles. Au mépris du droit international et de la souveraineté libanaise, les Israéliens allaient régulièrement enlever jusque chez eux les Libanais qu'ils soupçonnaient de sympathiser avec les commandos palestiniens et les emmenaient en Israël pour y être interrogés, jugés et parfois même condamnés à la réclusion par les tribunaux militaires. Des incidents de ce genre étaient couramment rapportés dans les journaux libanais. Leur effet corrosif et cumulatif sur l'édifice militaire israélien, et même sur l'édifice social tout entier, était un grave sujet d'inquiétude et d'incertitude pour les nombreux Israéliens qui mettaient en question la politique gouvernementale. En revanche les faits proprement dits étaient rarement contestés et régulièrement consignés, dans un langage aseptisé, dans les rapports concernant les activités de l'ONU au Sud-Liban, publiés deux fois par an.

Parmi les Israéliens qui s'étaient opposés à l'opération du Litani — et à la politique en vigueur à l'égard du Liban — le plus éminent n'était autre que Moshé Dayan, alors ministre des Affaires étrangères. En dépit des projets si contestables qu'il avait lui-même ourdis dans les années cinquante pour s'emparer du Sud-Liban, il redoutait à présent qu'Israël ne s'y laissât prendre au piège, exactement comme il avait vu les Etats-Unis englués au Vietnam, lors de ses visites en Indochine dans les années soixante. Le général Shlomo Gazit, ancien chef des Renseignements militaires et gouverneur des territoires de Cisjordanie et de la bande de Gaza, occupés depuis 1967, partageait ses doutes. Craignant pour sa propre autorité, le ministre de la Défense, Ezer Weizman, donna certains ordres pour soumettre les incursions israéliennes au Sud-Liban à une surveillance attentive et réclama à plusieurs reprises des preuves documentaires de leur nécessité. Cependant, malgré l'allure fort martiale de Weizman, les diplomates américains et les responsables de l'ONU qui eurent affaire à lui ne tardèrent pas à comprendre que ses ordres étaient, le plus souvent, contrecarrés par Eitan et les faucons du commandement-Nord de l'armée israélienne, dont le QG était situé à Nazareth. Et pourtant, Dieu sait que l'attitude de Weizman envers le Liban n'était pas celle d'une colombe. En janvier 1979, il annonça officiellement un changement drastique dans la politique de son pays. Dorénavant, les forces israéliennes frapperaient non plus seulement en réponse aux attaques des fedayin palestiniens contre l'Etat hébreu, mais « chaque fois que et partout où elles l'estimeront souhaitable ». Ce fut ainsi que naquit la doctrine si controversée de l'attaque préventive, qui transforma une grande partie du Sud-Liban et des territoires situés au-delà en une zone de tir franc.

Weizman quitta le gouvernement deux mois plus tard. Les raids israéliens contre le Liban se firent plus audacieux et plus complexes, c'était de « l'art pour l'art » ou presque, comme le nota un observateur militaire admiratif des Nations unies. Parfois douze cents hommes étaient mobilisés contre des positions palestiniennes ne regroupant guère plus d'une douzaine de fedayin. Les objectifs israéliens étaient loin d'être simples. Ils visaient en partie à rechercher et à détruire par des opérations de commando un équivalent palestinien du COSVN, cet insaisissable quartier général vietcong qui, pendant dix ans, avait obsédé le commandement militaire américain au Vietnam. Un général du commandement-Nord m'assura un jour d'un ton glorieux : « Nous pouvons nous débarrasser des terroristes en quelques heures. Nous avons suffisamment d'équipement et d'engins et nous savons exactement où ils se trouvent, grâce à un très, très bon service de renseignements. » Seuls certaines considérations politiques et le désir d'éviter de faire des victimes parmi les rangs des troupes de l'ONU, qui se trouvaient au milieu, avaient, m'assura-t-il, retenu les Israéliens d'écraser les fedayin. Les responsables israéliens ne semblaient pas, toutefois, nourrir la conviction absolue que l'élimination de l'ennemi mettrait automatiquement fin à la guerre, comme l'avaient fait les Américains à propos du COSVN, ou encore les Français en 1956, lorsqu'ils s'étaient lancés dans la campagne de Suez, certains qu'il suffirait de renverser Nasser pour enrayer la révolution en Algérie.

Le Sud-Liban était également pour Israël un robinet commode à ouvrir et à fermer pour faire monter ou descendre les pressions régionales. Or, pour faire marcher ce robinet, il fallait bien que les Palestiniens restassent un adversaire viable. Dieu sait, en èffet, s'ils étaient utiles au gouvernement Begin, au moment des élections : Israël pouvait alors se permettre d'utiliser ses forces armées pour rosser les Arabes et ne s'en privait pas. Ça, c'était un attrape-vote assuré, auprès de la population israélienne d'origine orientale — c'est-à-dire celle qui était venue de pays à majorité arabe. Et le Liban fournissait ce qu'un spécialiste militaire israélien appela un terrain parfait pour « des grandes manœuvres avec des cibles humaines vivantes », situé dans le seul pays limitrophe sur le territoire duquel les forces armées d'Israël n'avaient jamais livré une véritable guerre. Les militaires israéliens se complaisaient dans les opérations de ce genre, auxquelles participaient les blindés, l'artillerie, l'aviation et l'infanterie. Les soldats de la brigade Golani, unité d'élite, faisaient des pieds et des mains pour avoir l'honneur de participer aux opérations contre les positions palestiniennes entre les fleuves Litani et Zahrani. Partant de la capitale officielle d'Haddad, Marjayoun, ils s'infiltraient par le fameux trou dans les lignes de la FINUL, soit à pied, soit en hélicoptère. Les A-4 Skyhawk et F-4 Phantom, de fabrication américaine, étaient les appareils favoris pour les missions de bombardement, souvent avec d'autres avions américains, les F-15 Eagle, bourrés de matériel électronique et spécialement chargés d'aller mettre hors d'état les missiles sol-air de l'ennemi.

Selon la procédure normale du gouvernement israélien, toute opération militaire contre le Liban — ou tout autre pays étranger — ne pouvait être tentée qu'avec l'approbation des ministères civils. Après le départ de Weizman, cependant, ce fut Begin lui-même qui devint son propre ministre de la Défense. Il passait un jour par semaine à ce ministère, le seul situé à Tel-Aviv, sur la côte, mais le reste du temps le pouvoir militaire était entièrement entre les mains des forces armées. De toute façon, même lorsqu'il venait de Jérusalem passer la journée, Begin intervenait rarement. Un de ses anciens adjoints m'a assuré qu'il avait une telle vénération pour tout ce qui était militaire qu'il « n'a qu'à apercevoir un général, et c'est l'orgasme ». Avec Eitan et son compère du commandement-Nord, le général de brigade Avigdor Ben-Gal, aux commandes, les militaires n'en faisaient donc qu'à leur tête. Les excès étaient tels que Washington, sur intervention de son ambassadeur au Liban, John Gunther Dean, obligea Israël à interrompre ses raids préventifs d'août 1979 à avril 1980. Cependant, après l'attaque d'un commando palestinien qui fit deux morts dans le kibboutz de Misghav Am, tout près de la frontière libanaise, les Israéliens reprirent de plus belle leurs raids de représailles et leurs attaques préventives.

Et puis, juste avant Noël 1980, le sous-secrétaire d'Etat israélien à la Défense, Mordechai Zippori, présenta des excuses publiques à la Syrie. Les excuses israéliennes, quelles qu'elles soient, sont singulièrement rares ; adressées à la Syrie, elles relèvent presque du conte de fées. Derrière cette démarche extraordinaire, se cachait la mort de quatre soldats syriens, tués par inadvertance au cours d'un raid contre une hypothétique base palestinienne, durant lequel le commando israélien s'était enfoncé profondément en territoire libanais. Le rapport sur cette opération avait signalé que les assaillants avaient tué quatre hommes en jeep qui ne se comportaient pas comme des fedayin. En fait, les Israéliens auraient dû savoir que des troupes syriennes se trouvaient dans la zone visée, étant donné que le camp palestinien était situé au nord de la Ligne rouge — c'est-à-dire en territoire où les Syriens étaient autorisés à stationner des hommes. Si les militaires israéliens avaient écouté leurs fonctionnaires, ils auraient peut-être annulé ce raid. Les excuses de Zippori masquaient la crainte que cet incident n'incitât les Syriens à renvoyer dans les environs du Golan deux des divisions postées le long de la frontière jordano-syrienne (troupes que la Syrie avait retirées du Golan le mois précédent, en raison d'une menace d'affrontement avec la Jordanie). Sur le moment, la Syrie ne bougea pas ; elle se contenta de tirer trois cents salves d'artillerie contre ce qu'on appelle les « concentrations de blindés israéliens ». Toutes les salves atterrirent en fait dans l'enclave du commandant Haddad, prouvant encore une fois aux principaux protagonistes, sinon aux résidents de cette zone, l'utilité d'une zone-tampon.

A peine un mois plus tard, j'étais en Israël, occupé à interviewer des politiciens et des soldats pour une série d'articles concernant le Sud-Liban. Comme cela m'était déjà arrivé lors de nombreuses visites précédentes, j'avais mal saisi l'humeur du moment. Pas de drapeau rouge pour signaler le danger. Aucune trace de repentance, ni de doute de soi dans l'air. Je sortais tout juste d'un mois de reportage au Sud-Liban, l'un des boulots les plus déprimants qu'il m'eût jamais été donné de faire, dans toute ma carrière. Jour après jour, obstinément, j'étais parti en voiture, abandonnant le confort tout relatif de Beyrouth, pour gagner un monde atomisé, sans téléphone, sans routes convenables, sans électricité — un monde soupçonneux où, immanquablement, la personne à qui je voulais parler venait de partir ou refusait de me voir, ou n'avait aucune information intéressante à me donner, soit par ignorance, soit par peur. J'avais commencé à me sentir aussi vaincu que les gens dont j'essayais de décrire la tragique situation. Mon chef de service à Washington, à qui j'avais bêtement promis ces articles pour dans trois semaines au maximum, commençait à s'impatienter.

Au cours des interviews en Israël, que je réalisai conjointement avec mon collègue William Claiborne, correspondant permanent de mon journal à Jérusalem, c'était toujours moi qui posais les questions « vaches », de façon à protéger Claiborne dont les reportages en profondeur sur la politique israélienne dans les territoires occupés de Cisjordanie et de la bande de Gaza avaient souvent irrité les autorités. Nous n'avions pas besoin de prendre tant de précautions. A ma stupéfaction, et à ma consternation, les responsables israéliens ne remirent à aucun moment en question la politique de l'attaque préventive, qui me semblait à moi aussi myope et, au bout du compte, suicidaire que les opérations « localisation et destruction » effectuées par les forces américaines au Vietnam.

Au QG du commandement-Nord, un général que le contentement de soi rendait exubérant se vanta auprès de nous : « Notre politique peut durer éternellement. De notre côté, il n'y a aucune Ligne rouge, rien pour nous retenir. Nous ne pouvons souffrir que jusqu'à un certain point.

— Des regrets ? demandai-je presque honteusement, tant ce militaire pète-sec me semblait convaincu.

— Oui », dit-il, et pendant un dixième de seconde, je caressai l'espoir qu'il allait peut-être verser une larme de crocodile ne fût-ce que sur la dévastation qu'Israël avait si effiacement contribué à infliger au Liban. « Notre erreur, c'est de ne pas en faire assez. » Tandis qu'il développait ce thème, mon esprit vagabondait à rebrousse-temps, vers le Vietnam que j'avais connu, une douzaine d'années auparavant, et les propos similaires que m'avaient tenus d'orgueilleux généraux américains.

Sans me laisser impressionner, je le questionnai sur les excès du commandant Haddad et la façon dont il ternissait, à n'en pas douter, la réputation si jalousement protégée d'Israël à l'étranger.

Haddad, m'assura mon général, se débrouillait « comme un petit chef ». Je fis la grimace en me rappelant les bombardements totalement gratuits auxquels il avait soumis la population civile de Saïda, Hasbaya et d'autres villes libanaises ; sa responsabilité dans l'assassinat de sang-froid de soldats irlandais de l'ONU, qu'il n'avait pas su éviter ; ses élucubrations démentes et ses actes plus déments encore ; les observateurs de l'ONU passés à tabac ; le bombardement déclenché pour obtenir la réparation d'une centrale électrique mise hors d'état par sa propre artillerie.

Claiborne et moi avions dû laisser transparaître pendant une brève seconde notre incrédulité, car à présent le général avait bien compris à quelle paire de saints Thomas il avait affaire. Par conséquent, lorsque j'en revins à la responsabilité israélienne dans le choix du commandant Haddad, sa réponse était prête :

« Nous contrôlons Haddad, déclara-t-il, de plus en plus content de lui, exactement dans la mesure où les Etats-Unis nous contrôlent nous. »

Ce résumé cynique, quoique exact, de l'indulgence américaine ne fut pas contredit, lorsque je rencontrai, quelques jours plus tard, David Kimche, directeur général du ministère des Affaires étrangères. J'avais demandé à le voir parce qu'il avait été l'un des grands responsables du Mossad, chargé des chrétiens du Liban, travaillant directement sous les ordres du grand patron de l'agence, Yitzhak Hoffi (que les Libanais connaissaient sous le nom de Mandy). Quelle ne fut pas ma surprise de constater, lorsqu'on nous présenta l'un à l'autre, au ministère, que Kimche et moi avions fait connaissance près de vingt ans auparavant, en Afrique occidentale. L'homme que j'avais connu alors sous le nom de David Sharon et sur qui je tombais constamment dans les lieux les plus inattendus avait représenté pour moi une source d'informations amicale et digne de confiance. Et puis, un beau jour, il avait brusquement disparu, juste au moment, en y songeant bien, où l'ambassade d'Israël en Côte-d'Ivoire avait été accusée de quelque louche tripotage aujourd'hui oublié. Je m'étais enquis de lui, au cours de mes peu fréquentes visites en

Israël, pour m'entendre répondre qu'il avait quitté le service du gouvernement. Personne ne semblait savoir ce qu'il était devenu.

Avec beaucoup d'assurance, il défendit la politique de l'attaque préventive, affirmant que « n'importe quel gouvernement » israélien s'y tiendrait — des élections étaient prévues en juin — parce que « personne ne pouvait faire autrement ». Si Israël retirait son aide au commandant Haddad, « il y aura des massacres » au Liban, me dit-il, et les troupes de l'ONU « seront incapables de les empêcher ». Il balaya ma suggestion que le tout nouveau gouvernement Reagan risquait peut-être de serrer la vis à Israël. Il avait rencontré l'équipe de transition du nouveau président, juste après l'élection, et il était convaincu que son gouvernement « comprendra peut-être mieux encore que le précédent notre besoin de frapper contre le terrorisme. Nous pensons, ajouta-t-il, que nous rencontrerons davantage de compréhension ».

C'était indéniablement l'impression universelle que le nouveau secrétaire d'Etat, Alexander M. Haig Jr, avait laissée en Israël, durant sa visite de familiarisation avec le Moyen-Orient, au début du printemps 1981. Obsédé par son projet de « consensus stratégique », qui visait à rallier l'Egypte, Israël et l'Arabie Saoudite à une alliance antisoviétique, Haig se distingua par des remarques si imprécises, si maladroites ou si naïvement provocatrices que ses assistants durent travailler deux fois plus que de coutume pour gommer cette malencontreuse impression d'ignorance et d'agressivité.

Lorsqu'il arriva à Tel-Aviv, des combats sérieux battaient leur plein à Zahlé, entre les Syriens et la milice de Béchir Gemayel. Cette ville chrétienne de cent cinquante mille habitants, sur le versant oriental de la chaîne du Liban, dominant la fertile vallée de la Bekaa, était en grande majorité catholique grecque et non maronite ; d'ailleurs les phalangistes n'y avaient jamais eu une grande influence. Cependant, depuis juillet de l'année précédente, qui avait vu l'élimination des Tigres de Camille Chamoun au Marounistan, une certaine logique avait poussé les Gemayel à étendre leur autorité au plus grand nombre de zones chrétiennes possible. Une victoire à Zahlé permettrait à Béchir d'augmenter ses effectifs d'un bon quart et renforcerait ses prétentions au rôle de chef de tous les chrétiens — et non plus des seuls maronites. Juste avant Noël, déjà, ses hommes avaient livré aux Syriens une bataille brève, mais sanglante à Zahlé, après quoi les violences s'étaient très vite calmées. Quelques mois plus tard, les Israéliens avaient, selon les services de renseignements occidentaux, envoyé des hélicoptères pour aider à transporter les hommes et le matériel de Béchir jusque dans les montagnes, au-dessus de la ville. Les Syriens s'aperçurent un peu tard que Zahlé dominait la route stratégique entre Beyrouth et Damas ; la menace risquait de s'aggraver encore, si les Israéliens parvenaient à se frayer un passage à travers les lignes de la FINUL et à remonter au plus vite le sud de la Bekaa pour venir se joindre aux hommes de Béchir. La découverte d'une route en construction, reliant Zahlé au Marounistan par les montagnes, confirma leurs pires soupçons. Aussi, le 1er avril, réagirent-ils de la seule façon qu'ils connaissaient, lorsqu'il s'agissait de régler leur compte aux milices chrétiennes, le plus brutalement possible.

Le premier jour, les chrétiens de Zahlé exultaient : en essayant de s'emparer de positions élevées, au-dessus de la ville, à flanc de montagne, les Syriens avaient perdu trois véhicules blindés et plus de vingt soldats. Le lendemain, ils répliquèrent par un barrage d'artillerie à Beyrouth-Est, qui prit les habitants de la capitale par surprise, fit de nombreuses victimes et vida le secteur chrétien pour six bons mois. Pendant ce temps, le siège de Zahlé avait commencé pour n'être levé que le 30 juin, le jour des élections en Israël, où l'on avait calculé que les Israéliens seraient trop occupés pour venir déranger les délicates opérations de désengagement. Avant que les miliciens de Gemayel n'aient quitté Zahlé en autocar — pour être décorés et fêtés de façon théâtrale au QG de Béchir à Beyrouth-Est — les Etats-Unis se retrouvèrent impliqués jusqu'au cou dans une importante crise internationale. Privé d'influence à Damas, par la faute de sa propre sottise, le gouvernement Reagan dut faire appel à ses alliés saoudiens pour négocier, moyennant finances, la paix entre les belligérants. Certaines sources, soi-disant bien informées, assurent que les exigences syriennes s'étaient situées entre cinq cents millions et un milliard deux cents millions de dollars. « Payer, fit remarquer un diplomate arabe, c'est ce que les Saoudiens font le plus facilement — et le mieux. »

Alexander Haig n'avait aucun intérêt visible à faire empirer la crise de Zahlé (bien qu'il eût, en excluant Damas de son itinéraire au Moyen-Orient, délibérément insulté les Syriens, renforçant ainsi la méfiance que ceux-ci nourrissaient envers le gouvernement Reagan). L'OLP elle-même avait fait l'impossible pour rester en dehors du conflit, en dépit du rythme accéléré des attaques israéliennes contre ses positions. Les Palestiniens, forts de leur longue expérience de victimes, savaient bien qu'il ne faisait pas bon montrer le bout de leur nez en pleine campagne électorale israélienne. Au cours de son escale en Israël, Haig avait brossé un tableau sinistre, quoique techniquement exact, de la « brutalité » de l' « armée d'occupation » syrienne au Liban. C'était un cadeau inespéré à ceux qui entendaient profiter de la crise. Les faucons israéliens n'avaient rien contre l'idée de semer un peu la zizanie à l'étranger, surtout au milieu d'une campagne électorale au cours de laquelle Begin cherchait à cacher les effets désastreux de sa politique financière. Quant aux chrétiens du Liban, ils désiraient obtenir le soutien d'Israël et provoquer une crise internationale, afin de contraindre les Syriens à quitter leur pays. En fin de compte, les uns et les autres furent déçus dans leurs espérances : le seul vainqueur incontestable de toute l'affaire fut la Syrie.

Au début de la crise, on ressortit tous les vieux thèmes familiers. Avant même que les combats n'eussent commencé, les services de renseignements israéliens chantaient les louanges de Béchir Gemayel auprès des journalistes étrangers, proposant de mettre sur pied des interviews de ce jeune chef chrétien si prometteur ; on assura aux plus crédules qu'on les débarquerait directement en territoire chrétien, sans qu'ils aient eu besoin de risquer leur vie en passant par les secteurs de Beyrouth que contrôlaient les Palestiniens. A entendre les Israéliens, tous les représentants de la presse étrangère basés au Liban étaient sous la coupe des tueurs syriens et palestiniens et n'osaient pas dire la vérité. Tout ce beau déploiement d'efforts était inutile. Durant les premiers jours des combats, les services de propagande de la milice chrétienne invitèrent, comme ils l'avaient fait en 1978, le monde entier à venir sauver les chrétiens assiégés, menacés de génocide. A leur stupéfaction, cette manœuvre réussit. La presse apporta son concours involontaire, en rapportant la version chrétienne, à vous glacer le sang, d'événements qu'aucun journaliste ne fut autorisé à couvrir sur le terrain. Une agence de presse américaine s'obstina à désigner, à tort, les habitants de Zahlé comme des catholiques non pas grecs, mais romains, erreur bien faite pour réveiller la sollicitude du grand public aux Etats-Unis. Bien peu des correspondants en poste à Beyrouth avaient déjà subi le feu d'une campagne de propagande de la milice chrétienne, tant les remplacements parmi eux étaient fréquents ; le temps que les vieux briscards fassent leur apparition, les chrétiens avaient porté les premiers coups, les plus décisifs. Ils étaient beaucoup mieux organisés qu'en 1978. (Pourtant, à cette époque-là déjà, Israéliens et chrétiens du Liban avaient obtenu d'excellents résultats, en conjuguant leurs propagandes. Chaim Herzog, ambassadeur d'Israël auprès des Nations unies et plus tard président de l'Etat hébreu, m'a expliqué en jubilant qu'il avait causé la déconfiture de délégués arabes, en brandissant devant eux des télégrammes émanant d'Américains d'origine libanaise, qui félicitaient Israël d'avoir protégé leurs compatriotes contre l'OLP. Dans les églises maronites des Etats-Unis, on avait dit des prières pour l'ambassadeur, pour Israël et pour les chrétiens du Liban. « Nous avons eu du mal, beaucoup de mal à organiser les Libanais d'Amérique, m'a confié Herzog, mais finalement, nous avons réussi à leur apprendre toutes les ficelles du métier. ») Face aux accusations de massacre portées par les chrétiens, le ministre syrien des Affaires étrangères, Abdelhalim Khaddam, feignit l'incrédulité : « Peut-être une centaine de morts en tout, aurait-il protesté. Pourquoi fait-on tant d'histoires ? En Syrie, à Hama, nous avons tué, en une seule nuit, quatre cents Frères musulmans et personne n'a seulement ouvert la bouche. » (Ces propos furent tenus avant le carnage de l'hiver 1982, où plusieurs milliers de Syriens au moins trouvèrent la mort.)

A trois mois à peine des élections, les faucons israéliens se précipitèrent, verbalement, à la défense de leurs alliés chrétiens, dans l'espoir de raffermir les chances de réélection, alors quelque peu flageolantes, de

Begin. Ce dernier affirma personnellement à plusieurs reprises que les Etats-Unis avaient changé « et qu'ils conviennent à présent avec nous que les Syriens ne sont pas un élément stabilisateur, mais une force d'occupation brutale, prête à assassiner gratuitement la minorité chrétienne, hommes, femmes et enfants ». Washington n'opposa aucun démenti officiel. Moshé Arens, alors président du comité des Affaires étrangères et de la Défense de la Knesset, qui fut plus tard ambassadeur aux Etats-Unis et ministre de la Défense, déclara que depuis la Seconde Guerre mondiale, aucune ville n'avait connu une dévastation pareille à celle de Zahlé. Le ministre de l'Agriculture, Ariel Sharon, sonnant la note chauvine qui était depuis plusieurs dizaines d'années son image de marque, dénonça « le silence assourdissant du monde face au massacre du Liban » et rapporta, inexactement, que la majorité des victimes depuis 1975, dont il fixa le nombre, de façon abusive, à « cent vingt mille », étaient des chrétiens. Haim Bar-Lev, général à la retraite, chargé des questions touchant à la défense nationale au sein de l'opposition travailliste, se crut obligé de renchérir et assura que l'aide israélienne aux chrétiens pourrait mener à une intervention directe jusque dans le nord du Liban. Pour la première fois depuis le début des rapports entre Israël et les chrétiens du Liban, les deux grands partis politiques israéliens exprimaient publiquement la possibilité de venir en aide aux chrétiens du Nord, en leur fournissant plus que les armes et munitions habituelles.

Cependant, ce fut le général Ben-Gal, du commandement-Nord, qui, avec son franc-parler tout militaire, fut le plus près de saisir la psychologie de la milice chrétienne. Il fit valoir que les intérêts israélien et chrétien coïncidaient puisqu'ils désiraient tous deux obliger la Syrie à quitter le Liban. Il justifia l' « initiative » chrétienne, euphémisme par lequel il désignait leur présence provocatrice à Zahlé, « ne fût-ce que pour des raisons de psychologie intérieure et de politique étrangère ». Il ajouta : « Si le calme régnait pendant trois ans, on oublierait jusqu'à l'existence des chrétiens. » En d'autres termes, Zahlé était une opération « maintenant-ou-jamais », dans l'espoir de régler le problème une fois pour toutes. En sa qualité de commandant du seul front « actif » de l'armée israélienne, le général plaidait aussi sa propre cause. Car si ce front-là restait paisible, on risquait de voir se présenter toutes sortes de possibilités de négociations avec les Syriens et les Palestiniens, ensemble ou séparément. Tout ceci n'empêchait pas Ben-Gal de considérer ses amis chrétiens comme une force bien insuffisante face à l'armée syrienne et il notait : « Au-delà d'un certain point, vous êtes menacés par une explosion qui déclenchera une avalanche. »

Le risque de provoquer une telle avalanche donna lieu, aux échelons les plus élevés de l'élite politique israélienne, à un extraordinaire débat entre faucons et colombes. Une lecture attentive de la presse israélienne révélait en effet la profondeur de la contestation suscitée par la crise de Zahlé. Israël était à un tournant de son histoire. Ses décisions affecteraient à présent non seulement les chrétiens du Liban, non seulement les Syriens, mais un véritable écheveau de relations, tout autour du globe, et notamment à Washington. Begin et ses généraux envisageaient un mode d'action qui risquait d'emberlificoter inextricablement les Israéliens dans le pays le plus compliqué et le plus traître du Moyen-Orient — au sujet duquel ils ne savaient pratiquement rien. Le Liban n'était pas un autre Sinaï « inhabité » en dehors de sa population bédouine dispersée. Ce n'était même pas la Cisjordanie ou la bande de Gaza. C'était la nation la plus densément peuplée du Moyen-Orient, dont les ressortissants formaient un invraisemblable patchwork de minorités. Ce ne fut que bien plus tard, après le massacre de Chatila, que le chef de l'opposition travailliste, Shimon Peres, demanda : « Que faisaient des soldats israéliens à Beyrouth-Ouest — cette ville chargée de haine, dévorée de ressentiments, lourde de mystères que nous sommes incapables de percer ? »

Dix-huit mois plus tôt, cependant, d'autres Israéliens avaient senti les dangers que comportait l'opération de Zahlé. Nous avons le devoir moral de sauver les chrétiens, soutenaient les faucons ; à quoi les colombes répondaient du tac au tac : qui va nous croire ? C'est maintenant qu'il faut frapper, insistaient les faucons, parce que la Syrie est isolée au sein du monde arabe, abandonnée par l'Egypte, en mauvais termes avec l'Irak et l'Egypte, brouillée avec l'Arabie Saoudite. En effet, convenaient les colombes, mais une intervention en faveur des chrétiens, dans le Nord, serait le meilleur moyen de mettre un terme à l'isolement de la Syrie et peut-être même de donner à l'Irak un prétexte pour interrompre sa guerre ruineuse contre l'Iran. Quand même, s'entêtaient les faucons, une guerre contre la Syrie nous permettrait de mettre à l'épreuve les intentions de l'Egypte : si celle-ci venait en aide à la Syrie, Israël aurait une excuse rêvée pour se soustraire à la restitution de la dernière parcelle encore occupée du Sinaï, prévue en avril 1982 ; et si elle ne le faisait pas, le fossé qui la séparait actuellement des autres pays arabes s'agrandirait. Les colombes rétorquaient que ce n'était pas en employant une tactique de ce genre que l'on risquait de se faire beaucoup d'amis au Caire, ni à Washington, amis dont on aurait pourtant besoin au bout du compte. Les faucons faisaient remarquer qu'en écrasant l'armée syrienne, la seule importante force armée, à présent que l'Egypte était neutralisée, Israël s'assurerait dix années de paix. Les Soviétiques reconstruiraient immédiatement l'arsenal syrien, contre-attaquaient les colombes, et peut-être plus vite encore qu'ils ne l'avaient fait après les guerres de 1967 et 1973, puisqu'un traité d'amitié et de coopération avait été signé entre Moscou et Damas. Les faucons revenaient à la charge, convaincus que c'était en tout cas le moment rêvé pour annihiler les fedayin palestiniens, à Beyrouth et ailleurs, et balayer définitivement leur infrastructure. Les colombes demandaient, en réprimant un bâillement, combien de fois au juste les militaires s'étaient vantés d'avoir éliminé ces même fedayin. Ce qui n'empêchait pas les faucons d'insister qu'en aidant les chrétiens du Liban, pour quelque raison que ce fût, il serait possible d'assurer leur totale dépendance, ce qui fournirait à Israël un nouvel allié, en complément de son allié égyptien. Peut-être, déclaraient les colombes, mais on courait le risque de se retrouver avec des soldats de l'ONU plein le Liban, au lieu de les voir cantonnés uniquement dans le Sud, où l'armée israélienne se plaignait déjà de la gêne qu'ils lui occasionnaient sous le rapport de la manœuvrabilité. Le gouvernement Reagan, ripostaient les faucons, n'était pas hostile à l'éjection des Syriens et des commandos palestiniens hors du Liban. Les colombes expliquaient que les Soviétiques se croiraient peut-être obligés de s'en mêler, conformément aux termes de leur traité avec la Syrie. Quand même, chuchotaient les faucons, une petite guerre contre la Syrie avait de bonnes chances de favoriser la réélection de Begin, de détourner l'attention loin de l'inflation phénoménale et de la crise économique générale. Certes, murmuraient les colombes, mais il n'y avait pratiquement rien d'aussi impopulaire que les victimes de guerre dans un pays comme Israël, encore traumatisé par ses pertes de 1973. Cette fois-là, ce furent les colombes qui l'emportèrent. Comme le fit clairement comprendre le général Yehoshua Saguy, chef des services de renseignements militaires et adversaire de toujours de l'alliance du Mossad avec les Forces libanaises, à l'occasion d'une conférence de presse, théoriquement officieuse, au cours de laquelle il ne se donna pourtant pratiquement pas la peine de dissimuler son identité : « Le terme de génocide, qu'utilisent les chrétiens, est de la propagande pure et simple. » Le nombre des victimes chrétiennes était estimé à cent cinquante, environ, déclara-t-il. (En fait, pendant tout le siège de Zahlé, il n'y eut pas plus de cent morts parmi les chrétiens, la plupart étant bien sûr des civils.) A la mi-avril, la presse israélienne avait également fait savoir au grand public qu'une partie considérable de l'establishment pensait que les dirigeants de la milice étaient responsables d'avoir déclenché les combats — par maladresse, sinon véritablement à dessein — dans l'espoir d'entraîner Israël dans une guerre contre la Syrie qu'aucun de ces deux gouvernements ne désirait nécessairement. Yigael Yadin, vice-Premier ministre sortant, fort modéré dans ses convictions, condamna officiellement les Israéliens qui s'efforçaient de prendre le pays au piège d'un conflit élargi vers le nord. Il demanda aussi au gouvernement de bien vouloir contrôler le commandant Haddad, « qui bombarde la population civile de Tyr et Saïda, avec des obus de fabrication israélienne ». Trois journaux israéliens publièrent ses mises en garde du même ordre.

Le 8 avril, trois jours après qu'Haig eut quitté Jérusalem et avant même que la victoire des colombes ne se fût clairement dessinée, David Kimche fut expédié au Liban, porteur de mauvaises nouvelles pour Béchir Gemayel. Les deux hommes en étaient à s'appeler par leur prénom, mais cette fois leur entretien, qui dura deux heures, fut quelque peu orageux. Kimche lut officiellement — mais sans la remettre à Gemayel — une déclaration du gouvernement israélien, datée du 28 août 1978, s'engageant à « examiner favorablement » l'utilisation de sa force aérienne si les avions syriens attaquaient les chrétiens du Liban. Ce n'était pas tout à fait le genre de soutien dont ces derniers avaient rêvé. (Peut-être le général Eitan avait-il donné une indication des intentions israéliennes dès la fin mars, lors d'une visite aux maronites durant laquelle il avait désarçonné ses hôtes en demandant à aller inspecter les lignes de défense phalangistes parfaitement paisibles dans le nord du pays, au lieu du secteur de Zahlé, ravagé par les tensions. Par la suite certains chrétiens se déclarèrent convaincus qu'en fait, les Israéliens avaient toujours hésité et avaient invoqué un veto américain qui n'existait peut-être même pas.)

En public, Béchir avala la couleuvre avec stoïcisme, mais moins d'une semaine après, on pouvait l'entendre remarquer que « les Israéliens d'aujourd'hui ne sont plus ceux de 1948, de 1956 ni de 1967. Ils se sont amollis, ont perdu leur confiance en eux. C'est nous qui sommes à présent tels qu'ils étaient ». Peut-être, mais la situation sur le terrain ne justifiait guère ces propos de foudre de guerre. Militairement parlant, les positions de sa milice à Zahlé, et tout autour, n'étaient pas tenables, avec ou sans la « grand-route stratégique » toujours inachevée qu'il faisait construire à travers la chaîne du Liban. En fait, la disposition du terrain était telle qu'il était impossible de défendre Zahlé depuis le cœur du territoire chrétien. Bien décidés à donner une bonne leçon à Béchir, ses anciens alliés syriens allèrent s'emparer de la ligne des crêtes dans le secteur du mont Sannine. L'opération était avant tout psychologique, car ils contrôlaient déjà toute la ligne des crêtes, à l'exception d'une quinzaine de kilomètres. Ces hauteurs étaient si exposées aux éléments qu'on ne pouvait confortablement y maintenir des troupes que de mai à la fin août ; au printemps, les hommes de Béchir et les gauchistes libanais soutenus par les Syriens s'étaient d'ailleurs disputé une étrange course au sommet. On parlait beaucoup d'installer un radar au refuge du Français, tout en haut, mais on se bornait à palabrer. En fait, ce fut tout autant la façon dont les Syriens arrivèrent que leur présence effective qui sema la panique au Marounistan, même si les services de renseignements de l'armée libanaise avaient suggéré qu'ils avaient l'intention d'avancer jusqu'à la côte, ce qui ne rimait pas à grand-chose au vu des événements antérieurs. En effet, les principaux centres de population maronite, y compris Jounieh, Beyrouth et la Montagne étaient déjà à la portée de l'artillerie syrienne. Cependant, le samedi 25 avril, des hélicoptères syriens débarquèrent des troupes d'assaut spéciales sur la ligne des crêtes, où, grâce à leurs roquettes, elles ne mirent pas longtemps à s'imposer aux miliciens pris par surprise. Les chrétiens n'avaient pas d'armes téléguidées pour attaquer les hélicoptères. Moins de vingt-quatre heures plus tard, le Département d'Etat à Washington déplorait officiellement ce qu'il appelait ce « changement considérable dans le statu quo ». John Dean, malgré sa perspicacité habituelle, s'était laissé raconter des histoires.

Le Département d'Etat devait ensuite nier, sans vraiment convaincre, que cette déclaration visait à donner le feu vert à une intervention israélienne. C'était en tout cas, pour le moins, un retour au franc-parler antisyrien que Haig avait fait entendre au cours de sa visite en Israël. Les ambassadeurs des Etats-Unis au Liban et en Syrie se précipitèrent auprès du secrétaire d'Etat, alors en Jordanie, pour lui expliquer les subtilités et les complexités de la position syrienne. Et, dans un message au président Assad, Reagan tint à préciser que « la Syrie peut jouer un rôle central dans l'édification d'une paix équitable » au Moyen-Orient.

Quoi qu'il en fût, le mardi 28 avril, des avions de l'aviation israélienne — des F-15 et F-16 de fabrication américaine — abattirent deux hélicoptères de l'armée syrienne dans la vallée de la Bekaa, au nord de la route Beyrouth-Damas. Les porte-parole israéliens répétèrent avec insistance que ces engins étaient équipés pour l'attaque, malgré les affirmations réitérées et véridiques des Syriens, spécifiant qu'il s'agissait, au contraire, d'appareils de transport, en mission de réapprovisionnement. Ces graves incidents survinrent juste au moment où le ministre syrien des Affaires étrangères, Abdelhalim Khaddam, se rendait en voiture de Masnaa, sur la frontière libano-syrienne, au palais présidentiel de Baabda pour imposer une « Pax syriana » aux chefs récalcitrants de la milice chrétienne, qu'Israël avait jusque-là abandonnés à leur sort. Beaucoup de Libanais eurent l'impression qu'une fois de plus, Israël, coutumier du fait, intervenait de façon à barrer la route vers une solution politique à l'intérieur du Liban, jugée contraire à ses propres intérêts : le fait qu'Israël pouvait mener la danse à sa guise — décidant quand, où et pour combien de temps les événements devaient avoir lieu — n'était pas le moindre des avantages de son alliance avec les chrétiens. Une question délicate fut momentanément perdue de vue dans la bagarre : les accords entre Damas et Jérusalem, concernant la Ligne rouge, interdisaient-ils l'utilisation d'hélicoptères ou simplement de missiles sol-air ? Simcha Dinitz, ambassadeur d'Israël à Washington à l'époque de la négociation de cet accord, en 1976, assura qu'à aucun moment il n'avait été question d'hélicoptères.

Hafez Assad agit alors de façon rapide et décisive. Le lendemain, 29 avril, dès la première lueur de l'aube, les Syriens franchirent la frontière voisine en longs convois de camions bâchés et installèrent trois batteries de missiles sol-air soviétiques. Chacune consistait en un camion-radar et trois véhicules à chenilles, sur chacun desquels était monté un groupe de trois missiles. Soudain, le long de la route Beyrouth-Damas, ou à deux pas, étincelant au vu et au su de tout le monde sous le soleil printanier, on voyait se dresser les missiles légèrement démodés qui avaient fait leurs preuves en abattant tant d'avions israéliens en 1973. Le lendemain de leur arrivée, roulant cahin-caha, avec trois de mes collègues, sur une route secondaire qui menait à la base aérienne de Rayak, à la recherche d'autres batteries, nous vîmes le radar pivoter activement. Les missiles étaient prêt à fonctionner. Les paysannes en robes de couleur vive, qui travaillaient dans les champs fraîchement labourés, ne leur prêtaient aucune attention. Ils faisaient déjà partie du décor. Pourtant, je me rappelle distinctement ma propre frayeur. La route était noire de monde et en si mauvais état que notre taxi était obligé d'avancer au pas. Si l'aviation israélienne frappait, nous étions des hommes morts. J'avais été suffisamment de fois bombardé par les Israéliens pour respecter leur adresse, leur talent pour surgir soudain de nulle part, lâcher leurs bombes ou expédier leurs roquettes et disparaître.

Il faisait dans la Bekaa une journée froide et venteuse — une bonne quinzaine de degrés de moins qu'à Beyrouth — et je me maudis d'être parti sans veston. Je me souviens avoir bu plus que ma part des quelques bouteilles de blanc de Ksara, avec l'excellente truite qu'on me servit à l'hôtel Palmyra à Baalbek, un des repaires favoris des négociants de haschich à présent que le tourisme conventionnel avait cessé. C'était pour moi le seul moyen de parvenir à envisager avec une certaine sérénité notre voyage de retour le long de cette même route si dangereuse. Beaucoup plus tard, ce fut Begin en personne qui justifia mes craintes. Cherchant à faire taire les critiques des parlementaires qui exigeaient de savoir pourquoi il n'avait pas fait agir, ce jour-là, l'aviation israélienne, il expliqua que les conditions atmosphériques avaient empêché les avions de guerre d'exécuter ses ordres, trois fois répétés, de détruire les missiles. Le Premier ministre israélien avertit cependant les Syriens qu'il voulait voir ces engins évacués au plus vite, sans quoi les chasseurs bombardiers de son aviation se chargeraient de les éliminer.

Les chrétiens étaient enchantés, moins parce que le geste tardif des Israéliens les rassurait en soi, que parce que leur pays se trouvait à présent au centre même d'une crise internationale. Leur jubilation s'accrut encore lorsqu'un gouvernement Reagan manifestement surpris et inquiet sortit brusquement de sa retraite Philip Habib, ancien sous-secrétaire d'Etat d'origine libanaise, et l'expédia dare-dare au Moyen-Orient pour régler tous les problèmes. En hommes méthodiques qu'ils étaient, les maronites se rappelaient qu'au moment de la crise de 1958, un autre prestigieux envoyé spécial, Robert Murphy, avait fait le voyage de Beyrouth.

Coriace, volontaire, tout dévoué à la cause qu'il servait, Habib, à soixante et un ans, combinait les anciennes vertus de la diplomatie anglo-saxonne, tact et discrétion, à un talent tout levantin pour mettre Arabes et Israéliens à leur aise. Il y avait, chez ce petit homme à la calvitie naissante, dont la santé était minée par des dizaines d'années de surmenage volontaire, quelque chose qui faisait irrésistiblement penser à un de ces vétérans de la diplomatie, chers à Le Carré, remis en activité pour débrouiller un énième gâchis. Pour un gouvernement néophyte, désireux avant tout d'empêcher les Soviétiques de gagner sérieusement du terrain au Moyen-Orient, il s'agissait principalement de limiter les dégâts. Le premier point porté à l'ordre du jour de Habib était de rétablir en Syrie l'influence américaine qu'une série de camouflets originaires de Washington (y compris ceux administré à l'ambassadeur des Etats-Unis à Damas, Talcott Seelye, dont les dépêches au Département d'Etat restèrent presque toutes sans réponses jusqu'à son départ à la retraite en septembre suivant) avait pratiquement réduite à zéro. L'attitude de Habib, imaginative et peu conventionnelle, n'avait rien de commun avec les méthodes brutales que préconisait, selon les bruits qui couraient au Moyen-Orient, un important jeune responsable politique du nouveau gouvernement, qui, animé par son antisoviétisme primaire, avait, disait-on, suggéré de faire détruire les missiles par les forces américaines, sans attendre une intervention israélienne. S'étonnera-t-on, après cela, d'apprendre que les arabologues du Département d'Etat avaient baptisé la nouvelle fournée de responsables politiques nommés par Reagan à des postes clefs « les Huns et les Mongols » ?

Les menaces de Begin faisaient le jeu des Syriens. Le président Assad ne manqua pas de rappeler de façon fort convaincante que les troupes syriennes se trouvaient au Liban avec la bénédiction officielle de la Ligue arabe. Sans jamais entrer dans le détail des fameux accords de la Ligne rouge, il semblait soutenir que la présence des missiles était justifiée par le fait que les Israéliens eux-mêmes avaient violé ces accords en abattant ses deux hélicoptères. L'un après l'autre, tous les pays arabes se sentirent tenus de se rallier à la cause syrienne et avec le soutien politique vint l'argent — beaucoup d'argent —, surtout en provenance d'Arabie Saoudite. Le président Assad, jusque-là isolé et criblé de dettes, était clairement le gagnant de l'histoire, car pour la Syrie, une guerre limitée, même gagnée par Israël, valait mieux que de s'incliner sans un mot, de perdre la face et de payer cette faiblesse, à l'intérieur du pays, par un vraisemblable regain d'opposition au gouvernement qu'il faudrait encore une fois mater. En outre, le langage d'Assad, mesuré et retenu selon les critères arabes, offrait un séduisant contraste avec les vitupérations toujours plus virulentes de Begin.

Les spécialistes militaires israéliens accusaient de plus en plus ouvertement le Premier ministre d'être tombé dans un piège fort complexe. Jamais il n'aurait dû ordonner d'abattre ces hélicoptères, offrant ainsi sur un plateau aux Syriens le prétexte qu'ils cherchaient depuis si longtemps pour contourner l'interdiction stipulée par la Ligne rouge, quant à un déploiement de missiles sol-air au Liban. La présence de tels engins au nord de la route Beyrouth-Damas ne mettait certes pas vraiment en danger la sécurité israélienne, mais une fois qu'Israël aurait accepté le principe de leur présence au Liban, qu'est-ce qui empêcherait la Syrie de les déplacer vers le sud ? On posa certaines questions suggérant que

Begin avait mal interprété le « feu vert » américain, émanant, l'avait-il oublié, d'un gouvernement encore apprenti et manifestement inexpérimenté dans le domaine des subtilités moyen-orientales. Les propres conseillers de Begin l'avaient, disait-on, prévenu que les Syriens introduiraient presque certainement leurs missiles au Liban, si les Israéliens abattaient leurs hélicoptères, car leur aviation ne pouvait rivaliser avec celle de l'Etat hébreu et ils n'avaient donc à leur disposition aucune autre riposte évidente.

Ce qui n'empêchait pas les faucons de Begin de continuer à relancer la partie. Le ministre des Affaires étrangères, Yitzhak Shamir, fit savoir qu'Israël « livre sa propre guerre sur le sol libanais — depuis l'intérieur du " pays des cèdres ", c'est sa propre sécurité qu'il défend ! » Et le général Eitan déclarait à présent que non seulement Israël ne renoncerait pas à ses raids préventifs et à ses reconnaissances aériennes au Liban, mais que dorénavant, il interdisait à tous les avions syriens l'espace aérien libanais.

Cependant, à l'intérieur même d'Israël, les pressions s'accumulaient et il ne suffirait pas à Begin de se montrer gentil et raisonnable envers son seul allié pour se faire réélire. Ne pouvant s'en prendre à la Syrie, il se rabattit sur les Palestiniens. Tant qu'Habib continuait discrètement sa tournée au Moyen-Orient, s'efforçant principalement, par la vertu de sa seule présence, d'empêcher Begin de détruire les missiles syriens, les Israéliens s'abstinrent d'attaquer leurs vieux ennemis. Mais à la fin mai, moins de vingt-quatre heures après que l'Américain eut quitté Israël pour Washington, afin d'aller présenter son rapport sur la première phase de sa mission, le Premier ministre, comme pour marquer son déplaisir, ordonna la reprise des raids contre certaines cibles libanaises soupçonnées d'appartenir aux fedayin — à une vingtaine de kilomètres au sud de Beyrouth. Inutile de dire que les Arabes, même les plus modérés, en conçurent aussitôt une profonde méfiance envers Habib, en qui ils virent un pompier se précipitant pour éteindre des incendies allumés par les clients israéliens de son pays.

Rien de tout cela n'était pour plaire aux chrétiens du Liban, qui commençaient à présent à parler, sans vraiment convaincre, de changer de camp, car « les Russes au moins restent aux côtés de leurs amis ». Ces propos exprimaient bien la frustration ressentie en voyant tout le monde sauf eux-mêmes profiter de la crise. La Syrie était de nouveau considérée comme l'un des pays qui comptaient au Moyen-Orient ; à un petit mois des élections du 30 juin, la popularité de Begin avait fait un bond en avant dans les sondages d'opinion. Le plus pénible, cependant, pour les dirigeants maronites, c'était de voir exposés ainsi ouvertement leurs liens avec plusieurs gouvernements israéliens successifs — et en plein parlement israélien par-dessus le marché. Les seigneurs de la guerre, hommes d'une dissimulation presque maladive, étaient jusque-là toujours parvenus à balayer les accusations de complicité avec Israël. Mais, à présent, entre Shimon Peres et Menahem Begin, c'était à qui révélerait devant la Knesset la plus longue succession de détails compromettants. Tels étaient les impératifs des campagnes électorales israéliennes. Les deux leaders israéliens ne se souciaient aucunement de l'embarras — du traumatisme presque — que leurs révélations intempestives causaient à leurs alliés chrétiens. Begin ne reconnut jamais qu'il s'était laissé berner par les maronites — ni qu'il les avait ensuite laissés choir. « Je crois que nous les avons déjà sauvés, grâce à nos actions, déclara-t-il dans une interview pour la télévision américaine au début de juin. Nous sommes très fiers de penser qu'aujourd'hui, après l'holocauste, les Israéliens sont capables de sauver un autre peuple. » Peres, l'architecte de l'alliance avec les chrétiens du Liban, semblait quand à lui estimer que ces derniers commençaient à vouloir péter plus haut que leur cul. Toujours pragmatique, il remarqua d'un ton sans réplique. « Quand on ne l'a pas préparée, on ne devrait pas déclarer une guerre. » Peres, ex-bras droit de Moshé Dayan pendant des années et lui-même ancien ministre de la Défense, parlait évidemment avec toute l'autorité d'un homme qui en a préparé plus d'une.

Ce fut ce moment, où Béchir Gemayel touchait le fond de l'abîme, que choisirent les Etats-Unis pour lui donner leur accolade officielle. Il ne fait aucun doute que, sur le plan idéologique, le gouvernement Reagan était mieux disposé que ses prédécesseurs envers les chrétiens, dont la rhétorique concernant le « monde libre », qui n'était pas sans rappeler la grande époque de la guerre froide, avait également cours parmi les partisans de Reagan. La consécration eut lieu en mai, lorsque Habib tint à voir Béchir en tête à tête, plutôt qu'au sein d'une vaste délégation chrétienne. C'était une décision curieuse, mais somme toute logique. A première vue, il semblait, certes, que les Etats-Unis récompensaient ainsi un jeune emporté qui avait fait tout son possible pour faire échouer leur politique et compliquer la reconstruction de son pays. Il avait entravé le projet américain visant à renforcer l'autorité du gouvernement libanais — paralysant notamment les efforts de Washington pour reconstruire l'armée libanaise — et, en dépit de ses dénégations formelles, on le croyait coupable d'avoir attenté, avec ses acolytes, à la vie de l'ambassadeur John Gunther Dean. Habib, cependant, envisageait la situation sous l'angle du pragmatisme. Qu'on l'aimât ou non, Béchir Gemayel était à présent la plus grande force individuelle au Liban. Les Syriens voudraient certainement savoir s'il avait été consulté, même si les musulmans et la gauche devaient protester que les Etats-Unis avaient des chouchous et approuvaient pour ainsi dire officiellement l'alliance entre leurs vieux alliés israéliens et leurs nouveaux amis chrétiens. Habib se rendait aussi parfaitement compte que le gouvernement Reagan subissait à présent de fortes pressions de la part des catholiques et des protestants américains, et non plus seulement de l'habituel lobby sioniste et de ses alliés fondamentalistes des Etats du Sud. L'argument le plus convaincant de tous, cependant, c'était que Béchir Gemayel ne coûtait pas cher à avoir.

Presque immédiatement après son premier entretien avec Habib, au cours duquel il n'avait pas, il fallait en convenir, obtenu grand-chose, Béchir se vantait déjà que la compréhension nouvelle que montraient les Américains envers sa cause constituait « notre plus grande victoire en six années de lutte ». Au cours des mois suivants, il devait reconnaître qu'en 1975, les Etats-Unis, le Vatican et l'Europe occidentale « étaient contre nous ». Cet aveu implicite d'une ancienne erreur de jugement était chose plutôt inhabituelle chez un dirigeant maronite, nanti de solides prétentions à l'omniscience. En tout cas, cette nouvelle bouée de sauvetage américaine, à laquelle il avait pu se raccrocher in extremis, lui permettait d'accepter plus facilement les exigences officielles de la Syrie qui demandait aux dirigeants chrétiens du Liban — c'est-à-dire à Béchir lui-même — de consentir à rompre totalement — et par écrit — avec Israël. Cette ratification américaine, que Béchir claironna à tous vents, lui permettait également de se rapprocher sur le plan politique du président Sarkis — rapprochement auquel les Etats-Unis tenaient beaucoup et qui venait remercier Sarkis d'avoir donné à Habib le feu vert pour consommer la consécration du jeune chef des Forces libanaises. Cependant, après son retour, en août, d'une visite outre-Atlantique, où il s'était entretenu avec William Clark, alors sous-secrétaire d'Etat, et avec d'autres responsables, Béchir Gemayel reconnut qu'il n'avait encore reçu des Américains « aucune offre tangible ». Toutefois ce voyage, même mis sur pied par ses propres partisans au sein de la Ligue américano-libanaise, que contrôlaient les phalangistes, l'avait aidé à surmonter un passage bien difficile. Les habitants du Marounistan avaient en effet commencé à poser des questions — certes, ce n'étaient pas les premières, mais c'étaient les premières qui fussent aussi insistantes. La visite aux Etats-Unis fut encore un de ces étonnants miracles qui laissa amis et ennemis convaincus que Béchir et sa clique, tels des phénix, renaissaient de leurs cendres.

Du côté israélien, Begin avait accepté d'interrompre, comme le lui avait demandé Washington, les opérations au Liban. Il consacrait pour lors toute son attention — et celle de son électorat bien sûr — au raid de l'aviation israélienne contre l'Irak, beaucoup plus spectaculaire, qui se solda par la destruction du réacteur nucléaire d'Ozirak, juste en dehors de Bagdad, le 7 juin. Cette opération à objectif unique était dans la grande tradition israéliennee ; aucun de ces encombrants maronites ne s'y trouvait mêlé et elle surprit et embarrassa les Américains, tout en forçant leur admiration par son audace.

On aurait pu s'attendre à voir le Premier ministre, ayant ainsi assuré sa problématique réélection, prendre les choses un peu plus calmement. Pourtant, avant même d'avoir formé son nouveau gouvernement de coalition, le 10 juillet, il ordonna à son aviation de pilonner systématiquement les cibles palestiniennes au Liban. Pour justifier ce nouvel assaut aérien, il invoqua l'évidente concentration d'armes conventionnelles entre les mains des Palestiniens ; celle-ci n'était cependant, mais il se gardait bien de le dire, que la conséquence directe de cette politique d'attaques préventives auxquelles son pays se livrait avec une férocité croissante. Aux cibles habituelles — camps de réfugiés, grands carrefours et ports — vinrent s'ajouter la principale raffinerie de pétrole du Liban, à Zahrani, et huit des neuf ponts qui enjambaient le Litani et le Zahrani. Les généraux israéliens devaient ultérieurement expliquer que leur objectif était de gêner ainsi au maximum la circulation des civils libanais, afin d'exciter leur colère contre les Palestiniens, et que la destruction des ponts était en outre une étape nécessaire dans la préparation d'une grande opération au sol contre l'OLP, entre les deux fleuves, si l'on voulait mettre Israël nettement hors de portée des canons de cent trente millimètres, capables d'atteindre des cibles à vingt-huit kilomètres, et des roquettes Katioucha, fournies par les Soviétiques. (On se rappelle que la principale critique adressée aux responsables de l'invasion de 1978 avait été de ne pas avoir détruit les ponts sur le Litani.) Inutile de dire que ce furent encore une fois les Libanais qui firent les frais de l'opération : leurs morts furent beaucoup plus nombreux que ceux des Palestiniens et ces derniers avaient en outre stocké depuis longtemps des armes, munitions, essence et autres biens de première nécessité, justement en prévision d'une telle attaque. Ils restèrent trois jours sans répondre, puis ils se mirent à bombarder le Nord d'Israël avec une efficacité qui laissa leurs adversaires pantois.

La riposte de Begin vint le 17 juillet, lorsque neuf chasseurs-bombardiers israéliens, de fabrication américaine, attaquèrent le quartier ouvrier surpeuplé de Fakhani à Beyrouth-Ouest, où étaient établis quelques-uns, mais quelques-uns seulement, des bureaux palestiniens. Cela faisait bien longtemps que ceux-ci avaient dispersé leurs principaux responsables et locaux. Ce raid, qui dura une demi-heure, fit plus de cent vingt victimes libanaises et palestiniennes, civiles pour la plupart. Dix immeubles furent touchés, dont huit — malgré cette précision que revendiquaient les Israéliens — n'avaient strictement rien à voir avec l'OLP. A Beyrouth, on considéra cette attaque comme un pas en avant logique dans l'incessante escalade entre Israéliens et Palestiniens — atroce, certes, mais pas vraiment plus atroce que toutes les violences perpétrées au Liban depuis que les Israéliens avaient commencé à y déclencher leurs raids de représailles dans les années soixante. Des Libanais, endurcis par une longue habitude, sortirent sur leurs balcons pour regarder faire les appareils israéliens et furent sincèrement surpris lorsque le monde entier s'éleva unanimement contre Begin pour avoir ordonné ce raid contre leur capitale. Le monde entier, leur semblait-il, avait vite oublié tous les autres actes d'agression gratuits déjà commis par les Israéliens. Pourquoi les images de Fakhani, prises par les équipes de télévision, mettaient-elles les étrangers, et tout spécialement les Américains, en rage, alors que des dizaines de raids israéliens n'avaient suscité pratiquement aucune réaction à l'Ouest ? Au Marounistan, des Libanais notoirement antipalestiniens haussaient les épaules, pressentant qu'Israël n'aurait jamais le cran de déclencher l'offensive générale qui, à leurs yeux, pouvait seule justifier les bombardements.

Le spectacle n'avait rien de bien nouveau. Ce n'était pas la première fois que les Libanais voyaient les victimes de bombardements israéliens disséminées le long de la route côtière, leurs dépouilles carbonisées collées aux véhicules dans lesquelles elles avaient péri, sans qu'aucun bruit fût venu les prévenir de l'attaque. Ils n'étaient que trop habitués, après six années de guerre, à voir pendre hors des fenêtres éclatées et des balcons cassés quelques pitoyables vestiges — un tricycle d'enfant ou un cadre de lit métallique tout tordu ; à entendre les adolescents effrayés et impuissants tirer en l'air, comme pour se donner du courage. Habiter Beyrouth, c'était apprendre à mourir sans raison.

Personne n'était fichu de fournir une explication raisonnable à ce nouvel assaut israélien. Certains Libanais croyaient savoir que Begin voulait entraver les tentatives d'un rapprochement entre chrétiens et Syriens, qui avaient pris la forme d'une lettre de Béchir Gemayel renonçant à ses liens avec Israël. D'autres pensaient plutôt que le Premier ministre cherchait à empoisonner les rapports américano-saoudiens : selon cette théorie-là, le gouvernement Reagan, dans sa candeur naïve, s'imaginait que son opération « limitation régionale des dégâts » avait été couronnée de succès, parce que l'intervention d'Habib, au printemps, avait effectivement empêché Israël de s'en prendre à la *Syrie ;* il n'avait pas su comprendre que les Israéliens étaient à présent convaincus que Washington leur avait donné carte blanche pour s'acharner sur les *Palestiniens,* basés au Liban. Apparemment, il n'était pas venu à l'esprit de Reagan que les Saoudiens et les autres Etats du golfe Persique ne soutenaient l'OLP de la voix et du portefeuille que parce que celle-ci tolérait, en contrepartie, leurs systèmes politiques féodaux. S'en prendre à l'OLP — surtout si les agressions étaient perpétrées impudemment et en concertation avouée avec Israël — risquait d'être plus préjudiciable aux intérêts américains que la Maison-Blanche ne se le figurait. Les Israéliens, concluaient les tenants de cette thèse, avaient trouvé une méthode imparable pour créer des ennuis à leur allié, tout en faisant semblant de respecter sa volonté en punissant des terroristes.

En Israël, cependant, c'étaient les Palestiniens qui administraient le genre de leçon que les Israéliens étaient habitués à donner plutôt qu'à recevoir. Ce n'étaient plus les Libanais qui fuyaient aveuglément sur les routes, c'étaient des dizaines de milliers d'Israéliens pris de panique, avec leurs fonctionnaires et leurs représentants élus par le peuple à l'avant-garde, qui désertaient le Nord du pays — de Kiryat-Chmoneh à l'est, puis Metulla sur la frontière même, jusqu'à Nahariyya sur la côte. Et les

Palestiniens n'étaient pas les seuls à se délecter du spectacle de leur artillerie touchant vingt-huit villes ou peuplements israéliens, dévastant les récoltes et les vergers. Sous les yeux du monde entier, et malgré les efforts désespérés des censeurs militaires, s'étalait la négation même du raisonnement qui sous-tendait cette politique d'attaques préventives.

« Si nous ne ripostons pas lorsque le Nord est attaqué, la nouvelle se répand en l'espace de cinq ou six jours, jusqu'à Haïfa, Tel-Aviv, Jérusalem. Et les juifs nord-africains déshérités, qui peuplent en grande partie les régions septentrionales, s'enfuiront, semant la panique sur leur passage », m'avait expliqué un historien israélien, l'année précédente. A présent, sa prophétie s'était réalisée. Les armes israéliennes avaient fini par précipiter la déconfiture de leur propre pays et Begin n'avait rien à faire d'autre que la part du feu. A présent, Philip Habib, qui était revenu en toute hâte au Moyen-Orient, devait avant tout trouver une formule permettant au Premier ministre, qui avait juré de ne jamais traiter avec l'OLP, de sauver la face. Le 24 juillet, pour la première fois de son histoire, le gouvernement israélien accepta de ne pas lancer d'opération militaire — même temporaire — contre les Palestiniens, où qu'ils fussent. Les termes de cet accord de cessez-le-feu restèrent toutefois si vagues qu'Israël pouvait nier entretenir des rapports directs ou indirects avec l'OLP, tandis que celle-ci, de son côté, pouvait nier avoir reconnu la légitimité d'Israël. Peres, cependant, leader de l'opposition, n'avait aucune intention de laisser Begin s'en tirer à si bon compte : « Le cessez-le-feu a été conclu avec l'OLP, déclara-t-il. Il est absurde de vouloir cacher une vérité qui doit être dite, même quand on est membre du gouvernement. » Begin n'arrangea pas son cas en soutenant mordicus, ce qui ne trompait personne, qu'il négociait non pas avec l'OLP, mais avec le gouvernement libanais, par l'entremise des Etats-Unis et de l'ONU. Après tout, depuis des années, Israël n'avait-il pas fait son possible, avec l'aide de la milice chrétienne, pour saboter toutes les tentatives de rétablir l'autorité gouvernementale au Liban ? Un personnage aussi considérable que le général Yaakov Even, porte-parole en chef de l'armée israélienne, s'en était encore vanté au mois d'avril : « Nous menons l'offensive, nous sommes l'agresseur qui franchit la prétendue frontière du prétendu Etat souverain du Liban et nous les pourchassons où qu'ils se terrent. » Cette façon d'envisager la souveraineté du Liban n'avait rien d'unique chez les Israéliens.

Aux Etats-Unis, le sénateur Henry Jackson lui-même, défenseur pourtant farouche d'Israël, déclara que Begin souffrait de « troubles de la personnalité ». A mesure que les critiques déferlaient de partout, la riposte israélienne sonnait de façon bizarrement discordante, privée de sa justesse habituelle. Ainsi, commentant avec un froid cynisme le nombre des victimes des deux semaines précédentes — cinq en Israël contre plus de cinq cents au Liban — Rabin assura que les Américains réagissaient de façon exagérée, parce qu'ils « se rappellent encore la guerre du

Vietnam ». Begin, dit-il, aurait dû songer que « les Américains ont la hantise de voir les civils frappés aveuglément ». Rabin, l'ancien faucon, roucoulait soudain en termes proches de ceux employés par Sharett dans ses moments « colombissimes ». Dans son journal, ce dernier a noté, en 1961, certaines réflexions sur le massacre de villageois arabes par ses compatriotes, en 1955, et sur le fait que l'establishment politique et militaire de son pays avait blanchi les coupables. Sharett s'inquiétait à l'idée que « l'opinion publique, l'armée, la police » avaient dû en conclure « que l'on peut librement verser le sang arabe... Tout cela provoquera forcément un véritable sentiment de révulsion chez quiconque possède le sens de la justice et de l'honnêteté ; tout cela doit faire apparaître notre Etat, aux yeux du monde entier, comme un Etat sauvage, qui ne reconnaît pas les principes de la justice tels qu'ils ont été établis et acceptés par la société contemporaine ».

Les Etats-Unis étaient enchantés de voir le pire encore une fois évité de justesse. Le porte-parole du Département d'Etat, Dean Fischer, annonça sottement que le cessez-le-feu « se transformera en solution à long terme du problème régional et permettra au gouvernement libanais de maintenir son contrôle sur toutes les zones du pays qui sont aujourd'hui contestées ou dans lesquelles la violence a éclaté ». Si l'on prenait cette déclaration au pied de la lettre, on pouvait même éliminer les dix kilomètres carrés sur lesquels le président Sarkis régnait de façon si précaire. Voilà qu'Israël se mêlait de vouloir désespérément tenir pour responsable un gouvernement qui n'était même pas capable de faire respecter le code de la route.

Ces quatre mois de violence avaient secoué jusqu'aux tréfonds les principes géopolitiques et militaires israéliens. Au lieu de l'Israël tout-puissant, d'une sagesse inépuisable, si cher au cœur des chrétiens du Liban radicaux, l'Etat hébreu s'était révélé aussi maladroit, contradictoire et inefficace que n'importe quel autre protagoniste moyen-oriental. La leçon que le reste du monde arabe avait tirée de son comportement durant la guerre de 1973 avait enfin été comprise par les maronites, y compris ceux qui avaient la tête particulièrement dure. A présent que les Palestiniens avaient prouvé, encore une fois — et définitivement pour le coup — que leurs lance-roquettes mobiles et leur artillerie à longue portée pouvaient atteindre à leur guise les peuplements du Nord d'Israël, le commandant Haddad et sa zone de sécurité, dont on s'était gargarisé, perdaient de leur importance pour les Israéliens. Eux qui avaient refusé par le passé d'être tenus pour responsables des actes d'Haddad, de façon à pouvoir continuer à utiliser son territoire et sa milice pour harceler Libanais et Palestiniens, insistaient à présent pour que les termes du cessez-le-feu fussent appliqués à sa « République du Liban libre ». Pour une fois, ils étaient sur la défensive. Leur puissance aérienne n'était pas capable de neutraliser la puissance de feu des Palestiniens, spécialement les lance-roquettes multiples Katioucha, montés sur camions. Quant à l'opération au sol, dont on parlait tant, elle n'était pas non plus gagnée d'avance.

Au sein de l'establishment, les responsables s'essoufflaient à suivre les événements. Comme le dit un observateur professionnel bien placé : « Avant d'avoir compris ce qui leur arrivait, les Israéliens se sont retrouvés en train de consulter fiévreusement des cartes qu'ils n'avaient jamais regardées auparavant. » Ces maîtres de l'intelligence tactique eurent beaucoup moins de mal, cependant, à deviner dans quel garage les Palestiniens avaient caché leurs tanks, qu'à essayer de comprendre ce qui pouvait bien se passer dans le crâne d'un dirigeant maronite. Béchir Gemayel semblait avoir organisé l'opération de Zahlé à sa propre convenance, si bien que les Israéliens y regardaient à présent à deux fois avant d'aller plus loin. A supposer qu'ils crussent les chrétiens, lorsque ceux-ci affirmaient que leur présence à Zahlé n'avait jamais été conçue comme un tremplin vers une nouvelle extension du territoire « libéré », les Israéliens devaient bien reconnaître que les Syriens avaient de bonnes raisons de se méfier. Ils ne mirent pas longtemps à décider qu'ils s'étaient laissés engager plus loin que ne le nécessitait leur propre intérêt.

Un politicien que l'on trouvait d'ordinaire parmi les faucons confirmés, Mordechai Zippori, s'éleva contre les relations d'Israël avec Béchir Gemayel, lesquelles « risquaient de créer des situations qui pourraient s'avérer indépendantes de notre contrôle ». Il mit son pays en garde contre le « complexe enchevêtrement des querelles intestines au Liban » qui « représentaient un grave danger », avant d'asséner quelques bonnes vérités que l'establishment israélien avait depuis longtemps préféré passer sous silence : « Les chrétiens ne constituent plus désormais la majorité de la population libanaise et leur minorité se scinde, en outre, en plusieurs petites forces et petits groupes, parfois hostiles les uns aux autres, expliqua-t-il — comme s'il révélait quelque secret jalousement gardé. Par ailleurs, une seule faction, au sein de cette population chrétienne, est disposée à accepter l'aide que nous lui offrons et elle ne représente que trente-cinq pour cent des chrétiens ; elle n'a donc aucune chance de jamais contrôler le Liban. » On apprenait brusquement au grand public israélien que son gouvernement avait tout misé sur un outsider et que le vieil espoir de créer une série d'Etats mosaïques ne reposait sur rien. De tels propos relevaient de la *realpolitik* la plus brutale, peu faite pour encourager les chimères chrétiennes quant au rétablissement de leur pouvoir sur tout le Liban. On ne s'étonnait plus que les Syriens eussent décidé de risquer l'affrontement, sans tenir compte des accusations de génocide.

Ce fut ainsi que l'on s'aperçut finalement que les Israéliens avaient laissé se déformer leur sens de l'essentiel. Que faisons-nous donc, nous autres Israéliens, là-haut dans le Nord ? demandaient quelques responsables. Ce n'est pas à nos garçons de courir des risques inutiles pour sauver ces dingues de chrétiens, assuraient certains autres. Soudain, les relations clandestines avec les maronites — qui se traduisirent à certains moments par la présence de douzaine de conseillers israéliens au Marounistan — ont été révélées à tous les regards et menaçaient d'échapper à tout contrôle : « Les Israéliens les plus haut placés prenaient certaines décisions concernant l'utilisation de leurs forces armées, s'est rappelé un diplomate chevronné, et en parlaient à des gars hirsutes, membres de ce qui passe pour un système politique à Beyrouth. Brusquement, cette situation est devenue l'un des principaux éléments de la politique israélienne. Alors les Israéliens ont pris une profonde inspiration et fait un pas en arrière. »

La violence du mois de juillet refroidit encore l'enthousiasme israélien envers le moindre engagement au Liban. Les nouvelles armes palestiniennes avaient atteint non seulement les vieilles cibles, telles que Kiryat-Chmoneh, mais aussi Nahariyya où, pour la première fois, des canons à longue portée de cent trente millimètres, de fabrication soviétique, guidés par des éclaireurs étaient parvenus à avancer en formant un barrage précis. « Les Israéliens avaient oublié ou n'avaient pas compris l'échelle de la violence et cette carence les a traumatisés », a déclaré un diplomate. Begin, qui avait promis lors de sa campagne électorale de mettre fin aux attaques de roquettes contre le peuplements du nord, se rendit à Nahariyya, Metulla et Kiryat-Chmoneh, où il assura qu'il n'avait jamais dit une chose pareille : « Quiconque connaît la vérité sait que j'ai dit ceci : “ Patience, le jour viendra où les roquettes des Katioucha ne tomberont plus sur Kiryat-Chmoneh ”, et je vous répète ce que j'ai dit alors : “ Patience, mes amis. ” »

Nombreux étaient les Israéliens qui trouvaient cette justification spécieuse, pour dire le moins. Désabusé, un des anciens conseillers de Begin exprimait un avis encore bien plus général, lorsqu'il accusait les chrétiens du Liban d'être des gens irresponsables, hésitants et dangereux. « Ils nous laisseront tomber à la première occasion, se plaignit-il. Nous ferions bien de ne rien avoir à faire avec eux, en tout cas avec ceux du nord ; Haddad, lui, sert encore de tampon. Que tous les partis du Liban s'entre-dévorent entre eux ! » Et d'ajouter d'un ton dégoûté : « Habib nous a sauvés, sauvés de nous-mêmes. Nous pouvons nous estimer heureux d'en être revenus à notre point de départ. » Il dérapa ensuite vers un long monologue sur l'attitude que devait adopter Israël, à présent que les Palestiniens disposaient d'armes de précision à longue portée, au nord du Litani : « On ne peut quand même pas détruire tous les camions à vingt-cinq kilomètres au nord de la frontière, marmonna-t-il. Jamais nous n'aurons la profondeur stratégique voulue pour faire face à ces armes modernes. Les possibilités de transférer les explosifs d'un bout à l'autre de la planète sont infinies. Mais rien ne vaut les patrouilles à pied qui entrent dans une maison, la font sauter et emmènent les habitants pour les interroger — du beau travail, fait main. »

7

TOUT LE MONDE DESCEND

Avec la formation du nouveau gouvernement Begin, au début d'août 1981, toutes les contradictions non résolues qui entouraient la politique israélienne au Liban furent balayées par un véritable raz de marée d'agressivité et de militarisme. Le principal architecte de la nouvelle politique fut le ministre de la Défense, Ariel Sharon, qui avait enfin mis la main sur ce portefeuille tant convoité, en raison du goût qu'il avait manifesté toute sa vie pour la violence, la témérité et le pouvoir. En 1956, durant l'opération de Suez, Sharon avait désobéi aux ordres et lancé son bataillon de parachutistes contre de considérables forces égyptiennes, dans le col de Mitla, dans le Sinaï ; trente-huit soldats israéliens y avaient trouvé la mort, perte jugée désastreuse par l'armée israélienne toujours jalousement économe du sang de ses hommes. Sa carrière souffrit davantage de cette bavure que de la série de raids frontaliers qu'il avait dirigés dans les années cinquante, alors qu'il se trouvait à la tête de l'unité 101, de triste mémoire, lesquels raids s'étaient immanquablement soldés par la mort de nombreux civils arabes — on parlait même d'atrocités. En 1973, Sharon avait quitté l'armée — la promotion au rang de chef de l'Etat-Major lui ayant été refusée, en grande partie à cause du vieux scandale de 1956 — quelques mois à peine avant la guerre du Kippour, contre l'Egypte et la Syrie. Ce fut alors que la chance lui sourit et qu'il devint l'unique héros israélien de ce conflit, en parvenant à renverser une situation désespérée par un coup d'une rare audace, réussi de justesse, à traverser le canal de Suez et à coincer la IIIe armée égyptienne dans le désert du Sinaï. Après la guerre cet exploit lui servit de tremplin pour se lancer dans une carrière politique de droite. Cet homme bâti en hercule, dont on remarquait surtout l'opulente toison blanche et la « brioche » imposante, avait l'ambition, le charisme, le charme et le goût de l'anticonformisme d'un véritable Napoléon du Moyen-Orient (comparaison qu'il ne cherchait d'ailleurs nullement à décourager).

Quelques mois, à peine, après son arrivée au ministère, Sharon soutenait publiquement que la zone d'influence militaire d'Israël, dans les années quatre-vingt, devrait s'étendre loin au-delà du monde arabe, « pour englober la Turquie, l'Iran, le Pakistan et se prolonger jusqu'en Afrique centrale et du Nord ». Israël, claironnait-il, était « la quatrième puissance militaire du monde ». Comme tant d'autres avant lui, dans une situation analogue, Sharon était en faveur d'une politique offensive, préférant livrer ses batailles en territoire ennemi. (Dans le cerveau des militaires, la capacité, bien souvent, engendre l'intention.) Ses objectifs, pour assurer à Israël une hégémonie sur tout le Moyen-Orient, étaient clairement délimités. Il comptait écraser l'OLP en tant que force militaire et politique au Liban ; annexer les territoires de Cisjordanie et de la bande de Gaza occupés par son pays ; détrôner le roi Hussein pour donner la Jordanie aux Palestiniens, qui constituaient déjà près des deux tiers de sa population. Après quoi, il entendait déstabiliser la Syrie et l'Irak et inspirer aux royaumes conservateurs pro-américains du golfe Persique un mélange de terreur et de gratitude pour les avoir délivrés de ce que les Israéliens considéraient comme le chantage de l'OLP et pour les protéger des empiétements de la révolution iranienne.

Cette « Pax hebraica » reprenait à son compte le vieux rêve d'anéantir la domination des musulmans sunnites sur l'ensemble du Moyen-Orient, sinon en créant de toutes pièces des Etats bien disposés et dépendants, gouvernés par des minorités religieuses, en tout cas en encourageant leurs aspirations. C'était, somme toute, précisément ce qu'avaient fait les Français et les Anglais durant le mandat que leur avait confié la SDN dans cette même région. Aussi fallait-il aider les chrétiens du Liban — et pourquoi pas, aussi, les druzes et les musulmans chiites, lesquels occupaient des territoires encore plus proches de la frontière israélienne.

Toute intervention dans les affaires d'un Etat voisin est bien sûr à la limite de l'impérialisme — concept théoriquement banni de la politique israélienne — et présuppose en outre de solides fondations économiques. Pourtant Israël avait une dette extérieure de vingt-cinq milliards de dollars et dépendait presque totalement des Etats-Unis pour son soutien militaire, financier et diplomatique. Seulement vingt-cinq années d'indulgence américaine et d'opiniâtreté israélienne — auxquelles s'ajoutaient, depuis 1975, des transfusions massives d'argent et d'armes pour obtenir d'Israël qu'il acceptât son désengagement dans le Sinaï et le projet de paix de Camp David qui avait suivi — avaient encouragé les militaristes israéliens à rêver.

Plus de dix ans auparavant, Moshé Dayan avait pris plaisir à expliquer à ses visiteurs que « les Américains nous donnent de l'argent, du matériel et des conseils. Nous prenons l'argent et le matériel, mais pas les conseils ». De toute façon, comme le notait un diplomate américain ayant derrière lui une longue expérience du Moyen-Orient, les Israéliens avaient toujours « un pas et demi d'avance » sur leurs protecteurs d'outre-Atlantique. A présent, en dépit des critiques internationales croissantes contre l'agressivité israélienne, le gouvernement des Etats-Unis ne donnait que des conseils. Ce fut ainsi que le gouvernement Begin prépara la cinquième guerre israélo-arabe. Pour les Israéliens, ce devait être le premier conflit du genre au cours duquel l'existence même de leur Etat ne serait pas menacée. Ce que ni Begin, ni Sharon ne surent comprendre — malgré les mises en garde réitérées, avant et pendant l'invasion, d'éminents spécialistes israéliens — c'était que cette guerre allait précipiter Israël au milieu des fourrés d'une société qui était peut-être la plus brutale et la plus « abrutissante » du Moyen-Orient.

Israël téléphona son invasion du Liban, comme un mauvais boxeur téléphone ses coups. Yasser Arafat était tellement certain qu'elle se préparait qu'au début de 1982 il passa des mois à distraire ses visiteurs étrangers en leur expliquant, en fin de soirée, avec croquis à l'appui, comment exactement les Israéliens allaient s'y prendre : ici, lâcher de parachutistes ; là, débarquement amphibie ; et, un peu partout, passage en force à travers les lignes de l'ONU. « Ne vous étonnez surtout pas, annonça Béchir Gemayel en mars à des directeurs de journaux libanais, si, en vous penchant par la fenêtre de votre bureau, vous apercevez des tanks israéliens, en bas dans la rue. » Lors d'une visite à Washington, au cours de l'automne précédent, son frère Amine s'était entendu demander par un ami américain arabologue quand — et non pas si — l'invasion devait avoir lieu. Et le leader druze Walid Joumblatt, reçu dans le courant de l'hiver par le Département d'Etat, fut averti que l'attaque était quasiment certaine.

Les Israéliens, passés maîtres en l'art de créer un sentiment de l'inévitable, commencèrent pratiquement dès leur adhésion aux accords de cessez-le-feu, en 1981, à se fabriquer de bonnes raisons d'envahir le Liban, en protestant à cor et à cri que les Palestiniens en violaient les clauses. Les Nations unies, qui enregistraient soigneusement toutes les violations au Sud-Liban, ne purent fournir la moindre corroboration. Le monde entier s'était si bien habitué aux opérations militaires israéliennes au Liban, cependant, que les Etats-Unis eux-mêmes, et les autres gouvernements concernés, n'y faisaient plus attention et s'inquiétaient plutôt des autres cibles que pourraient viser les opportunistes Israéliens. Les Américains proposaient à présent aux Israéliens un traité de sécurité, conçu autant pour mettre fin aux déprédations que pour protéger Israël ou pour procurer aux forces américaines des bases et des facilités à l'arrière. Cependant, au mois de décembre, la mise sur pied des ultimes arrangements fut retardée, lorsque le gouvernement Begin annexa le Golan pris à la Syrie en 1967. Au début de 1982, les Israéliens tinrent le monde entier sur des charbons ardents, avant de consentir à honorer les obligations de leur traité de paix avec l'Egypte et à évacuer Yamit, la dernière colonie de peuplement qu'ils occupaient dans le Sinaï. Deux semaines à peine avant le 25 avril, date à laquelle l'évacuation devait être terminée, une photographie prise par un satellite américain révéla une concentration de soldats et de matériel israéliens, près de la frontière libanaise ; cette information, annonça-t-on, contrecarrait l'invasion que l'on jugeait à présent certaine, car une offensive militaire détournerait l'attention de la population israélienne, divisée au sujet du désengagement dans le Sinaï.

Peu après, Israël tenta de nouveau de justifier une invasion du Liban, en invoquant des violations du cessez-le-feu par les Palestiniens ; l'ambassade israélienne à Washington fournit une liste de trente-deux prétendues violations caractérisées. Un examen approfondi du document révéla, cependant, qu'elles avaient toutes eu lieu à l'intérieur de la zone-tampon frontalière du commandant Haddad, désormais rebaptisée le « Liban libre ». La première violation israélienne du cessez-le-feu — le 21 avril, au cours de laquelle des avions de guerre israéliens tuèrent vingt personnes et en blessèrent plus de soixante — fut décrétée par mesure de représailles pour la mort d'un officier qui avait sauté sur une mine avec sa jeep, alors qu'il se trouvait en territoire situé au-delà de la bande de Haddad, sous contrôle nominal de l'ONU. Théoriquement, du moins, aucun Israélien n'avait rien à faire là, ni d'ailleurs chez Haddad. L'OLP ne réagit pas. Certes le 9 mai, depuis la poche qu'elle occupait dans les environs de Tyr, elle envoya, avec l'aide de ses alliés gauchistes libanais, trente salves en direction d'Israël, mais ce ne fut qu'après que des avions israéliens eurent férocement bombardé Damour et Zahrani, en début d'après-midi, sans raison apparente. Washington savait à présent si bien à quoi s'en tenir sur les exagérations israéliennes que l'on fit savoir, sans trop de ménagements, à l'ambassade des Etats-Unis à Beyrouth qu'il était inutile de continuer à envoyer des dépêches insistantes pour rétablir la vérité.

Le gouvernement américain commençait à se lasser des fausses attaques réitérées de son allié et à le montrer. Car enfin les agressions palestiniennes avaient pratiquement cessé, grâce à la zone-tampon de l'ONU, à l'enclave de Haddad et, sur la frontière même, à des détecteurs électroniques perfectionnés posés tout le long de la double clôture. Quant au feu d'artillerie et de roquettes dirigé contre le nord d'Israël, il répondait, presque sans exception, à des provocations israéliennes. Au cours de ces dernières années, les fedayin de l'OLP — ainsi d'ailleurs que ceux des groupuscules séparatistes — en avaient été réduits à tenter de véritables acrobaties, notamment du vol libre, pour sauvegarder le mythe de leur capacité de s'infiltrer en territoire israélien. Ce qui n'empêchait nullement Israël de poursuivre obstinément son objectif. En janvier, Sharon passa une nuit et deux jours à Beyrouth-Est, avec la milice chrétienne, pour préparer l'invasion. A la mi-février l'opération était un des secrets de polichinelle de la capitale libanaise et Israël avait repris ses livraisons d'armes et de munitions aux chrétiens. Elles avaient lieu de préférence à Tabarja, dans une petite crique surnommée « l'Ambassade d'Israël », en raison de ses fréquentes activités en dehors des heures ouvrables. Des spécialistes militaires étrangers parlaient avec beaucoup d'autorité de l'arrivée en chaland de transporteurs de tanks et de tracteurs, tous de fabrication américaine, pour l'artillerie lourde. Ces rapports, qu'ils fussent ou non véridiques, provoquaient chez les chrétiens, qui cherchaient désespérément le moindre indice prouvant qu'ils avaient le soutien des Etats-Unis, des clignements d'œil et des hochements de tête ravis. La CIA en provoqua bien d'autres, lorsqu'elle entra en liaison avec les Forces libanaises. Au printemps de 1982, cette décision était principalement dictée par le désir de proposer à Béchir Gemayel une possibilité autre que le renouvellement de son accord avec Israël et les Forces libanaises fournirent aux Américains des renseignements sur l'OLP et la Syrie. Aucun autre politicien libanais ne pouvait se vanter d'avoir conclu un arrangement aussi prestigieux avec la CIA, lequel excluait cependant toute coopération active sur le terrain. Qu'ils étaient donc loin les jours où Béchir Gemayel était accusé par les Etats-Unis d'avoir attenté à la vie de leur ambassadeur, John Gunther Dean !

Avec Sharon aux commandes, le gouvernement Begin s'était mis dans une position si délicate que le moindre incident, le plus infime affront risquait de déclencher presque à coup sûr l'opération prévue depuis si longtemps.

Le 20 mai, Sharon se rendit à Washington, où il eut un entretien avec le secrétaire d'Etat, Alexander Haig, en tête à tête, ce qui explique qu'il n'existe aucun compte rendu officiel de leur conversation. Haig, qui n'a jamais fait mystère de ses penchants pro-israéliens, a nié obstinément avoir encouragé ou approuvé les projets d'invasion du ministre israélien. Ce dernier a expliqué qu'il était allé trouver l'Américain pour lui annoncer qu'Israël comptait, bon gré, mal gré, envahir le Liban et que les Etats-Unis ne devraient donc pas en être surpris, comme ils avaient dû l'être, il le reconnaissait, lors du raid contre le réacteur nucléaire irakien. Au Liban, déclara-t-il à Haig, « la situation est telle que nous ne pourrons nous retenir d'agir encore bien longtemps ». L'ex-président Carter assura par la suite — chose que le principal intéressé nia avec véhémence — que le secrétaire d'Etat avait donné le feu vert à Israël pour son opération ; vrai ou non, c'était en tout cas ce que pensaient la plupart des gens au Moyen-Orient. Dans l'état de désintégration politique avancé où ils se trouvaient, les Arabes avaient pris l'habitude de tout mettre sur le dos des Etats-Unis, afin de masquer leur propre impuissance. Il se passera de nombreuses années, peut-être, avant que les documents pertinents soient portés à la connaissance du public — à supposer d'ailleurs qu'il en existe, car il arrive souvent que les sujets particulièrement délicats ne soient pas consignés par écrit, par crainte d'éventuelles et indiscrètes photocopies — et il risque donc d'être impossible d'établir précisément la vérité. Connaissant toutefois la nature de la dépendance israélienne envers les Etats-Unis, il est équitable d'affirmer que seul Washington aurait pu arrêter Begin et Sharon, une fois que l'invasion fut lancée. On savait, par expérience, que la réitération passive de la politique en vigueur n'avait aucun effet sur Begin ; ce qu'il fallait, si le gouvernement Reagan avait l'intention de couper court à la guerre du Liban, c'était une intervention active, et même brutale. S'étonnera-t-on, après cela, de savoir que Béchir Gemayel se contenta d'écouter bien poliment, lorsque les diplomates américains lui expliquèrent que Washington s'opposait à l'invasion ? Les Israéliens, leur répondit-il, envahiraient quand même.

Toutes les preuves disponibles indiquent que le gouvernement Reagan ne fit rien pour empêcher l'opération durant ses premières phases — à l'encontre de la réaction initiale extrêmement énergique de Carter, en mars 1978, lorsque les Israéliens avaient déjà envahi le Sud-Liban. En 1982, les Etats-Unis refusèrent à de multiples reprises de donner leur accord aux projets de résolution du Conseil de sécurité de l'ONU, enjoignant à Israël de se retirer immédiatement du Liban. Au contraire même, ils votèrent avec une telle constance en faveur des Israéliens que tous les Machiavel du Moyen-Orient restèrent convaincus que Haig était activement de mèche avec eux.

Le prétexte officiel de l'invasion fut fourni aux Israéliens le 3 juin, par un attentat contre leur ambassadeur à Londres, Shlomo Argov, qui fut grièvement blessé. Selon la doctrine de l'attaque préventive, Israël tenait l'OLP et le Liban pour responsables de toutes les violences perpétrées contre ses ressortissants, n'importe où dans le monde. Moins de cinq jours après l'attentat, les responsables britanniques annoncèrent que les agresseurs étaient membres du groupe discrédité de terroristes palestiniens d'Abou-Nidal. Ce dernier, qui était tantôt à la solde des Syriens, tantôt à celle de leurs ennemis jurés, les Irakiens, était en si mauvais termes avec l'OLP qu'Arafat avait mis sa tête à prix plusieurs années auparavant. Cependant, Nidal et lui étaient tous deux palestiniens. Les Israéliens raisonnèrent, fort justement, que le monde extérieur montrerait à peu près autant de zèle pour démêler les subtilités de la politique palestinienne que n'en avaient mis les Etats-Unis, à l'époque de la guerre froide, pour distinguer entre les « bons » communistes yougoslaves et la variété orthodoxe en provenance de Moscou.

Après des bombardements intensifs dans tout le Sud-Liban, les 4 et 5 juin, l'infanterie israélienne commença son invasion le lendemain, à onze heures Dans l'après-midi, le gouvernement annonça que l'objectif de l' « opération Paix en Galilée » était d'investir une zone démilitarisée de quarante kilomètres de profondeur, représentant en gros le tiers du territoire libanais, afin de protéger la zone frontalière du nord d'Israël des roquettes et de l'artillerie de l'OLP. Dès le lendemain, les Israéliens s'étaient emparés du château de Beaufort, avec son extraordinaire ligne de mire sur toute la Galilée ; de la poche de Tyr, qu'ils n'avaient pas osé prendre en 1978 ; et de la majeure partie du territoire méridional qu'occupaient les Palestiniens, entre le Litani et le Zahrani. Begin avait tenu les promesses électorales faites aux citoyens de Galilée.

Sharon, cependant, avait d'autres idées en tête. La résistance de l'OLP, quoique parfois vaillante, était incapable d'émousser le tranchant des forces armées israéliennes. Celles-ci jouaient à saute-mouton par-dessus les positions palestiniennes, transportant hommes et tanks par hélicoptère ; elles organisèrent plusieurs débarquements amphibies et, comme toujours, elles régnaient sur les airs en maîtresses absolues. En l'espace de deux jours, Sharon avait précipité vers le nord, le long de l'étroite bande côtière, des colonnes de blindés qui furent bientôt en vue des banlieues sud de Beyrouth. D'autres unités blindées s'enfoncèrent jusqu'au cœur du Chouf, faiblement défendu, peu de troupes palestiniennes ou syriennes y étant stationnées, par égard envers les druzes dont c'était le territoire. L'infanterie et l'aviation israéliennes repoussèrent les soldats syriens, que la promesse de les épargner s'ils acceptaient de ne pas aider les Palestiniens vint bercer d'un trompeur sentiment de sécurité. Des avions israéliens, de provenance américaine pour la plupart, équipés d'armements américains du dernier cri, détruisirent les systèmes soviétiques de défense sol-air des Syriens, qui enjambaient la route Beyrouth-Damas, dans l'étroite vallée de la Bekaa, à l'est du Liban, et abattirent plus de quatre-vingts avions, soit environ le quart de la force aérienne syrienne. Les avions de reconnaissance téléguidés israéliens qui déboussolaient les radars syriens partagèrent le mérite de cette réussite avec les avions Hawkeye, de fabrication américaine, bourrés de matériel électronique qui permettait de surveiller tout le système de défense anti-aérienne des Syriens. Vaincue, mais seule de tous les pays arabes à avoir lutté, la Syrie accepta un cessez-le-feu le 11 juin. Le 13, Sharon et les tanks israéliens envahirent Baabda, dont les dix kilomètres carrés étaient le siège incontestable de la souveraineté du gouvernement central libanais. Selon toute apparence, le ministre israélien cherchait à entrer en liaison avec ses alliés chrétiens, mais ce geste délibéré ressemblait également à un signal plein de défi, indiquant à Béchir Gemayel qu'il était libre d'éjecter Elias Sarkis du palais présidentiel. Ce fut peut-être la seule surprise de cette campagne qui, au début, ne rencontra pour ainsi dire aucune opposition. Le soir du 13 juin, l'OLP et cinq cent mille civils, des Palestiniens, mais surtout les Libanais musulmans, étaient encerclés dans Beyrouth-Ouest ; quelques jours plus tard, à peine, les responsables israéliens émettaient, à la suite de vives pressions américaines, de vagues promesses de ne pas entrer dans la capitale. Le siège de Beyrouth, qui devait durer soixante-dix jours, venait de commencer. Comme il devait le faire plus d'une fois, Sharon avait forcé la main à ses collègues ministres. Et Begin, sardonique, de remarquer qu'il savait toujours parfaitement ce que faisait son ministre de la Défense — « avant ou après ».

Rétrospectivement, il est assez facile de comprendre à quels mobiles obéissait Sharon. Comme l'avaient fait valoir si justement en 1981 les censeurs de l'attaque au sol limitée des forces israéliennes, s'emparer simplement de la zone située entre les deux fleuves équivalait à accepter une occupation permanente, puisque, dès que l'armée israélienne se retirerait, l'OLP reviendrait aussitôt se mettre à portée de roquettes et d'artillerie de la Galilée. Chaque cible palestinienne atteinte par les Israéliens les entraînait irrésistiblement vers le nord, à l'assaut de la suivante. De ce fait, dès le départ, la seule solution militaire pratique était de détruire le quartier général et l'infrastructure de l'OLP à Beyrouth. Sans compter qu'aux yeux des militaires israéliens, en obligeant la direction de l'OLP à quitter le Liban, ils ne pouvaient manquer d'amoindrir la stature politique et diplomatique d'Arafat.

Ce dernier avait parfaitement senti venir le danger, mais, de toute façon, il était impuissant. Avant l'invasion, il avait choisi de se fier aux assurances des diplomates américains, selon lesquelles les Israéliens ne seraient pas autorisés à mettre leur projet à exécution. A présent, s'ils parvenaient à chasser l'OLP du Liban — ou, mieux encore, à la réduire à reprendre les méthodes terroristes de chien enragé qui détruiraient sa légitimité politique et diplomatique naissante —, Israël avait une bien meilleure chance de pouvoir annexer la Cisjordanie et la bande de Gaza, toujours foncièrement loyales au chef de l'OLP, malgré ses multiples erreurs.

Ce furent justement ces erreurs accumulées que le gouvernement israélien exploita avec habileté pour justifier ses propres objectifs de guerre, en commençant par affirmer qu'il agissait uniquement pour protéger les populations du nord de son pays. Cependant, lorsque Sharon ordonna à ses troupes de marcher vers le nord, sur Beyrouth, il fallut changer de chanson. L'Etat hébreu expliqua alors que ses forces armées s'apprêtaient à rendre au monde entier un signalé service en le débarrassant de ce « centre du terrorisme international » qu'était Beyrouth-Ouest. Ainsi donc, dix ans *après* l'apogée du terrorisme palestinien, plusieurs années *après* que les fedayin eurent officiellement renoncé à détourner les avions de ligne et à se livrer au genre d'excentricités qui leur avait valu maintes fois la une des journaux du monde entier, Israël réussissait à se servir de ces excès passés pour justifier l'extension de sa guerre. Les Israéliens faisaient valoir, en outre, que loin d'envahir le Liban, ils le libéraient au contraire du joug palestinien et syrien, avec une généreuse abnégation. D'ailleurs n'avait-on pas vu de jolies jeunes chrétiennes jeter du riz et des fleurs sur le passage des « libérateurs » israéliens ?

Au début, la forfanterie et l'autosatisfaction des Israéliens ne connurent guère de bornes. A présent que le Liban était ainsi « libéré », disaient-ils, les Etats-Unis devaient bien comprendre qu'ils y gagnaient autant que les Israéliens eux-mêmes — et ce sans avoir eu à verser le sang d'un seul soldat américain. Les Syriens avaient été remis à leur place et devaient à présent méditer sur les ruines de leur alliance et de leurs armes soviétiques ; eux aussi tomberaient très certainement dans l'orbite américaine, s'étant enfin aperçus que leur ennemi assassiné, Anouar el-Sadate, avait eu raison lorsqu'il avait soutenu que seul Washington détenait des atouts. Cette chute de l'influence syrienne compterait aussi très certainement auprès des royaumes et émirats pro-américains du golfe Persique, rudoyés par la Syrie et menacés de subversion par l'Iran, car à présent, l'alliance irano-syrienne ne représentait plus grand-chose. De toute façon, personne — hormis les Palestiniens — ne songeait seulement à utiliser le chantage au pétrole pour obtenir une intercession occidentale. Tous les autres membres du soi-disant Front de la fermeté, l'Algérie, la Libye, le Sud-Yémen, restaient muets et impuissants. Le traité de paix avec l'Egypte était sorti intact de son baptême du feu — et pourtant l'actuel conflit n'était pas l'un de ces brefs engagements dont le Moyen-Orient avait l'habitude, mais une guerre qui semblait devoir se prolonger. Or, il y avait davantage de manifestations contre elle en Israël et dans les territoires occupés que dans le monde arabe. Existait-elle seulement, cette notion d'un monde arabe s'étendant de l'Atlantique au golfe Persique ? Le mouvement nationaliste arabe, jadis si orgueilleux, symbole du grand courant sûr de sa force de l'islamisme sunnite, avait perdu sa voix et son nerf. « Trente ans de retard, voilà notre drame, confia un officier syrien, sinistre, à un ami libanais. Les Russes nous refilent du matériel vieux de dix ans ; celui que les Etats-Unis envoient à Israël est de dix ans en avance sur ce que les Soviétiques font de mieux aujourd'hui. En voilà déjà pour vingt ans. Et nous avons eu beau mettre l'accent sur l'éducation et la technologie, les Israéliens ont toujours dix ans d'avance sur nous. Et tu as tes trente ans. »

Et puis, le 25 juin, alors que les forces de Sharon déchaînaient pour le deuxième jour consécutif contre Beyrouth-Ouest le feu intensif de leur artillerie et de leurs navires, doublé de bombardements aériens, Haig démissionna. Et il le fit à la suite de sérieuses pressions. Le Liban ne représentait qu'une partie, probablement assez faible, des raisons qui avaient causé sa perte, mais toujours était-il que le marché — quel qu'il fût — qu'il avait conclu avec Sharon à Washington (et les diplomates américains bien informés étaient sûrs qu'il en avait conclu un) était désormais dans le lac.

Son successeur, George P. Shultz, ne prit complètement les choses en main qu'au bout de deux bonnes semaines, mais là-haut, à Yarze, dans les collines qui dominaient Beyrouth, où se trouvait la résidence de l'ambassadeur américain, Robert S. Dillon, Philip Habib était au comble de la joie. Il en piaffait d'allégresse. S'il y avait eu une bouteille de champagne dans la demeure (où l'on avait momentanément transféré les bureaux de l'ambassade, les locaux qui se trouvaient en ville ayant fermé leurs portes pour des raisons de sécurité), il l'aurait bue pour fêter la nouvelle. En effet, depuis son retour au Moyen-Orient, le 7 juin, Habib avait eu à tenir un rôle peu enviable. Alors qu'il était constamment entravé par l'évidente partialité du secrétaire d'Etat, Haig, il n'en était pas moins censé négocier toute une série de cessez-le-feu. Les prouesses militaires israéliennes avaient obligé la Syrie à accepter un accord de ce genre, dès le 11 juin, mais les Israéliens ne cessaient de le transgresser à leur convenance. Au moment où Habib désespérait de jamais trouver le moyen d'attacher le grelot, il était parvenu à convaincre les Israéliens de conclure leur premier cessez-le-feu vraiment constructif avec les Palestiniens. Maintenant qu'ils étaient débarrassés de Haig, Habib et le personnel de l'ambassade, qui exultait lui aussi, pouvaient s'atteler à leur tâche qui était de préserver dans la mesure du possible ce qui leur apparaissait comme les intérêts vitaux des Etats-Unis. Lesquels étaient infiniment plus complexes et vulnérables que ne pouvaient l'imaginer Sharon et Haig, deux anciens militaires de carrière devenus ministres.

Car si les Américains avaient désormais autant d'intérêts qu'Israël à voir l'OLP et l'armée syrienne quitter Beyrouth, toute communauté de vues s'arrêtait là. Rabattre son caquet à l'OLP, cela convenait parfaitement à Reagan qui n'avait jamais pu se défaire de l'habitude d'assimiler automatiquement tous les Palestiniens à des terroristes. Humilier la Syrie, et surtout ses protecteurs soviétiques, cela pouvait aussi rapporter gros auprès des ultraconservateurs qui peuplaient à présent la Maison-Blanche. Seulement les Etats-Unis ne suivaient aucune véritable politique au Moyen-Orient — ou plutôt, ils prônaient celle, théoriquement impossible, d'y compter comme alliés à la fois Israël et les Etats arabes modérés. Lorsque tout allait pour le mieux, cette prétendue politique dépendait de la bonne volonté que mettait chacun des deux alliés à tolérer l'existence et les prétentions aux faveurs américaines de son alter ego. Elle ne pouvait cependant que voler en éclats, à partir du moment où Israël décidait d'infliger une humiliation, une honte et une souffrance telles que les Arabes conservateurs eux-mêmes se sentaient obligés de s'élever contre leurs soi-disant protecteurs américains. Quelles que fussent les appréhensions que nourrissaient, tout au fond d'eux-mêmes, les cheikhs saoudiens, koweitiens et autres quant à la future existence d'un Etat palestinien indépendant, ils ne pouvaient se permettre de rester là sans réagir, à regarder les Américains approuver béatement la destruction flagrante d'une capitale arabe par les Israéliens. C'était par conséquent la crédibilité américaine qui était en jeu. Jamais auparavant les Israéliens n'avaient osé aller aussi loin. Et jamais non plus les Américains et les Arabes n'avaient été autant à leur merci.

Avec chaque jour qui passait, Sharon et ses généraux prouvaient qu'ils pouvaient, et voulaient, utiliser leur effrayante puissance de feu, d'origine bien souvent américaine, contre leurs adversaires, sans se soucier du nombre croissant de victimes parmi la population civile, ni des ravages matériels qu'ils causaient. Pour la première fois, dans leur longue série de guerres contre les Arabes, les Israéliens utilisèrent leur aviation, qui jouissait d'une totale liberté d'action, pour bombarder systématiquement une capitale arabe. Les événements avaient fort mal tourné. La guerre éclair de Sharon s'était métamorphosée en une guerre de siège, à l'antithèse de la doctrine militaire classique d'Israël, qui prônait les guerres rapides et peu coûteuses. Comme tous les autres protagonistes de la violence au Liban, depuis 1975, les Israéliens se rabattaient à présent sur l'artillerie lourde, ce qui dans ce contexte indiquait clairement qu'ils ne voulaient pas risquer de s'exposer à des pertes importantes (de l'ordre de six cents, estimait-on) pour capturer Beyrouth-Ouest et s'efforçaient donc de terroriser l'ennemi pour obtenir une reddition inconditionnelle. Les Palestiniens, cependant, bien approvisionnés, bien armés et n'ayant d'autre choix que de se battre, refusèrent de céder. Où donc étaient les triomphants soldats israéliens d'antan, gagnant « proprement » leurs batailles contre des armées arabes régulières, dans les sables inhabités du Sinaï ou les territoires chichement peuplés du Golan ? Imperceptiblement, au fil des ans, Israël s'était intégré à la brutalité de son environnement. Cette nouvelle guerre allait sonner le glas de deux mythes : d'abord que les Libanais musulmans adoraient les Palestiniens ; et ensuite que les Israéliens dont les familles avaient jadis vécu dans les pays du Moyen-Orient avaient des affinités avec les Arabes — à vrai dire, ils étaient plutôt plus hargneux à leur encontre que leurs compatriotes de souche européenne. Pourquoi, demandaient les Israéliens, le monde entier était-il si bouleversé par cette « non-invasion » du Liban, alors que les Syriens avaient pu, quelques mois auparavant, à peine, se permettre de massacrer des milliers de gens et de détruire des quartiers entiers de la ville d'Hama ?

La notion même qu'Israël était un pays occidentalisé, sinon occidental, s'était retournée contre lui et elle venait d'expédier *ad patres* toute prétention israélienne à une place unique dans l'éthique contemporaine. A présent, ce que le monde entier pouvait voir s'étaler sous ses yeux, sur les écrans de télévision, c'était le spectacle d'une société moyen-orientale occupée à régler son compte à une autre société moyen-orientale, selon les normes en vigueur dans la région. L'emploi de mouchards (portant cagoule pour ne rien arranger), l'arrestation et la détention en plein soleil, dans le brûlant été méditerranéen, de milliers de Palestiniens et de Libanais, les récits de tortures et d'humiliations — tout cela sentait d'une lieue sa « ratonnade ». La réaction du gouvernement israélien était prévisible. Ces impressions négatives, assurait-il, ne pouvaient être l'œuvre que des ennemis d'Israël, l'invention des professionnels de l'antisémitisme, la déformation abjecte d'une presse étrangère dont les représentants à Beyrouth étaient notoirement soumis à l'OLP, sous peine de mort.

Le gouvernement israélien avait déjà eu un bref avant-goût des effets de la télévision lors de son invasion du Sud-Liban en 1978. Feu Moshé Dayan, alors ministre des Affaires étrangères, avait averti que les reportages télévisés sur cette opération, avec leurs « images de longues files de familles aux abois, traînant parmi elles vieillards et enfants, obligées de quitter leurs maisons et de partir à pied en quête de refuges, ont flétri notre réputation ». A présent, jour après jour, la télévision diffusait par satellite des films et des bandes vidéo montrant les forces armées israéliennes à l'œuvre. Les tentatives de censure ne furent qu'une cause supplémentaire de honte, puisque le pays qui se vantait d'être l'unique démocratie de la région en était réduit à adopter des subterfuges d'ordinaire réservés aux dictatures. De toute façon, les Israéliens ne pouvaient empêcher tous les films, toutes les cassettes, toutes les photos, ni toutes les dépêches de quitter le pays.

C'était la télévision qui faisait le plus mal. Il y a une sorte d'étrange beauté dans ces explosions orange, ces sourds grondements légèrement décalés par rapport à l'image, ces énormes nuages de fumée et de poussière que provoquent les barrages d'artillerie et les bombardements massifs, tout spécialement filmés en fin d'après-midi, au moment où la lumière trop crue de l'été levantin s'estompe vers les tons mauves et pastel. Et ces images font un effet saisissant lorsqu'on les juxtapose à des gros plans d'hommes, de femmes et d'enfants, palestiniens et libanais, blessés par des bombes anti-personnel, des explosifs à grande puissance, du phosphore blanc ; ou à d'autres images montrant les pitoyables efforts tentés pour sortir les survivants de sous les décombres. La disproportion entre la qualité et la quantité de l'armement israélien et de celui qu'on leur opposait, tout spécialement à Beyrouth, ne risquait pas de redonner du lustre à l'image traditionnelle du David juif luttant contre le Goliath arabe.

Pour ce qui est de soulever le cœur, je ne connais rien de tel que le service des grands brûlés d'un hôpital ; à Beyrouth, après que les artilleurs israéliens, naguère renommés pour leur précision, eurent commencé à expédier des obus sur les institutions signalées par d'énormes drapeaux marqués d'une croix rouge, y compris le quartier général du Comité international de la Croix-Rouge, les hôpitaux de fortune installés dans les sous-sols et les garages étaient particulièrement atroces. Les chirurgiens durent se lancer, à leur corps défendant, dans ce qu'ils baptisèrent l' « amputation Begin », c'est-à-dire l'ablation de membres déchiquetés par des bombes anti-personnel et d'autres projectiles perfectionnés utilisés par les Israéliens. En trois occasions — les 1er, 4 et 12 août — les hommes et les engins de Sharon soumirent Beyrouth-Ouest à un pilonnage d'une telle intensité et d'un tel aveuglement qu'il eut pour résultat, quel qu'eût été l'objectif des assaillants, de terroriser la ville. Désormais, le feu n'était plus concentré, comme il l'avait été au début du siège, sur les banlieues et les camps de réfugiés palestiniens situés au sud du boulevard de la corniche Mazraa, qui, pour les Israéliens, constituait arbitrairement la limite sud de Beyrouth. N'avaient-ils pas promis à d'innombrables reprises de ne pas y pénétrer ?

Pourquoi, sinon par pure vengeance, Sharon avait-il déchaîné ces trois épouvantables attaques, voilà qui n'a jamais été éclairci. Il veillait en tout cas incontestablement à travestir la vérité concernant ce qui se passait sur le terrain et utilisait sans raison son artillerie la plus lourde contre des quartiers entiers de la ville proprement dite, où n'étaient stationnés que très peu, voire pas du tout de fedayin palestiniens. La seule explication rationnelle, c'est qu'il cherchait ainsi à vider Beyrouth-Ouest de ses résidents libanais.

Les Etats-Unis n'étaient pas contents. Sharon avait beau leur assurer avec insistance que toute cette violence était nécessaire pour forcer l'OLP à quitter Beyrouth, les négociateurs américains et palestiniens — ainsi d'ailleurs que leurs intermédiaires libanais — étaient tous d'accord pour dire que dès la fin juillet, Arafat était disposé à partir, et même à partir vite. Après une brève tentative pour s'incruster durant laquelle il avait fait proclamer que Beyrouth serait un autre Stalingrad et un nouvel Hanoi, ses porte-parole avaient clairement laissé entendre que l'OLP estimait tout à fait inutile de prolonger davantage les souffrances de la capitale. Les Palestiniens avaient prouvé qu'ils étaient capables de supporter ce qu'Israël pouvait leur infliger de pire. Ils avaient subi l'attaque suffisamment longtemps pour sauver la face et sortir leur honneur intact des ruines de leur défaite militaire. Ils avaient espéré au-delà de tout espoir qu'une délégation de la Ligue arabe envoyée à Washington, après s'être fait longuement désirer, leur vaudrait d'être reconnus sous une forme quelconque par le gouvernement Reagan — ne fût-ce par exemple qu'en acceptant enfin de s'entretenir directement avec eux. Mais la mission échoua.

Le blocus israélien s'aggrava considérablement en juillet, lorsque le secteur occidental de la capitale fut privé d'eau et d'électricité. Les fruits et légumes frais, le pain même se firent rares, bien que les Libanais, toujours pleins de ressources, missent un point d'honneur à déjouer la vigilance de l'ennemi grâce à leur connaissance du terrain et à de coquets bakchichs. Les habitants de Beyrouth-Ouest se tapissaient dans leurs sous-sols, prisons sombres et sans air, éclairées à la bougie. Totalement coupés de ce qui se passait à l'extérieur, ils écoutaient les nouvelles, en vieux briscards, sur une variété confondante de stations de radio — la station d'Etat officielle, deux stations privées appartenant aux milices chrétiennes et deux autres à la gauche, sans compter celles qui leur parvenaient depuis Israël, la France, la Grande-Bretagne ou les Etats-Unis. Durant les accalmies, entre deux bombardements, les enfants, traînant d'énormes bouteilles en plastique, attendaient patiemment leur tour devant les puits artésiens remis en service, qui remontaient à un siège antérieur, six étés auparavant, lorsque l'armée syrienne avait brièvement tenté de soumettre Beyrouth-Ouest. Mohamed Kasraoui, chauffeur et surveillant des bureaux du *New York Times* depuis un bon quart de siècle, nous assurait que le secteur occidental était « à cent pour cent dangereux » et personne ne songeait à le contredire. Il avait perdu sa femme et deux de ses filles au début de l'invasion, lorsque l'appartement-bureau du journal qu'elles occupaient pour décourager les squatters avait sauté dans des circonstances restées mystérieuses. (Cet appartement était d'ailleurs la troisième des résidences variées dans lesquelles j'ai vécu ou travaillé à Beyrouth à être détruite.)

A l'intérieur des six kilomètres carrés de Beyrouth-Ouest, tous les coups étaient permis. Les explosions télécommandées de voitures piégées alternaient avec un feu continu de l'artillerie, des navires et des avions israéliens et avec des périodes de calme relatif. Pour la première fois, depuis que Beyrouth avait commencé à souffrir, en 1975, les projectiles arrivaient des quatre points cardinaux. Des squatters qui avaient fui les camps de réfugiés palestiniens ou les bidonvilles campèrent pendant des mois, parfois, dans des appartements vides ou dans les entrées jadis élégantes des immeubles de grand standing, dans et autour d'Hamra, où ils se croyaient plus en sûreté. Les pauvres restaient là où ils étaient, car ils ne savaient pas où aller, et les classes moyennes et les riches restaient également chez eux, de peur de voir des squatters s'emparer de leurs appartements. Pour qui donc se prenaient-ils, à la fin, ces Israéliens, pour vouloir les chasser de chez eux et les priver ainsi de leurs ultimes possessions ? Après plus de sept années de violence, en effet, seuls les très, très riches avaient encore suffisamment d'argent pour aller loger ailleurs que chez eux, au Liban ou, a fortiori, en Syrie, en Jordanie ou en Europe. Les économies des classes moyennes avaient été englouties plusieurs années auparavant. Il y avait eu vraiment trop de crises, en l'espace de quelques années, pour pouvoir se permettre aujourd'hui ce genre de luxe et de sybaritisme. D'abord à coups de tracts, puis à grands coups de bombes, les Israéliens exhortèrent les habitants de Beyrouth-Ouest à partir, mais jusqu'à cet ultime spasme de violence, au mois d'août, une bonne moitié de la population resta obstinément dans la capitale. A chaque nouveau cessez-le-feu — ou plus exactement, si le nouveau cessez-le-feu semblait devoir tenir plus d'une journée — des dizaines de milliers de gens bravaient les longues heures de queue au volant de leurs voitures, dans la moiteur de l'été, et rentraient chez eux. Rien d'étonnant à ce que les Israéliens aient méjugé ces gens. Et rien d'étonnant surtout à ce qu'ils s'entêtent à rehausser continuellement le seuil de la douleur, dans l'espoir de faire fuir les populations civiles, laissant ainsi la ville offerte à quelque dernière folie dévastatrice.

La poursuite de la sécurité était bien illusoire. Je me rappelle avoir regardé des familles entières se précipiter dans le sous-sol d'un immeuble moderne, situé en face de mon hôtel, le dimanche 1er août à quatre heures du matin, lorsque les premiers chasseurs-bombardiers israéliens arrivèrent très bas au-dessus de la ville, dans un rugissement, pour nous soumettre à quatorze heures de bombardement ininterrompu. Lorsque ces gens s'enfoncèrent dans les profondeurs de leur abri, le ciel était encore voilé par la brume du petit jour et le soleil jetait ses derniers feux lorsqu'ils en ressortirent, pressentant que le cessez-le-feu que l'on venait d'annoncer à la radio allait durer quelque temps. L'hôtel Commodore lui-même, point de ralliement de la presse étrangère, épargné lors de tous les conflits passés, fut touché le 4 août. Je dormais au sixième étage — après avoir travaillé toute la nuit à mettre à jour mon article sur l'attaque au sol que les Israéliens avaient lancée contre Beyrouth-Ouest à minuit passé et qui avait échoué dans une large mesure — lorsque au milieu de la matinée mon collègue William Branigan m'appela par le téléphone intérieur, pour me suggérer de sa voix tranquille mais persuasive de descendre rejoindre les autres journalistes dans l'abri installé au sous-sol. J'attrapai ma machine à écrire, mon passeport et mes carnets d'adresses et dévalai l'escalier, encore à moitié endormi, malgré les obus qui pleuvaient sur tout le quartier. Les nuages de poussière parlaient d'eux-mêmes. Moins d'un quart d'heure plus tard, un obus israélien s'enfonça dans une chambre à deux portes de celle où j'avais dormi et qui était heureusement inoccupée. Deux jours plus tard, je me trouvais près de la Banque centrale, lorsque deux avions israéliens qui tournaient paresseusement au-dessus de la ville depuis une quinzaine de minutes piquèrent brusquement vers nous. A cent mètres à peine de là où je me tenais, ils lâchèrent une bombe sur un immeuble de six étages qu'Arafat venait de quitter quelques minutes auparavant. (Selon certaines sources de renseignements occidentales, un agent israélien avait filé le leader de l'OLP jusqu'à cet immeuble et actionné un dispositif de marquage électronique pour aider les avions à repérer l'immeuble.) Plus de deux cents réfugiés palestiniens, chrétiens pour la plupart, furent tués ou blessés dans l'explosion, beaucoup d'entre eux coincés dans le sous-sol qui était l'un des abris de l'OLP. Sans grues, ni aucun équipement moderne, il fallut des semaines aux sauveteurs pour dégager tous les corps de sous cet immeuble qui s'était effondré pour former une pile de gravats haute de moins d'un mètre cinquante, laissant tous les buildings voisins pratiquement intacts. Plus de quarante immeubles de Beyrouth-Ouest furent détruits de la sorte.

Les Israéliens, d'ailleurs, faillirent bien parvenir à éliminer Arafat, au cours d'une série de tentatives qui constituèrent sans doute la première chasse à l'homme en avion de l'histoire. Grâce aux renseignements de leurs propres espions et des mouchards du cru, ils envoyèrent à quatre reprises différentes des bombes ou des roquettes sur des édifices qu'Arafat avait quittés moins d'une heure auparavant ; et, en quatre autres occasions, le chef de l'OLP était passé dans les locaux bombardés dans les vingt-quatre heures qui avaient précédé l'explosion. Il fut un temps, au mois d'août, où Arafat réglait une grande partie de ses affaires en voiture, longeant avec ses interlocuteurs les rues presque désertes de Beyrouth.

Ah, ils en étaient bien revenus, les Israéliens, et vite en plus, de leurs premières idées toutes faites sur ce pays si compliqué ! Tout avait été si simple, simpliste même — par exemple ce projet de blocus : une fois coupés de tout, les Libanais ne songeraient qu'à évacuer Beyrouth-Ouest assiégé et bombardé, ne laissant derrière eux que les cibles « légitimes » qu'étaient les Palestiniens. Le hic, ce fut que beaucoup de Beyrouthins refusèrent tout simplement de partir et que ceux qui le firent s'entêtèrent à revenir dès le premier signe de retour à la normale. Au début, cependant, il ne servait absolument à rien de vouloir discuter avec les envahisseurs. De toute façon, les Libanais qui savaient à quoi s'en tenir n'étaient pas d'humeur à discuter. Les musulmans ou bien se réjouissaient en secret que les Israéliens aient tranché le nœud gordien des déroutantes complexités de leur pays, ou bien étaient trop préoccupés par la mort et les ravages que ces mêmes Israéliens faisaient régner sur près d'une moitié du Liban. Les musulmans, de toute façon, étaient devenus réalistes. Il fallait bien que quelqu'un le fût. Ils savaient qu'ils avaient perdu la guerre — et pas seulement celle-ci, mais celle de 1975-1976. Ils étaient assez francs pour le reconnaître. Peut-être les chrétiens seraient-ils plus faciles à vivre, maintenant qu'ils avaient réellement gagné — gagné non pas par leur seul mérite, mais grâce à Israël.

Quant aux chrétiens du Marounistan, une fois que les Israéliens eurent clairement fait comprendre, en juin, qu'ils comptaient monter jusqu'à Beyrouth — au lieu de s'arrêter en chemin —, ils se frottèrent les mains. C'était aussi simple que ça — sauf pour les plus réfléchis d'entre eux qui avaient vu bien des soldats arriver et repartir depuis 1975 et qui n'avaient pas oublié qu'en 1976 les chrétiens avaient commencé par prier pour la venue des Syriens et fini par la regretter. Tout cela n'empêchait pas les dames de la bonne société chrétienne de se disputer l'honneur d'avoir à leur table qui ses capitaines, qui ses commandants et qui ses colonels israéliens. « *Shalom !* » lançaient les conducteurs chrétiens arrêtés sur la route par des barrages israéliens, pour recevoir bien souvent en réponse quelque obscénité en arabe de la part de soldats israéliens dont c'était la langue maternelle. Faut-il qu'ils soient doués, ces Israéliens, pour parler arabe ! s'exclamaient alors les chrétiens. Ils finirent, cependant, par s'apercevoir assez vite que les nouveaux venus n'étaient pas les pionniers des kibboutz aux yeux bleus, parlant anglais ou français, qu'ils avaient idéalisés dans leur imagination, mais neuf fois sur dix des hommes aux cheveux frisés et au teint basané, qui avaient l'air arabes pour l'excellente raison qu'eux-mêmes ou leurs parents étaient originaires du Moyen-Orient. Au début, les Forces libanaises interdirent aux jeunes chrétiennes de fraterniser avec les envahisseurs et beaucoup de chrétiens avaient l'impression que ceux-ci les méprisaient, comme ils devaient mépriser n'importe quels autres Arabes. Cette attitude les piquait au vif, tout spécialement les Forces libanaises. Eux, en échange, appelaient systématiquement leurs alliés des juifs plutôt que des Israéliens (à l'encontre des Palestiniens qui laissaient rarement fût-ce un semblant d'antisémitisme se glisser dans leurs propos) et ils les méprisaient aussi en tant que soldats : ils paraissaient si débraillés, par rapport à leurs propres miliciens, impeccablement vêtus et rasés de près ; si timorés et peu enclins à prendre des risques, en comparaison des Libanais (et des Palestiniens d'ailleurs) qui avaient tous naturellement le sens des rythmes dangereux des combats de rue et qui courtisaient depuis longtemps la violence avec autant d'élégance et de panache que des toréadors. Indéniablement, les Israéliens étaient mal notés parce qu'ils préféraient, aux méthodes artisanales des guerriers libanais, la technologie moderne et la puissance de feu éprouvée, les F-16, les bombes téléguidées, le phosphore blanc, les tanks, les bombes anti-personnel et les canons de leurs navires.

Les envahisseurs israéliens, de leur côté, furent sidérés par la richesse du Liban. Leur pays, moderne Sparte — qui possédait, proclamait Sharon, la quatrième armée du monde, sur le plan de l'efficacité —, avait tout hypothéqué au profit des dépenses militaires ; on y manquait de la plupart des biens de consommation et sa monnaie constamment dévaluée était la risée du monde entier. Alors qu'au Liban, on trouvait dans le moindre village des boutiques bourrées de whisky, de denrées alimentaires importées, voire de téléviseurs couleur et de magnétoscopes. Les Libanais avaient été obligés de partir en si grand nombre chercher du travail à l'étranger, laissant derrière eux leurs familles, que la livre libanaise restait l'un des miracles du monde moderne, grâce aux quelque cent cinquante millions de dollars mensuels que tous ces exilés envoyaient chez eux.

Les Libanais, dont l'économie intérieure avait été dévastée par des années de lutte armée, avaient émigré en nombre toujours croissant. Les statistiques des Nations unies indiquaient que le taux annuel d'émigration, qui se situait avant la guerre à dix mille, avait quintuplé depuis 1975. Les banques libanaises s'internationalisaient. Beaucoup d'entreprises avaient ouvert des succursales à l'étranger, particulièrement dans les Etats du golfe Persique et en Europe. Les Libanais investissaient dans les chantiers navals français, les mines de cuivre américaines et les hôtels espagnols ; dans les compagnies d'assurances, les affaires de publicité et les entreprises de construction internationales. Le Liban fournissait à qui en voulait des travailleurs spécialisés, car ses hommes fuyaient un pays où, depuis 1976, soixante mille logements avaient été détruits ou endommagés, dont une proportion considérable durant les combats de 1982. Et pourtant la livre libanaise, tombée en août 1982 à cinq trente-cinq pour un dollar, remonta durant l'automne à trois quatre-vingts, grâce au nantissement en or, aux envois d'argent en provenance de l'étranger, à l'aide arabe et aux fonds de tiroir du trésor de guerre qu'avaient envoyé les pays arabes pour commanditer les milices de gauche et de l'OLP.

Avec l'invasion israélienne, on assistait à présent à une version libanaise de la vieille histoire vietnamienne : « Il a fallu détruire le village pour le sauver. » Moins de quelques semaines après leur arrivée, les soldats israéliens manifestèrent les premiers symptômes incontestables d'une « libanisation » naissante : les douanes israéliennes arrêtèrent à la frontière certains de leurs hommes qui tentaient de rapporter chez eux en contrebande diverses gâteries libanaises — allant du haschich aux cigarettes américaines.

Les chrétiens du Liban revenaient eux aussi de leur satisfaction — sur un plan matériel. La guerre s'avérait mauvaise pour les affaires. Les Israéliens noyaient le Liban sous leurs shekels[1], petites cochonneries inutiles, et leurs marchandises bon marché — produits manufacturés, mais aussi fruits et légumes vendus à des prix défiant toute concurrence, qui incitèrent les Libanais à crier au dumping. Pour les seuls mois de juillet et d'août, Israël fit plus d'affaires avec le Liban en guerre qu'il n'en avait fait avec l'Egypte, en dépit du traité de paix, durant toute l'année précédente. (Pour le mois de décembre, le commerce entre les deux pays, pratiquement à sens unique, fit un bond en avant pour atteindre les vingt millions de dollars. Les Israéliens provoquèrent le courroux de leurs amis des Forces libanaises en faisant de Haïfa un port franc spécialisé dans le transit, ce qui le mettait en rivalité directe avec les « ports privés » dont la milice tirait la majeure partie de ses revenus. Les Israéliens toléraient, cependant, la présence de « ports privés » sous leur contrôle dans le Sud-Liban, parce qu'ils contribuaient à éponger les frais occasionnés par la multitude de petites milices armées et régies par les autorités israéliennes dans le cadre de leur nouvelle tactique : diviser pour régner.) Comme me dit un éminent homme d'affaires libanais : « Les Israéliens sont cent fois plus malins que nous. A côté d'eux, notre élite paraît ridicule et prétentieuse. Eux, au lieu de palabrer à tort et à travers, ils ont étudié la question à fond. »

Cette remarque, qui sous-entendait que les soi-disant descendants des Phéniciens, maîtres négociants de l'Antiquité, avaient peut-être trouvé plus fort qu'eux, était corroborée par les tracts que les avions israéliens lâchèrent au-dessus des zones chrétiennes aux premiers jours de l'invasion. Outre les habituels saluts en hébreu et arabe, le lecteur se voyait souhaiter un « Joyeux Noël » en hébreu. Or, les chrétiens s'étaient imaginé qu'à Noël leurs voisins seraient rentrés chez eux depuis belle lurette ; leur principal souci, c'était que les soldats israéliens se dépêchent de démolir l'OLP avant que la guerre soit interrompue par des forces extérieures. Jusqu'à présent ce projet n'avait jamais abouti, mais puisque aujourd'hui les Israéliens se trouvaient au Liban, qu'ils s'activent donc un peu et achèvent la besogne ! « Allons-nous encore une fois nous laisser détourner de notre but par de nouvelles destructions ? » demanda avec

1. Nouvelle unité de compte de la monnaie israélienne, reprenant le nom biblique, instituée par M. Begin (N.d.E.).

un soupir cynique un responsable des Forces libanaises, durant la seconde semaine de la guerre, où les envahisseurs semblaient déjà à court de souffle. La correction que recevait pour le moment Beyrouth-Ouest — voire même sa destruction — n'avait de sens que si les Forces libanaises pouvaient triompher et réaliser leurs rêves concernant l'avenir du Liban. La première étape, c'était d'extirper la mauvaise herbe de l'OLP. Dans le bunker installé au quartier général des Forces libanaises, toute mention de la Palestine avait soigneusement été rayée de la carte d'état-major suspendue au mur de la salle de conférences.

Les jours, cependant, se transformaient en semaines et les chrétiens commençaient à s'inquiéter sérieusement. Il ne se passait rien — ou, plus exactement, les Israéliens n'avaient pas encore pris Beyrouth-Ouest d'assaut, même s'ils ne lui épargnaient pas les bombardements. En juin, juste avant la disgrâce de Haig, les radios pirates chrétiennes, souvent utilisées par la propagande israélienne pour lancer ses ballons d'essai, avaient annoncé que la « bataille de Beyrouth » allait commencer — non, qu'elle avait déjà commencé. Pourtant, il ne se passait toujours rien sur le terrain. Le brusque départ de Haig, le 25 du mois, fut un coup terrible pour les chrétiens qui redoutaient que, sans lui, les Israéliens ne soient contraints de s'arrêter. Ces derniers, cependant, ne semblaient pas avoir de plan à long terme, et encore bien moins de projet détaillé pour la prise de Beyrouth-Ouest. Selon certaines sources, Sharon n'avait pas osé ordonner l'établissement d'un tel plan, de peur de le voir interdire ; ce n'était qu'en assurant que l'invasion forgeait elle-même sa propre logique qu'il pouvait se permettre d'encercler Beyrouth — quoi qu'il en dît aux chrétiens et aux autres étrangers. Les officiers israéliens qui établirent finalement les plans pour l'invasion de Beyrouth ont certifié que la tâche ne leur avait été confiée qu'à la troisième semaine de guerre.

Qu'ils fussent naïfs ou machiavéliques, en tout cas, les Israéliens ne connaissaient rien à la sociologie tordue du Liban ou alors ils s'en fichaient éperdument. (Ce ne fut qu'en novembre 1982 que les ministères de la Défense et des Affaires étrangères se décidèrent à mettre sur pied un comité commun d'experts pour les aider à démêler les complexités ethniques.) Beaucoup de Libanais commencèrent à s'inquiéter du fait qu'Israël semblait fort peu se soucier de savoir s'il fallait, une fois l'OLP éliminée, installer au palais présidentiel un homme bien disposé envers lui, ou bien se tailler — et tailler à la Syrie — une part encore plus généreuse du pays. Les envahisseurs semblaient assez puissants pour se permettre certaines erreurs, forts de leur capacité de retomber sur leurs pieds et de rectifier le tir avant que leurs adversaires — ou leurs alliés — eussent eu le temps d'en profiter. Nous avons des tas d'amis au Liban, proclamaient unanimement, et de façon quelque peu mystérieuse, les Israéliens, à commencer par Begin lui-même, des tas d'atouts dans notre manche, et pas seulement des agents du Mossad. Cependant, pour chaque spécialiste du service secret, il y avait aussi des centaines de soldats israéliens incapables de reconnaître un chiite d'un sunnite, un Arménien d'un orthodoxe.

Néanmoins, ces vantardises israéliennes semblaient corroborer certains rapports affirmant que les Forces libanaises les avaient aidés à capturer le centre ville de Saïda. Ils avaient collaboré tant de fois par le passé que la chose paraissait vraisemblable. (Un mois à peine avant l'invasion, les chrétiens avaient interrogé un pilote syrien abattu au-dessus du Marounistan par un avion israélien, en se servant d'un questionnaire détaillé fourni par leurs alliés hébreux, tandis que des hélicoptères israéliens emportaient les morceaux du Mig-23.)

Exactement comme l'avaient craint les chrétiens, dès juillet, les Américains commencèrent à freiner le mouvement. Avant même que Haig eût démissionné, le gouvernement Reagan essayait de mettre le holà, ne fût-ce que pour préserver sa crédibilité auprès du monde arabe conservateur et pour détourner la guerre à son propre profit. Au début, il avait donné sa bénédiction au conflit, mais à présent, il refusait de le voir s'étendre au reste du Liban et surtout à la Syrie. Pour les seigneurs de la guerre chrétiens et leurs amis, cela signifiait que le travail ne serait qu'à moitié fait. C'était comme si Washington annonçait que les Israéliens ne devaient pas songer à menacer le régime syrien proprement dit, après avoir détruit de façon si convaincante le système syrien de défense anti-aérienne au Liban. L'armée israélienne s'arrêta donc dans la vallée de la Bekaa, à quelques kilomètres au sud de la route Beyrouth-Damas, le long d'un secteur montagnard de vingt-cinq kilomètres à l'est de Beyrouth. Les espoirs chrétiens de voir les Israéliens chasser totalement les Syriens de la Bekaa et mettre en train les ultimes phases de cette fameuse « libération des dix mille quatre cent cinquante-deux kilomètres carrés » de territoire que Béchir promettait depuis si longtemps étaient réduits à néant. Les activistes chrétiens multiplièrent les supplications — ou, dans le cas de leurs commanditaires ecclésiastiques, les prières — mais Israël refusa même de tenir ce que les chrétiens avaient considéré comme de fermes promesses d'aider à repousser les Syriens de la vallée du Meten — mi-chrétienne, mi-druze — directement à l'est de Beyrouth. Faute d'une semblable poussée israélienne dans la Bekaa, les chrétiens durent aussi renoncer à leur rêve de conquérir le nord du pays, où les Syriens protégeaient toujours Soleiman Franjié.

Les Israéliens de leur côté en voulaient aux chrétiens de ne pas s'être joints aux combats, particulièrement contre les fedayin palestiniens pris au piège, à l'intérieur de Beyrouth-Ouest. Les Forces libanaises niaient farouchement avoir promis — ou même manifesté la moindre intention — de s'en mêler, mais le 15 juin, le gouvernement israélien n'en décida pas moins que, dans la capitale, ce serait l'armée libanaise ou la milice chrétienne qui devraient lutter sur le terrain contre les Palestiniens. Et l'influence des Israéliens sur les miliciens était telle que dès le lendemain, un commando chrétien spécialement entraîné arracha à l'OLP le contrôle de l'immeuble de cinq étages où était logée la Faculté des sciences de l'Université du Liban, lequel dominait l'aéroport et une grande partie de la banlieue sud. Un porte-parole israélien singulièrement peu discret, qui observait cette opération à l'abri de son quartier général dans les collines de Baabda, déclara aux reporters que le plus difficile, ce n'était pas d'exhorter les chrétiens à se battre, mais au contraire de les empêcher de prendre tout seuls Beyrouth-Ouest. Les Forces libanaises émirent un communiqué plutôt penaud, expliquant que cette opération avait été décidée par mesure de représailles contre une provocation palestinienne et ne signifiait aucunement que la milice comptait prendre part aux combats en général. (Ce fait d'armes resta effectivement la seule importante contribution à la lutte de la milice, dans les environs immédiats de la capitale, du vivant de Béchir Gemayel.) Les Forces libanaises fournirent toutefois aux Israéliens toutes sortes de renseignements — les numéros de téléphone à mettre sur tables d'écoute, des cartes des égouts, la position des installations et des quartiers généraux de première importance — et, bien sûr, les envahisseurs étaient au Marounistan comme chez eux. Ils faisaient venir leur réapprovisionnement par Jounieh et stationnèrent des tanks et de l'artillerie à Beyrouth-Est et dans les collines densément peuplées qui dominaient le secteur occidental — imitant en cela les Palestiniens qui, comme ne manquait pas de le signaler, horrifiée, la propagande israélienne, disposaient leur artillerie lourde au milieu des bâtiments où logeait la population civile. En juillet, Sharon en personne écrasa ses alliés chrétiens de son mépris, lors d'un déjeuner à l'hôtel Alexandre, à Beyrouth-Est, dénigrant d'un ton moqueur les poltrons qui n'osaient pas se battre pour leur liberté. En fait, si les Israéliens voulaient tellement voir les chrétiens se charger des combats à Beyrouth-Ouest, c'était tout simplement pour épargner la vie de leurs propres hommes.

Béchir Gemayel, cependant, n'était pas disposé à compromettre ses chances électorales, grandement améliorées par l'invasion israélienne et par l'affaiblissement de l'influence syrienne. « A la fin de chaque reprise, les Israéliens espéraient nous voir pénétrer sur le ring, a remarqué un responsable haut placé des Forces libanaises, mais nous, nous voulions faire élire Béchir. Nous aurions pu réussir un coup d'Etat, même sans l'aide de Sharon et de son entrée de cabotin à Baabda. » A la fin de juin, Béchir maudissait, en privé, les Israéliens qui s'efforçaient de l'entraîner contre son gré dans la guerre et cherchaient à le mettre dans l'embarras par des déclarations publiques cousues de fil blanc. Leur pilonnage ininterrompu de Beyrouth-Ouest avait compromis l'existence du Conseil de salut national que Béchir avait espéré voir se transformer en un gouvernement d'union nationale, dont il serait le chef effectif, favorisant ainsi ses ambitions présidentielles. Tous les musulmans, cependant, à commencer par le Premier ministre, Chafik Wazzan, refusèrent d'assister aux séances qui se tenaient au palais présidentiel, alors que l'artillerie israélienne était en pleine action à quelques mètres de là. Un jour même, le chef druze et gauchiste Walid Joumblatt suggéra — entre deux barrages de l'artillerie voisine — que le comité pourrait avantageusement simplifier sa tâche en invitant Sharon à assister à ses réunions. Sarkis eut un pâle sourire. Si Israël était bien décidé à jouer le jeu à sa façon, les Forces libanaises ne voyaient pas pourquoi ce seraient elles qui se feraient tuer en prenant Beyrouth-Ouest.

Pour autant qu'il soit possible de reconstituer les événements, la situation était la suivante. Gemayel et Sharon s'étaient l'un et l'autre attendus à voir les Palestiniens détaler, pris de panique, à la première apparition du mastodonte israélien. Au lieu de quoi, ceux-ci étaient restés pour se battre — attitude prévisible pour ceux qui connaissaient l'OLP et Arafat. Ensuite, les Israéliens et les chrétiens désiraient tous, très certainement, pénétrer à Beyrouth-Ouest, mais chacun espérait voir l'autre sacrifier ses troupes. Les Forces libanaises croyaient les Israéliens irréversiblement engagés dans des opérations qu'elles-mêmes souhaitaient, tandis que les Israéliens, eux, croyaient Béchir prêt à se battre avec eux et à leur accorder un traité de paix officiel après la guerre. Cependant, les responsables chrétiens ont toujours juré de façon convaincante qu'aucune discussion politique n'avait seulement eu lieu, avant le début de l'invasion. Sharon en fut finalement réduit à assiéger Beyrouth-Ouest avec ses quatre cents tanks et plus de cent pièces d'artillerie lourde, sans compter les navires de guerre qui croisaient au large et l'aviation israélienne qui dominait les airs.

Une question cependant reste entière. Pourquoi Sharon, s'il voulait vraiment mettre en fuite Arafat et ses hommes — et l'on imagine aisément quelle victoire c'eût été pour lui sur le plan de la propagande — les coinça-t-il dans Beyrouth-Ouest sans aucune porte de sortie ? Il forçait ainsi le leader palestinien à prendre position. Pourquoi Sharon avait-il choisi d'engager ses tanks dans l'opération de liaison avec ses alliés chrétiens et à Baabda en plus — le siège de l'infime soupçon de souveraineté libanaise qui existait encore ? Il était bien difficile pour les chrétiens, comme pour les musulmans, de ne pas en conclure aussitôt qu'il invitait ainsi Béchir Gemayel à tenter un coup d'Etat qui le marquerait à jamais aux yeux de tous ses compatriotes — et de tous les Arabes — du sceau de la collaboration la plus totale avec Israël.

Sans compter que la lente agonie de Beyrouth-Ouest n'était guère favorable aux ambitions électorales de Béchir. L'OLP, pourtant, s'était aliéné les musulmans du Liban par des années d'arrogance, d'indifférence et de mauvaise conduite de la part de ses fedayin — « Nous ne sommes pas chez nous » ou « Pourquoi devrions-nous payer les notes d'électricité et de téléphone ? », remarquaient-ils volontiers — et l'attrait du jeune leader chrétien pour ses compatriotes islamiques reposait en grande partie sur les erreurs palestiniennes et syriennes. L'ampleur et la férocité du bombardement israélien durant le siège de Beyrouth vinrent balayer toutes ces mésententes, tandis que Béchir, de son côté, n'osait pas s'élever contre les excès de ses alliés israéliens, carence dûment notée dans le secteur assiégé de la capitale. Ses partisans tentèrent maladroitement de faire valoir que les Israéliens avaient inutilement compliqué ses projets présidentiels en ne prenant pas Beyrouth-Ouest d'assaut dès la mi-juin, menant leur tâche à bien rapidement et sans douleur. A la fin du mois, Arafat se vantait du fait qu'avec deux mille lance-roquettes pour envoyer ses projectiles, il pouvait raisonnablement espérer détruire deux cents tanks israéliens et leurs équipages. Les fedayin de l'OLP et leurs alliés libanais commencèrent à poser des mines sur toutes les grandes voies d'approche de la capitale et à barrer les routes par des tas de sable.

Frustré à Beyrouth même, Béchir prit la décision fatidique d'envoyer ses miliciens dans certaines zones de province, d'où ils avaient été éjectés durant la guerre civile, ou bien parfois dans des endroits où le Parti phalangiste n'avait jamais eu de bureaux. Les Forces libanaises, marchant sur les traces de l'armée israélienne, rouvrirent presque sans exception d'anciennes blessures et déclenchèrent, comme il était facile de le prévoir, de sanglants règlements de comptes partout où elles passèrent. A Damour et Saïda, elles harcelèrent et assassinèrent quelquefois les civils palestiniens, dans l'espoir de les précipiter hors du Liban. Dans d'autres régions, elles se heurtèrent à la milice rivale du commandant Haddad, à qui les Israéliens avaient confié de vastes zones du Sud-Liban, jusqu'aux abords septentrionaux de Saïda, sur l'Awali. Dans d'autres encore, comme par exemple le Meten, Aley ou le Chouf, les Forces libanaises durent lutter avec les druzes qui, grâce à la protection syrienne, exerçaient une domination effective sur ces régions mi-chrétiennes, mi-druzes depuis 1976. Les Israéliens encouragèrent dans certaines régions la milice de Haddad, dans d'autres les hommes de Béchir et fournirent même, à l'occasion, des armes à leurs ennemis d'extrême gauche. A dessein ou par ignorance, ils rompaient le fragile équilibre qui existait parmi toutes ces minorités libanaises, frémissantes de haine et du désir de se venger les unes des autres. Ils suivaient, bon gré, mal gré, le principe classique des impérialistes : diviser pour régner, si familier à toute l'histoire libanaise. Soit en exacerbant les troubles, soit en les tolérant, la puissance extérieure pouvait toujours faire la preuve de son utilité en envoyant ses troupes séparer les combattants. A l'automne de 1982, dans le Chouf, les maires de certains villages voisins, maronites et druzes, avaient fini par comprendre où voulaient en venir les officiers israéliens qui leur fournissaient des armes et les prévenaient des mauvaises intentions des gars d'à côté. Un simple coup de téléphone leur permettait souvent de sonder toute leur noirceur, mais pas assez souvent, hélas ! — comme en témoigne la liste régulièrement allongée des incidents et des victimes. A la fin de 1982, des centaines de Libanais, druzes et chrétiens, avaient péri dans ces luttes intestines.

Les Forces libanaises reconnurent, honteuses et confuses, qu'elles s'étaient fourvoyées dans ces régions, mais ne firent pas grand-chose pour s'amender. Leur tactique musclée fit chou blanc. Elles perdirent plusieurs centaines de miliciens — cela faisait plusieurs années qu'elles n'avaient pas essuyé d'aussi lourdes pertes — et, au lieu de servir de bouclier aux chrétiens dépossédés, leur permettant ainsi de regagner leurs foyers, elles finirent par causer tant de violence par leur seule présence que beaucoup de chrétiens qui n'avaient pas bougé depuis 1975 préférèrent quitter le Chouf. La désagréable réalité, c'était que Béchir ne contrôlait pas toujours totalement sa milice, surtout les unités les plus éloignées du QG de Beyrouth-Est. Constituées en grande partie de jeunes gens obligés de fuir leur pays natal durant la guerre civile et de se réfugier au cœur du territoire maronite, ces unités venaient d'être renvoyées vers leurs régions méridionales d'origine, occupées par l'armée israélienne, et dès le début leurs membres n'avaient eu que la vengeance en tête. C'était justement pour cette raison, d'ailleurs, que les Forces libanaises les avaient recrutés comme troupes de choc. Les Israéliens, toujours complaisants, éjectèrent les soldats druzes des garnisons de l'armée libanaise dans le Chouf et remirent les casernes aux Forces libanaises. Pour eux, c'était un jeu d'enfant que de manipuler les diverses factions. Par moments, les miliciens druzes n'obéissaient pas mieux à leurs chefs que ne le faisaient ceux de Béchir. « Si nous envoyons nos hommes, on nous traite de fauteurs de troubles, protestait en juin un responsable de la milice chrétienne, et si nous ne le faisons pas, les chrétiens du Sud, chassés de chez eux en 1975 et 1976, nous accusent de ne pas défendre leurs droits à regagner leurs foyers. » Depuis le tout début des hostilités, en 1975, les jeunes gens armés avaient eu tendance à contester l'autorité de leurs chefs politiques — Béchir était bien placé pour le savoir, puisque sa propre montée vers le pouvoir était une excellente illustration de ce phénomène. Toute cette affaire n'était donc qu'un rappel tristement familier non seulement des événements de 1975-1976, mais aussi des massacres druzo-maronites des années 1840-1860 — jusques et y compris la lutte entre les générations et les interventions de puissances étrangères.

En paraissant soutenir, dans le Chouf, la milice chrétienne contre les druzes, le gouvernement israélien se créa des difficultés de la part de sa propre minorité druze, fort véhémente. Les cinquante mille druzes israéliens élisaient en effet un député à la Knesset et treize mille autres druzes vivaient dans le Golan, annexé l'année précédente. Beaucoup des druzes d'Israël servaient dans les forces armées et notamment dans la coriace force de police frontalière qui aidait à assurer l'occupation israélienne de la Cisjordanie et de Gaza. Au début de l'invasion du Liban, le gouvernement israélien avait fait miroiter aux leaders druzes de ce pays la possibilité d'une zone druze autonome — possédant sa propre armée de trois mille hommes équipée par Israël —, leur indiquant même la région d'Hasbaya, où un officier druze israélien était gouverneur militaire et où les autochtones avaient été encouragés à créer des unités d'autodéfense, avec des armes fournies par les Israéliens. Pourtant, il n'y avait pas de prétendants au titre de chef du mini-Etat druze. Et, plus inquiétant encore pour les Israéliens, bien souvent au cours de ces épidémies de fusillades qui survenaient épisodiquement dans le Chouf, les soldats druzes israéliens avaient pris parti pour leurs coreligionnaires libanais, malgré les ordres de leurs supérieurs, leur interdisant de se mêler de tels incidents.

Bref, la lutte entre miliciens druzes et Forces libanaises sapa inévitablement la puissance israélienne au Liban — où les Israéliens représentaient à présent la seule force organisée capable de maintenir la loi et l'ordre. Cependant, les désordres du Chouf entraînaient aussi d'autres problèmes. A l'encontre des Syriens, que la perte de milliers de soldats durant leurs années de présence au Liban n'avait jamais perturbés, les Israéliens se rendaient bien compte que cette occupation en terre étrangère faisait courir à leurs hommes davantage de risques ; or, rien n'était plus impopulaire chez eux que les soldats tombés en service commandé. En plus de quoi, même lorsque les Israéliens n'étaient pas directement mêlés aux troubles dans le Chouf, les Libanais de tous bords se faisaient un plaisir de les accuser quand même.

Sous tous ces rapports, les Israéliens suivaient les traces des forces syriennes, anciennement chargées de maintenir la paix au Liban. En 1976, elles avaient été les bienvenues, mais elles s'étaient avérées incapables de remplir ce rôle. On les accusa même d'avoir renforcé au contraire les dissensions internes et finalement, lorsque l'invasion israélienne les repoussa dans la Bekaa et vers le nord, il n'y eut pratiquement personne pour pleurer leur départ. Les Israéliens, pourtant, suivirent leur exemple dans les grandes lignes comme dans les détails — et jusque dans l'efficacité avec laquelle ils pillaient les habitations. Ils furent même peut-être pires. Abstraction faite des cinq cent vingt tonnes d'armes et autre matériel de guerre qu'ils sortirent au bout du compte de Beyrouth-Ouest, les soldats israéliens s'approprièrent des voitures, des téléphones, des télex, des magnétoscopes et même des bancs d'écoliers en bois, laissant à travers tout le Liban leur carte de visite bien reconnaissable : des excréments humains dans les tiroirs, sur les lits, dans les placards, dans les églises et les mosquées et jusque sur le plancher des hôpitaux. Les arabologues israéliens avaient averti leur gouvernement des périls du marécage libanais et des possibilités quasi infinies d'erreurs et d'effusions de sang. Sharon et sa clique, cependant, ne leur avaient pas accordé plus d'attention que le gouvernement américain n'en avait accordé aux spécialistes des questions iraniennes, pendant et après la révolution dans ce pays.

La société libanaise avait été si bien pulvérisée, au fil des ans, que peu des chrétiens — et même beaucoup des musulmans — qui vivaient en dehors de Beyrouth-Ouest versèrent de larmes sur son sort. Beaucoup de chrétiens se rendaient compte qu'Israël avait détruit une grande partie du Sud-Liban et y avait joué un rôle politique pour le moins équivoque, mais ce n'était qu'un prix modique et, espéraient-ils, temporaire à payer pour l'invasion. A quelques rares exceptions près, le siège de Beyrouth les laissa complètement froids. De jeunes chrétiennes en bikini faisaient du ski nautique dans la baie de Jounieh, à vingt kilomètres à peine de la capitale. La station à modulation de fréquence de la radio d'Etat faisait connaître les risques d'embouteillages aux estivants qui se dirigeaient vers les plages. Et si une grande partie des habitants de Beyrouth-Est déménagea, ce n'était pas parce qu'elle se croyait en péril, mais parce que le vacarme du bombardement, curieusement plus audible dans son secteur que dans de nombreux quartiers de Beyrouth-Ouest, lui tapait sur les nerfs. « Aujourd'hui c'est ton tour, demain ce sera le mien », dit une vieille rengaine ; eh bien, ce message de mauvais augure était devenu l'une des réalités essentielles de l'existence libanaise. Beyrouth-Ouest, faisaient remarquer beaucoup de chrétiens, avait vaqué à ses petites affaires, sans une pensée pour leur secteur, lorsque celui-ci avait été bombardé par les Syriens, en 1978 et 1981, alors pourquoi se ronger les sangs à présent ? Seule de toute l'élite politique, Joyce Gemayel, la femme d'Amine, s'éleva contre la dévastation israélienne et son mari se rendit une fois à Beyrouth-Ouest (visite extrêmement critiquée dans les milieux phalangistes et parmi les Forces libanaises) pour rencontrer les leaders de l'OLP. Pour de nombreux habitants du secteur occidental, la plus dure épreuve fut le silence de leurs amis, de l'autre côté de la ville, qui avaient même cessé de leur téléphoner. Ils avaient l'impression d'avoir été rayés de la carte du monde.

En une demi-douzaine d'occasions, à la fin de juillet et au début d'août, je me rendis jusqu'à l'intersection du Musée (principal point de jonction entre les deux secteurs), chargé de diverses commissions par des amis libanais. Beaucoup de chrétiens, dans le secteur est de la ville, refusaient de se rendre à l'ouest, soit parce qu'ils ne voyaient aucune raison logique de risquer leur peau, soit parce qu'ils ne voulaient pas être importunés aux divers postes de contrôle — par les Israéliens et les Forces libanaises à l'est, par les milices gauchistes de l'autre côté. Les étrangers, particulièrement les journalistes, étaient fort utiles car chaque camp tolérait leurs allées et venues ; du moment qu'il ne s'agissait pas de nourriture, on pouvait apporter à Beyrouth-Ouest pratiquement tout ce qu'on voulait, seulement il fallait pouvoir le transporter à pied sur environ quatre cents mètres, à travers le *no man's land* qui séparait les deux secteurs. Chaque fois que je fis ce trajet, l'ami de Beyrouth-Est qui m'attendait de son côté me faisait entendre la même petite harangue : « Arafat et sa bande ne partiront jamais, n'est-ce pas ? Les Israéliens seront obligés de les éjecter à coups de bombes. Qu'est-ce qu'ils attendent ? » Jamais je n'ai pu comprendre exactement qui désignait ce « ils » — étaient-ce les Palestiniens dont on espérait la reddition ou les

Israéliens dont on espérait l'ultime assaut ? Au cours de ces rencontres en coup de vent — personne n'ayant envie de cuire sous le soleil de plomb, dans cette zone si exposée, ni de risquer de prendre la balle d'un tireur embusqué —, j'essayais toujours de persuader mon ami que l'OLP ne demandait qu'à négocier son départ, ajoutant de plus en plus de détails pour étayer ma thèse, à mesure que les tendances maîtresses du raisonnement palestinien devenaient plus évidentes. Durant mes entretiens avec des responsables de l'OLP, j'avais appris qu'ils abandonnaient les unes après les autres les conditions auxquelles ils s'étaient cramponnés jusque-là, afin de hâter l'accord, de négocier leur départ et d'éviter un surcroît de destruction. (Plus tard, des diplomates américains leur assurèrent que si Arafat avait tenu un tout petit peu plus longtemps — car enfin, les fedayin avaient tenu bon et fait dix-neuf morts parmi les Israéliens le 4 août — il aurait pu obtenir des garanties plus solides pour les civils palestiniens qui restaient à Beyrouth.) Mon ami du secteur est, cependant, ne me croyait jamais. Mes explications provoquaient immanquablement le geste éloquent qui, au Moyen-Orient, exprime l'incrédulité : un claquement de langue à demi étouffé, accompagné d'un hochement de tête presque imperceptible vers le haut. Après tant d'années au Liban, me disait-il en substance, tu n'y comprends manifestement rien et tu ne comprendras jamais.

Le 11 août, à la fin d'une sale journée, criblée d'obus, mais rien de pire, je quittai Beyrouth-Ouest pour le secteur oriental, m'éloignant de l'hôtel Commodore dans le taxi qui, tous les jours en fin d'après-midi, se rendait à Damas pour y transporter les cassettes vidéo des chaînes de télévision occidentales. Nous étions partis encore plus tard que d'habitude, mais nous avancions pourtant lentement, d'une part à cause des débris et des trous dont la route était jonchée, et de l'autre parce que nous avions très peur. En vingt minutes de trajet, nous ne vîmes pas âme qui vive — jusqu'à ce que nous eussions laissé derrière nous les buildings effondrés, les forêts de pins calcinées, la voie expresse déserte et Beyrouth proprement dit, pour nous rapprocher du premier barrage des Forces libanaises, au poste de contrôle de la galerie Semaan. Le soir même, je me retrouvai dans le jardin de bons amis, à Beyrouth-Est et, après avoir savouré le premier bain chaud que j'eusse pris depuis des semaines, je les écoutai bavarder et se remémorer certains souvenirs de l'année précédente. Je me revis, assis dans ce même jardin, remâchant de sombres pensées concernant une ville où je m'offusquais davantage de la récente destruction, due à l'artillerie syrienne, des grands arbres dont les arceaux de verdure avaient masqué le ciel, que de la ration quotidienne de cadavres ou des photographies de nouveaux martyrs, bordées de noir, que l'on voyait affichées sur tous les murs de la ville. A présent, dans le port situé à moins de huit cents mètres de chez mes amis, les tanks israéliens bombardaient Beyrouth-Ouest. L'année passée, cependant, les salves des chrétiens qui battaient en retraite et des Syriens qui avançaient avaient été beaucoup plus proches. J'entendais encore quelques phrases prononcées alors par mon hôtesse : « Comme le quartier est redevenu agréable, maintenant ! En dehors de quelques familles orthodoxes grecques, tout le monde est parti. C'est exactement comme dans mes souvenirs de petite fille — plus un seul maronite. » Aujourd'hui son mari déclarait : « J'ai haï les Syriens quand ils ont bombardé notre secteur de la ville, mais je hais encore bien plus les Israéliens. Augmente le calibre de deux cents millimètres, multiplie le facteur temps par trente-six, et voilà ce qu'ont fait les Israéliens. Dieu sait si nous autres chrétiens avons intrigué pour qu'ils interviennent, Dieu sait si nous en avons rêvé, mais personne n'avait jamais vraiment cru qu'une invasion signifierait *cela.* » Sa façon de penser n'était certes pas celle de tout le monde, mais il faut dire qu'il avait une réputation d'homme sensible.

Nous allâmes dîner dans un restaurant situé dans les montagnes, où l'on pouvait manger dehors. A mesure que notre voiture s'élevait, il était de plus en plus facile de discerner Beyrouth-Ouest, la ligne noire de ses immeubles (la coupure d'électricité ordonnée par les Israéliens était toujours en vigueur), éclairée par les fusées israéliennes et les salves d'artillerie qui produisaient, en atterrissant, des gerbes de flammes orange vif. Des douzaines d'automobilistes s'étaient arrêtés sur le bord de la route, aux endroits d'où l'on voyait le mieux, pour contempler le carnage au-dessous d'eux. Mes amis me dirent que depuis des semaines, les voyeurs étaient présents tous les soirs, en rangs serrés. Au restaurant, une table toute proche était occupée par des membres des Forces libanaises et des officiers israéliens, absorbés par leur conversation. Je dévorai de la laitue, des tomates, des fruits — toutes les denrées fraîches qui manquaient à Beyrouth-Ouest — sous l'œil attendri de mes amis. Le patron du restaurant se plaignit que les affaires marchaient mal, à cause de la guerre. Ils ne partiraient donc jamais, ces Palestiniens ?

Depuis des années, les deux secteurs de la capitale avaient formulé des réponses différentes aux mêmes questions. Maintenant les questions elles-mêmes différaient. Ce que les habitants du secteur occidental demandaient, c'était simplement : quand les Etats-Unis se réveilleront-ils pour mettre fin au carnage ? C'était une question dont je discutai en déjeunant à Beyrouth-Est, le lendemain, avec deux collègues, l'un français, l'autre libanais. Depuis l'aube, les avions israéliens bombardaient sans interruption, en insistant tout spécialement, me semblait-il, sur les zones de l'hippodrome et du musée, distantes de cinq cents mètres environ. Le vacarme était infernal. Les feuilles des arbres tombaient doucement, délogées par les explosions. Les avions piquaient droit vers le sol. La poussière entrait par les fenêtres qu'on laissait ouvertes en raison des ondes de choc. Pas plus ici que dans les autres édifices de Beyrouth, on n'avait songé à placer sur les vitres un croisillon de papier collant. Mettre toutes les chances de son côté, ce n'était pas du tout le style libanais. J'étais fou de rage contre les Israéliens et plus encore contre le gouvernement américain qui laissait sciemment ses clients israéliens s'adonner au meurtre sur une grande échelle, d'autant plus absurde que tout le monde savait à présent que l'OLP voulait quitter Beyrouth. (Au cours d'un précédent accès de fièvre destructrice des assiégeants, tandis que la résidence de l'ambassadeur américain était secouée par les innombrables salves des tanks et des canons de cent cinquante-cinq millimètres, tout proches, Philip Habib avait téléphoné au Département d'Etat pour protester. Washington avait appelé son ambassadeur à Tel-Aviv, lequel — étrangement désireux, comme à l'accoutumée, d'accepter la thèse officielle israélienne sans poser de questions — avait répondu que, selon les sources locales, formelles sur ce point, « il ne se passe rien ». Habib tendit alors son écouteur par la fenêtre de la résidence, au moment où les Israéliens lâchaient un nouveau tir de barrage et ajouta quelques-uns de ces jurons bien sentis dont il avait le secret. Ultérieurement, Sharon protesta, avec acrimonie quoique indirectement, contre l'ambassadeur américain, Robert Dillon, qu'il accusait d'avoir fait un faux rapport des événements. Et on en était resté là.) Epuisé par une nuit blanche, je fis une petite sieste après le déjeuner. En me réveillant, j'allumai la radio machinalement, pour apprendre que, pour la première fois, le président Reagan en personne s'était déclaré furieux et outré de ce que faisaient les Israéliens. Les bombardements s'arrêtèrent.

Il fallut néanmoins une bonne semaine supplémentaire à Habib pour mettre au point les détails définitifs du départ des Palestiniens, et ce surtout parce que les Israéliens cherchaient à imposer de nouvelles conditions. Et puis soudain, le marché fut conclu. Le 21 août, à l'aube, la Légion étrangère arriva dans le port de Beyrouth et au début de l'après-midi, les premiers fedayin s'embarquaient pour le quatrième exode palestinien en l'espace de trente-quatre ans. En partant, ils firent parler leurs armes de tous calibres, au cours d'une étrange cérémonie où l'évidence même de leur défaite militaire et de leur départ se mêlait aux célébrations qui accompagnent d'ordinaire les victoires. Tout le long de la route vers l'exil, chacun fit donner qui ses fusils d'assaut, qui ses grenades, les hommes jetaient du riz, les femmes pleuraient et ululaient. Dans les camions prêtés par l'armée libanaise qui passaient lentement devant l'Holiday Inn, la tour Murr, l'immeuble Starco, les hôtels Hilton et Normandy — toutes ces coquilles calcinées qui avaient naguère été l'orgueil de Beyrouth et où leurs compagnons d'armes étaient morts par centaines en 1975 et 1976 —, les soldats de l'OLP, en uniformes impeccables, brandissaient des photos en couleur d'Arafat et formaient avec les doigts le V de la victoire. Leurs alliés des milices gauchistes leur répondaient par d'autres coups de feu. Puis les camions s'enfoncèrent au pas entre les grilles en fer du port, où d'abord les Français, puis les Marines américains attendaient les voyageurs pour les mener jusqu'à leurs navires. Par voie de mer ou de terre, plus de huit mille fedayin, trois mille cinq cents membres de l'Armée régulière pour la libération de la Palestine et deux mille sept cents Syriens de la 85e Brigade partirent en tout, sans aucun incident sérieux.

Arafat s'embarqua le 30 août, escorté jusqu'à son navire par le Premier ministre libanais, Chafik Wazzan, par l'ancien Premier ministre, Saeb Salam, et par plusieurs autres leaders de Beyrouth-Ouest. « Racontez aux Arabes votre héroïque résistance, proclamait le message répercuté par les haut-parleurs, et demandez-leur où étaient leurs Mig et leurs Mirage, demandez-leur pourquoi ils nous ont abandonnés. Dites-leur que vous avez lutté contre l'armée israélienne avec vos Kalachnikov, vos grenades et vos bâtons de dynamite. » Une vieille chrétienne observait ce départ, sous le parasol qui ombrageait sa terrasse, au-dessus du port. « A présent, je peux mourir », dit-elle, surprise et heureuse d'avoir enfin vu disparaître ces fedayin qu'elle rendait responsables de tous les maux du Liban.

Le 23 août, soit deux jours après les premiers départs, au cours d'une de ces brusques concentrations d'événements caractéristiques de la guerre de 1982, Béchir Gemayel fut élu président de la République libanaise. L'évacuation de l'OLP, marquée par l'inévitable et quotidienne dose de coups de feu tous azimuts, s'acheva le 1er septembre, deux jours plus tôt que prévu. Les politiciens libanais suggéraient de demander pour Habib un prix Nobel de la Paix. On vit même Chafik Wazzan, Walid Joumblatt et d'autres Libanais qui avaient fait remarquer auparavant que l'arrangement tout entier ne reposait, somme toute, que sur les orgueilleuses promesses d'Habib, assurant qu'il incarnait l'honneur des Etats-Unis, se montrer brièvement un peu plus optimistes. Les légionnaires entreprirent le déminage des principales voies d'accès à la capitale. Rafic Hariri, musulman sunnite de trente-huit ans, qui avait fait fortune dans la construction, en Arabie Saoudite, fit don de sept millions et demi de dollars pour louer des hommes, des camions et des bulldozers, afin de faire enlever les décombres et démanteler les barricades de sable. Le Premier ministre en personne rouvrit l'intersection de Sodeco, fermée depuis près de deux ans, en faisant ainsi un des nouveaux symboles de la réunification de cette capitale divisée depuis si longtemps. Les optimistes prédisaient que l'aéroport de Beyrouth, fermé depuis le 7 juin, allait bientôt recommencer à fonctionner. Pour la première fois depuis 1975, l'armée libanaise se déploya à Beyrouth-Ouest. Les magasins et les restaurants rouvrirent leurs portes. Un mince filet de fonctionnaires reprit le chemin des bureaux. L'électricité et le téléphone furent rétablis. La vie reprit son rythme d'avant l'invasion. Le président élu se montrait sous son jour le plus rassurant. Peu à peu, il gagnait à sa cause les sunnites qui avaient boycotté son élection et proclamé ouvertement la méfiance que leur inspiraient ses projets pour l'avenir du Liban. Activement encouragé par les Etats-Unis, Béchir Gemayel prêchait les vertus de la réconciliation et d'un gouvernement fort, qui était justement ce après quoi les Libanais avaient langui tout au long de ces terribles années. En théorie, cet objectif était conforme à la politique israélienne, en tout cas dans sa version officielle.

Pour quiconque connaissait bien le Liban, cependant, tous les signes annonciateurs du danger étaient clairement visibles. Quelques heures à peine après le départ du dernier fedayin, le 1er septembre, le président Reagan avait annoncé un projet américain visant à résoudre le problème palestinien. Cette proposition ne renfermait rien de nouveau, mais, émise sous l'autorité personnelle du président, elle était conçue pour faire voir à un monde arabe plein de défiance qu'Israël ne menait pas invariablement les Etats-Unis par le bout du nez. Les Palestiniens, suggérait Reagan, ne devaient plus rêver d'un Etat croupion, mais néanmoins indépendant, en Cisjordanie et dans la bande de Gaza, mais plutôt chercher leur salut auprès du roi Hussein de Jordanie. Israël, pour sa part, devait arrêter ses sournoises annexions et renoncer à établir de nouvelles colonies de peuplement (ou à « étoffer » celles qui existaient déjà) dans les territoires occupés. (Pendant plusieurs années, cette dernière clause avait fait partie de la politique officielle des Etats-Unis et c'était Reagan lui-même qui y avait mis fin, au cours de sa campagne électorale, en montrant plus de tolérance envers la politique de Begin sur les colonies de peuplement.)

Ce dernier, fou de rage, repoussa d'office le projet américain, car il avait espéré couronner sa campagne du Liban en annexant une fois pour toutes la Cisjordanie et Gaza. En moins de deux jours, les premiers signes de son déplaisir se firent sentir au Liban. En contravention flagrante avec les accords négociés par Habib, les troupes israéliennes avancèrent de six cents mètres vers le nord, sous prétexte de déminer les routes. Cela les amenait, pour la première fois, exactement au-dessus du camp de réfugiés palestiniens de Chatila et du quartier de Bir Hassan, juste au sud de la grand-route qui reliait la Méditerranée à l'autoroute de l'aéroport, bidonville miséreux où vivaient des Palestiniens et des Libanais. Les Israéliens n'avaient pas l'intention de reculer. Rien de ce que purent dire les Américains ne les fit bouger d'un centimètre et bientôt les Etats-Unis renoncèrent à exiger qu'ils regagnent leurs positions initiales, acceptant de se laisser aveugler par l'écran de fumée projeté par leurs alliés. Ceux-ci prétendaient que l'armée libanaise avait préféré leur confier le déminage de cette portion de route, d'une grande importance politique et stratégique.

En fait, les Israéliens en voulaient aux Américains de leur nouvelle politique, qu'ils estimaient faite pour encourager Béchir Gemayel à résister à leurs propres demandes de traité de paix séparée. Durant les deux premières semaines de septembre, la presse israélienne le fit abondamment comprendre à quiconque a l'habitude de lire entre les lignes des articles inspirés par les instances officielles dans les journaux de Jérusalem. Les Américains trouvaient, effectivement, que les Israéliens se montraient trop exigeants envers le leader libanais ; celui-ci devait, pensaient-ils, se concentrer avant tout sur la réconciliation nationale. De toute façon, Béchir allait forcément dépendre de la générosité arabe pour pouvoir faire face aux réparations rendues nécessaires par sept années de destruction de guerre ; or, si Begin s'obstinait à lui arracher son traité de paix, le monde arabe boycotterait le Liban, si vulnérable, aussi sûrement qu'il l'avait fait pour l'Egypte. Le gouvernement des Etats-Unis, ployant sous le fardeau de ses deux plus lourds programmes d'aide étrangère — destinée à l'Egypte et à Israël —, n'avait aucune intention de s'en mettre un troisième sur les bras. Pourtant, Begin était absolument résolu à obtenir gain de cause. Tous ceux qui s'entretinrent avec lui cet été-là ont insisté sur le fait que le traité lui tenait autant à cœur que la destruction de l'OLP. Il rêvait d'étendre le royaume d'Israël et parlait pompeusement de la bienvenue réservée aux Israéliens, de Beyrouth jusqu'au Caire.

A présent, après des années d'indifférence, les Américains tenaient absolument à intervenir au Liban, mais ils ne tardèrent pas à apprendre que l'on pouvait être deux à cracher dans la soupe. Surtout au Liban. Israël pouvait mettre aussi bien Béchir que les Etats-Unis dans l'embarras, en retardant tout simplement le retrait de ses troupes hors du Liban. Cette manœuvre paralyserait par ricochet les projets de Reagan en Cisjordanie. Les responsables du Département d'Etat ne furent pas longs à s'en aviser, car il n'y avait rien de vraiment neuf dans cette politique. Cela faisait des années qu'Israël semait la pagaille au Liban le plus facilement du monde. Et si cette attitude déplaisait aux Américains, que pouvaient donc faire ces derniers ? Ils n'avaient pratiquement pas de moyens sur le terrain et, à en juger par les expériences passées, n'étaient pas non plus suffisamment solides pour obliger Israël à céder. La dernière fois que les Etats-Unis avaient pris une importante décision allant à l'encontre des vœux israéliens et avaient réussi à la leur imposer, c'était en 1957, lorsque le président Eisenhower avait obligé l'armée israélienne à évacuer le Sinaï, occupé l'automne précédent, durant la campagne de Suez, avec la complicité franco-britannique. Depuis, les gouvernements américains successifs avaient armé Israël jusqu'aux dents, en partant du curieux principe qu'une fois que ses forces armées seraient supérieures à celles de tous ses éventuels adversaires réunis, l'Etat hébreu, enfin sécurisé, serait plus disposé à s'entendre avec ses voisins. Quelle qu'eût été leur intention, l'une des principales et ironiques conséquences de cette politique fut bel et bien de limiter l'influence américaine sur les actions militaires israéliennes qui se firent, comme on pouvait s'y attendre, de plus en plus agressives.

De toute façon, le président Reagan, si l'on se fiait à ses antécédents, n'était pas enclin à rechercher l'affrontement avec Israël, malgré les critiques qu'il décochait volontiers contre l'invasion du Liban. Son gouvernement était si désireux d'éviter tout engagement militaire dans cette affaire que les mille deux cents Marines ne sortirent jamais du port — de peur qu'il n'y eût la moindre victime parmi eux — et rembarquèrent dès le 9 septembre. Derniers arrivés, ils furent les premiers repartis, ce qui n'empêcha pas l'un des leurs, souriant aux photographes, de brandir un écriteau où l'on pouvait lire : « Mission accomplie ». En privé, les responsables américains s'efforçaient de justifier ce départ en assurant que Béchir aurait bien voulu voir partir également les contingents français et italien, chargés de maintenir la paix. Le président élu estimait en effet que l'armée libanaise, magma démoralisé et mal armé, regroupant quelque vingt-trois mille hommes dont l'unique fonction semblait être de toucher leur paye à la fin du mois, devait se charger de cette tâche, même s'il fallait s'attendre à quelques retours de manivelle. Il projetait de doubler ses effectifs et, en attendant, sa garde prétorienne, les Forces libanaises, était là pour raffermir, le cas échéant, la résolution des militaires. Le président Sarkis, expliquait Béchir, avait sapé dès le départ les fondations de son sextennat, en refusant de prendre la moindre mesure concernant l'armée, tant qu'elle ne serait pas remise de la désintégration subie durant la guerre civile. Il oubliait de dire que si l'armée restait dans cet état lamentable, c'était en grande partie par la faute de ses propres intrigues. Les Etats-Unis le savaient pertinemment, puisqu'ils s'étaient heurtés à lui lorsqu'ils avaient tenté d'aider à colmater les brèches après 1976. Cependant, à présent que le Liban possédait en Béchir un homme fort, il pouvait et devait, estimaient-ils, être encouragé à résoudre ses propres problèmes.

Béchir Gemayel fut assassiné le 14 septembre et deux jours plus tard, ses hommes massacraient les civils palestiniens dans le camp de Chatila. Les espoirs américains de pouvoir se retirer du Liban sur la pointe des pieds s'envolèrent. En fait, la mort du nouveau président, la décision prise par Sharon d'entrer à Beyrouth dès le lendemain à l'aube et la boucherie de Chatila obligèrent, au contraire, les Etats-Unis à se mêler plus intimement des affaires libanaises qu'ils ne l'avaient fait depuis les années cinquante. Les responsables américains, à commencer par le président lui-même, étaient à la fois contrits et ulcérés de la duplicité de ces Israéliens qui avaient envahi Beyrouth-Ouest, même si, comme le firent remarquer quelques cynique Libanais, le désarmement des milices gauchistes par ces mêmes Israéliens était sans doute bienvenu à Washington. Au début, pourtant, Reagan tenta d'excuser cette nouvelle violation des accords mis au point par Habib en déclarant : « Je suis sûr que c'est une provocation d'une milice de gauche qui les a obligés à agir » — « les » étant les Israéliens. Mais, ça ne marcha pas. Le président américain comprenait à présent quel danger il y avait pour la crédibilité américaine à passer tous leurs caprices aux faucons israéliens, mais c'était une sagesse qu'il avait fallu payer bien cher. L'honneur américain était terni et ce mélange de honte américaine et de faiblesse libanaise — que le monde entier avait à présent sous les yeux — força Reagan à jouer le rôle que tous les présidents américains avant lui avaient refusé. Les Etats-Unis étaient enfin obligés de participer activement à cette politique qu'ils avaient mise en œuvre depuis 1974 et qui, quelles qu'eussent été ses intentions, avait contribué à déstabiliser une grande partie du Moyen-Orient, à détruire le Liban et à provoquer la mort d'Anouar el-Sadate. Ce faisant, ils firent surgir, une fois de plus, à la surface, la nature conflictuelle latente de leurs relations avec les Israéliens.

On vit donc revenir les Marines — et les troupes françaises et italiennes, auxquelles s'ajouta par la suite un petit contingent britannique — et ce retour entraîna un changement subtil dans le précédent rapport de forces entre Israël et les Etats-Unis. Un peu plus tôt, cet été-là, un diplomate américain déprimé avait remarqué : « Les Israéliens ne savent pas ce qu'ils font au Liban et ils se heurtent à un gouvernement américain qui en sait peut-être encore moins long qu'eux. » L'invasion de Beyrouth-Ouest et la tuerie de Chatila mirent très certainement fin au mythe de l'héroïsme palestinien, créé trois mois auparavant par l'OLP, car les Israéliens purent arrêter, fouiller et voler ses membres avec la plus totale impunité. Les massacres eurent le don d'inspirer une telle terreur aux Palestiniens restants que beaucoup d'entre eux seraient volontiers partis sur l'heure, s'ils en avaient eu les moyens. Mais ces résultats « positifs » étaient indiscutablement éclipsés par l'horreur universelle que souleva le carnage dans le monde. Pour la première fois, Sharon et Begin se retrouvèrent sur la défensive. La dissension dans les rangs de leur armée, la réaction outragée de leur population, leur réputation souillée — tout cela vint ressusciter l'opposition travailliste moribonde qui, depuis le début de la guerre, n'avait cessé de répéter qu'il ne fallait surtout pas laisser l'armée entrer à Beyrouth.

De toute évidence, les Etats-Unis s'étaient révélés incapables de tenir leur promesse écrite de protéger les Palestiniens des Israéliens et des miliciens chrétiens, à présent que leur allié israélien était revenu sur sa parole de la façon la plus flagrante, la plus insultante, la plus meurtrière qui fût. Les Etats-Unis n'avaient certes pas fait grand-chose pour mériter la meilleure prise sur les événements que cela leur donnait, mais ils devaient pour lors exercer une autorité morale tout à fait claire : « Il faudrait être le roi des imbéciles pour faire à nouveau confiance aux Etats-Unis au Moyen-Orient », me déclara un professeur palestinien de l'Université américaine de Beyrouth, lorsqu'il apprit l'étendue du massacre. C'était justement cette pensée qui déprimait tant Morris Draper, chargé des affaires moyen-orientales au Département d'Etat, ce qui faisait de lui le bras droit d'Habib et le plus haut placé des diplomates américains présents à Beyrouth à ce moment précis. Lorsqu'il entendit de la bouche d'un journaliste un récit détaillé de ce qui s'était passé à Chatila, il fut pris d'une rage froide. Ce diplomate de carrière, jusqu'au bout des ongles, qui servait au Département d'Etat de mémoire institutionnelle sur le Moyen-Orient, assura : « Tout ce que je puis vous dire, c'est que je me sens professionnellement responsable. » (La veille — on le sut ultérieurement par le biais d'un témoignage devant la commission Kahane — il avait déclaré aux Israéliens par téléphone : « Vous devriez avoir honte. Vos troupes contrôlent la situation et sont donc responsables. Vous devez arrêter ce massacre. Ils [les soldats israéliens] sont obscènes. J'ai au camp un de mes officiers qui compte les cadavres. Ils tuent même les enfants. ») Il précisa aux journalistes que, dans les discussions diplomatiques, les Israéliens étaient coriaces et retors — qu'ils l'avaient été depuis la création de leur pays, en 1948 — mais qu'une fois qu'ils donnaient leur parole, ils la tenaient toujours. Cela pour expliquer pourquoi les Etats-Unis n'avaient pas jugé bon de leur demander de s'engager par écrit à ne pas entrer dans Beyrouth-Ouest et, de ce fait, à ne pas faire de mal aux civils palestiniens. (Cependant, un examen, même superficiel, du dossier israélien contredisait la thèse intéressée de Draper. Plusieurs gouvernements israéliens s'étaient rendus coupables de toutes sortes de vilenies vis-à-vis des Etats-Unis — sans parler de leurs voisins arabes. Il semblait y avoir, au contraire, d'excellentes raisons d'exiger des garanties écrites sur toutes choses, grandes et petites. Dès que les intérêts de leur Etat étaient en jeu, les dirigeants israéliens semblaient ne plus avoir aucune espèce de scrupule. Durant le conflit israélo-arabe de 1967, les avions israéliens avaient tué trente-quatre et blessé cent soixante-quatre membres d'équipage du *Liberty,* navire de la Sixième flotte américaine, plutôt que de tolérer la présence en Méditerranée orientale d'un bateau équipé d'écoutes électroniques permettant de surveiller leurs communications militaires. Durant celui de 1973, les Israéliens avaient délibérément transgressé les accords de cessez-le-feu afin de mieux étrangler la IIIe armée égyptienne prise au piège dans le Sinaï. En 1978, Begin avait négligé, après la rencontre au sommet de Camp David, d'envoyer comme promis au président Carter une lettre acceptant de stopper les colonies de peuplement israélien, tant que l'on ne serait pas parvenu à un accord officiel concernant la Cisjordanie et Gaza.)

Tout au long de l'été, la menace qui pesait sur les populations civiles palestiniennes de Beyrouth-Ouest avait crevé les yeux à tout le monde. L'une des principales raisons pour lesquelles l'OLP avait tant hésité à quitter Beyrouth était d'ailleurs sa crainte pour la sécurité physique de ceux qu'elle laissait derrière elle. Arafat jura, en outre, que les garanties américaines mises au point en août par Habib ne s'étendaient qu'aux Palestiniens à l'intérieur des camps (ou plus exactement, à ceux de Beyrouth). Le *Washington Post* du 7 juillet présentait en première page mon article expliquant en détail la nature exacte du dilemme des civils palestiniens. Je n'en fais pas état pour me vanter, mais pour montrer qu'un des plus grands journaux américains était prêt à se mouiller, en passant ainsi à la une ce que les Israéliens dénoncèrent sur le moment comme une analyse purement conjecturale, bien que mon papier rapportât les opinions de diplomates, de fonctionnaires internationaux et de politologues libanais, tous fort inquiets. Ce qui était infiniment plus important, c'était qu'Habib avait été mis en garde à d'innombrables reprises contre les promesses orales des Israéliens, surtout celles de Begin et Sharon, auxquelles on ne pouvait absolument pas se fier. Comme le nota Chafik Wazzan, après le massacre : « J'ai dit à Habib que dans la pratique, on ne pouvait assurer la validité d'une telle garantie. Il a mis la main sur son cœur et m'a juré qu'il me certifiait personnellement qu'Israël obtempérerait. » Habib avait répondu coléreusement à d'autres sceptiques que la « parole des Etats-Unis était une garantie suffisante » Les superpuissances sont toujours très fortes pour chercher à oublier leurs erreurs ou à ne pas en tenir compte, surtout lorsque celles-ci ont entraîné un massacre des innocents. Le menu fretin de notre planète n'a pas droit, quant à lui, à tant d'indulgence. Habib, en tout cas, parut s'estimer vierge de toute responsabilité dans ces terribles événements. Sa politique avait beau être en ruine, son gouvernement discrédité, sa réputation de « magicien » de la diplomatie réduite à quelques mauvais tours de passe-passe, non seulement il ne démissionna pas — comme on aurait pu s'y attendre — mais il ne crut même pas bon d'exprimer publiquement ses regrets. Et il ne sembla pas éprouver non plus le besoin de se faire tout petit, puisqu'il continua à exercer activement son rôle de super-diplomate américain au Moyen-Orient.

Avant même que les Etats-Unis, la France et l'Italie n'eussent renvoyé, à contrecœur, leurs soldats au Liban, pour y soutenir un gouvernement défaillant, Habib était en route pour Beyrouth. Dans l'avion qui l'amenait des Etats-Unis pour assister à l'intronisation officielle d'Amine Gemayel, il déclara à un autre passager que Wazzan aurait peut-être envie de lui « cogner dessus ». Et l'envoyé spécial du président des Etats-Unis, qui avait fait de la discrétion et du silence les fondements de sa diplomatie, profita de la cérémonie pour échanger affablement des remarques et des tapes dans le dos avec les parlementaires libanais. Seul Chafik Wazzan, le Premier ministre, ne lui accorda même pas un regard.

A sa façon, Habib n'était pas plus insensible que la plupart des chrétiens du Marounistan. Eux étaient tellement accaparés par la mort de Béchir Gemayel qu'ils n'éprouvaient franchement pas le moindre intérêt pour le carnage perpétré par leurs propres hommes. « Encore une invention des médias, d'ores et déjà classée et oubliée », m'assura un responsable des Forces libanaises, le dimanche 19 septembre, le lendemain du jour où le massacre avait été découvert. Arrivant tout droit de Beyrouth et de ses cadavres putréfiés, je m'efforçai de lui faire comprendre que ce n'était pas là un massacre comme les autres, que par son ampleur, par la part qu'y avaient prise les Israéliens, par sa dimension américaine, Chatila était différent. Il m'écouta poliment, mais s'empressa de changer de sujet. Ce n'était pas simplement qu'il avait honte et préférait éviter d'en parler — encore que cela fût partiellement vrai. C'était plutôt que lui-même et bien d'autres chrétiens étaient incroyablement absorbés par leur propre douleur : ce qui comptait, c'était la mort de Béchir et l'élection d'Amine. Un chrétien de Beyrouth-Ouest rendit visite à ce dernier, ce jour-là, à Bikfaya, pour lui expliquer patiemment à quel point il était important pour lui de nier toute responsabilité dans le massacre. Il finit par le persuader d'émettre une déclaration, dont chaque mot était soigneusement pesé, pour tenter de blanchir le commandement des Forces libanaises. Les maronites activistes se retournaient de plus en plus contre Israël. Joyce, la femme d'Amine, s'écria : « Béchir ne leur a pas suffi, à présent les Israéliens essaient de nous coller cette saleté-là sur le dos. » Et un responsable haut placé des Forces libanaises jeta entre ses dents à un prêtre maronite, bien connu pour ses opinions pro-israéliennes : « C'est vous et vos amis qui nous avez fourrés dans cette foutue alliance avec Israël. » Derrière l'amertume de tels propos, on sentait poindre la brusque révélation qu'ils s'étaient fait, pour le moins, manœuvrer par les Israéliens.

Certains Libanais férus d'histoire redoutent que tôt ou tard les chrétiens ne soient obligés de payer ce carnage, de payer toute la violence qui s'est déchaînée au Liban depuis 1975 (bien qu'on ne puisse, même au prix du plus vif effort d'imagination, prétendre qu'ils en sont les uniques responsables). Ils assurent que les minorités qui défient, et a fortiori qui massacrent les musulmans sunnites, le font à leurs risques et périls. Or, les malheureux Palestiniens, toute autre considération mise à part, étaient indéniablement des musulmans sunnites. Cette thèse a beaucoup de points communs avec une croyance encore répandue à l'heure actuelle parmi les Palestiniens, selon laquelle, après cent années d'hégémonie à Jérusalem, Israël disparaîtra, comme ont disparu avant lui les croisés, et les sunnites régneront à nouveau sur la ville. Les leaders chrétiens, cependant, tirent de tous ces événements des conclusions radicalement différentes. Privées de la conduite de Béchir Gemayel, ses Forces libanaises firent valoir qu'elles étaient plus que jamais nécessaires au Liban, en 1982, pour protéger la communauté chrétienne menacée, puisque Béchir n'était plus là pour rétablir sa domination sur l'Etat. « Les chrétiens du Moyen-Orient n'ont jamais été aussi forts depuis 1258, m'a déclaré un responsable des Forces Libanaises, après la mort de Béchir. Nous serions bien bêtes de mettre bas nos armes. » Officiellement, la direction des Forces libanaises fit clairement comprendre qu'elle n'avait aucune intention de dissoudre sa milice, tant que les derniers combattants palestiniens, syriens *et* israéliens n'auraient pas quitté le sol libanais. A l'automne de 1982, la nouvelle direction employait à plein temps cinq mille miliciens armés, dûment rémunérés, et elle doubla ses taxes pour augmenter ses revenus annuels qui passèrent de cent à deux cents millions de dollars.

Au début, les Etats-Unis tentèrent d'accélérer le départ des troupes étrangères. Le président Reagan exigea un rapport quotidien du Conseil national de sécurité, sur la bonne volonté avec laquelle les Israéliens s'employaient à mettre fin à leur occupation du Liban. Les responsables américains tenaient manifestement pour acquis le retrait des Syriens et de l'OLP, une fois que les Israéliens seraient en partance ; ils étaient en revanche beaucoup moins sûrs qu'ils accepteraient de rendre les armes, comme l'avaient fait à Beyrouth-Ouest les miliciens gauchistes et musulmans, désarmés par les Israéliens et l'armée libanaise. Les troupes d'occupation, cependant, prirent leurs quartiers d'hiver, sans donner le moindre signe d'un prochain départ. Cela faisait déjà longtemps qu'elles avaient remplacé les poteaux indicateurs écrits en caractères arabes et romains par d'autres écrits en caractères hébreux. Elles paraissaient disposées à s'installer, mais les Forces libanaises parlaient avec assurance de leur droit à se déployer partout où elles le voudraient (argument utile pour masquer leurs envois accrus de troupes dans le Chouf).

Que tout cela était donc transparent ! Au début de 1983, il suffisait de gratter très légèrement la surface de plus d'un chrétien de Beyrouth-Est pour s'apercevoir que le véritable adversaire, c'était cette même présence musulmane qui faisait grincer des dents aux maronites depuis des siècles. L'OLP était partie et avec elle la menace qui pesait sur le vieil Etat gouverné par les maronites, mais les musulmans étaient toujours au Liban. Peut-être la mentalité de ghetto des citoyens du Marounistan changera-t-elle progressivement, avec le temps, et les chrétiens du Liban en viendront-ils à comprendre que leurs compatriotes musulmans en ont eux aussi par-dessus la tête du monde arabe, de sa creuse rhétorique et de ses actes meurtriers en terre libanaise. D'ailleurs, les musulmans du Liban ont payé plus cher que les chrétiens toutes ces années d'incessantes interventions arabes. Depuis 1975, la plupart des morts libanais ont été musulmans et non chrétiens. En 1982, surtout, lors de l'invasion israélienne, ce fut à peine si une poignée de chrétiens perdit la vie, et encore par pure malchance, alors que l'opération a fait, selon les estimations libanaises, dix-neuf mille victimes — la plupart libanaises et civiles. Comme le savaient fort bien les Israéliens, c'étaient en majeure partie les musulmans de Beyrouth-Ouest qui avaient souffert des actes de terrorisme perpétrés dans la capitale. Sans l'ombre d'un doute, c'était le secteur occidental, et non l'autre, qui avait pâti du désordre, de l'anarchie et de la violence. En compensation, il avait joui d'une plus grande liberté d'expression et d'une vision du monde moins provinciale et moins claquemurée.

Quant aux chrétiens, un peu d'imagination de leur part, un soupçon de souplesse, une petite dose d'humilité et un geste presque imperceptible marquant qu'ils acceptaient ne fût-ce qu'une faible partie des responsabilités pour tous ces événements auraient fait beaucoup pour la cause de la réconciliation nationale au Liban. On pourrait même avancer que les chrétiens activistes auraient tout intérêt à sortir de leur ghetto pour apprendre à connaître le reste de leur pays qui a énormément changé depuis qu'ils se sont retirés dans leur forteresse, levant les ponts-levis et remontant les échelles. Ils pourraient même, qui sait, s'apercevoir qu'ils n'ont pas le monopole du nationalisme libanais.

Durant l'hiver de 1982-1983, cependant, ils ne semblaient nullement enclins à le faire. Un ami banquier qui passe, à Beyrouth-Est, pour quelque peu libéral, m'a confié qu'il n'avait aucune raison de se rendre dans le secteur occidental, sinon pour aller dîner chez Ajami, le meilleur restaurant libanais du pays. L'année précédente, *le Réveil,* le journal francophone de Beyrouth-Est, avait publié toute une série d'articles pour les jeunes, où étaient décrits les divers quartiers de la capitale, à l'extérieur du ghetto chrétien, qu'ils n'avaient jamais vus. Une génération a déjà à moitié grandi, sans que les chrétiens connaissent les musulmans, et vice versa. Pourtant, en septembre 1982, une fois que les soldats français eurent déminé les rues principales, sur cette place des Martyrs qui était jadis le cœur même de Beyrouth, des familles entières venant des deux secteurs se sont mises à se prendre mutuellement en photo. Les Français ont aussi défriché la véritable jungle qui avait poussé sur la place. Les potagers cultivés par les combattants sont désormais à l'abandon. Les énormes statues criblées de balles, qui occupent le milieu de la place, servent d'héroïque toile de fond aux photographes amateurs. Les immeubles écroulés et les façades finement grêlées se font vis-à-vis de chaque côté de la vaste étendue. Côté Méditerranée, le cinéma Rivoli annonce encore le dernier et seul film qu'il ait jamais passé : *les Divorcés.* Comme pour souligner la pertinence de ce titre, les positions des Forces libanaises, à l'est de la place, n'ont pas été immédiatement démantelées. Les fûts, les sacs de sable et les containers posés cul par-dessus tête sont demeurés inamovibles, pour bien marquer la mentalité d'assiégés qui est celle des chrétiens activistes. Mon ami banquier soutient que Beyrouth ne sera vraiment réunifié que lorsque la place et ses rues dévastées seront à nouveau noires de monde.

Peut-être, cependant, ces maronites avaient-ils d'une certaine façon raison de vivre barricadés et armés. Car au cours des sept dernières années, les musulmans ont considérablement changé : ils sont plus nombreux, plus riches et mieux éduqués. Selon certains banquiers, dont les établissements possèdent des succursales dans les deux secteurs de la capitale, les grosses fortunes sont de plus en plus souvent musulmanes : il s'agit fréquemment d'argent gagné à l'étranger et rapporté au pays. Tôt ou tard, il faudra bien qu'il y ait un recensement au Liban et la majorité musulmane — favorisée par un taux de natalité particulièrement élevé chez les chiites — devra être reconnue. Béchir Gemayel, qui avait l'intention d'employer la force pour réunifier son pays sous un gouvernement maronite, était si pleinement conscient de l'avantage démographique des musulmans qu'il avait fait faire certaines études pour encourager les six cent mille chrétiens vivant à l'étranger à rentrer au Liban, afin de rétablir l'équilibre. Etait-il sérieux, ou bien s'agissait-il encore de quelque intrigue abracadabrante pour essayer de différer le jour fatal ? Quoi qu'il en fût, son projet de rapatriement était la preuve éloquente de la lourde menace qui pesait sur les prétentions chrétiennes — et surtout maronites — à gouverner le pays dans les années à venir.

Les musulmans du Liban sont beaucoup plus nombreux que les chrétiens et le seraient même si les quelque cinq cent mille Palestiniens qui restent encore au Liban en étaient chassés — conformément à l'opinion professée depuis longtemps par les Gemayel, qui proposaient de les répartir parmi les vingt Etats de la Ligue Arabe, jusqu'à ce qu'ils fussent parvenus — s'ils y parvenaient un jour — à s'assurer un territoire indépendant. D'ailleurs les leaders sunnites du Liban sont bien du même avis, même s'ils n'ont garde de le dire en public. Durant l'automne de 1982, certains journaux rapportaient que Chafik Wazzan, qui avait pourtant défendu l'OLP et les civils palestiniens tout au long de l'été, estimait que cinquante mille Palestiniens suffisaient amplement, peut-être, au bonheur du Liban.

Le massacre, donc, avait un mobile politique qui était de débarrasser le Liban des Palestiniens, mais il reposait sur des émotions et non sur des faits. Les faits, c'était que les autres Etats arabes n'étaient pas disposés à accueillir tous ces Palestiniens si désireux de partir, après Chatila. D'ailleurs, la difficulté qu'avait eue Habib pour trouver des pays arabes prêts à héberger les fedayin de l'OLP indiquait déjà clairement la tendance. Les Palestiniens n'avaient pas besoin qu'on leur fît un dessin pour comprendre ce que disaient les membres des Forces libanaises responsables de la tuerie de Chatila — dès que les soldats américains, français et italiens auraient tourné le dos, il y aurait d'autres massacres. Je me rappelle avoir demandé, il y a plusieurs années, à Béchir Gemayel où il pensait que devaient aller les Palestiniens du Liban. Frappant du poing sur son bureau, comme un enfant gâté, il rugit : « Ce n'est pas mon problème, pas mon problème, pas mon problème. » Rien ne laisse penser que ses successeurs au sein des Forces libanaises fussent plus disposés que lui à entendre raison. Les extrémistes parmi eux se raccrochaient à l'espoir de voir Sharon renverser, comme il le projetait, le roi Hussein et déverser tous les Palestiniens du Liban en Jordanie. C'est du moins ce que m'ont assuré des amis à moi, moines maronites, et je n'avais aucune raison de mettre en doute leur volonté de collaborer avec les Israéliens à la réalisation de ce rêve. Si j'avais douté le moins du monde qu'ils fussent sérieux, le massacre de Chatila vint m'enlever toutes mes illusions. Je me rappelai, en effet, la conversation tenue quelques semaines auparavant dans la résidence d'été des religieux. Un médecin de l'armée libanaise, fort bel homme, qui avait volontiers reconnu faire partie des Gardiens des Cèdres, me déclara : « Bientôt, il ne restera plus un seul Palestinien au Liban. Ce sont des bacilles qu'il faut exterminer. » Sur le moment, je n'attachai aucune importance à des remarques qui me semblaient rabâcher les vieilles rengaines habituelles, celles que j'avais entendues depuis l'époque de la guerre civile, où son groupuscule écrivait sur les murs : « Chaque Libanais doit tuer un Palestinien. »

Avec le nouveau mandat présidentiel, divers projets de réformes, vieux de dix ans, refirent surface, tous éminemment raisonnables. Il faut réorganiser la fonction publique sur la base du mérite et non de la confession religieuse, disaient les uns. La prochaine fois, le président devra être élu au suffrage universel et non par le parlement, suggéraient les autres. Le Liban devait devenir un pays moderne où l'armée, les syndicats et les partis politiques remplaceraient les communautés religieuses et leur plus petit commun dénominateur, l'esprit tribal — le facteur responsable, au premier chef, de la destruction du pays. Les vieux problèmes sont légion, cependant. Peut-être le Liban n'avait-il jamais été et n'aurait-il jamais dû être une nation, un Etat. Le cliché le plus éculé du pays, c'est que c'est un endroit où l'on peut tout trouver, hormis l'existence de l'Etat. Parodiant le plus vif désespoir, certains Libanais se sont écriés : Rendez-nous les Turcs — car les Ottomans veillaient du moins à maintenir l'ordre et les impôts, même s'ils ne s'intéressaient guère aux autres attributs d'un Etat moderne. Et c'était cela que désiraient vraiment les Libanais, car ils étaient à leur meilleur lorsqu'on les laissait vivre, travailler et prospérer en dehors des lois. De telles pensées ne sonnent de façon cynique qu'aux oreilles de ceux qui ne connaissent pas le Liban.

D'ailleurs, les problèmes du pays étaient loin de se borner à ceux qui existaient entre chrétiens et musulmans. Au sein de la communauté musulmane, les chiites voulaient désormais voir leur nombre, leur pouvoir et leur prestige reconnus. Cependant, comme le nota un ancien Premier ministre : « Aucun Premier ministre sunnite ne saurait accepter les changements qu'aucun politicien chiite ne saura manquer de lui réclamer. » Fortes de tout ce qu'elles savaient sur ces insolubles questions musulmanes, les Forces libanaises croyaient qu'il leur suffirait de se livrer à quelques variations nouvelles sur le vieux thème de la menace pesant sur les chrétiens pour assurer leur emprise sur leur propre électorat. Leur Etat-dans-l'Etat, édifié par Béchir Gemayel et privé à présent de son autorité, était devenu une fédération très lâche de fiefs régionaux et d'ambitions personnelles, reliés entre eux par la nécessité de coopérer dont tous étaient pleinement conscients. Certes, ils avaient à leur disposition un excellent fromage — mais seulement s'ils restaient unis.

Les Forces libanaises ne semblaient en tout cas nullement disposées à abandonner leurs taxes spéciales, ni leur contrôle pratiquement absolu sur les revenus portuaires de Beyrouth, qui privaient tous deux l'Etat de finances, tout en assurant leur propre richesse et leur propre survie. Il n'était donc pas sorcier de prévoir que l'Etat, même gouverné par un président phalangiste, se heurterait tôt ou tard à la milice chrétienne. Une fois de plus, l'histoire fournit une des clefs du mystère : depuis plus d'un siècle, l'opposition au régime central du Liban a été le fait des maronites. Aucun gouvernement étranger — qu'il fût occidental ou arabe — ni aucun émigrant ayant la tête sur les épaules n'irait engloutir de l'argent au Liban, pour sa reconstruction, tant que les Forces libanaises continueraient à s'approprier les revenus de l'Etat. A l'automne de 1982, des experts de l'ONU estimaient que le Liban avait subi, depuis 1975, pour douze à quinze milliards de dollars de dommages de guerre. Le commerce de transit en direction de l'hinterland arabe, jadis prospère, est mort, achevé non seulement par les violences, mais par l'inefficacité croissante des services portuaires et la compétition avec les nouveaux ports qui se sont construits, au cours des dix dernières années, en Syrie, Turquie, Irak, Arabie Saoudite et dans le golfe Persique. Israël semble décidé à accélérer sa percée économique chez son voisin, comme l'indique sa répugnance à fermer la frontière et son abolition des formalités douanières.

A long terme, il n'est pas du tout certain que les Forces libanaises et la Phalange parviendront à maintenir leur emprise presque totale sur les diverses communautés chrétiennes, ni même sur les maronites. Si les leçons du passé peuvent nous apprendre quelque chose, c'est que tout sentiment de paix prolongé encouragera sans doute plusieurs, voire une multitude de partis politiques maronites à reparaître : « Tous les Libanais ne sont pas chrétiens, tous les chrétiens ne sont pas maronites et tous les maronites ne sont pas phalangistes » est une vieille recette politique libanaise. La période d'hallucination collective qui accompagna l'invasion israélienne permit brièvement à Béchir Gemayel de renverser la vapeur à son profit et il parvint, pour un instant crucial mais éphémère, à faire croire à de nombreux, sinon à tous les Libanais que, s'ils n'étaient pas tous phalangistes, du moins étaient-ils « béchiriens ». Voilà de quoi étaient fabriqués les rêves, le mythe à présent cristallisé autour du culte de la personnalité de Béchir, soigneusement mis au point par les Forces libanaises. Des portraits géants, peints à la main, du « président martyr » ornent les principales artères du secteur chrétien. Des extraits de ses discours furent braillés par des haut-parleurs le jour qui aurait dû être celui de son trente-cinquième anniversaire. Le quarantième jour qui suivit sa mort — selon un rite observé aussi bien par les maronites que par les musulmans — les Forces libanaises organisèrent une cérémonie que les invités étrangers comparèrent aux grands rassemblements nazis qui avaient tant impressionné Cheikh Pierre à Berlin, quarante-six ans auparavant.

Cependant, toutes ces tentatives pour préserver les morceaux de la vraie croix de Béchir sont, par la force des choses, tournées vers le passé.

Or, rien dans le passé du Liban ne laisse supposer que Béchir aurait réussi et, malgré tout ce qu'il promettait, lui-même et ses partisans ont contribué — leurs détracteurs, parmi lesquels figure un nombre non négligeable de chrétiens, diraient même qu'ils y ont contribué plus que beaucoup d'autres — à provoquer l'un des plus curieux exemples de suicide collectif de l'histoire moderne.

Je puis tout au plus espérer que, dans sa rage de recommencer à gagner de l'argent — le véritable talent national — le Liban jugera bon de conserver ne fût-ce qu'un seul des bateaux coulés dans le port de Beyrouth ; ou peut-être l'une des façades vérolées des rues Foch ou Allenby, dans le centre ville ; ou encore cette réclame décrépite vantant les mérites d'une firme (peut-être mythique) appelée *Crisis Tourism* (Tourisme de la crise) : jamais je n'ai osé composer le numéro de téléphone figurant sur le mur en ruine où se trouvait cette réclame, de peur d'entendre quelque chose que je ne voulais pas savoir. Il faut laisser aux ruines leur mystère. Pourtant, n'importe lequel de ces trois vestiges serait un souvenir plus digne de représenter les années de folie du Liban que l'atroce monument, du plus mauvais goût, que ne manqueront pas, je le crains, d'ériger les Libanais. Eussé-je une baguette magique, je rétablirais les cinémas crasseux, les bordels, les immeubles de bureaux, les églises, les mosquées, les journaux, les cabarets, les quincailleries, les bars louches et surtout les souks, qui étaient jadis les parties constituantes de ce délicieux désordre que l'on trouvait au cœur même de Beyrouth, sur et autour de la place des Martyrs. Et je les repeuplerais d'intrigants et de rêveurs, de putains égyptiennes et de prêtres maronites, de marchands ambulants sunnites, d'élégants politiciens, de banquiers, d'ouvriers du bâtiment syriens — de tous ces spécimens du zoo ethnologique qu'est le Liban.

Ce n'est pas seulement que je voudrais voir le vieux Liban, « le quatuor d'Alexandrie-Nord », revenir à la vie et pouvoir y passer tout le temps nécessaire pour savourer l'une des merveilles du monde. C'est plutôt que je voudrais, si je le pouvais, ressusciter tout cela pour sauver l'âme du Liban — ce méli-mélo d'allées tortueuses, d'enseignes au néon, de bons à rien, de taxis collectifs en route pour Tripoli, Amman, Alep, Hama, Homs et au-delà. Cela paraît prétentieux, surtout venant d'un étranger, mais ce n'était que dans le centre ville que les Libanais et les étrangers se rencontraient, se disputaient, s'amusaient, faisaient l'amour et apprenaient à vivre ensemble. Dès que l'on tournait le coin, changeait de trottoir, poussait une porte, s'attardait une heure dans les souks — l'univers aussitôt se transformait. Tous ces univers, il avait fallu des siècles pour les assembler et la tâche qui attend les ouvriers présentement occupés à rebâtir l'ancien parlement libanais est beaucoup plus ardue qu'ils ne se l'imaginent. Car c'était là, dans le centre ville, et là seulement, que les nombreux univers du Liban se rejoignaient, avant que les Libanais ne se fussent retirés chacun dans sa communauté, ses partis pris et ses mortelles certitudes. Ce côté pêle-mêle et brouillon n'avait jamais fait de Beyrouth un creuset, mais il en avait fait en revanche la plus civilisée des villes et avait validé à lui seul ses prétentions souvent abusives au pluralisme, à la tolérance, à la démocratie et à la liberté. Que Cheikh Pierre me le pardonne, mais je le préfère sous les traits du « Roi de la capote anglaise », dans la pharmacie familiale de la place des Martyrs, à deux pas des bordels, que sous ceux du « Parrain » endeuillé qu'il est devenu.

A l'automne de 1982, le cheikh Mohamed Mehdi Chamseddine, membre du Conseil supérieur chiite, a déclaré : « Nous sommes tous, d'une manière ou d'une autre, coupables d'avoir créé l'atmosphère qui a entretenu la crise dont le point culminant a été l'invasion israélienne. » C'était la première fois, pour autant que je sache, mais je puis me tromper, qu'un dirigeant libanais de premier plan reconnaissait ainsi une responsabilité collective des épreuves subies par le Liban. Son aveu me frappa comme autrement réaliste que les versions modernes du vieux refrain des Libanais qui prennent leurs désirs pour des réalités : « Ni vainqueurs ni vaincus. » Eussé-je entendu des paroles vaguement analogues tomber de la bouche d'un chrétien occupant un rang politique comparable, je serais peut-être plus optimiste quant à l'avenir d'un pays qui m'inspire alternativement de l'amour et du désespoir. Je n'étais d'ailleurs pas le seul à douter : « Cela fait un siècle et demi que les cycles se répètent, m'a expliqué un ami chrétien, mais ce qui m'inquiète, c'est qu'à présent, ils ne durent plus que dix ans. Je ne sais pas si j'ai vraiment envie de rester ici pour le prochain. »

Du moins les Libanais avaient-ils un choix. Ils étaient chez eux, après tout. Mais pour les Israéliens, Syriens et Palestiniens, ainsi que pour les Américains, tout sembla s'embourber irrémédiablement, pendant de longs mois, dans les problèmes considérables que posait le retrait des troupes. Chacun d'eux s'était brûlé les ailes, à un degré qu'il n'aurait pas seulement pu imaginer, quelques petits mois auparavant.

Les Palestiniens avaient incontestablement perdu leur statut d'Etat-dans-l'Etat et pleuraient en outre des centaines d'hommes — parmi lesquels ne figuraient toutefois que deux officiers supérieurs — morts au combat. Les soldats de l'OLP étaient dispersés aux quatre coins du monde arabe, désarmés, quasiment aux arrêts. Le gouvernement américain ne semblait pas mieux disposé que par le passé à s'entretenir avec Arafat, et encore moins à négocier avec lui.

Cependant, nonobstant l'habitude exaspérante qu'a l'OLP de vouloir travestir chacune de ses défaites militaires en victoire politique, Arafat a su rester — pour le moment du moins — politiquement actif. Certains spécialistes ont estimé, peut-être un peu trop vite, que les Israéliens lui avaient rendu un fier service en faisant pour lui ce qu'il n'avait pu faire tout seul — c'est-à-dire en infirmant une fois pour toutes la doctrine de la lutte armée contre Israël, qui depuis si longtemps a valu tant de déboires à l'organisation palestinienne. Cette doctrine avait certes aidé Arafat et sa cohorte à prendre les commandes du mouvement, après l'humiliante défaite arabe dans la guerre des Six Jours, et elle avait cimenté le soutien apporté à l'OLP dans les camps de réfugiés palestiniens. Mais elle n'avait, en revanche, jamais physiquement menacé Israël. Au contraire, même, elle lui avait fourni un bon prétexte pour déstabiliser le Liban et finalement faire voler en éclats l'infrastructure militaire palestinienne. Et il n'était jamais fait mention de ce qui était peut-être son unique justification : protéger les civils palestiniens des camps du Liban contre les instincts meurtriers de leurs voisins chrétiens. Avec des ennemis comme les milices chrétiennes et les Israéliens, cependant, prêts les uns et les autres à manquer à leurs promesses, la doctrine ne servit finalement qu'à provoquer le massacre de Chatila, Sharon ayant répété sur tous les tons qu'il voulait à tout prix éliminer les « deux mille terroristes » des camps de Beyrouth-Ouest — qui ne s'y trouvaient pas. La résistance résolue de l'OLP — suivie du martyre des victimes massacrées — fit plus pour faire connaître la cause palestinienne que ne l'avaient fait toutes les attaques contre Israël depuis tant d'années. Il n'y eut pas jusqu'au sénateur américain Barry Goldwater, que l'on ne saurait soupçonner d'être un admirateur de l'OLP, qui ne déclarât après ces excès qu'à côté de Begin, Arafat avait « l'air d'un boy-scout ».

Les amis que comptait à l'Ouest le chef de l'OLP lui conseillaient depuis des années de laisser tomber la lutte armée pour se concentrer sur la diplomatie. A présent, Arafat et son autorité sur son organisation, lourde des erreurs du passé, se trouvent à la croisée des chemins. Peut-être n'avait-il jamais été réaliste, de la part des Palestiniens, de croire qu'ils pourraient obtenir la création d'un Etat croupion indépendant en Cisjordanie et dans la bande de Gaza. Aujourd'hui, le projet Reagan leur interdit d'y songer davantage. Peut-être avec le temps s'avérera-t-il que les Américains, sans le vouloir, ont rendu service à l'OLP en la forçant à accepter l'idée qu'elle devait envisager un avenir lié d'une façon quelconque à celui de la Jordanie. Le danger, bien sûr, c'était qu'Arafat et ses modérés fussent renversés et que la direction du mouvement passât aux mains de jeunes gens plus radicaux. Mieux valait empêcher les Israéliens de s'approprier le reste de la Cisjordanie, pouvaient-ils faire valoir, que de s'obstiner à rechercher une solution politique de plus en plus improbable. (Sharon et Begin avaient d'ailleurs envisagé une issue de ce genre en envahissant le Liban : ils pensaient que l'OLP, vaincue, répéterait ses erreurs des années soixante et soixante-dix, en se livrant au terrorisme stérile qui avait alors discrédité sa cause.) Cependant, devant le Conseil national palestinien, le parlement officieux en exil, qui se réunit à Alger, en février 1983, Arafat refusa, au nom de la sacro-sainte unité de l'OLP, de faire le plongeon. Désireux de se remettre de la perte du bastion beyrouthin, il préféra, plutôt que de semer la discorde dans ses rangs, laisser ses radicaux dire ce qu'ils avaient sur le cœur et parvint de justesse à se ménager un peu de place pour de futures manœuvres.

Quant à la Syrie, la guerre du Liban avait mis un terme humiliant aux six coûteuses années durant lesquelles elle s'était aventurée dans une politique de superpuissance régionale. Dupé par Israël et aspiré dans le tourbillon d'un conflit dont il ne voulait pas, le gouvernement de Damas avait été vidé de sa substance militaire, économique et politique. Les dictatures du Moyen-Orient, surtout celles fondées sur une minorité, comme l'est en Syrie celle des Alaouites sous le président Assad, ne reconnaissent pas volontiers leurs erreurs et songent encore bien moins à y remédier, s'il faut pour cela mettre en cause la validité de leur politique originale. Sous ce rapport, Israël sembla faire à Assad une coûteuse faveur, en délivrant son régime de la partie la plus visible d'une expédition libanaise débilitante et humiliante. Toutes les raisons pour lesquelles la Syrie était intervenue en 1976 s'étaient retournées contre elle. En dépit de sa force d'occupation de trente mille hommes, elle n'avait pas encore réussi à mettre, comme prévu, l'OLP au pas. Au lieu de cela, elle avait contrecarré les tentatives d'ouverture vers l'Ouest d'Arafat et aidé les Israéliens à perpétuer l'image d'une organisation palestinienne intransigeante. Elle était venue au Liban pour protéger son flanc des dangers de contagion que lui faisaient courir les gauchistes libanais et les Palestiniens qui semblaient sur le point d'instaurer à Beyrouth un gouvernement radical. Joués par les Israéliens et finalement abandonnés par les Etats-Unis, les Syriens furent en l'espace de dix-huit mois corrompus par leurs anciens alliés, les chrétiens du Liban. Au fil des ans, ils se rendirent presque universellement odieux dans le pays qu'ils occupaient. Leur armée devint la proie des vices libanais et ne tarda pas à être mêlée à la récolte du haschich, aux laboratoires d'héroïne, aux vols de voiture et à tous les autres rackets. (Une de mes histoires préférées est celle des trois soldats syriens qui arrêtent, mitraillette au poing, le conducteur d'une Fiat flambant neuve ; ils montent dans la voiture, posent des questions sur ses possibilités mécaniques, puis, ayant appris de quelle marque il s'agit, demandent à être déposés bien avant d'être arrivés à leur destination supposée. « Qu'est-ce qui vous a fait changer d'avis ? s'enquiert le conducteur. — Oh, répond l'un des soldats, c'est simplement que notre capitaine nous a ordonné de voler une BMW. ») Les Libanais, cependant, trouvèrent le moyen de se venger. A partir de 1980, des armes passées en fraude via le Marounistan aidèrent les fondamentalistes sunnites et les Frères musulmans à déstabiliser le régime d'Assad.

La Syrie qui n'avait jamais voulu reconnaître l'indépendance du Liban, sous prétexte qu'en 1920 la France lui avait subtilisé, pour le créer, des provinces qui lui appartenaient en toute légitimité, perdit son influence traditionnelle sur la communauté sunnite du Liban, jadis fervente avocate du rattachement de son pays à une Grande Syrie. Avant 1980, les Syriens s'étaient publiquement élevés contre la formation d'un gouvernement d'unité nationale à Beyrouth. A tort ou à raison, ils étaient accusés d'avoir organisé des attentats au moyen de voitures piégées et d'autres actes de violence pour justifier leur présence de plus en plus impopulaire au Liban. Les Israéliens, soit parce que les Américains les en avaient empêchés, soit de leur propre chef, n'avaient pas repoussé les Syriens totalement hors de la Bekaa qui constitue aux yeux des militaires syriens le défaut de leur cuirasse pour quiconque voudrait attaquer Damas. Céder aux pressions américaines et évacuer la Bekaa ne se justifiait que si c'était le prix qu'il fallait payer pour obliger les Israéliens à se retirer à l'intérieur de leurs propres frontières. Une partition du Liban, laissant les Israéliens dans le Chouf et le Sud et les Syriens dans la Bekaa et le Nord, pourrait être imputée à Jérusalem. Les Libanais connaissaient suffisamment bien leur histoire pour savoir que la Syrie avait joué par le passé un rôle important dans leur pays — et qu'elle le conserverait à l'avenir, indépendamment de la présence d'un seul de ses soldats en terre libanaise. Il suffisait de regarder une carte.

Pour Israël, on aurait pu considérer cette guerre comme un succès — en tout cas, sur le plan militaire — si ses ambitions au Liban n'avaient pas semblé aussi démesurées. Les Israéliens étaient sûrs d'obtenir une zone démilitarisée de quarante kilomètres de large, le long de leur frontière nord, d'où seraient bannies toute espèce d'artillerie et autres armes lourdes : ce seul résultat eût été impensable avant l'opération Paix en Galilée. A long terme, cependant, les Israéliens avaient-ils atteint leurs autres objectifs ? Soutenu par les Etats-Unis, le président Amine Gemayel (qui à l'encontre de Béchir ne leur devait rien) avait carrément écarté la possibilité d'un traité de paix. Leur succès militaire n'était-il pas une de ces victoires à la Pyrrhus ? Seuls les Etats-Unis, remarquaient amèrement Begin et ses amis, avaient tiré les marrons du feu. Certes l'OLP avait été chassée du Liban, mais les Américains ne semblaient pas d'humeur à accepter les projets d'avenir que caressait le Premier ministre israélien pour la Cisjordanie et Gaza. Sharon avait beau se vanter d'avoir « expulsé » l'OLP, ses rodomontades sonnaient creux, puisque c'était Habib qui avait organisé l'évacuation des fedayin — laquelle avait sauvé des centaines de vies israéliennes, mais coûté néanmoins bien cher à l'Etat hébreu.

En outre, les Palestiniens n'étaient plus au Liban pour servir de commodes souffre-douleur. Non seulement l'OLP, de plus en plus circonspecte, n'était plus dans la course, mais de toute façon, la course elle-même n'avait plus de raison d'être. Pourquoi, en effet, Israël avait-il besoin d'une zone démilitarisée de quarante kilomètres, puisque les Palestiniens n'étaient plus là ? Au Liban, les Israéliens s'étaient montrés les dignes disciples des Syriens — on disait même qu'ils avaient surpassé leurs maîtres — suivant leur exemple en tout, depuis le pillage systématique jusqu'à la subtile technique du « diviser pour régner ». Mais à chaque jour qui passait, le public israélien demandait avec une véhémence croissante, à en croire les sondages d'opinion, si l'aventure libanaise n'avait pas enlisé le pays dans un véritable marécage. Les chrétiens — et les chiites — du Liban, qui, en juillet, avaient fait pleuvoir l'eau de rose et le riz sur les envahisseurs, les maudissaient à présent, et pas toujours derrière leur dos. En novembre 1982, le général Menahem Einat, stationné au Liban, reconnut à la télévision nationale que « l'attitude de la population libanaise, si chaleureuse, il y a seulement quelques mois, se refroidit très vite ». Et il précisa : « Notre présence constitue une occupation indésirable », aux yeux des Libanais. Sans compter, aurait-il pu ajouter, qu'il fallait verser en outre le prix du sang, car il passait rarement un jour qui ne fît de nouvelles victimes dans les rangs israéliens. Pour reprendre la formule d'un diplomate américain, qui n'avait pas oublié le bourbier d'Indochine : « Les Israéliens devraient appeler ce pays le Libanam. »

Le rapport Kahane publié au début de février 1983 souligna sans équivoque la responsabilité israélienne dans le massacre de Chatila. Les cyniques firent remarquer avec insistance que c'était un document conçu avant tout pour donner bonne conscience aux Israéliens : il abordait, certes, le problème du carnage, mais pas celui d'un gouvernement qui avait manqué à ses promesses les plus solennelles aux Etats-Unis de ne pas envahir Beyrouth-Ouest et encore moins celui de la responsabilité morale de toute cette guerre du Liban. Les partisans d'Israël, eux, ne voyaient qu'une chose : c'était que rarement un pays avait osé rendre publique une pareille mise en accusation du gouvernement en place — et certainement pas le Liban où, on s'y attendait, l'enquête sur Chatila ne mena nulle part. Cependant, cette autosatisfaction morale était, pour le moins, incomplète. Le grand coupable de l'affaire, Ariel Sharon, s'était habilement soustrait à l'esprit, sinon à la lettre, de ce rapport de cent huit pages, qui l'invitait à démissionner. Sa démission, certes, il l'avait présentée, en tant que ministre de la Défense, mais il était resté au gouvernement en qualité de ministre sans portefeuille et il faisait partie des deux principales commissions parlementaires, sur la défense et les affaires libanaises. Il fit d'ailleurs clairement comprendre que c'était leur façon, à Begin et à lui, de rejeter le verdict de la commission Kahane quant à la « responsabilité indirecte » d'Israël dans la tuerie. C'était une conclusion qu'il rapprochait avec indignation de la « marque de Caïn » et qui, disait-il, souillerait la réputation de leur pays pour plusieurs générations. Agressif, sûr de lui, brutal, Sharon évitait donc, momentanément, les limbes politiques où avaient espéré le reléguer ses adversaires israéliens et étrangers — particulièrement les Américains. Begin et lui furent incapables d'empêcher la polarisation de la société israélienne, issue de la guerre du Liban, du massacre de Chatila et de toutes leurs répercussions. D'ailleurs, face à un parti travailliste qui ne parvenait toujours pas à trouver un leader charismatique en remplacement du terne Shimon Peres, Begin était sûr d'être réélu, dans le courant de l'année, puisqu'il avait annoncé son intention d'appeler encore une fois les citoyens israéliens aux urnes. En attendant, comme pour bien marquer son intransigeance, il nomma au ministère de la Défense Moshé Arens, l'ambassadeur d'Israël à Washington, qui, malgré sa formation de diplomate, était, sur de nombreux points, un faucon non moins convaincu que Sharon.

Béchir Gemayel ne se lassait jamais de dire que le Liban paraissait « facile à avaler », mais qu'il était « difficile à digérer ». L'opinion publique israélienne semblait sombrer quelque peu dans la schizophrénie, satisfaite en majeure partie de Begin et Sharon, mais protestant néanmoins contre la présence israélienne au Liban qui coûtait la vie à ses fils. Ce fut pour cette raison que, vers la fin de février 1983, les Israéliens remirent à Saad Haddad tout le Sud du Liban, jusqu'au port de Saïda. C'était un retour à la tactique de 1978, dont ils s'étaient servis pour contrecarrer les projets des Etats-Unis et de l'ONU, en établissant la « République du Liban libre », sous l'ex-officier de l'armée libanaise.

Les Américains ne cessaient de renvoyer Habib au Moyen-Orient, dans l'espoir de forcer Begin à accepter le retrait de ses troupes hors du Liban. La crédibilité du président Reagan en dépendait, faisaient valoir les diplomates, et ils soulignaient qu'on ne pourrait rien faire concernant la Cisjordanie et Gaza, tant que les Etats-Unis n'auraient pas rétabli leur créance auprès de leurs amis arabes modérés, en faisant sortir Israël du Liban. Il serait bien difficile, cependant, de soutenir que le gouvernement américain se fit bien voir des Arabes modérés, lorsque le Congrès vota une aide supplémentaire à Israël, qui dépassait de deux cent vingt-cinq millions de dollars la somme qu'avait demandée le président. Le Congrès, donc, était en faveur du soutien militaire et économique à un pays qui défiait Reagan ; il fournit les sept cent quatre-vingt-cinq millions de dollars demandés pour les besoins économiques, sous forme de subvention et accrut en outre la part de subvention réservée à Israël sur le milliard sept cents millions de ventes militaires à l'étranger, laquelle passa de cinq à sept cents millions. A la fin de février, un sondage d'opinion indiquait que les Américains avaient oublié toutes leurs inquiétudes de l'été précédent et accordaient toujours à Israël l'estime considérable dont il avait joui auprès d'eux, avant que Sharon n'envahît le Liban.

Si Sharon continue à exercer une influence profonde dans son pays et qu'Israël transforme en réalité effective la partition du Liban, Arafat n'aura eu qu'à moitié raison. En effet, dans un ordre du jour envoyé, en juillet 1982, à tous les combattants et à tous les bureaux de l'OLP, il avait cité la Bible — et même l'Ancien Testament, puisque sa citation était tirée du livre d'Habaquq (2, 17) : « Oui, la violence faite au Liban te submergera et les bêtes qui le ravageaient seront écrasées à cause du sang humain, à cause de la violence faite au pays, à la cité et à tous ses habitants. »

ÉPILOGUE

UN AN APRÈS

Et pourtant, je me trompais, peut-être moins au sujet des Libanais eux-mêmes et de leur incapacité durable de s'accepter tels qu'ils sont qu'au sujet des autres forces mêlées à leur tragédie. En effet, même au Moyen-Orient, on avait rarement vu le pouvoir et l'influence changer de mains aussi rapidement, puisque dès l'automne de 1983 la glu libanaise avait fait deux nouvelles victimes — Israël et les Etats-Unis (sans compter la France, l'Italie et la Grande-Bretagne qui toutes trois avaient fourni des troupes à la Force multinationale). Ils étaient bien loin les rêves enivrants d'une *Pax hebraïca* ou d'une *Pax americana!* A leur place, c'étaient les Syriens, bafoués par l'invasion israélienne de 1982, qui avaient refait surface et se trouvaient à présent indiscutablement en position forte, sous la conduite de leur roublard de président, Hafez Assad. Muni du soutien soviétique, sous forme de matériel de guerre et pour la première fois d'un système de défense anti-aérienne qui commença à être monté dès la fin de 1982, Assad effaça le souvenir de cette humiliation et fit à nouveau valoir ses prétentions au rang de superpuissance régionale. Ce faisant, il diminua encore l'emprise déjà ténue qu'exerçait Yasser Arafat sur l'OLP, en fomentant et favorisant la scission la plus sérieuse jamais enregistrée à ce jour au sein du Fatah, le principal courant de l'organisation palestinienne. Par une de ces interventions astucieuses dont il a le secret, Assad parvint à entourer et à désarmer la dernière poche de partisans d'Arafat dans la Bekaa, en septembre 1983, quelques jours avant que la Syrie n'acceptât un cessez-le-feu qui marquait la fin d'un mois entier de combats. Les Syriens avaient si bien relancé la partie que, pour une fois, les Etats-Unis se retrouvèrent directement mêlés à la lutte et que de nombreuses voix s'élevèrent, au Congrès, pour comparer ouvertement l'engagement des Marines au Liban au conflit vietnamien. Assad, cependant, indiquait également qu'il pouvait se montrer accommodant envers les intérêts américains, et surtout israéliens, en muselant les Palestiniens, pourvu que Washington voulût bien reconnaître de son côté sa propre importance, trop longtemps ignorée. Privé de son fusil et de son rameau d'olivier, Arafat pouvait être livré pieds et poings liés, si l'on parvenait à s'entendre sur le prix.

Rétrospectivement, le gouvernement Reagan doit endosser une grande part de responsabilité pour le tour qu'ont pris les événements durant l'année qui vient de s'écouler. Comme le prouve une connaissance même superficielle du Moyen-Orient, le seul moment où l'on peut y faire fonctionner la machine diplomatique, c'est dans le sillage immédiat des combats. Qu'on laisse passer une semaine, un mois à l'extrême limite, et les protagonistes trouveront des douzaines de bonnes raisons pour refuser toute concession. La fenêtre de l'opportunité diplomatique ne reste jamais ouverte bien longtemps. Tout au long de ce crucial automne de 1982, cependant, ce fut cette donnée fondamentale qui échappa, Dieu sait comment, à Shultz, au Département d'Etat, et au juge William P. Clark, ami intime de Reagan et chef du Conseil national de sécurité, qui détenait, malgré son inexpérience, le véritable pouvoir dans le domaine des affaires étrangères. Si seulement les Etats-Unis avaient agi énergiquement avant octobre 1982, toutes les forces armées étrangères auraient quitté le Liban et la voie ardue de la réconciliation nationale aurait été ouverte aux Libanais. L'OLP avait été évacuée de Beyrouth et les Syriens étaient bien résolus à améliorer leurs relations avec Washington. Ils ne faisaient pas mystère, en effet, de leur ressentiment envers le président Léonid Brejnev, qui n'avait tenu aucun compte de leurs demandes, mille fois réitérées, de meilleures armes de défense anti-aériennes, lesquelles, faisaient-ils valoir depuis 1981, pouvaient seules leur permettre de faire face à l'inévitable invasion israélienne. La disgrâce de Haig leur permit de tourner commodément la page en le rendant seul responsable de la partialité pro-israélienne du gouvernement Reagan et des constantes vexations infligées à Damas. Les diplomates et politologues syriens étaient convaincus qu'Assad était si déçu par le manque de soutien de Brejnev qu'il était prêt à payer le prix fort pour normaliser ses relations avec les Américains. Plus important encore, les Israéliens, qui avaient tout intérêt à favoriser les tensions entre superpuissances dans la région, en soulignant les liens qui unissaient Damas à Moscou, n'étaient absolument pas en mesure d'entraver le rapprochement, car la responsabilité du gouvernement Begin dans le massacre de Chatila avait déclenché de telles ondes de réprobation à l'étranger, mais surtout à l'intérieur d'Israël, que le Premier ministre, Sharon et Eitan étaient bien mal placés pour résister aux pressions américaines visant à leur faire évacuer non seulement Beyrouth-Ouest et l'aéroport, mais le Liban tout entier. Il ne fallait pas oublier qu'en 1957 Eisenhower avait obligé Ben Gourion à évacuer le Sinaï dans des circonstances autrement moins graves.

Le gouvernement Reagan bafouilla lamentablement, garda le silence et gaspilla ainsi les dernières cartes que les Etats-Unis avaient tirées du paquet dans le sillage du conflit israélo-arabe de 1973. C'était la thèse américaine, selon laquelle seule la restitution aux Arabes de tous les territoires occupés pouvait assurer la sécurité d'Israël, qui était en jeu. Le gouvernement Reagan laissa son initiative sécher sur pied, parce que Shultz était, semble-t-il, tellement convaincu que sa politique était un pur chef-d'œuvre dont le mérite crevait les yeux qu'il ne lui vint pas à l'esprit que, pour la faire adopter, il faudrait déployer beaucoup d'efforts, de propagande, de pressions et de persuasion. D'ailleurs, à cette époque déjà, Clark étendait son influence à ses dépens et, obéissant à ses instincts de Californien simple et rude, il crut bon de récompenser Israël d'avoir envahi le Liban, en lui accordant non seulement des mesures de sécurité, mais aussi la normalisation politique, y compris un « bureau de liaison » qui n'était autre qu'une ambassade israélienne travestie, la fin de l'état de guerre et certaines dispositions, en vue de futures négociations, imposant la libre circulation des marchandises et des personnes entre Israël et le Liban. A ce qu'il semble, ni Shultz, ni Clark n'eurent l'idée de se dire qu'en ouvrant ainsi cette porte à l'Etat hébreu, ils en claquaient vingt-deux autres à la figure du monde arabe, dont le Liban dépendait pour sa survie économique. Tout cela était encore à venir. Les Israéliens, en attendant, retardèrent jusqu'au 28 décembre le début des négociations sur le retrait de leurs troupes, ridiculisant ainsi Habib et les autres responsables américains, suffisamment imprudents pour avoir annoncé qu'à cette date, l'accord sur l'évacuation serait déjà conclu. Une fois de plus, le gouvernement Begin, convaincu qu'il avait réussi, en gagnant du temps, à se laver de l'opprobre de Chatila, avait manœuvré les Etats-Unis.

Seulement, si le gouvernement Reagan était déjà incapable de faire sortir les Israéliens du Liban, comment croire qu'il pourrait jamais les convaincre de quitter la Cisjordanie ? Cette question, éternellement répétée, ne contribua pas peu, au mois d'avril, à la rupture des pourparlers entre le roi Hussein de Jordanie et Arafat, lesquels avaient été conçus, dans le cadre du projet Reagan, pour ouvrir la voie aux négociations avec Israël. (Une autre raison de la rupture, selon certaines sources palestiniennes, fut l'entretien assez pernicieux de Kissinger avec un émissaire de l'OLP, qui encouragea Arafat à croire qu'il pourrait soutirer aux Etats-Unis des termes plus favorables.) En mettant les choses au mieux, Arafat et le roi s'employaient tout simplement à « faire cuire des pierres », pour reprendre une expression arabe, c'est-à-dire qu'ils se livraient ostensiblement à une activité qu'ils savaient condamnée d'avance. Israël, en effet, avait rejeté dès le départ l'initiative de Reagan. Les discussions prolongées entre Arafat et Hussein étaient principalement conçues pour bien montrer aux Etats-Unis, à Israël et au monde entier que les Arabes avaient vraiment fait de leur mieux. Ce ne fut pas ainsi pourtant que le monde interpréta ce qui suivit. Les Israéliens étaient ravis que la plus grave menace qui pesait sur leurs ambitions en Cisjordanie se fût estompée. Brusquement, ils accélérèrent le rythme des entretiens sur le désengagement, qu'ils poursuivaient avec les Etats-Unis et le Liban. Il était évident pour tout le monde, sauf pour Shultz apparemment, que les Israéliens étaient prêts à proposer un marché, d'autant plus que son contenu et le moment choisi pour le présenter étaient soigneusement calculés pour provoquer un veto syrien. Après avoir passé deux semaines à quadriller tout le Moyen-Orient, pour y enfoncer une multitude de portes ouvertes, Shultz en ressortit, le 17 mai, en brandissant un accord et se déclara stupéfait de le voir rejeté par les Syriens.

Pourtant, si l'on se mettait à leur place, ces derniers avaient des raisons parfaitement valables pour agir ainsi. D'abord, les Etats-Unis n'avaient pas jugé bon de les tenir informés des négociations qu'ils arbitraient entre Israël et le Liban. Cette regrettable décision ne servit qu'à accroître la profonde méfiance, certains parlaient même de paranoïa, que nourrissait la Syrie envers les mobiles du gouvernement Reagan. C'était le contenu politique du document — les clauses de normalisation que Shultz et Clark trouvaient tout à fait naturelles — et non son contenu militaire, qui restait en travers de la gorge du président Assad. Aux yeux des Syriens, donc, les Etats-Unis poursuivaient leurs efforts pour isoler Damas, commencés en 1975, avec l'accord sur le désengagement dans le Sinaï, et intensifiés en 1978, au moment des accords de Camp David, qui s'étaient soldés par la conclusion d'une paix séparée entre Israël et l'Egypte. Assad était bien décidé à s'assurer qu'il n'y aurait pas de « Camp Shultz », pour reprendre la formule de ses services de propagande, pour pousser le Liban dans la même voie que l'Egypte. Kissinger, jadis, avait fait remarquer qu'il ne pouvait y avoir de guerre sans l'Egypte, ni de paix sans la Syrie. Comme l'avaient si exactement prédit les colombes israéliennes, Assad, joueur prudent s'il en fut, avait pris la précaution, à la fin de 1982, de demander — et de recevoir — un système de défense anti-aérienne intégré, capable de neutraliser la suprématie traditionnelle d'Israël dans les airs. Sous son nouveau président, Youri Andropov, l'Union soviétique lui fournit pour deux milliards et demi de dollars d'armements — des Sa-5 et des Tu-124, des radars perfectionnés et des milliers d'hommes pour faire fonctionner tous ces engins — et fit savoir officiellement qu'à l'encontre de Brejnev, vers la fin de sa vie, le nouveau Kremlin serait désormais un allié sur lequel on pourrait compter. Avec cet investissement minimal, Andropov escomptait bien récolter un maximum de gains. Cependant, comme l'avait appris l'ancien Premier ministre soviétique, Alexei Kossyguine, en juin 1976, lorsque Assad, contre les vœux du Kremlin, avait tenté une première intervention massive au Liban, la Syrie n'avait rien d'un régime fantoche et pouvait même se révéler une dangereuse alliée. Aussi dangereuse, à sa façon, qu'Israël avait pu l'être pour les Etats-Unis. Néanmoins, le gouvernement Reagan préféra passer sous silence ses propres péchés d'action et d'omission dans les événements qui avaient entraîné cet état de choses.

Une fois de plus, tandis qu'Américains et Israéliens filaient le parfait amour, la Syrie venait jouer les rabat-joie. Le gouvernement Reagan fit volte-face et, au lieu de s'opposer aux désirs d'un Congrès qui souhaitait augmenter la part de subvention accordée à Israël, dans le cadre du programme d'aide économique, il s'employa au contraire à soutenir activement ses efforts. Le ministre américain de la Défense abandonna du jour au lendemain ses objections contre la fourniture à Israël de la technologie perfectionnée dont il avait besoin pour son chasseur-bombardier Lavie. Puis en juillet, le gouvernement américain renonça à une politique en vigueur depuis qu'Israël avait conquis la Cisjordanie en 1967 et déclara qu'il n'était absolument pas « possible sur le plan pratique », ni « réaliste » de démanteler les colonies de peuplement israélien dans ce territoire, surtout si on tenait compte des « réalités sur le terrain ». Comment s'étonner après cela des sourires béats en provenance de Jérusalem où l'on estimait que les relations entre les deux nations étaient au beau fixe, comme jamais elles ne l'avaient été depuis 1973 ? Dans la pratique, en effet, ce qui ressortait de tout cela, c'était que les Etats-Unis avaient abandonné dix années d'efforts pour rendre aux Arabes des territoires conquis par Israël, en échange de la garantie des frontières israéliennes de 1967. Comment sonder les mystères qui ont présidé à ce retournement de la pensée gouvernementale ? Les raisons avancées sont fort variées : elles vont des prochaines élections présidentielles, outre-Atlantique, en 1984, qui paralysent traditionnellement la diplomatie au Moyen-Orient, à la baisse du prix du pétrole, dans une économie mondiale toujours en crise, et à l'inefficacité concomitante du cartel, naguère si puissant, de l'OPEP. En d'autres termes, l'arme pétrolière des Arabes était jugée périmée. Personne, dans les milieux officiels de Washington, n'osait dire dans quelle mesure cette conclusion risquait de contrarier les relations avec les Etats arabes modérés, attaqués par les régimes radicaux qui les accusaient depuis longtemps de s'être vendus aux Etats-Unis pro-israéliens. D'ailleurs, dès la fin du printemps, le gouvernement américain imputait tous ses ennuis à ces bons à rien d'Arabes et laissait entendre qu'un peu de bienveillante négligence envers le Moyen-Orient ne serait pas la pire des solutions. Pour reprendre la formule d'un éditorial du *New York Times :* « Laissons le Moyen-Orient mijoter dans son jus. »

Le hic, c'était que les deux superpuissances régionales, Israël et la Syrie, avaient d'autres projets en tête, destinés fondamentalement à assurer la partition de fait du Liban à leur profit. Les Israéliens annoncèrent que, puisque les Syriens refusaient d'évacuer leurs troupes, eux-mêmes allaient se retirer de la route Beyrouth-Damas, de la région de la capitale et du Chouf, mais pour prendre des lignes plus faciles à défendre sur l'Awali, juste au nord de Saïda. L'aventure libanaise en effet s'avérait coûteuse pour une économie israélienne qui croulait déjà sous le lourd fardeau d'une consommation galopante encouragée par les instances officielles, sous d'ambitieux projets de peuplement en Cisjordanie, sous une inflation de cent trente pour cent et enfin sous vingt-cinq milliards de dollars de dette extérieure, la plus forte du monde, par habitant. Le filet de sécurité étoilé — ces largesses automatiquement accordées par le Congrès sous forme d'aide économique — couvrait à peine les échéances dues par Israël sur sa dette extérieure. La guerre commençait à être fort impopulaire et mortelle de surcroît, puisque plus de six cents soldats israéliens avaient été tués, dont un bon tiers depuis septembre 1982. Par conséquent, faisait valoir le gouvernement Begin, des lignes moins étendues se traduiraient par une diminution du nombre de victimes, une garnison réduite et des coûts moins élevés. Ce retrait équivaudrait aussi à un test crucial pour l'autorité du président Amine Gemayel, que les Israéliens abandonnaient ni plus ni moins à son sort, en dépit de leur ancienne promesse de rétablir, par l'entremise de leur guerre, la domination politique chrétienne sur le Liban.

A présent, le décor était planté pour le début de nouveaux combats, les plus faciles à prévoir depuis que le premier coup de feu avait été tiré en avril 1975. La nature, dit-on, a horreur du vide. Durant l'été de 1983, Robert McFarlane, l'ancien bras droit de William Clark au Conseil national de sécurité, qui devait lui succéder en octobre, effectua une vaine tournée au Moyen-Orient, pour tâcher de trouver un arrangement politique avant que les Israéliens ne battent en retraite. La Syrie aida à établir le Front de salut national, regroupant le leader druze, Walid Joumblatt, l'ancien Premier ministre sunnite, Rachid Karame, de Tripoli, et l'ancien président Franjié. Joumblatt recevait des armes et des munitions à la fois d'Israël et de Syrie, Moshé Arens, qui avait remplacé Sharon à la Défense, après la publication du Rapport Khan, ayant démontré que les druzes étaient plus importants pour Israël que les chrétiens. Il y avait, en effet, en Israël, cinquante mille citoyens à part entière d'origine druze et beaucoup d'entre eux faisaient partie de la redoutable force de police frontalière qui aidait à maintenir la loi et l'ordre israéliens en Cisjordanie et dans la bande de Gaza. En plus de quoi, les druzes libanais avaient leur territoire plus près des lignes israéliennes et d'Israël proprement dit que le gros des chrétiens qui vivaient surtout au nord de la route Beyrouth-Damas.

Comme pour souligner l'abandon progressif des rêves nourris par son pays en 1982, Begin démissionna le 28 août et son secrétaire, Yonah Klimavotsky, mit cette décision sur le compte d'un « cœur brisé ». A soixante-dix ans, expliqua-t-il, le Premier ministre était désespéré par le nombre de morts israéliens, l'engagement militaire apparemment sans fin au Liban — « il croyait que nous ne ferions qu'entrer et sortir » — et les espoirs déçus qui l'avaient poussé à envahir en premier lieu. Comme le nota Ghassan Tuéni, mouche du coche de la presse libanaise, devenu conseiller présidentiel : « Les Israéliens sont probablement les gens qui en savent le plus long sur nous, en tant qu'Etat, mais qui nous comprennent le moins. Il y a quelque chose qui cloche chez eux. Leurs perceptions sont totalement fausses. » Pour la première fois, la société israélienne était partagée et une minorité non négligeable croyait dur comme fer que son pays venait de livrer sa première guerre inutile. Plus que jamais, après les doutes de 1973, Israël était frappé par une crise de confiance qui paralysait la volonté politique d'ordonner aux forces armées de marcher au combat.

Begin, cependant, pouvait partir fort de la certitude que son successeur immédiat serait à l'abri des pressions politiques américaines concernant la Cisjordanie, en tout cas jusqu'aux élections présidentielles de 1984. Or, à cette date, un nombre suffisant de colons israéliens seraient devenus d'authentiques résidents pour justifier de la part d'un futur gouvernement israélien le refus d'abandonner ce territoire. La nature des gouvernements de coalition israéliens est telle qu'il était impossible de déloger les colons. Le Liban s'était révélé être une coûteuse erreur, mais il avait néanmoins contribué à protéger la carte stratégique qu'avait tracée Begin depuis son arrivée au pouvoir en 1977. Sous son gouvernement, Israël avait perdu la traditionnelle réputation d'innocence dont il jouissait dans le monde entier — sauf au Moyen-Orient, évidemment — tout en signant un traité de paix avec la principale puissance militaire arabe, l'Egypte. Cet accord avait encaissé sans faiblir les coups de boutoir de l'invasion du Liban, malgré la désorganisation du monde arabe et les empiétements israéliens en Cisjordanie, ainsi que son annexion de territoires jadis syriens dans le Golan. Dans les régions encore considérables du Liban qui restaient sous contrôle israélien, Shin Beth, qui est grosso modo l'équivalent israélien des R.G., succéda au Mossad (l'équivalent du SDEG) en qualité de principal instrument de la pénétration israélienne sur le plan de la politique et de la sécurité. Cette espèce de relève de la garde justifiait le sobriquet aussitôt donné au Liban occupé — La « North Bank » ou Cisjordanie du Nord[1] — car les seules autres régions où le Mossad avait cédé la place à l'organisation rivale étaient justement la Cisjordanie et Gaza.

Le dernier véhicule militaire israélien n'eut pas plus tôt quitté le Chouf que les combats y reprirent, le 4 septembre, et firent rage pendant trois semaines. Les Israéliens étaient à un tournant important de leur histoire. En dépit de certains rapports annonçant la participation à la lutte de fedayin palestiniens anti-Arafat, ils refusèrent de venir se rejeter dans la mêlée, surtout à présent que la Syrie assiégeait, dans le port de Tripoli, les Palestiniens de moins en moins nombreux restés fidèles à leur leader. Lorsque le cent soixante-dix-neuvième cessez-le-feu au Liban prit effet,

1. En anglais, la Cisjordanie s'appelle la « West Bank », c'est-à-dire « rive occidentale du Jourdain ».

de façon quelque peu flageolante, le 26 septembre, les guerriers druzes de Joumblatt avaient fait voler en éclats les rêves phalangistes de s'incruster dans le Chouf et, pour la première fois au cours de ce siècle, des soldats américains avaient tiré des coups de feu contre des Arabes, pour empêcher le gouvernement d'Amine Gemayel de s'effondrer. Par la faute de l'agressivité israélienne, le gouvernement Reagan était désormais englué dans le bourbier de la politique libanaise. Pour ne rien arranger, c'étaient certes les druzes qui se battaient, mais c'étaient les Syriens qui tiraient les ficelles, en s'assurant qu'un nombre tout juste suffisant de Palestiniens anti-Arafat étaient mêlés à l'affaire pour bien faire ressortir la faillite de la politique américaine. Le message était sans équivoque.

Le gouvernement Reagan avait volontairement ignoré la Syrie depuis son arrivée au pouvoir. A présent McFarlane et le prince saoudien, Bandar ibn Sultan, devaient passer un temps incalculable à tenter d'arrêter le bombardement des seize cents Marines et la disparition prématurée du gouvernement Gemayel. Et toute la rhétorique antisoviétique en provenance de Washington ne parvenait pas à masquer le fait que les Etats-Unis étaient désormais forcés à traiter la Syrie en grande puissance, et même d'accepter les termes d'Assad. En effet, si le puissant appareil militaire israélien évacuait quatre cent seize des deux mille cent vingt-huit kilomètres carrés de territoire libanais qu'il occupait, comment les Etats-Unis pouvaient-ils espérer faire respecter leur volonté avec si peu de moyens sur le terrain ? Au Liban, comme auraient dû le savoir les Américains en étudiant les erreurs des autres, la menace d'intervention militaire était toujours indirectement proportionnelle à son utilisation effective. Les Israéliens, aujourd'hui bien marris, et même les Syriens auraient pu le leur apprendre. Certes, le feu des navires américains sauva la garnison de l'armée libanaise à Souk-el-Gharb, le village de montagne, au sud de Beyrouth, qui fournit un champ de tir direct sur la capitale, mais la diplomatie de la canonnière ne vaut quand même pas la diplomatie tout court. Et l'absence de politique cohérente avait d'ores et déjà causé à la fin de l'été 1983 la mort d'abord de quatre, puis de deux autres Marines dans leur périmètre de protection de l'aéroport de Beyrouth. L'avertissement du camion suicide contre l'ambassade américaine en avril — qui avait fait plus de cinquante victimes parmi les diplomates et les Libanais — ne servit à rien. En effet, à l'aube du dimanche 23 octobre, deux nouveaux kamikazes au volant de camions bourrés d'explosifs se sont lancés contre les QG français et américain. Deux cent trente-neuf Marines et cinquante-huit parachutistes français sont morts sous les décombres. Les Marines subissaient leurs plus lourdes pertes depuis la bataille de Khe Sanh au Vietnam et les Français depuis la guerre d'Algérie. Car la vérité, c'était que les Marines et les autres avaient bel et bien été envoyés au casse-pipe et ce depuis leur débarquement au Liban, l'année précédente. Clark et Shultz, cependant, avaient incroyablement négligé cette vérité fondamentale. Presque insensiblement, donc, les Etats-Unis cessèrent d'agir en médiateurs pour devenir protagonistes. Au cours de l'année passée, les Marines et les autres contingents occidentaux ont été irrésistiblement aspirés dans les profondeurs de la politique libanaise. A l'origine, pourtant, dans le sillage de Chatila, leur mission avait été de protéger les populations civiles contre le renouvellement d'un tel massacre et de soutenir le gouvernement central plutôt faiblard. Mais dès le départ ou presque, la Force multinationale fut obligée de regarder, impuissante, l'armée libanaise — entraînée et équipée par les Etats-Unis et la France — s'efforcer de réaffirmer l'autorité gouvernementale, en arrêtant des milliers de musulmans et en les tenant au secret, en expulsant des squatters chiites et en détruisant leurs logis improvisés dans le sud de Beyrouth. Lorsque Amine mit des phalangistes à beaucoup des postes clefs de son gouvernement, il sema les germes de l'aliénation croissante des musulmans à son régime. Lentement, au fil des mois, il a gaspillé l'énorme capital de bonne volonté qui avait accompagné son élection, surtout parmi les Libanais qu'avait effrayés la perspective d'avoir son frère pour président. Progressivement, les musulmans, qui avaient fêté son élection, en sont venus à le considérer comme un président phalangiste, mais les phalangistes, eux, n'ont guère d'estime pour lui. Malheureusement, au tout début de son mandat, au moment où un pareil coup de dés, s'il avait réussi, aurait prouvé qu'il avait véritablement l'intention d'être le président de tous les Libanais, il s'était senti trop faible pour essayer de rompre l'emprise de son parti. Les milices de Beyrouth-Ouest, que les Israéliens croyaient avoir extirpées à tout jamais, reparurent dans les rues, et brusquement il fut trop tard. Ce fut ainsi que les Syriens purent tout simplement profiter du pourrissement politique. Lorsque les combats effectifs commencèrent, en septembre, les Etats-Unis soutenaient l'armée libanaise qui, dans certains cas, avait repris sa vieille habitude d'aller sauver les miliciens phalangistes en difficulté, comme aux beaux jours de 1975-1976. Quand on connaît la facilité avec laquelle les Libanais tirent des conclusions de tout, on ne s'étonnera pas d'apprendre que pour certains, les Etats-Unis, alliés traditionnels de l'Etat hébreu, aidaient, pensait-on, les autres alliés des Israéliens (auxquels ne semblait les unir parfois qu'une suite de trahisons mutuelles), les milices chrétiennes. Pour faire contrepoids à ces considérations négatives, il y avait quand même deux facteurs positifs : d'abord, malgré de notables défections du côté druze, l'armée libanaise, à l'encontre de ce qui s'était passé durant la guerre civile, était restée soudée ; ensuite, c'étaient les armes et la détermination américaines qui étaient en grande partie responsables de ce succès.

Jusqu'où, cependant, pouvait-on faire confiance aux Etats-Unis ? Plusieurs mois auparavant, Amine Gemayel avait répondu à un responsable phalangiste sceptique, qui contestait sa foi aveugle en Washington et demandait où étaient les garanties : « Derrière vous. » Le visiteur s'était retourné et avait aperçu au mur une photographie encadrée du jeune président serrant la main du président Reagan. Quel jeu jouait donc Amine ? En fait, il pensait pouvoir se fier aux Américains qui lui permettraient de triompher, Dieu sait comment, des seigneurs de la guerre et de ramener sous son autorité les fiefs qu'ils s'étaient appropriés depuis tant d'années. Il semblait croire que, grâce au soutien américain, il saurait réussir politiquement là où Béchir avait été convaincu que seule la force brute parviendrait à s'imposer. Uri Lubrani, le « coordinateur » israélien au Liban, confia à Arens qu'Amine avait refusé le moindre compromis avec Joumblatt. « Il a décidé de tout miser sur les Américains — Gemayel s'imagine qu'ils vont lui livrer le Liban tout entier sur un plateau, uniquement pour ses beaux yeux. »

Il n'y avait, évidemment, aucune raison de se fier totalement à une source aussi partiale. Israël jouait son propre jeu et pas seulement avec le Liban. Décidés à faire la part du feu, en évacuant le Chouf, les Israéliens veillèrent néanmoins, par l'entremise de leur lobby si efficace aux Etats-Unis, à ce qu'à la fin septembre, conformément à la résolution des Pouvoirs de Guerre, tous leurs amis américains votent en faveur du maintien des Marines au Liban. Pendant encore dix-huit mois, les Israéliens pourraient donc faire faire leur sale boulot par les Etats-Unis. Le Liban, une fois de plus, était redevenu un problème secondaire.

Les phalangistes eux-mêmes mettaient en question les mobiles d'Amine. Un de leurs membres les plus importants m'assura que Samir Geagea, l'assassin de Tony Franjié, à présent commandant des Forces libanaises dans le Chouf, avait supplié Amine d'envoyer de nuit des soldats de l'armée régulière du Liban à Bhamdoun avant le départ des Israéliens, pour empêcher les druzes de s'emparer de la route de montagne stratégique qui domine la route Beyrouth-Damas. Le président, dit-on, ne s'engagea à rien, espérant qu'un échec des Forces libanaises dans ce secteur les rendrait à l'avenir plus dociles à sa volonté — et à celle du pouvoir central. Il est toujours possible, bien sûr, que toute cette histoire ne soit qu'une intrigue des phalangistes pour justifier leurs erreurs dans le Chouf. (En tout cas, le Kesrawan, le cœur du territoire phalangiste, fut bientôt orné de photos d'Amine accompagnées de la simple légende : « Ponce Pilate ».) Le phalangiste cité plus haut a d'ailleurs volontiers reconnu que leur stratégie ne s'était pas montrée défaillante uniquement à Bhamdoun où, le 6 septembre, ils perdirent plus de cent cinquante hommes — un véritable désastre pour eux, au cours d'une seule bataille — et déclenchèrent une débâcle qui ne tarda pas à vider les zones montagneuses du Chouf de toute présence chrétienne. Selon lui, cela faisait déjà un an que les phalangistes avaient essuyé leurs premiers revers dans cette région et que les chrétiens avaient commencé à quitter une cinquantaine de villages. Au lieu d'unir les chrétiens et de diviser les druzes, leur tactique avait eu exactement l'effet inverse. La faction druze Arslan, prophalangiste mais minoritaire, avait été forcée de faire cause commune avec les Joumblatt. Quelle douce vengeance pour Walid qui avait connu son nadir en 1982, lorsque ses hommes n'avaient pas trouvé le moyen de tirer un seul coup de feu contre les envahisseurs israéliens ! Les Forces libanaises s'étaient, en outre, aliéné les maronites essentiellement chamounistes de cette partie du Liban, où la Phalange n'avait jamais eu beaucoup d'influence avant 1975. Une fois de plus les maronites étaient retombés dans leur vieux travers, en voulant régler leurs propres comptes au lieu de s'unir contre l'ennemi extérieur. Mon ami phalangiste, cependant, n'attachait guère d'importance à tous ces échecs. « De toute façon, ce ne sont pas nos chrétiens », m'expliqua-t-il, voulant dire par là que les villageois assassinés par des miliciens druzes vindicatifs ou partis se mettre en sécurité à Beyrouth et dans la ville maronite assiégée de Deir-el-Kamar étaient des partisans de Chamoun ou de Joumblatt, pour la plupart catholiques et orthodoxes grecs, et non maronites. C'était donc autant de simple chair à canon, exactement comme l'avaient été, en janvier 1976, les maronites chamounistes de Damour, toute proche, sacrifiés par les phalangistes. Pour les Libanais, le spectacle d'une bonne dizaine de milliers de réfugiés chrétiens et de deux mille ou plus miliciens vaincus, se terrant à Deir-el-Kamar encerclée par les troupes druzes, n'était pas sans évoquer les événements de 1860, durant lesquels les druzes avaient assiégé — et saccagé — cette même citadelle maronite. La seule différence, c'était qu'alors les assaillants avaient massacré quelque dix mille chrétiens, dans les montagnes, avant que des soldats français n'aient débarqué pour empêcher le sang de couler davantage, alors qu'à présent, l'équivalent moderne des Français d'autrefois — la Force multinationale — ne bougeait pas. On peut toutefois noter, en guise de consolation, que cette fois le nombre de victimes parmi les civils druzes et chrétiens n'excéda pas un millier.

Les Forces libanaises semblaient incapables de retenir la leçon. Leur aventure ne leur avait strictement rien rapporté. Leurs alliés de l'année précédente les avaient laissés choir. Les Israéliens avaient pris le parti des druzes. Les Américains avaient, comme d'habitude, soutenu le gouvernement central, c'est-à-dire Amine Gemayel, qui, à les en croire, les avait trahis. Pourtant, même après la déroute du Chouf, le commandant des Forces libanaises, Fady Frem, se rendit secrètement en Israël, où il supplia Arens de ne pas les abandonner. Selon certaines sources bien informées à Beyrouth, ce dernier lui répondit qu'il était temps que les chrétiens mûrissent un peu et apprennent à se débrouiller tout seuls, comme des grands. Frem aurait alors demandé ce qui pourrait inciter les Israéliens à changer d'avis et s'était entendu répondre : « Un traité de paix. » De retour dans la capitale libanaise, le commandant des Forces libanaises expédia auprès d'Amine le père Namaan, pour le conjurer d'accéder aux demandes d'Arens. Amine, exaspéré, fut finalement obligé de faire appel à la garde présidentielle pour se débarrasser du moine qui n'avait pas compris la cruelle ironie de la réponse de l'Israélien. Il était trop tard.

D'ailleurs, pour la première fois depuis 1975, beaucoup de Libanais qui avaient voulu continuer à espérer en dépit de tout s'étaient enfin persuadés qu'il était effectivement trop tard, et ils quittaient le pays. Les monticules trop bien rangés de cadavres et de décombres étaient familiers, si familiers même qu'ils ne parvenaient plus à convaincre. Au Liban, rien ne ressemble plus à un cadavre qu'un autre cadavre, à un massacre qu'un autre massacre. Trop familière aussi, la pieuse rhétorique concernant la réorganisation du corps politique libanais, dont serait chargé, cette fois, un Comité de réconciliation nationale. Comment donc s'appelait déjà ce premier groupe, mis sur pied à l'automne de 1975, lorsque les Libanais croyaient encore que leur salut était tout proche ? Il était quasiment impossible de croire que l'on pourrait parvenir à une réforme viable, alors que la Syrie et Israël occupaient encore de larges secteurs du pays et manipulaient sa population. Les Etats-Unis, selon leur bonne habitude, insistaient sur le besoin de « stabilité », ce tapis si commode sous lequel ils balayaient diligemment tous les problèmes essentiels jusqu'à la prochaine et inévitable explosion. Le gouvernement Reagan parviendrait-il à atteindre le terme de son mandat et les nouvelles élections avant que l'éruption n'eût lieu ? La prochaine fois, peut-être pourrait-on utiliser le cuirassé *New Jersey,* dont on disait tant de bien, et ses canons de quarante millimètres, pour créer l'illusion d'une politique, comme on s'était servi, en septembre 1983, des canons plus petits qui équipaient les navires de moindre importance de la VIe Flotte.

Avec leur façon d'envisager la politique étrangère, le pansement adhésif à la main pour soigner tous les bobos, les gouvernements américains successifs sont passés de l'indifférente neutralité de 1975 à la tolérance envers l'agressivité israélienne, et de là à l'engagement impuissant, une fois que les Israéliens eurent déserté une partie du champ de bataille.

Si le gouvernement Reagan n'était pas aussi engagé, sur le plan idéologique, dans l'antisoviétisme — et si les élections de 1984 n'étaient pas aussi proches — peut-être pourrait-on espérer trouver une solution rationnelle par le biais d'une table ronde internationale, avec participation de Moscou, sur le problème du Moyen-Orient tout entier et non du seul Liban. Car si les événements des dix-huit mois qui viennent de s'écouler ont prouvé quelque chose, c'est bien qu'il ne peut y avoir de paix au Liban, tant que l'on n'aura pas résolu la question centrale, qui est celle des Palestiniens, sinon de la Palestine. Telle est l'épitaphe, hélas peu satisfaisante, d'une décennie où les Etats-Unis ont eu politiquement le champ libre au Moyen-Orient et où ils n'ont pas su accomplir grand-chose, en dehors de la destruction d'un pays qui, dans sa candeur naïve, les prenait encore pour une superpuissance capable de régler tous les problèmes.

Paris,
novembre 1983.

Achevé d'imprimer en février 1984
sur presse CAMERON,
dans les ateliers de la S.E.P.C.
à Saint-Amand-Montrond (Cher)

N° d'Édition : 6360. N° d'Impression : 294.
Première édition : dépôt légal : janvier 1984.
Nouvelle édition : dépôt légal : février 1984.
ISBN : 2-246-33241-9.

Imprimé en France